과학적 탐구력 향상을 위한

과학지식의 생성과 평가 2판

권용주 · 정진수 · 신동훈 · 이준기 · 이일선 · 변정호 공저

학지사

| 머리말 |

과학에서 미래 사회를 위한 준비 학습은 무엇인가

대체로 '학습' 이라고 하면 교사의 설명이나 교재의 설명을 효과적으로 이해하는 것으로 여겨 왔다. 그러나 이 같은 '수동적인 지식 이해 방식' 의 학습으로는 미래를 준비하는 현재의 학습자가 효과적으로 '미래 사회를 위한 준비' 를 하기가 어렵다는 것이 학자들의 전반적인 견해다. 그렇다면 '현재' 의 학생들이 '미래 사회를 위한 준비' 를 하려면 무엇을 학습해야 하는가? 이에 대한 방법 중의 하나가 '지식 생성 방식' 의 학습이다.

지식 생성이란 학습과정을 통해 관련 지식을 스스로 만들어 가는 과정을 의미한다. 과학 학습에서 이러한 지식 생성을 위해 가장 효과적인 방법 중 하나가 과학적 탐구를 통해 과학지식을 만들어 가는 것이다. 이러한 생각에 기초하여 그동안의 아이디어와 연구결과를 모아 놓은 것이 바로 이 책의 초판이었다. 그러나 초판은 내용뿐만 아니라 편집 및 구성에서 미흡한 점이 많았다. 이러한 점을 지적해 주신 많은 분께 진심으로 감사드리며, 이러한 점을 개선하여 보다 나은 책이 되기를 기원하면서 2판을 출판하게 되었다.

이번 2판은 과학지식이 생성되는 과정의 이론적인 측면을 살펴본 다음, '관찰' 에서부터 '규칙성을 포함한 분류' '의문 생성' '가설 생성' '실험설계' '가설 평가' 로 이어지는 과학적 탐구의 전 과정을 망라하여 과학지식의 생성과정을 제1부로 새롭게 구성하였다. 그런 다음 제2부에서는 각 과정에 따른 탐구능력의 평가를 구분하여 구성하였다. 따라서 제1부의 1장에서는 과학지식 및 지식의 생성에 대한 개념과 과학적 탐구의 전 과정을 종합적으로 설명하였으며, 2장에서 7장까지는 '관찰' 에서 '가설 평가'에 이르는 과학지식의 생성과정을 상세하게 제시하였다. 특히, 각 장에서는 과학적 탐구에서 지식 생성의 구체적 활동과 지식 생성과 탐구과정에 대한 분석활동, 그리고 이들 활동을 추가적으로 해볼 수 있는 과제 등을 포함하여 현장에서 탐구적 과학 수업을 실제 탐구과정에 따라 실시할 수 있도록 기술하였다. 이러한 탐구활동을 바탕으로 8장에서 13장까지의 제2부에서는 학습자의 과학적 탐구력을 평가하는 과정을 상세히 제시하여 현장에서도 직접 적용이 가능하도록 하였다. 또한 실제 사례가 다양하게 구성되어 있어 이 책의 과정을 따라 하다 보면 생성된 지식에 대한 평가활동은 물론 탐구활동에 대한 진정한 참평가까지 적용해 볼 수 있다. 이 책에서 제시한 활동을 경험함으로써 학습자는 자연스럽게 과학지식의 생성과정을 직접 경험하고 자신이 생성한 지식을 평가해 볼 수 있다.

초판에서도 밝혔듯이, 예전 상태 그대로 묻어 두면 더 나은 발전을 기대하기가 어려울 것이다. 그래서 2판 역시 부족한 점이 많겠지만 독자 여러분께 감히 공개하여 아낌없는 조언을 얻고자 한다. 특히 이 책은 과학적 탐구과정, 과학적 사고과정, 진정한 과학적 탐구력의 평가 등에서 현장 교사를 위한 좋은 자료로서의 역할뿐만 아니라 예비 과학교사를 위한 훌륭한 준비 자료로서의 활용도 기대된다.

이 책은 저자들의 노력뿐만 아니라, 그간 한국교원대학교 Brain & Learning Lab을 거쳐 간 수많은 연구진의 노력의 결실임을 밝혀 둔다. 끝으로, 부족한 원고를 책다운 책으로 만들어 주신 학지사 관계자 여러분의 헌신적인 노력에 감사드린다.

2011년 9월

多樂에서

대표저자 권용주

| 차례 |

part 2 과학지식의 평가

Part 1

과학지식의 생성

01
과학지식의 생성이론

이 장에서는 21C 지식기반 사회에서 필수적인 능력으로 부각되고 있는 과학지식의 생성에 대해 소개하고자 한다. 과학지식 생성이란 무엇이고 어떠한 이론적 배경을 가지고 있으며 그것의 철학적인 기초는 무엇인지 알아본 후, 실제 과학자들은 어떤 과정으로 과학지식을 생성하는지를 살펴볼 것이다.

과학지식의 생성이론 — 관찰 — 분류 — 의문 — 가설 — 실험설계 — 가설 평가

1. 과학지식의 생성이란

1) 과학교육: 지식 수용에서 지식 생성으로

우리나라의 인구 1만 명당 고등교육 인구규모는 495명으로 미국과 캐나다에 이어 세계 3위로 보고되었다(매일경제지식부, 한숭희, 2000). 또한 이 보고서에 따르면, 18~21세의 대학교육 참여율은 40.7%로 미국의 34.6%, 영국의 26.9%, 프랑스의 36.0%보다 높은 세계 최상위권이다. 더 나아가, 스위스의 IMD(2001) 보고서에 따르면, GDP 대비 R&D 투자규모는 세계 5위이며 기업의 R&D 투자 절대규모는 세계 9위다. 이 같은 수치는 양질의 지식 생산을 위한 투자에서는 세계의 선진국과 비교해도 결코 적지 않은 규모임을 보여 준다. 그러나 이런 투자에 비해 생산되는 결과는 참으로 실망스럽다. IMD 2001년 연간백서에 따르면, 우리나라 인적자원의 국제경쟁력은 26위이고, 세계경제포럼(WEF)이 조사한 2000년 인적자원의 국가경쟁력도 26위에 불과하다.

우리나라 인적자원의 국제경쟁력은 왜 이렇게 투자에 비해 뒤떨어져 있을까? IMD 보고서(2001)에 따르면 이러한 현상에 대한 중요한 원인 중의 하나는 우리나라 인재의 과학기술 지식의 생산력이 미흡하다는 것이다. 특히, 이 보고서는 우리나라 초·중등학교 과학교육의 낮은 질적 수준이 전체 과학기술 생산력의 저하를 가져왔다고 평가하고 있다. 구체적으로 평가한 49개국에서 우리나라는 과학 인프라(과학기술 투자와 생산을 포함) 국가 순위가 21위다. 그러나 학교 과학교육의 적절성은 33위이고, 학생들의 과학에 대한 흥미도는 34위로 나타났다. 이는 OECD 국가 중에서 최하위권에 속한다. 또한 2001년 동국대학교 학술대회 참석차 내한한 노벨과학상 수상자들이 밝힌 '가장 효과적인 과학교육의 시기는 8~14세!'라는 주장을 고려할 때, 초·중등학교 과학교육의 부적절성이 궁극적으로 우리나라의 과학기술 생산력의 저하에 결정적인 영향을 주었다고 평가할 수 있다.

그러면, 현행의 학교 과학교육은 과학기술 지식의 생산을 위해 어떤 면에서 부적절한가? 사실, 우리나라는 각종 학교 과학교육 국제성취도 비교에서 매번 우수한 성취도를 보여 주었다. 초등학교는 세계 최고수준, 중학교는 최상위권을 유지해 왔다(Beaton, Martin, Mullis, Gonzalez, Smith, & Kelly, 1996). 고등학교도 가끔 중위권으로 평가되는 경우가 있지만, 대체로 상위권을 유지하고 있다. 이 평가결과만 고려한다면, 우리나라의 학교 과학교육은 인적자원의 경쟁력 향상에 대한 공헌도(IMD의 과학교육 적절성 평가영역)가 다른 분야에 비해 상대적으로 커야 한다. 그러나 결과는 오히려 반대로 학교 과학교육이 인적자원 경쟁력의 향상을 저해하는 모습이다. 한국과 상황이 다른 미국의 경우를 살펴보자. 미국은 비록 학생들의 과학성취가 국제비교에서는 중위권이지만, IMD의 과학교육 적절성 평가영역에서는 우수하다는 평가를 받고 있으며, 결국 이는 인적자원의 경쟁력이 매우 뛰어나다는 평가를 받고 있음을 뜻한다. 우리나라와 비교해 볼 때 이 사실은 의미 있는 시사점을 준다.

이러한 현상에 대해서 허경철(1999)은 학교의 교육이 지식의 생산을 위한 능력 대신 지식의 수용을 위한 능력을 가르치는 데 치중하고 있기 때문이라고 지적하였다. 즉, 우리의 교육은 남이 탐구해 놓은 결과로서의 지식을 받아들이는 수용적 교육을 '가르치고 배우는 일' 의 핵심으로 여겼다. 따라서 자연히 그러한 교육에서는 새로운 지식의 생산을 이해하기가 어렵다. 과학교육 역시 비록 오랫동안 탐구교육이 강조되어 왔으나 우리의 탐구교육은 남이 탐구해 놓은 개념을 받아들이기 위한 보조수단으로의 탐구였지 새로운 지식을 생성하기 위한 탐구와는 거리가 멀었다. 최근의 연구에 따르면 우리나라 학생들은 과학적 사고 과제에서 수학적 공식을 적용하는 과제의 해결 능력은 우수하지만, 현상을 논리적으로 사고하여 해결하는 과제에서는 저조한 모습을 보여 주었다(권용주, Lawson, 전우수, 1999). 결국 자기 스스로의 지식 생성에는 저조한 모습을 보여 주는 예인 것이다.

지식을 생성한다는 것은 제기된 문제 현상을 설명하기 위해 필요한 지식을 고안하는 것을 의미한다(Anderson & Biddle, 1991). 따라서 과학지식을 생성한다는 것은 자연현상을 설명하기 위해 필요한 모든 형태의 지식을 고안하는 것이다. 예를 들어, 자연현상의 관찰, 관찰된 자연현상에서 발상된 의문, 과학적 가설의 창안, 가설 평가를 위한 실험설계 방법, 과학적 가설의 평가, 결론의 과학적 적용 등의 과정에서 모든 형태의 지식을 고안하는 것이 과학지식을 생성한다고 할 수 있다.

그러나 지금까지의 교육의 중점은 이러한 지식을 생성하기보다는 이에 관련된 이미 생성된 지식의 수용에 중점을 두어 왔다. 가령, 이미 밝혀진 개념의 이해나, 모형화된 실험방법을 습득한다거나, 기존의 가설을 도입하는 그런 교육에 치중해 왔다. 그러나 산업사회에서 지식기반사회로 패러다임이 변화하면서 교육의 역할 역시 지식의 수용 능력 향상보다는 지식의 생성 능력 향상을 요구하게 되었다(강인애, 1997; 매일경제지식부, 한숭희, 2000). 특히, 인적자원 경쟁력과 직결되는 과학지식의 생성 능력 향상을 위해서는 학교 과학교육에서 과학지식의 생성 능력 향상을 위한 노력이 필요하다.

우리나라의 과학교육에서 개념 이해, 성취도, 개념 이해를 위한 탐구활동 등 과학적 지식의 수용을 위한 노력, 연구, 평가 등은 다양한 면에서 폭넓게 이루어져 왔다(권재술, 김범기, 우종옥, 정완호, 최병순, 정진우, 1998; 박승재, 조희형, 1998). 아마 대부분의 연구나 자료 개발, 평가 등이 이러한 과학적 지식의 수용을 위한 활동이라고 해도 과언이 아니다. 그러나 이에 반해 과학적 지식의 생성에 관련되는 연구는 평가는 물론이고, '과학지식의 생성' 에 대한 개념 정의와 과정에 대한 기술적 분석에 관련된 연구도 거의 찾아보기 어렵다. 따라서 학생들의 과학지식의 생성 능력을 향상시키는 노력이 필요하다면 지금이라도 이에 대한 노력이 이루어져야 한다. 물론 과학지식의 수용력 향상도 과학 학습의 중요한 목표 중의 하나가 되어야 한다. 그러나 지식기반사회를 위한 수월성이 확보된 구성원을 양성하기 위해서는 과학지식의 수용 능력 못지않게 반드시 과학지식의 생성 능력 향상도 중요한 목표가 되어야 한다. 이러한 측면에서 볼 때, 과학지식의 생성에 관련된 연구는 지식기반사회를 위한 학교교육에서 반드시 필요하다.

2) 과학지식이란 무엇인가

지식이란 기억 장소에 정보들이 조직적으로 저장된 것을 의미한다(Solso, 2001). 즉, 지식이란 감각기관에서 직접적으로 획득한 정보들이 무의미하게 나열되어 있는 것을 의미하는 것이 아니라, 구조화된 정보의 시스템이나 네트워크의 일부분으로 저장되어 있는 것을 의미한다.

(1) 과학지식의 유형

과학지식은 표상 유형에 따라 선언적 지식(declarative knowledge)과 절차적 지식(procedural knowledge)으로 구분할 수 있다(Luger, 1994). 선언적 지식은 '지구는 둥글다' '곤충은 다리가 6개다' 등과 같이 일반적으로 외부 세계에 대해 기술한 지식으로, 명료적이다. 선언적 지식은 지식 표상의 기초에 따라 지각에 기초한 지식(perception-based knowledge)과 의미에 기초한 지식(meaning-based knowledge) 등으로 나눌 수도 있다(Anderson, 1995).

이와 달리 절차적 지식은 '자전거 타기' '분류하기' '셈하기' 등과 같이 무엇을 어떻게 하는가에 대한 지식을 의미한다. 더 나아가, 절차적 지식은 선언적 지식을 산출하는 데 요구되는 암묵적인 지식을 의미한다(Anderson, 1995). 즉, 과학탐구에서 사실, 이론, 의문, 가설, 검증방법 등의 선언적 지식을 산출하기 위해 표상되어야 하는 암묵적인 지식들이 곧 절차적 지식이다. 따라서 절차적 지식에는 탐구전략, 과학적 추론, 실험기구 조작방법 등이 포함된다고 할 수 있다.

지금까지 논의한 과학지식의 종류를 그림으로 나타내면 [그림 1-1]과 같다.

이러한 지식의 정의에 의거해서 과학지식을 정의하면 과학지식이란 자연현상에 관해서 획득한 구조화된 정보를 기억 장소에 체계적으로 저장해 놓은 것을 의미한다고 할 수 있다. 또한 지식의 분류방법에 의거해서 과학지식의 종류를 구분해 보면, 과학지식은 과학에 관련된 선언적 지식과 절차적 지식으로 구분될 수 있다. 선

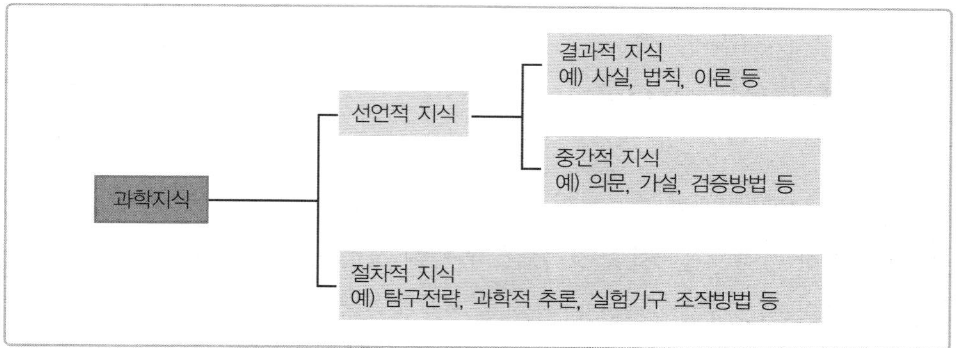

[그림 1-1] 과학지식의 유형

언적인 과학지식은 과학적 탐구의 결과 생성되는 사실, 법칙, 이론 등과 같은 '결과적 지식(terminal knowledge)' 과, 과학적 탐구의 과정에서 발상되는 의문, 의문에 대한 임시적인 설명인 가설, 가설 평가를 위해 고안된 검증방법, 평가기준 등과 같은 '중간적 지식(intermediate knowledge)' 으로 다시 구분될 수 있다.

전통적인 과학지식의 개념은 주로 결과적 지식에 한정되어서 정의되어 왔다. 사실, 과학탐구에서 중간적 지식의 중요성이 결과적 지식의 중요성에 비해 결코 덜하다고 할 수 없다. 예를 들어, 다윈(Darwin)의 진화론은 "왜 다양한 생물이 존재할까?" 라는 결정적인 의문에서 시작되었다. 만약 다윈이 주변에 존재하는 수많은 종류의 생물을 관찰하고도 이 같은 의문을 품지 못했다면, 진화론은 생성되지 못했을 것이다. 진화론은 이 의문에 대한 답을 찾기 위해 다윈이 고안한 지식, 즉 가설의 형태로 다윈의 인지 구조 내에서 처음으로 생성된 후, 많은 수의 과학자가 고안한 검증방법에 따라 검증된 결과로 얻어진 지식을 찾았다. 따라서 과학의 중간적 지식인 의문은 결과적 지식에 필연적으로 선행되어야 한다. 뿐만 아니라, 의문에 대한 잠정적인 답인 가설이 생성되지 못한다면 새로운 이론은 의문이라는 관문에서 멈추고 만다. 또한 가설의 형태로 그 문을 넘어선다 할지라도 결정적인 증거를 제시하기 위한 방법, 즉 가설 검증방법이 고안되지 못한다면 하나의 가능성 있는 설명으로 머무르고 말 것이다. 결론적으로 과학에서 중간적 지식은 결과적 지식 못지않게 중요하다.

과학의 절차적 지식은 새로운 선언적 과학지식을 생성하는 데 필수적이다. 인지심리학자들은 인지 구조에 저장되어 있던 기존의 선언적 지식과 절차적 지식이 상호작용함으로써 새로운 선언적 지식이 생성된다고 설명한다(Anderson, 1995; Solso, 2001). 이들의 설명에 의하면 장기 기억 속에 저장된 개념, 일반화, 이론 등의 선언적 지식은 비교적 정적이다. 반면에, 절차적 지식은 보다 더 역동적이다. 선언적 지식이 활성화되면 단순히 정보가 회상되는 것에 불과하다. 하지만 절차적 지식이 활성화되면 정보가 회상되는 것에 그치지 않고 회상된 정보들을 새롭게 변형시킨다(Gagne, Yekovich, & Yekovich., 1997). 앤더슨은 이러한 과정을 ACT 모형으로 설명했다(Solso, 2001).

과학적 추론 등과 같은 절차적 지식은 관찰을 통해서 획득된 사실은 물론, 이미 저장되어 있는 선언적 지식과 상호작용함으로써 법칙, 가설, 이론 등과 같이 보다 설명성이 큰 새로운 선언적 지식을 산출한다(정진수, 2004).

이상의 과학지식의 개념 정의와 과학지식의 종류에 관한 논의는 과학교육의 내용과 방법 면에서 시사점을 제공한다. 먼저, 앞에서 논의한 바에 의하면 과학에서 중간적 지식은 결과적 지식만큼이나 중요하다. 그러므로 학교 과학교육은 중간적 지식의 중요성을 수용하는 입장에서 다시 정리되어야 할 필요성이 있다. 또한 앞에서 논의한 바에 의하면 선언적 지식과 절차적 지식의 상호작용으로 새로운 중간적 지식과 결과적 지식이 생성된다. 따라서 '문제 인식-가설 설정-실험설계-자료 수집 및 해석-결론 도출' 과 같이 지식의 생성과정을 극히 단순화시킨 탐구과정 모형은 그 과정이 보다 세분화되어야 한다. 기존의 모형은 '실험설계' 과정에서 학생들이 '실험설계' 라는 절차적 지식과 이에 필요한 선언적 지식을 상호작용시켜서 '실험방법' 이라는 새로운 선언적 지식을 단번에 생성해 낼 것을 요구한다. 그러나 이것은 동일한 실험방법을 기억하고 있지 못한 학생들에게는 쉽지 않다. 반면에, '설험설계' 의 과정을 커다란 산출 체계이고 그 체계 속에 수많은 하위과정이 포함되어 있다는 것을 반영한 수업 모형이 개발되어 있다면, 이것은 학생들의 수준에 적절한 하위과정들을 단계적으로 밟아 가며 스스로 실험방법을 고안할 수 있도록 학생들을 도울 수 있을 것이다.

(2) 과학적 설명의 유형과 분류기준

과학은 새로운 설명을 생성하는 학문이다(Nagel, 1961). 설명은 현상의 원인에 관한 지식으로서 현상을 진술한 기술적 지식과 구별되는 지식이다(Salmon & Kitcher, 1989). 예컨대, '가을이 되면 단풍잎이 붉게 물든다.' 라고 진술한 지식은 사실을 기술한 지식이고, 왜 단풍잎이 물드는가를 묻는 물음에 대한 답은 원인에 관한 설명적 지식이다.

과학은 설명적 지식을 생성함으로써 우리가 알지 못했던 자연현상에 대한 이해를 높여 준다(Abrams & Southerland, 2001; Lawson, 1995; Zuzovsky & Tamir, 1999). 그러므로 과학의 중요한 목적은 경험적 수준에서 확인되는 현상의 배후에 내포되어 있는 존재자들(entities)과 과정들(processes) 및 그것들 간의 인과적 관계를 밝힘으로써 자연현상을 설명하는 지식을 생성하는 것이다(Hempel, 1966).

과학에서 설명적 지식은 어떻게 생성되는가? 권용주, 최상주, 박윤복 그리고 정진수(2003b)는 설명적 지식이 귀납적 과정과 귀추적 과정을 통해서 생성되고 연역적 과정을 통해서 평가된다고 주장했다. 이것은 설명적 지식의 생성과정을 발견의 맥락(context of discovery)과 정당화의 맥락(context of justification)으로 구분하는 과학철학자들(Hanson, 1961; Hempel, 1966; Peirce, 1901; Popper, 1968; Reichenbach, 1938)의 주장과 크게 다르지 않다. 즉, 권용주 등(2003b)의 지식 생성과정에서 귀납적 과정과 귀추적 과정은 새로운 설명적 지식을 발견하는 과정이고 연역적 과정은 이 지식을 정당화하는 과정이다. 따라서 과학의 새로운 법칙이나 이론 같은 설명적 지식은 본질적으로 발견의 맥락에서 탄생되는 것이기 때문에 발견의 맥락에서 새롭게 생성된 잠정적 설명은 매우 중요하다.

그러나 잠정적 설명의 범주나 종류에 관한 과학철학자들의 주장은 다양하다(Darian, 1995). 어떤 학자들(Enger & Ross, 2003; Kimball, 1994; Lawson, 1995; Moore, Clark, & Vodopich, 1998; Slabaugh & Parsons, 1976; Uno, Storey, & Moore, 2001)은 가설만을 잠정적 설명이라고 주장하는 반면, 어떤 학자들(Hempel, 1966; Quine & Ullian, 1988; Raven, Evert, & Eichhorn, 1999; Reese, 1980; Runes, 1982; Tarbuck & Lutgens, 1994)은 잠정적 설명에 가설과 잠정적인 법칙을 모두 포함시키기도 한다. 또 경우에 따라서는 목적론을 포함시키는 학자들도 있다(Ayala, 1968; Braithwaite, 1968).

이와 같이 잠정적 설명에 대해서 학자들마다 다른 견해를 보이는 이유는 과학철학에서 '설명' 이라는 개념이 형이상학적으로 중립적인 것이 아니라 철학적 입장에 의존하기 때문이며, 또한 잠정적 설명의 하위 유형을 구분할 수 있는 기준이 모호하기 때문이다(권용주, 고경태, 정진수, 2003a; 이혜원, 양일호, 조현준, 2005; Lawson, 1995).

실제로 가설과 예측을 구분하여 정의하는 학자들(Barnhart, 1953; Carin, 1997; Lawson, 1995; Martin, Sexton, Wagner, & Gerlonich, 1997)은 가설을 관찰된 현상들의 원인을 임시적으로 설명한 명제나 명제들의 집합이라고 정의함으로써 미래에 일어날 사건을 정보와 자료를 바탕으로 예언한 현상을 기술하는 예측과 의미를 구분한다(Carin, 1997; Martin et al., 1997). 반면에 햄펠(Hempel, 1966)은 예측도 현재의 설명자로 미래에 나타날 현상을 설명하는 논변이라고 간주할 수 있기 때문에 예측을 설명의 개념에서 따로 구분할 필요가 없다고 하였다.

그러나 잠정적 설명의 유형을 명확하게 구분하는 것은 과학교육에서 아주 중요하다. 왜냐하면 정당화의 맥락에서 설명적 지식을 검증할 때, 설명적 지식의 특성에 따라 검증방법이 달라지기 때문이다(박순화, 고경태, 정진수, 권용주, 2005). 예를 들어, 단일 원인에 의해 나타날 현상에 관한 예측은 그 원인만을 조작함으로써 비교적 간단하게 검증할 수 있지만, 다양한 설명자를 포함한 가설의 경우 그 설명자들 중에서 특정한 설명자들을 동정하거나 조합하는 복잡한 사고과정이 선행되어야만 검증할 수 있다. 그러므로 과학교육 현장에서 교사가 학생들에게 잠정적 설명을 검증하는 방법을 고안하게 할 때, 잠정적 지식의 유형에 따라 교수-학습의 전략을 적절하게 적용해야 한다.

다음의 예시를 통해 다양한 과학적 설명의 유형을 살펴보도록 하자(권용주, 이준기, 신동훈, 이효녕, 2006). 예시의 설명들은 일선 과학교사들이 과제를 수행하며 생성한 것이다. 사용된 과제는 단풍잎(식물 소재/정적 과제)과 새의 비행(동물 소재/동적 과제)에 관한 것으로, 교사들은 이들을 관찰하고 생긴 의문에 대해 과학적 설명을 생성하였다.

●● 자연관

연구대상 교사들이 생성한 잠정적 설명들은 먼저 자연관에 따라 목적론적 설명과 기계론적 설명으로 분류할 수 있다. 목적론적 설명은 현재의 현상에 의해서 일어날 미래의 목표, 기능, 용도 등을 진술한 명제다(Ayala, 1968; Braithwaite, 1968; Nagel, 1961). 반면에, 기계론적 설명은 현상에 반영된 관찰자의 마음과 상관없이 자연계에 존재하는 원인과 결과라는 개념으로 자연현상을 설명한다(오창희, 1998). 이와 같이 자연현상에 대한 설명은 '목적'이라는 관점으로 설명한 목적론적 설명과 '원인과 결과'라는 관점에서 설명한 기계론적 설명으로 분류될 수 있다(Salmon & Kitcher, 1989). 다음의 예시는 자연관에 따라 설명적 지식들을 분류한 것이다.

① 의문: 왜 단풍잎의 가장자리는 톱니 모양일까?

설명: 단풍잎의 가장자리가 톱니 모양인 것은 바람의 영향을 덜 받고, 수분의 증발을 막기 위해서다(목적론).

② 의문: 붉은색 단풍잎 안에는 무엇이 들어 있을까?

설명: 단풍잎 안에 붉은색 계통의 색소가 포함되어 있을 것이다(기계론).

③ 의문: 온도가 더 낮으면 단풍이 드는 속도는 어떻게 될까?

설명: 온도를 더욱 낮추어 주면 단풍은 더 빨리 들 것이다(기계론).

④ 의문: 잎의 반점은 왜 생겼을까?

설명: 잎의 각 부분에 모이는 당의 농도가 다르기 때문에 반점들이 생겼다(기계론).

⑤ 의문: 왜 저 새는 앞면만 바라볼까?

설명: 새의 목뼈는 아래를 바라볼 수 없는 구조이기 때문에 앞면만 바라볼 것이다(기계론).

⑥ 의문: 허벅지 부분의 깃털은 왜 있을까?

설명: 허벅지 부분의 깃털은 다리 부위의 체온을 유지하기 위하여 덮여 있는 것이다(목적론).

⑦ 의문: 저 새는 무슨 새일까?

설명: 이 새는 솔개일 것이다(기계론).

⑧ 의문: 황조롱이는 먹이를 발견하면 어떻게 할까?

설명: 황조롱이는 먹이를 발견하면 수직 낙하를 빠르게 하여 먹이를 잡을 것이다(기계론).

①번의 예시에서 연구대상 교사는 단풍잎의 가장자리가 톱니 모양인 이유를 바람의 영향을 덜 받고 수분의 증발을 막기 위한 목적 때문이라고 설명하였다. 이러한 방식의 설명은 목적론적 설명과 일치한다. 목적론적 설명은 현재의 현상에 의해서 일어날 미래의 목표, 기능, 용도 등을 진술한 명제이며, 미래의 목적이 현재의 현상을 규정한다(오창희, 1998). ①번의 예시에서 연구대상 교사는 단풍잎의 톱니 모양이라는 현재의 원인을 미래에 일어날 바람의 영향과 수분 증발 감소를 위한 기능에 관련지어 설명한 것이다. 이와 마찬가지로 ⑥번의 예시도 허벅지 부분의 깃털을 체온 유지 기능에 관련지어 설명했기 때문에 목적론적 설명으로 구분할 수 있다.

인간행동의 경우에는, 인간행동이 목표나 생각에 의해 야기되는 경우가 많기 때문에 목적론적 설명도 가치 있는 설명이 될 수 있다(Braithwaite, 1968). 그러나 물질과학에 관련된 현대 과학에서는 목적론적 설명을 신뢰하기 어려운 설명으로 취급하고 있다. 그에 반해, 생물학에서는 일부분 목적론적 설명을 허용하고 있으며, 목적론적 설명의 설명적 가치를 인정하고 있다(Hempel & Oppenheim, 1948).

한편, ②번의 설명은 잎의 내부에 들어 있는 물질을 추측하여 단풍잎을 설명한 것이고, ③번은 온도 변화로 단풍이 드는 속도를 설명한 것, ④번은 당의 농도로 잎의 반점 발생을 설명한 것, ⑤번은 목의 구조로 새가 앞만 보는 이유를 설명한 것, ⑦번은 날고 있는 새를 솔개라고 함으로써 지금 보고 있는 새를 설명한 것, ⑧번은 새가 먹이를 발견할 때 수직 낙하하는 행동을 설명한 것이다. 이러한 종류의 설명은 사물이 목적에 의하여 규정되어 있다는 가정에 바탕을 둔 목적론적 설명과는 구별된다. 오히려 이러한 설명은 기계론적 설명과 일치한다. 기계론적 설명은 현상에 반영된 관찰자의 마음과 상관없이 자연계에 존재하는 원인과 결과라는 개념으로 자연현상을 설명한다(오창희, 1998).

●● 잠정성의 시점

연구대상 교사들이 생성한 잠정적 설명들은 잠정성의 시점에 따라 분류될 수 있다. 다시 말하면, 의문에 대해 임시적으로 답한 것이 의문을 발생하게 한 것을 기준으로 어떤 시점에서 온 것인가에 따라 과거, 현재, 미래로 구분할 수 있다. 다음의 예시는 잠정성의 시점에 따라 설명적 지식들을 분류한 것이다.

① 의문: 왜 단풍잎의 가장자리는 톱니 모양일까?
설명: 단풍잎의 가장자리가 톱니 모양인 것은 바람의 영향을 덜 받고, 수분의 증발을 막기 위해서다(미래).

② 의문: 붉은색 단풍잎 안에는 무엇이 들어 있을까?
설명: 단풍잎 안에 붉은색 계통의 색소가 포함되어 있을 것이다(현재).

③ 의문: 온도가 더 낮으면 단풍이 드는 속도는 어떻게 될까?

설명: 온도를 더욱 낮추어 주면 단풍은 더 빨리 들 것이다(미래).

④ 의문: 잎의 반점은 왜 생겼을까?

설명: 잎의 각 부분에 모이는 당의 농도가 다르기 때문에 반점들이 생겼다(과거).

⑤ 의문: 왜 저 새는 앞면만 바라볼까?

설명: 새의 목뼈는 아래를 바라볼 수 없는 구조이기 때문에 앞면만 바라볼 것이다(과거).

⑥ 의문: 허벅지 부분의 깃털은 왜 있을까?

설명: 허벅지 부분의 깃털은 다리 부위의 체온을 유지하기 우 하여 덮여 있는 것이다(미래).

⑦ 의문: 저 새는 무슨 새일까?

설명: 이 새는 솔개일 것이다(현재).

⑧ 의문: 황조롱이는 먹이를 발견하면 어떻게 할까?

설명: 황조롱이는 먹이를 발견하면 수직 낙하를 빠르게 하여 먹이를 잡을 것이다(미래).

①번 예시에서 단풍잎의 '가장자리가 톱니 모양인 것' 을 현재 시점으로 기준을 잡으면, 이것에 의해 일어날 '바람의 영향 감소와 수분 증발 감소' 는 미래에 일어날 현상이다. 여기에서 '가장자리가 톱니 모양인 것' 은 현재 시점에서 확인된 것이지만 이것에 의해서 일어날 것으로 기대되는 '바람의 영향 감소와 수분 증발 감소' 는 미래에 잠정적으로 기대되는 것이다. 따라서 이 설명의 잠정성의 시점은 미래라고 할 수 있다. ③번의 경우에도 '온도를 낮추어 주는 것' 을 현재 시점으로 잡으면, 이것에 의해서 일어날 것으로 기대되는 '단풍이 더 빨리 드는 것' 은 미래 시점이라 할 수 있다. 이 설명에서도 잠정성의 시점은 어떤 현상이 일어날 것으로 기대되는 미래에 있게 된다. ⑥번의 '체온 유지' 와 ⑧번의 '수직 낙하' 도 모두 미래에 일어날 것으로 기대되는 현상이기 때문에 잠정성이 미래에 있다.

반면에, ②번 예시에서는 의문을 갖게 한 '붉은색 단풍잎' 과 이것을 설명하는 '붉은색 계통의 색소' 가 모두 같은 시점에 놓여 있다. 즉, 의문을 갖게 한 현상이 현재 시점에 놓여 있다면, 이 현상을 잠정적으로 설명하는 설명자도 현재 시점에 놓여 있다. 따라서 이러한 설명에서는 잠정성의 시점을 현재라고 할 수 있다. ⑦번의 경우에도 현재 시점에서 보고 있는 '저 새' 를 현재 시점에서 잠정적으로 '솔개' 라고 명명함으로써 설명하고 있다. 이 설명에서도 역시 잠정성의 시점이 현재에 놓여 있다.

한편, ④번 예시에서는 현재 시점에서 관찰되는 '잎의 반점' 을 과거 시점에서 일어났을 것으로 생각되는 '잎의 각 부분에 모이는 당의 농도 차이' 로 설명하고 있다. 즉, 의문을 갖게 한 현상이 현재 시점에 놓여 있다면, 이 현상을 잠정적으로 설명하는 원인은 과거 시점에 놓여 있다. 따라서 이러한 설명에서 잠정성의 시점은 과거라고 할 수 있다. 5번의 경우에도 새가 앞면만 보는 현재 현상을 과거에 만들어졌을 것으로 기대되는 목뼈의 구조로 설명하고 있다. 이 설명 역시 잠정성은 목뼈의 구조에 있고, 이것은 과거의 시점에 놓여 있다.

●● 잠정성의 대상

과학적 설명은 설명의 주체인 '설명자' 와 설명자에 의해 설명을 받는 '현상' 이 포함된 명제 또는 명제들의 집합이다(Hanson, 1961). 예를 들어, '잎의 각 부분에 모이는 당의 농도가 다르기 때문에 반점들이 생겼다.' 는 설명에서 '잎의 각 부분에 모이는 당의 농도 차이' 는 설명자이고, '반점' 은 현상이다. 잠정적 설명은 설명자 혹은 현상이 임시적인 설명을 의미한다. 따라서 잠정적 설명들은 잠정적인 것이 무엇인가에 따라 분류될 수 있다. 다시 말하면, 설명의 주체인 설명자가 잠정적인 것과 설명의 대상인 현상이 잠정적인 것으로 구분될 수 있다. 다음의 예시는 이러한 기준에 따라 잠정적 설명들을 분류한 것이다.

① 의문: 왜 단풍잎의 가장자리는 톱니 모양일까?
설명: 단풍잎의 가장자리가 톱니 모양인 것은 바람의 영향을 덜 받고, 수분의 증발을 막기 위해서다(현상).

② 의문: 붉은색 단풍잎 안에는 무엇이 들어 있을까?
설명: 단풍잎 안에 붉은색 계통의 색소가 포함되어 있을 것이다(설명자).

③ 의문: 온도가 더 낮으면 단풍이 드는 속도는 어떻게 될까?
설명: 온도를 더욱 낮추어 주면 단풍은 더 빨리 들 것이다(현상).

④ 의문: 잎의 반점은 왜 생겼을까?

설명: 잎의 각 부분에 모이는 당의 농도가 다르기 때문에 반점들이 생겼다(설명자).

⑤ 의문: 왜 저 새는 앞면만 바라볼까?

설명: 새의 목뼈는 아래를 바라볼 수 없는 구조이기 때문에 앞면만 바라볼 것이다(설명자).

⑥ 의문: 허벅지 부분의 깃털은 왜 있을까?

설명: 허벅지 부분의 깃털은 다리 부위의 체온을 유지하기 위하여 덮여 있는 것이다(현상).

⑦ 의문: 저 새는 무슨 새일까?

설명: 이 새는 솔개일 것이다(설명자).

⑧ 의문: 황조롱이는 먹이를 발견하면 어떻게 할까?

설명: 황조롱이는 먹이를 발견하면 수직 낙하를 빠르게 하여 먹이를 잡을 것이다(현상).

①번의 예시는 '단풍잎의 모양이 바람의 저항을 감소시키고 수분의 증발을 막는다.' 는 설명 구조로 되어 있다. 즉, 단풍잎의 모양이 설명자이고, 이 모양에 의해 바람의 저항이 감소하고 수분 증발이 줄어든 현상이 발생한다는 것이다. 여기에서 설명자인 단풍잎의 모양은 지금 내가 관찰한 것이기 때문에 이미 확실한 것이다. 그러나 이로 인해 야기되는 바람 저항의 감소나 수분 증발이 감소하는 현상은 임시적인 예측일 뿐이다. 따라서 이 설명은 잠정성이 현상에 있다고 할 수 있다. 같은 논리로, ③번에서는 단풍이 빨리 든다는 현상에, ⑥번에서는 체온 유지라는 현상에, ⑧번에서는 수직 낙하라는 현상에 잠정성이 있다.

반면에, ③번에서는 아직 확인되지 않은 붉은색 색소가, ④번에서는 잎의 각 부분에 모이는 당의 농도가, ⑦번에서는 솔개라는 개념이 각각의 관찰 현상을 잠정적으로 설명하고 있다.

지금까지 제시한 세 가지의 분류 기준에 따라 잠정적 설명들을 분류하여 서로의 관계를 그림으로 제시하면 [그림 1-2]와 같다.

[그림 1-2]에서 실선 혹은 점선으로 그려진 화살표의 종류는 자연관의 유형을 나타낸 것이다. 즉, 실선은 기계론적 설명을 의미하고, 점선은 목적론적 설명을 의미한다. 또한 화살표의 방향은 현재의 의문 상황을 설명하기 위해서 잠정성이 어느 시점에서 왔는지를 나타낸 것이다. 다시 말해, 현재의 의문 상황을 설명하기 위해

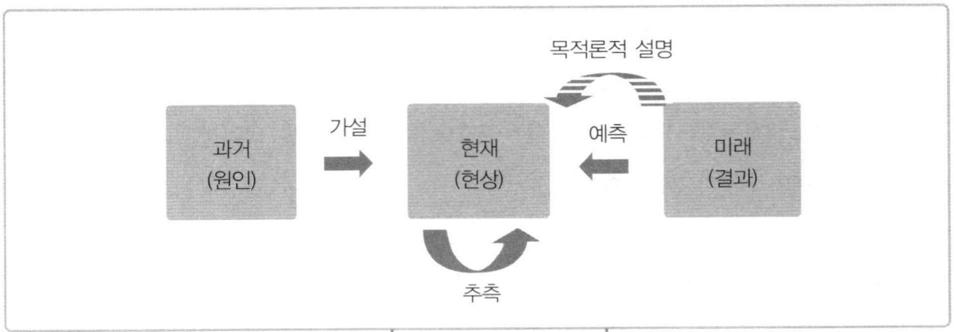

[그림 1-2] 잠정적 설명들의 관계(권용주 외, 2006)

서 가설(hypothesis)은 과거 시점의 설명자를 임시적으로 가져와서 설명한 것이고, 추측(conjecture)은 현재 시점의 설명자를 임시적으로 가져와서 설명한 것이며, 예측(prediction)은 미래 시점의 현상을 임시적으로 가져와서 설명한 것이다. 또한 목적론(teleology)은 현재의 의문 상황을 설명하기 위해서 예측과 같이 미래 시점의 현상을 임시적으로 가져온 것이지만 예측과는 다르게 목적론적인 자연관에 따라 설명한 것이다.

여기에서 가설은 기계론적 자연관에 따라 현재 관찰된 현상의 원인이 되는 설명자를 잠정적으로 고안하여 진술한 명제다. 논리적으로 현상이 그 현상의 원인이 된 설명자를 앞설 수 없으므로 설명자는 과거 시점에 놓이고 현상은 현재 시점에 놓이게 된다. 이것은 가설을 '관찰된 현상들의 원인에 대한 임시적인 설명으로 고안된 명제나 명제들의 집합' 으로 정의하는 과학철학의 일반적인 입장과 다르지 않다(Barnhart, 1953; Lawson, 1995).

그리고 추측은 기계론적 자연관에 따라 현재 관찰된 현상을 자세히 설명하는 설명자를 잠정적으로 고안하여 진술한 명제다. 여기에서 설명자는 그 현상 자체를 보다 자세히 기술한 것이다. "단풍잎 안에 붉은색 계통의 색소가 포함되어 있을 것이다." 라는 예시에서 지금 관찰자가 관찰하고 있는 것은 붉은색 단풍잎이다. 그런데 이 관찰자는 그 단풍잎 속에 들어 있을 것으로 생각되는 붉은색 계통의 색소라는 잠정적인 설명자를 이용하여 단풍잎의 색을 설명하고 있다. 따라서 현상의 설명자인 붉은색 계통의 색소와 현상인 단풍잎의 붉은색의 논리적 시점이 동일하다.

또한 예측은 기계론적 자연관에 따라 현재의 원인에 의해 일어날 미래의 현상을 잠정적으로 추정하여 진술한 명제다. 이것은 예측이란 현재의 정보와 자료를 바탕으로 미래에 일어날 최선의 예상을 해내는 것이라는 입장(Martin et al., 1997)이나, 예측이란 미래에 일어날 사건이나 그 조건에 관한 일종의 예언이라고 정의하는 입장(Carin, 1997)과 일치한다.

마지막으로 목적론은 목적론적 자연관에 입각해서 현재의 원인에 의해서 일어날 미래의 목표, 기능, 용도 등을 진술한 명제다(Ayala, 1968; Braithwaite, 1968; Nagel, 1961). 예를 들어, 목적론적 설명은 '초식동물의 장은 육식동물의 장보다 긴데, 이것은 초식동물이 육식동물보다 많은 양의 먹이를 소화해야 하기 때문이다.' 와 같은 방식으로 진술된다(Tamir & Zohar, 1991).

이상의 자연관, 잠정성의 시점, 잠정성의 대상 등의 기준에 따라 잠정적 설명들을 분류할 수 있는 틀을 고안하여 제시하면 〈표 1-1〉과 같다.

이러한 내용에 따르면 과학의 잠정적 설명은 자연관, 잠정성의 시점, 잠정성의 대상에 따라 분류될 수 있다. 먼저, 자연관에 따라서는 자연현상을 '목적' 이라는 관점으로 설명한 목적론적 설명과 '원인과 결과' 라는 관점에서 설명한 기계론적 설명으로 분류될 수 있다. 그리고 잠정성의 시점에 따라서는 과거, 현재, 미래 등으로 구분될 수 있다. 마지막으로 잠정성의 대상에 따라서는 설명의 주체인 설명자가 잠정적인 것과 설명의 대상인 현상이 잠정적인 것으로 구분될 수 있다. 이러한 분류기준에 따라 잠정적 설명을 분류하면 [그림 1-3]과 같다.

과학에서 우리가 알지 못하는 자연현상의 배후에 내포되어 있는 설명자와 현상이 일어나기까지의 과정을 임시적으로 진술한 잠정적 설명은 '원인과 결과' 라는

〈표 1-1〉 잠정적 설명 분류틀(권용주 외, 2006)

설명의 유형	자연관		잠정성의 시점			잠정성의 대상	
	기계론	목적론	과거	현재	미래	설명자	현상
가설	○		○			○	
추측	○			○		○	
예측	○				○		○
목적론		○			○		○

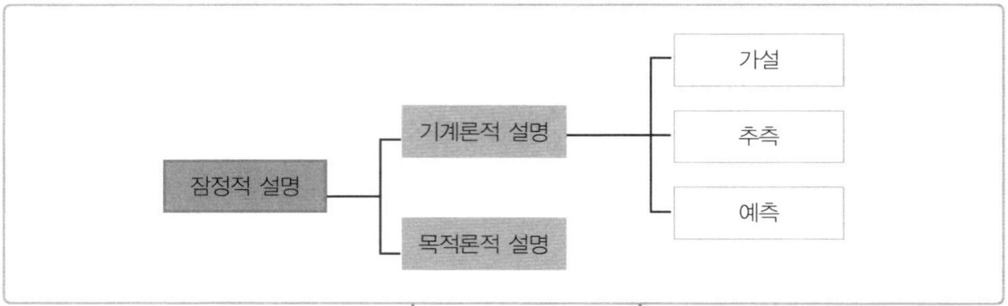

[그림 1-3] 잠정적 설명의 유형(권용주 외, 2006)

관점에서 자연현상을 설명한 기계론적 설명과 '목적'이라는 관점으로 설명한 목적론적 설명으로 분류될 수 있다(Salmon & Kitcher, 1989). [그림 1-3]에서 기계론적 설명은 이미 나타났거나 나타날 자연현상을 그 현상의 설명자와 함께 진술한 명제이고, 목적론적 설명은 사물이나 현상의 특징을 목표, 기능, 용도 등에 대해서 진술한 명제다(Ayala, 1968; Braithwaite, 1968; Nagel, 1961). 특히 목적론적 설명은 '자연관에 입각해서 현재의 원인에 의해서 일어날 미래의 목표, 기능, 용도 등을 진술한 명제'다.

[그림 1-3]에 의하면 기계론적 설명은 가설, 추측, 예측 등을 포함한다. 여기에서 가설(hypothesis)은 '기계론적 자연관에 따라 현재 관찰된 현상의 원인이 되는 설명자를 잠정적으로 고안하여 진술한 명제', 추측은 '기계론적 자연관에 따라 현재 관찰된 현상을 자세히 설명하는 설명자를 잠정적으로 고안하여 진술한 명제', 예측은 '기계론적 자연관에 따라 현재의 원인에 의해 일어날 미래의 현상을 잠정적으로 추정하여 진술한 명제'다.

이와 같이 과학의 잠정적 설명을 기준에 따라 명확하게 구분하는 것은 과학교육에서 몇 가지 중요한 의미를 갖는다. 첫째, 기존의 탐구 모형들을 개선할 수 있다. 기존의 탐구 모형들은 '가설 설정' 단계에 [그림 1-3]에 제시된 네 가지의 잠정적 설명을 구분하지 않고 다루었다. 그러나 [그림 1-3]의 분류 방식을 적용한다면 '가설 설정' 단계에서 교사들은 학생들이 생성해야 할 지식의 종류를 명확하게 제시함으로써 효과적으로 잠정적 지식을 생성할 수 있도록 도울 수 있을 것이다. 가령, 현상의 원인에 대한 의문에 대한 잠정적인 답을 생성해야 할 경우 가설을 생성해야 할 것이고, 현상 자체에 대해 보다 자세히 알고자 하는 의문에 대한 것이라면 추측, 어떤 변인을 조작했을 때 나타날 현상에 관한 의문이라면 예측을 생성하게 해야 할 것이다.

둘째, [그림 1-3]을 적용하면 정당화의 맥락에서도 보다 적절한 수업 전략을 적용할 수 있을 것이다. 잠정적 설명의 종류에 따라서 각각 검증하는 방법이 달라질 수 있다. 예를 들어, 나뭇잎의 미세 구조에 관한 추측을 검증할 때는 그 나뭇잎을 확대해서 관찰하게 하는 것이 가장 적절한 방법이다. 그러나 끓는 온도에 따라 나뭇잎의 색이 어떻게 변화할지를 예측한 것이라면 온도를 조작하는 방법을 생각해 내야 할 것이다. 이와 같이 잠정적 설명에 따라 정당화의 맥락에 접근하는 방식이 달라질 수 있기 때문에 [그림 1-3]의 분류는 정당화 맥락에서 학생들의 활동을 도울 수 있는 전략 수립에 필요한 기본 지식으로 활용될 수 있다.

2. 과학지식 생성의 이론적 고찰

지식을 생성한다는 것은 제기된 문제 현상을 설명하기 위해 필요한 지식을 고안하는 것을 의미한다(Anderson & Biddle, 1991). 따라서 과학지식을 생성한다는 것은 자연현상을 설명하기 위해 필요한 지식을 고안하는 것을 의미한다. 한편, 과학지식은 과학에 관련된 선언적 지식과 절차적 지식으로 구분될 수 있다. 또한 선언적인 과학지식은 과학적 탐구 결과 생성되는 사실, 법칙, 이론 등과 같은 결과적 지식과, 과학적 탐구의 과정에서 발생되는 의문, 의문에 대한 임시적인 설명인 가설, 가설 평가를 위해 고안된 검증방법, 평가기준 등과 같은 중간적 지식으로 다시 구분될 수 있다. 한편, 절차적 지식은 선언적 지식을 산출하는 데 요구되는 암묵적인 지식을 의미한다. 즉, 과학탐구에서 사실, 이론, 의문, 가설, 검증방법 등의 선언적 지식을 산출하기 위해 표상되어야 하는 암묵적인 지식들이 곧 절차적 지식이다. 따라서 절차적 지식에는 탐구전략, 과학적 추론, 실험기구 조작방법 등이 포함된다. 그러므로 과학적 지식의 생성은 탐구의 결과에서 얻은 결과적 지식뿐만 아니라 탐구의 과정에서 생성된 중간적 지식과 절차적 지식을 고안하는 것을 모두 포함한다고 할 수 있다.

사실, 과학적 탐구과정에서 고안되는 중간적 지식 및 절차적 지식은 결과적 지식에 비해 그 중요성이 덜하다고 하기는 어렵다. 예를 들어, 다윈의 진화론이 "왜 다양한 생물들이 존재할까?"라는 결정적인 의문에서 시작된 것처럼, 대부분의 과학적 연구의 방향과 가치는 이러한 '의문 지식'에 의해 큰 영향을 받는다. 그리고 '검증방법 지식'의 대표적인 예인 실험방법 지식 또한 과학적 연구에서 중요한 방법적 지식으로 인식되고 있다.

그러면, 이러한 과학지식들은 어떻게 생성되는가? 이 질문에 대한 답을 얻기 위해서는 지식이 생성되는 과정을 관찰하는 것이 가장 좋은 방법이다. 그러나 지식 생성은 우리의 머릿속에서 이루어지는 것이기 때문에 직접 관찰할 수가 없다. 따라서 이 과정을 밝히기 위해서는 매우 엄밀한 관찰 계획이 필요하다. 그리고 관찰 계획을 수립하기 위해서는 관찰의 관점을 제공하는 이론적 배경들을 우선 살펴보아야 한다. 이러한 이유로 이 연구에서는 인지심리학, 과학철학, 과학사 등의 문헌 연구를 통해 과학지식의 생성에 관한 이론들을 고찰했다.

먼저, 인간이 지식을 획득하고 파지하며 활용하는 과정을 연구하는 학문인 인지심리학의 문헌들에 나타난 이론들을 고찰했다. 특히 인지심리학의 지각에 관한 이론과 지식 생성에 관한 이론들에서 과학지식의 생성에 관한 중요한 단서를 얻고자 했다. 그리고 과학사에서 과학자들의 실제적인 지식 생성과정을 이끌어 내려고 했다. 이를 위해 비교적 과학지식의 내용보다는 그 지식의 생성과정에 초점을 두어 과학사를 정리한 과학사 문헌에서 사례들을 선정하여 각 사례에 포함된 지식의 생성과정을 분석했다. 또한 과학지식 생성의 본질을 밝히기 위해 노력해 온 과학철학의 문헌들을 살펴보았다. 특히 경험주의의 귀납적 방법, 귀추적 방법, 연역적 방법 등에 관한 과학철학사적 배경, 의미, 그리고 과정 등을 고찰함으로써 과학지식의 생성에 관한 철학적 관점들을 얻고자 했다.

마지막으로, 인지심리학, 과학철학, 과학사의 문헌들을 연구하여 얻은 결과들을 바탕으로 과학지식 생성에 관한 종합적인 결론을 이끌어 냈다.

1) 인지심리학과 과학지식의 생성

인지심리학이란 인간의 정보처리에 관한 과학이며, 인지심리학의 주제, 즉 인지란 기억 속에 있는 조직적인 정보와 그러한 정보를 획득하고 파지하며 활용하는 과정을 일컫는 말이다(Wessells, 1982). 이러한 인지심리학의 관점에서 지식은 기억 장소에 정보들이 조직적으로 저장된 것을 의미한다(Solso, 2001). 즉, 지식이란 감각기관에서 직접적으로 획득한 정보들이 무의미하게 나열되어 있는 것을 의미하는 것이 아니라 구조화된 정보의 시스템이나 네트워크의 일부분으로 저장되어 있는 것을 의미한다.

그러면, 인지심리학은 지식 생성과정을 어떻게 설명하고 있는가? 여기에서는 지식 생성에 관해서 설명한 인지심리학의 중요한 이론들을 살펴봄으로써 과학지식의 생성과정에 대해서 설명하고자 한다.

(1) 지각에 의한 지식 생성

많은 심리학자(Anderson, 1995; Gagne et al., 1997; Solso, 2001; Wessells, 1982)의 문헌들은 새로운 지식 생성이 외부 사물 또는 사물들 사이의 관계를 지각하는 심상 표상(mental representation)에 바탕을 두고 있으며, 외부 세계에 대한 지각이나 장기 기억 속의 지식이 표상되어 변형(transformation)된 결과로 지식이 생성된다고 설명한다. 이들은 새로운 지식이 외부 정보의 지각에 의한 표상이나, 표상된 선언적 지식과 절차적 지식의 상호작용에 의해 생성된다고 본다.

이 중 외부 정보의 지각에 의한 표상과정은 솔소(Solso, 2001)의 정보처리 절차 모형에 잘 나타나 있다([그림 1-4]).

이 모형에 의하면 인간은 1차적으로 외부 환경으로부터 감각적 에너지를 감각계를 통해 제한적으로 받아들인다. 이것은 신경 신호로 변환되고, 일시적으로 감각저장소에 저장된 후 다시 중추신경계로 넘어가 복잡한 사고과정을 거쳐 기억되거나 변형되고, 행동으로 반응하기도 한다. 여기에서 외부 정보를 받아들이는 지각(perception)은 단순히 외부 현실을 그대로 복사하는 수동적 수용과정이 아니다. 지각은

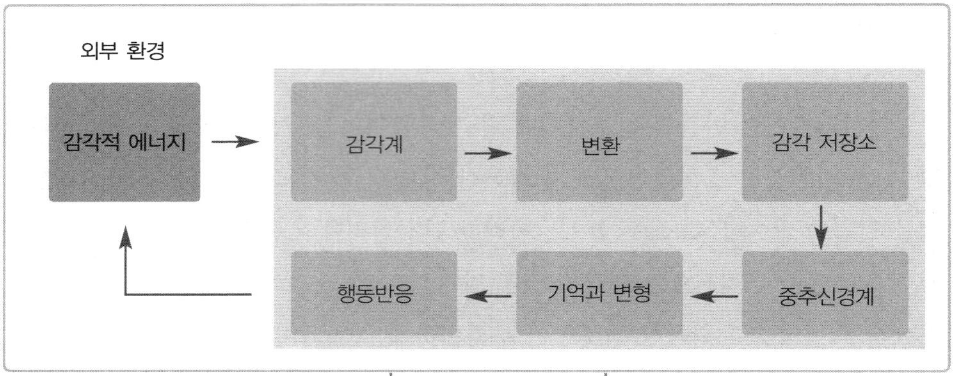

[그림 1-4] 정보처리 절차 모형

외부 세계의 물리적 정보를 복잡한 여과와 변형의 과정을 거치면서 의미를 가진 정보로 표상하는 과정이다. 즉, 지각은 두뇌로 전달되는 현실의 복사물과 대응되는 것이 아니라 두뇌 신경세포들의 활동 패턴과 대응되는 것이기 때문에 외부 세계에 존재하는 사물 못지않게 우리의 마음이 작동하는 방식에 의해 결정된다.

(2) 선언적 지식과 절차적 지식의 상호작용에 의한 지식 생성

지식 생성의 또 다른 방식은 선언적 지식과 절차적 지식의 상호작용으로 설명된다. 선언적 지식은 장기 기억 속에 저장된 모든 사물, 일반화된 것들, 그리고 이론 등에 관한 것으로 대단히 다양하다. 그러나 이러한 선언적 지식은 비교적 정적이다. 반면에, 절차적 지식은 보다 역동적이다. 절차적 지식이 활성화되면, 그 결과는 정보의 단순한 회상이 아니라 정보를 변형시킨다(Gagne et al., 1997). 앤더슨이 제시한 선언적 지식과 절차적 지식의 상호작용을 모형으로 표현하면 [그림 1-5]와 같다(Solso, 2001).

이 그림에서 작동 기억(working memory)은 단기 기억의 일종으로 장기 기억의 선언적 지식을 검색하여 가져오고 절차적 지식을 실행시키는 역할을 한다. 또 선언적 기억(declarative memory)은 선언적 지식의 기억을 의미하며, 생산 기억(production memory)은 절차적 지식과 거의 같은 의미를 가지고 있다. ACT 모형은 기본적으로 산출 시스템(production system) 개념을 기반으로 한다. 이것은 IF-THEN 방식의 조

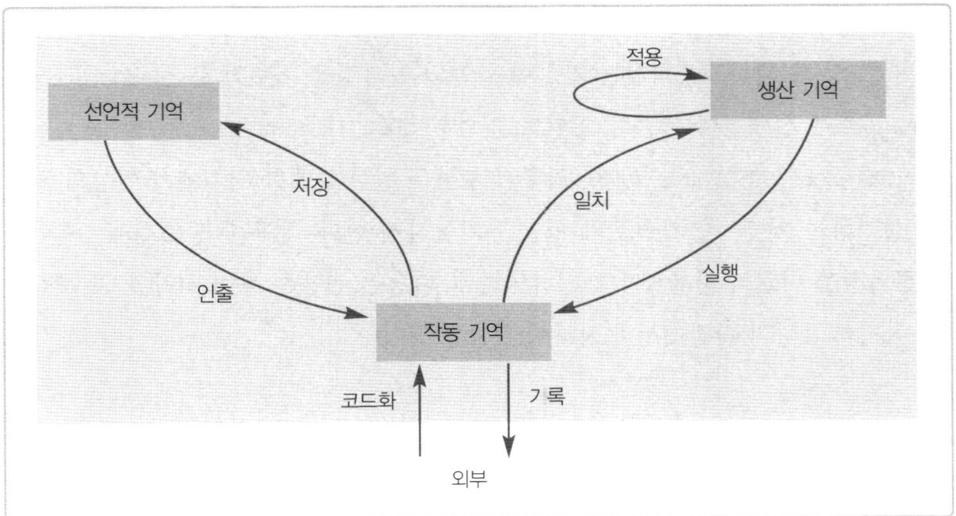

[그림 1-5] 앤더슨의 ACT 도형(Solso, 2001)

건-행위(condition-action) 쌍의 최소 단위가 절차적 지식의 표상 결과인 산출을 유발한다고 본다. 조건-행동 규칙의 절차적 지식 표상에서 IF(만일)는 있어야 할 조건을 말하며, THEN(그러면)은 조건 절이 만족되었을 때 일어나는 행위를 의미한다. 예를 들어, 여러 가지 도형에서 사각형을 구분하는 문제해결 과정에서 산출로서의 절차적 지식의 표상은 다음과 같다.

IF 도형이 평면이고, 또 도형이 네 변이며, 또 도형이 막혀 있으면,

THEN 도형을 사각형으로 분류하고, '사각형' 이라고 말하라.

이러한 산출은 하나의 조건-행위 쌍으로 나타나기도 하지만 여러 개가 연속적으로 표상되어 산출 체계를 이루기도 한다. 과학에서 중요하게 생각하는 추론은 바로 이러한 정교한 일련의 혼합된 산출 체계라고 할 수 있다. 산출 체계인 추론은 선언적 지식과 상호작용함으로써 이미 알고 있는 지식에서 새로운 지식으로의 이동을 가능하게 한다(Anderson, 1995).

과학에서 추론에 의한 지식 생성의 예를 가설 창안과정을 통해 살펴보자. 많은 과학철학자와 과학교육학자는 가설이 창안되는 과정을 귀추적 추론(abductive reasoning)으로 설명한다(권용주, 양일호, 정원우, 2000; Hanson, 1958; Jeong & Kwon, 2001; Lawson, 1995; Peirce, 1998). 귀추적 추론은 현상에 대한 지식에서 현상의 원인을 설명하는 지식, 즉 가설로의 이동을 가능하게 한다. 권용주 등(2000)은 귀추적 추론과정을 비교적 자세하게 제시하였는데, 다음은 권용주 등이 제안한 귀추적 추론을 지식 표상의 관점에서 수정하여 진술한 것이다.

① 현재의 의문 상황(questioning situation)과 유사한 과거의 경험 상황(experienced situation)을 표상한다.

② 의문 상황과 경험 상황의 하위 특성들을 비교하여 유사성 정도가 가장 높은 경험 상황을 선택한다.

③ 유사성 정도가 가장 높은 경험 상황의 원인적 설명자(causal explicans)를 표상한다.

④ 원인적 설명자를 의문 상황의 가설적 설명자(hypothetical explicans)로 차용한다.

앞의 과정을 선언적 지식들과 상호작용하는 절차적 지식의 산출 형식으로 나타내면 다음과 같다.

P1	IF	목표가 의문 상황의 원인적 설명을 찾는 것이라면,
	THEN	유사한 경험 상황들을 표상하라.
P2	IF	하위 목표가 의문 상황과 경험 상황의 유사성을 비교하는 것이라면,
	THEN	의문 상황과 경험 상황의 하위 특성들을 비교하라.
P3	IF	하위 목표가 의문 상황과 가장 유사한 경험 상황을 선택하는 것이라면,
	THEN	의문 상황의 하위 특성들과 가장 잘 맞는 하위 특성을 가진 경험 상황을 선택하라.

P4 IF 목표가 의문 상황의 원인적 설명자를 찾는 것이고, 가장 유사한 경험 상황을 찾았다면,

THEN 그 경험 상황의 원인적 설명자를 표상하라.

P5 IF 목표가 의문 상황의 원인적 설명자를 찾는 것이고, 가장 유사한 경험 상황의 원인적 설명자를 표상했다면,

THEN 그 원인적 설명자를 가설적 설명자로 차용하라.

귀추적 추론과정과 산출 형식은 가설이 의문 상황, 경험 상황, 원인적 설명자 등의 선언적 지식과 귀추적 추론이라는 절차적 지식이 상호작용하여 생성되는 것임을 보여 준다. 같은 원리로, 새로운 과학적 지식은 다양한 종류의 선언적 지식들과 귀납적 추론, 귀추적 추론, 연역적 추론 등의 절차적 지식들과의 상호작용으로 생성된다고 할 수 있다.

(3) 인지심리학적 연구의 종합

인지심리학의 문헌들은 과학적 지식이 생성되는 과정이 크게 지각에 의한 지식 생성과정과, 선언적 지식과 절차적 지식의 상호작용에 의한 지식 생성과정으로 구분될 수 있음을 말해 주고 있다. 여기에서 지각은 외부 세계의 물리적 정보를 감각기관과 인지구조의 복잡한 여과와 변형의 과정을 거치면서 의미를 가진 정보로 표상하는 과정을 의미한다. 그리고 지식의 상호작용은 이미 가지고 있는 지식이나 지각에 의한 표상으로 얻은 다양한 종류의 선언적 지식들과 귀납, 귀추, 연역 등의 과학적 추론들의 상호작용에 의한 지식 생성을 의미한다. 결론적으로 인지심리학이 말해 주는 과학적 지식 생성과정을 간단하게 기술하면 다음과 같다.

지각 → 선언적 지식과 절차적 지식의 상호작용

2) 과학사와 과학지식의 생성

과학지식이 생성되는 실제적인 과정을 연구하기 위해 과학사를 탐색하는 것은

자연스럽다. 과학사는 중요한 과학지식의 내용뿐 아니라 그 지식의 생성과정을 함께 기술하고 있으며, 연구자는 그 과정을 분석함으로써 과학지식의 생성과정에 대한 실제적인 증거들을 얻을 수 있기 때문이다. 따라서 이 연구에서는 과학사를 지식 생성과정 중심으로 기술한 문헌을 찾아 그 내용을 분석하여 과학지식 생성과정을 밝히고자 했다.

이를 위해 먼저, 비교적 과학지식의 내용보다는 그 지식의 생성과정에 초점을 두어 과학사를 정리한 정원우 등(2000)의 『과학사의 이해』에서 물리, 화학, 생물, 지구과학 영역의 주제들 중 각각 1개의 사례들을 선정했다. 그리고 각 사례에 포함된 중요한 과학적 지식들을 뽑아내어 지식이 생성되는 과정을 분석했다. 마지막으로, 각 영역에서 분석한 지식 생성과정을 상호 비교하여 차이점과 유사점에 따라 과학지식의 생성과정을 종합했다.

(1) 광자이론 지식의 생성과정

물리학에서 고전역학은 주로 거시적인 세계의 운동을 기술했다. 그런데 점차 연구대상이 미시적인 세계까지 확장되자 물리학은 한계에 직면하게 되었다. 이때 막스 플랑크(Max Planck)는 양자 가설을 제안하여 새로운 돌파구를 마련했다. 뿐만 아니라 미시 세계에 대한 물리적 설명은 아인슈타인(A. Einstein)의 광자이론에 의해 다시 한 번 도약했다. 거시 세계에서 미시 세계로 넘어가는 길목에서 광자이론은 어떤 과정으로 생성되었을까? 이 부분에서 본 연구는 '제5장 역학의 변천: 고전역학과 양자역학' 부분에 기술된 과학사 내용을 분석하여 광자이론 지식의 생성과정을 밝히고자 한다. 먼저 내용의 일부를 옮기면 다음과 같다.

> 양자역학은 19세기 말에 조명 사업을 발전시키던 독일에서 시작된 복사 연구로부터 출현하였다. 1900년에 막스 플랑크는 흑체 복사를 연구하던 중, 흑체로부터 방출되는 복사열은 연속적인 흐름이 아니라 에너지의 가장 작은 단위인 양자(quanta)라는 불연속적인 단위로 되어 있다는 양자 가설을 내놓았다. 그러나 그는 아직 빛의 파동설을 믿고 있었으며 고전 물리학자였기 때문에 복사에너지가 정수배로 변화한다는 것을 빛 자체의 고유한 성질로 바라볼 수가 없었다. 따라서 그는 흑체의 벽을

> 구성하는 원자들이 전자기적 진동자의 특성을 가지고 있는 것으로 결론짓는 양자이론을 내놓게 되었다.
>
> 그로부터 5년이 지난 1905년에 아인슈타인은 특수상대성이론, 브라운 운동(Brawnian motion)에 관한 이론들과 함께 빛이 광양자로 되어 있다는 광전자 가설로 광전효과를 설명하였다. 광전효과는 자외선 혹은 자외선에 가장 가까운 보라색의 빛을 금속 표면에 입사시키면 금속 표면에서 전자가 방출되는 현상으로 이때 방출되는 전자를 광전자라고 부르는 데서 유래했다. 아인슈타인의 광자이론은 1916년에 밀리컨(Millikan)이 행한 실험을 통해 확인되었고, 1923년에 콤프턴(Compton)은 광자의 존재를 입증하는 구름 상자 실험을 수행하여 빛의 광양자설은 완전히 수용되었다. 이제 빛은 때로는 파동으로, 때로는 입자로 행동하는 이중성을 가진 존재가 되었다(p. 71).

앞의 과학사 내용에 나타나 있는 중요한 과학지식을 정리하면 다음과 같다.

① 플랑크의 양자이론: 흑체로부터 방출되는 복사열은 불연속적인 단위로 되어 있다.

② 아인슈타인의 광자이론: 빛은 입자로 행동한다.

막스 플랑크의 양자이론은 흑체 복사에 관한 관찰 실험에서 시작되었다. 그리고 그는 관찰에 의해 발견한 새로운 현상이 '빛은 연속적인 흐름' 이라는 기존의 생각으로 설명할 수 없음을 알게 되자 새로운 가설, 즉 양자이론을 내놓게 되었다. 아인슈타인의 광자이론은 플랑크의 양자이론에 대한 대안적 가설로 등장했다. 그 뒤 광자이론은 밀리컨의 실험에 의해 확인되었다. 아마도 밀리컨은 광자 가설을 평가할 수 있는 방법을 고안하기 위해 많은 노력을 기울였을 것으로 생각된다. 또 그는 자신이 고안한 방법을 성공적으로 수행하여 얻은 결과를 바탕으로 가설이 지지됨을 확인했을 것으로 생각된다. 광자 가설을 입증한 콤프턴도 밀리컨과 동일한 과정을 거쳐 광자 가설을 지지하는 증거들을 추가했을 것으로 생각된다. 콤프턴은 이미 어느 정도 검증된 광자 가설을 평가하기 위해 구름 상자 실험을 고안하고, 실험을 수행해서 얻은 결과를 통해 광자이론을 입증했을 것이다.

이상의 과학적 지식 생성과정을 정리하면 다음과 같다.

> 관찰 → 가설 생성 → 대안적 가설 생성 → 가설 검증방법 고안 1 → 결과 수집 1 → 가설 평가 및 결론 진술 1 → 가설 검증방법 고안 2 → 결과 수집 2 → 가설 평가 및 결론 진술 2

(2) 수소 기체의 성질에 관한 지식 생성과정

금속을 산에 녹였을 때 기체가 발생한다는 사실은 보일(Boyle)이나 그 이전에 있던 사람들도 알고 있었다. 하지만 우리가 지금 수소로 알고 있는 그 기체의 성질을 최초로 자세히 연구한 사람은 카벤디시(Cavendish)다. 이번에는 '제9장 기체 화학의 발견' 에 나타난 카벤디시의 과학적 지식 생성과정을 분석한다. 먼저 내용의 일부를 옮기면 다음과 같다.

> 1766년 카벤디시는 시약병에 아연과 묽은 황산을 넣고, 발생되는 가스의 거품을 막아 내기 위해 그 위에 유리병을 꼽고, 그 위에 글라스 실린더를 장치하였다. 이 실린더의 끝은 열려 있고 그 속에는 진주재(Na_2CO_3)를 넣어 발생되는 가스 중의 습기를 여기서 흡수, 제거하였다. 이때 날아가는 가스의 무게를 달고 이론적으로 발생되어야 할 그 가스의 전 부피로 그 무게를 나누어 비중도 알아냈다. 그는 이 가스의 비중이 물의 1/8,410, 보통 공기의 1/10.5 정도임을 알아냈다. 여러 번 실험을 되풀이하여 이 가스의 비중은 물의 1/8,760이며 보통 공기의 1/12이 됨을 재확인하였다. 또한 그는 이 가스의 성질도 조사하였는데 극히 가볍고 아주 잘 탈 수 있음을 발견하고, 이 기체를 가연성 공기라고 명명하였다(p. 119).

이상에서 카벤디시가 생성한 중요한 과학지식을 정리하면 다음과 같다.

---

① 일련의 과정을 통해 발생하는 가스의 비중은 물의 1/8,760이다.

② 이 기체의 비중은 공기의 1/12이다.

③ 이 기체는 불에 아주 잘 탄다.

카벤디시가 얻은 지식은 모두 수소의 성질에 관한 지식이다. 카벤디시는 과학적 지식을 얻기 위해 어떤 사고과정을 거쳤을까? 이 지식들을 알아내기 이전에 그는 이미 금속을 산에 녹였을 때 기체가 발생한다는 사실을 직간접적인 관찰을 통해 알고 있었을 것이다. 또한 그가 정밀한 실험을 통해 그 기체의 성질을 밝힌 것으로 보아 기체의 성질을 알고자 하는 의문도 가지고 있었을 것이다. 그는 이러한 의문을 해결하기 위해 구체적인 실험방법을 고안했을 것이고, 고안한 실험방법에 따라 반복적인 실험을 실시하여 결과를 관찰함으로써 새로운 지식을 얻었다. 카벤디시의 과학지식 생성과정을 요약하면 다음과 같다.

관찰 → 의문 생성 → 관찰방법 고안 → 관찰

(3) 진화론 지식 생성과정

현대 생물학의 골격을 이루는 다윈의 진화론에서 자연선택설은 진화가 어떻게 일어났는지를 과학적으로 설명하는 중요한 이론이다. '제13장 진화론의 발달'에 나타나 있는 자연선택설의 생성과정을 분석하고자 한다. 먼저 내용의 일부를 발췌하여 옮기면 다음과 같다.

> 1831년 22세의 다윈(Charles Darwin)은 비글(Beagle)호의 박물학자로서 영국을 떠나 항해의 길에 올랐다. [중략]… 남아메리카의 팜파스 초원에 도착한 그를 놀라게 한 것은 토끼가 서식하기에 천국 같은 그곳에서 토끼를 발견할 수 없었다는 사실이다. [중략]… 대신에 풀을 뜯으며 땅에 구멍을 파고 몸을 숨기는 작은 동물을 발견하였는데 그 동물은 토끼와 같이 긴 다리와 커다란 귀를 가지고 있었으나 분명히 토끼와는 다른 것이었다. [중략]… 계속된 항해에서 남아메리카의 서해안에서 800킬로미터 정도 떨어진 갈라파고스(Galapagos) 군도에 이른 다윈은 이곳의 동물상과 식물상이 독특하며 각 섬에 살고 있는 동일종 내에도 형태적으로 확실히 구분할 수 있는

차이가 있음을 발견하였다. [중략]··· 그리고 이곳의 생물들이 남아메리카 대륙의 생물들과는 어느 정도 유사하지만 아시아나 유럽, 북아메리카의 동식물과는 전혀 다르다는 것도 발견했다. [중략]··· 왜 그럴까? 왜 육지에서 아주 멀리 떨어져 있는 이들 섬 사이에 이렇게 서로 다른 동물의 분포가 생긴 것일까? 항해 기간 동안 그는 이곳의 동식물을 꾸준히 관찰하고 수집했으며 그의 앞에 펼쳐진 많은 지질학적 생물학적 현상에 대해 생각해 보면서 '종은 영원하며 변화할 수 없다.' 는 설에 의문을 품기 시작했다. [중략]···

모든 생물체는 그 수가 기하급수적인 비율로 증가하는데 각 세대마다 각 종에 속하는 개체의 수는 거의 일정하다. 따라서 생존을 위한 경쟁이 일어날 것이 분명하다. 변이는 모든 종에서 일어나며, 일부 변이는 특정 환경에서 그 변이를 가진 개체에게 유리하여 생존하고 번식하는 데 도움을 주기 때문에 생존한 개체는 유전적인 변이를 그들의 자손에게 전해 준다. 시간이 경과함에 따라 많은 차이가 나타나서 기존의 종으로부터 새로운 종이 진화된다.

가축을 사육하면 몇 세대 후 완전히 새로운 변이의 품종이 생겨날 것이다. [중략]···

다윈은 어떤 특수한 집단을 연구하는 것이 가장 좋다고 믿었기 때문에 사육 비둘기를 교배 실험하기로 했다. 그는 돈으로 살 수 있거나 다른 식으로 손에 넣을 수 있는 품종은 모두 길렀으며 세계 여러 나라에서는 박제한 비둘기를 보내 주기도 했다. 또 유명한 동물 애호가들과 친분을 쌓았으며 런던의 비둘기 클럽 중 두 군데에 가입하였다. 그는 여러 품종의 모양 습성, 색깔, 크기 등을 비교 연구하였다. 여러 품종들을 놓고 골격을 비교해 보면 특히 얼굴뼈의 발달 정도가 몹시 다르다. [중략]··· 알의 모양과 크기, 비행하는 방식, 그리고 어떤 품종에서는 울음소리와 기질도 다르고, [중략]··· 사육 품종들은 지리적인 아종들을 가진 들비둘기로부터 유해하여 하나의 종으로 변이한 결과로 생각할 수 있다. 어떤 사육가는 부리가 약간 짧은 비둘기를 선호하는 형태의 비둘기만을 골라 계속 번식시킨다. 그리하여 그 차이가 계속 커져 아품종, 더 나아가 두 개의 다른 품종이 되었을 것이라고 생각했다(pp. 219-222).

이상에서 다윈이 생성한 중요한 과학적 지식을 정리하면 다음과 같다.

① 팜파스 초원에는 토끼가 없다.

② 팜파스 초원에는 토끼와는 비슷하지만 분명 토끼는 아닌 동물이 살고 있다.

③ 갈라파고스 군도의 각 섬에 살고 있는 동일종 내의 동물들어 형태적인 차이가 뚜렷하다.

④ 갈라파고스 군도의 생물들이 남아메리카 대륙의 생물들과는 어느 정도 유사하지만 아시아나 유럽, 북아메리카의 동식물과는 많이 다르다.

⑤ 육지에서 아주 멀리 떨어져 있는 갈라파고스 군도의 섬들 사이에 왜 이렇게 서로 다른 동물의 분포가 생긴 것일까?

⑥ 과다한 수의 자손을 생산하고 집단 내에서 자연적인 변이가 일어나며, 제한된 자원과 개체 및 종간의 생존 경쟁이 일어나 생존과 번식을 가능하게 하는 형질을 가진 개체가 자연 선택되어 다양한 종류의 생물의 분포가 생길 것이다.

⑦ 가축을 사육할 때도 인간에 의해 선택이 누적되어서 몇 세대 후 완전히 새로운 변이의 품종이 생겨날 것이다.

⑧ 사육 비둘기의 품종들 사이에는 모양, 습성, 색깔, 크기 등에 많은 차이가 있다.

⑨ 사육 비둘기가 들비둘기에서 유래되었고 사육사의 기호에 따라 오랜 기간 선택적으로 번식된 결과이기 때문에 자연 선택에 의한 다양한 종의 분화라는 생각을 지지한다.

다윈이 생성한 다양한 과학적 지식은 어떻게 생성된 것일까? 먼저, ①번의 지식은 관찰과 관찰을 통해 얻은 사실적 지식들의 규칙성 발견을 통해 얻은 지식이다. 즉, 초원의 여러 장소에서 토끼가 없다는 사실을 관찰을 통해 알아내고, 이들 사실에서 팜파스 초원에는 토끼가 없다는 규칙성을 발견한 것이다. ②번과 ③번, 그리고 ④번은 개별 사실들의 공통점의 규칙성뿐 아니라 차이점의 규칙성도 함께 찾아 얻은 지식이다. ②번의 지식은 팜파스에 살고 있는 동물과 토끼의 형태적 공통점과 차이점에 관한 규칙성에서 얻어진 지식이고, ③번은 각 섬에 살고 있는 동일종의 형태가 같다는 공통점 규칙성과 섬들 사이에는 형태적 차이가 있다는 차이점 규칙성을 찾아 얻은 지식이며, ④번은 갈라파고스 군도와 남아메리카 대륙의 생물들의 공통점과 아시아나 유럽, 북아메리카 동식물과의 차이점의 규칙성을 찾아 얻은 지식이다. ⑤번 지식은 성격이 나머지 것들과는 전혀 다르다. ⑤번 지식은 의문 지식으로 ④번까지의 지식들에 포함된 현상에 대한 인과적인 의문을 품은 결과로 얻은 지식이다. ⑥번은 ⑤번 지식에 대한 잠정적인 답으로 제시된 가설 지식이다. ⑦번은 ⑥번 지식이 맞을 경우 일어날 수 있는 것을 예상한 것으로서 이것에는 '인간에 의한 가축 사육의 누적에 의한 새로운 품종의 등장' 이라는 ⑥번 지식을 평가할 수 있는 방법이 포함되어 있다. ⑧번은 ⑦번 지식의 수행 결과로 얻을 수 있는 지식이다. ⑨번은 ⑥번의 가설 지식의 진위를 결정한 결과 생성되는 지식이다.

앞의 예시가 물론 다윈의 지식 생성과정 전체를 포괄하지는 못했다. 그러나 이것은 자연선택설 지식의 전체적인 생성 흐름과 지지 결과를 얻는 과정은 잘 보여 주고 있다. 다윈의 자연선택설 지식의 생성과정을 요약하면 다음과 같다.

관찰 → 규칙성 발견 → 인과적 의문 생성 → 가설 생성 →
가설 검증방법 고안 → 결과 수집 → 가설 평가 및 결론 진술

(4) 대륙이동설 지식 생성과정

과학자들은 과학이란 자연의 사실을 찾아서 있는 그대로의 현상을 관찰하고 이를 보고만 하면 된다고 생각해 관찰 불가능한 사실의 해명을 피하려고 하였다. 그러나 이들은 인간의 역사를 넘어서는 현상을 다루는 지구과학에서 종종 관찰할 수 없고 재현될 수 없는 사실들을 연구해 왔다. 대표적인 예가 1912년 오스트리아의 베게너(Alfred Wegener)가 제시한 대륙이동설이다. '제15장 대륙이동설' 에 나타난 과학사를 토대로 대륙이동설 지식의 생성과정을 분석하고자 한다. 먼저 내용의 일부를 옮기면 다음과 같다.

> 대륙이동설이 탄생한 배경은 무엇인가? 베게너는 자신이 대륙이동설을 생각하게 된 배경에 대하여 다음과 같이 기술했다. "내가 대륙이 이동한다고 처음 생각하게 된 때는 1910년경으로 거슬러 올라간다. 나는 세계지도를 펴 놓고 볼 때 대서양 양안이 일치하는 것으로부터 직접적인 생각을 갖게 되었다. 처음에는 이러한 일이 일어날 것 같지 않아서 별로 마음에 두지 않았다. 1911년 가을에 나는 우연히 간단한 보고서를 접하게 됐는데 그때 처음으로 브라질과 아프리카 사이의 육교설에 대한 고

생물학적 증거를 알았다. 그 결과 나는 지질학과 고생물학 영역에 관련된 연구를 개괄적으로 조사했으며 이것은 내 마음속에 그 아이디어가 바르다는 근본적인 확신을 주었다." (pp. 269-270)

이 내용에 나타나 있는 중요한 과학적 지식을 정리하면 다음과 같다.

① 대서양 양쪽의 해안선이 일치한다.

② 이것은 대륙이 이동한 결과다.

대륙이동설은 베게너의 간단하면서도 창의적인 관찰에서 시작되었다. 베게너는 세계지도에서 대서양 양쪽 해안선이 일치한다는 사실을 발견하고 이를 설명하기 위해 대륙이 이동했다는 가설을 만든다. 또 우연한 기회를 통해 얻은 지식으로 가설의 가능성을 다시 인식하게 된다. 그 뒤 가설을 확인하기 위해 본격적으로 추가적인 자료 수집계획, 즉 가설 검증방법을 고안하고, 이에 따라 실제로 결과를 수집하는 가설 검증방법을 수행한다. 마지막으로, 얻은 자료를 통해 가설이 맞다는 확신을 갖게 된다. 이상의 과학적 지식 생성과정을 정리하면 다음과 같다.

관찰 → 가설 생성 → 가설 검증방법 고안 → 결과 수집 → 가설 평가 및 결론 진술

(5) 과학사적 연구의 종합

과학사에서 중요하게 다루고 있는 지식의 생성 사례를 물리, 화학, 생물, 지구과학 영역에서 각각 1개 주제씩을 선정하여 생성된 과학적 지식들을 기술하고, 각 지식이 생성되는 과정을 분석했다. 4개의 주제에 나타난 과학적 지식 생성과정은 일부분 공통점을 갖기도 하지만 서로 달랐다. 이것은 모든 과학적 지식 생성과정이 언제나 동일한 절차나 방법에 따라 수행되는 것이 아니라 주제, 목적, 상황 등에 따라 서로 다른 단계와 방법에 따라 이루어진다는 견해(조희영, 최경희, 2001; Woolnough, 1995)와 일치한다. 또한 보편적인 과학적 지식 생성과정이 있을 수 있다는 견해

(Lawson, 1995)와도 일치한다. 이들 두 견해는 서로 모순되는 것으로 생각될 수 있지만 전혀 그렇지 않다. 왜냐하면 이들 견해는 단지 동일성 판단의 준거에 차이가 있을 뿐이다. 즉, 매우 세부적인 절차나 방법은 모든 과학자가 동일할 수 없다. 그러나 대략적인 사고의 흐름은 동일할 수 있다. 또 여러 단계로 구분되는 전체적인 과학지식의 생성과정이 존재하고, 각 과학자들은 연구 주제나 목적에 맞는 단계에서 과학지식을 생산한다고 볼 수 있기 때문이다. 따라서 여기에서는 보편적인 과학적 지식 생성과정을 도출하여 기술했다.

물리, 화학, 생물, 지구과학 각 분야의 가설 지식 생성과정에서 반복되는 과정을 생략하고, 가설 생성 이전과 이후로 나누어 정리하면 다음과 같다.

- 물리: 관찰 → 가설 생성 → 가설 검증방법 고안 → 결과수집 → 가설 평가 및 결론 진술
- 화학: 관찰 → 의문 생성 → 관찰방법 고안 → 관찰
- 생물: 관찰 → 규칙성 발견 → 인과적 의문 생성 → 가설 생성 → 가설 검증방법 고안 → 결과 수집 → 가설 평가 및 결론 진술
- 지구과학: 관찰 → 가설 생성 → 가설 검증방법 고안 → 결과 수집 → 가설 평가 및 결론 진술

앞에서 보는 것처럼 가설 생성 이전의 과정은 각 예에서 차이를 보인다. 그러나 생물 분야의 '인과적 의문 생성' 을 제외하고는 모든 과학적 현상이 관찰을 통해 기술된다. 다소 차이를 보이는 화학 분야의 중간 과정들은 엄밀한 관찰을 위해 보다 복잡한 조작이 가해진 관찰의 한 유형으로 생각할 수 있다. 또 생물 분야의 규칙성 발견과정은 관찰 결과 얻은 사실들의 공통점을 근거로 규칙성을 발견하는 과정이다. 따라서 이것은 현상의 반복적인 관찰 이후에 이어지는 과정이라고 생각된다. 그러나 생물 분야의 '인과적 의문' 은 현상을 단순히 기술하는 차원의 지식이 아니다. 이것은 현상의 원인을 설명하는 차원으로 지식이 이동하는 과정으로 생성되는 지식이다. 왜냐하면 인과적 의문은 다음에 이어지는 가설 생성과 논리적으로 매우 밀접한 관련을 갖고 있기 때문이다. 즉, 인과적 의문에 대한 임시적인 답으로서 가설이 생성되는 것이다. 그러므로 가설 생성과정이 있다는 것은 이전에 인과적 의문

이 있었다고 생각할 수 있다. 따라서 인과적 의문 없이 가설 생성과정만 나타난 것들은 과학사를 기술하는 과정에서 인과적 의문이 생략된 것으로 보아야 할 것이다. 결론적으로 가설 생성 이전의 과학지식 생성과정은 '관찰 → 의문 생성 → 관찰방법 고안 → 관찰 → 규칙성 발견 → 인과적 의문 생성' 이라고 할 수 있다.

가설 생성 이후의 과정은 네 영역에서 모두 동일하다. 따라서 이 과정은 '가설 생성 → 가설 검증방법 고안 → 결과 수집 → 가설 평가 및 결론 진술' 이라고 말할 수 있다. 결국 과학사를 통해 알아낸 과학자들의 과학적 지식 생성과정은 다음과 같이 종합될 수 있다.

> 관찰 → 의문 생성 → 관찰방법 고안 → 관찰 → 규칙성 발견 →
> 인과적 의문 생성 → 가설 생성 → 가설 검증방법 고안 →
> 결과 수집 → 가설 평가 및 결론 진술

그러나 여기서의 연구는 과학사 문헌에 기록된 내용이 갖는 제한점을 넘어서지는 못했다. 즉, 과학자나 과학사가들이 중요하다고 생각해서 기록으로 남긴 것만을 분석하여 과학적 지식 생성과정을 밝혔다. 그래서 과학자들이 실제적으로 과학지식을 생성할 때 일어났던 모든 사고과정을 고려하지 못했다. 따라서 관찰은 어떻게 하고 의문은 어떠한 사고과정을 통해 생성되는지, 또 가설 생성을 위해서는 어떤 지식들이 이용되는지 등의 보다 자세한 과학적 지식 생성과정을 밝히기 위해서는 여기서의 연구를 토대로 보다 면밀한 인지과학적 연구가 이어져야 할 것으로 생각된다.

3. 과학지식 생성의 과정과 철학적 기초

과학은 자연현상이라는 대상에 대해서 지식 체계를 생성하는 학문이다. 그러면 인류는 이러한 과학지식의 체계를 어떻게 생성해 왔을까? 이에 대해 여러 가지 방법이 있을 수 있겠지만, 가장 좋은 방법은 이러한 지식 체계를 고안한 과학자들의 연구과정을 살펴보는 것이 가장 효과적인 방법이다. 이러한 방법을 통하여 우리는 과학지식의 체계를 고안하는 과정을 구체적으로 발견하고 이해할 수 있다. 여기서는 한 동물행동학자가 동물의 행동에 관련된 과학지식의 체계를 생성하는 과정을 살펴봄으로써, 우리가 과학지식의 체계를 어떻게 고안해야 하는지 이해할 수 있다.

1) 과학지식 생성의 과정

(1) 지식 체계의 귀납적 생성과정

한 동물행동학자가 밀림에서 서식하는 가젤영양에 대해서 연구하던 중, 한 가지 특이한 행동을 관찰하였다. 이 영양은 포식자인 치타가 주변에 나타나면 어김없이 공중으로 뛰어올라 두 다리를 아래로 쭉 뻗고 엉덩이 털이 크고 흰 헝겊 조각처럼 보이게 하였다. 이처럼 가젤영양은 주변에 포식자인 치타가 나타나면 흰 엉덩이를 높이 치켜드는 이상한 행동을 한다. 이상의 활동에서 보는 바와 같이 생물학 연구과정의 처음 단계는 관찰에서부터 시작된다. 세밀하고 객관적으로 관찰한 결과 생성된 지식은 자연현상에 대한 사실 지식이라고 한다.

특히 관찰된 사실 지식 중 어떤 자연현상이 규칙적으로 일관되게 관찰될 경우, 그것을 과학적 규칙성으로 인식하게 된다. 이러한 활동이 규칙성 지식을 생성하는 과정이라고 할 수 있다. 예를 들어, 가젤영양의 행동에서는 '포식자인 치타가 나타나면 뜀뛰기를 해 규칙적으로 이러한 행동이 관찰되는데, 이러한 규칙성을 제시하는 과정이 규칙성 지식을 생성하는 과정이다.

가젤영양의 행동연구는 '포식자인 치타가 나타나면 흰 엉덩이를 높이 들면서 뛰는 행동' 이라는 관찰결과인 사실 지식이 만들어졌고, 관찰결과인 '포식자가 나타나면 보이는 뜀뛰기 행동' 이 반복적으로 나타나게 된다. 그리고 '포식자가 나타나면 반복적인 뜀뛰기 행동을 수행' 이라는 규칙성 지식을 생성하는 과정이 지식 체계의 귀납적 생성과정이 된다.

(2) 지식 체계의 귀추적 생성과정

이 행동학자는 영양의 이러한 특이 행동에 대해서 한 가지 의문이 생겼다. 즉, 영양이 왜 이런 행동을 하는가 하는 의문이다. 이 의문에 대해 그는 기존의 연구와 자신의 생각을 토대로 가능성 있는 설명 지식을 제시했다. 예를 들어, 동물들은 포식자를 만났을 때 상대에게 어떤 메시지를 전달하여 상대에게 자신을 포기하게 만드는 경우가 있는데, '이런 뜀뛰기 행동을 통해 이미 자기한테 포식자가 목격되었으므로, 뜀뛰기 행동을 보이는 가젤영양은 포식자에게 자신이 잡히기 어려울 것'이라는 가능성 있는 설명 지식을 제시하고 있다.

요컨대, 자연현상에 대한 경험에서 의문을 생성해 내고, 생성해 낸 의문에 대해 여러 가지 가능성 있는 설명을 탐색한 후, 탐색한 설명 중에서 가장 가능성 높은 설명을 생성해 내는 과정을 지식 체계의 귀추적 생성과정이라고 한다.

(3) 지식 체계의 연역적 생성과정

가젤영양의 행동연구에서는 이러한 설명이 올바른 것인지 아닌지를 결정하기 위하여 〈표 1-2〉와 같이 실험 또는 관찰방법과 가설의 평가기준을 고안하고 실험을 실시한 후 결과를 수집하여 결론을 내렸다.

이와 같이 실험조건을 생성하고, 실험조건에서 가설이 보여 주는 구체적인 기대사례를 고안하며, 이 기대사례를 실제 결과와 비교 · 평가하여 제안된 가설의 지지

〈표 1-2〉 뜀뛰기 행동에 대한 지식 체계의 연역적 고안과정

가설	포식자는 이미 가젤영양 자신에게 목격되었으므로 자신을 잡기 어려울 것이라는 신호를 포식자에게 보내기 위해 뜀뛰기 행동을 한다.
실험방법	혼자 있는 개체와 집단과 함께 있는 개체의 뜀뛰기 행동을 관찰했을 때
평가기준	① 자기 엉덩이를 포식자에게는 보이지만 다른 가젤영양들에게는 보이지 않도록 뜀뛰기할 것이다. ② 홀로 떨어져 있는 개체도 집단으로 이동하는 개체들과 같은 빈도로 뜀뛰기 행동을 보일 것이다. ③ 포식자들은 가젤영양이 일찍 도약행동을 보이면 그 사냥감에 몰래 접근하는 행동을 포기하는 경우가 많을 것이다.
실제 결과	평가기준 ①, ②, ③의 경우가 모두 관찰되었다.
가설 평가	피식자는 이미 자신에게 발견되었다는 신호를 포식자에게 보내기 위해서 뜀뛰기 행동을 한다는 가설이 지지되었다.

나 기각 여부를 평가하는 구체적인 기대사례의 연역을 통해 생성한 평가결과를 생성하는 과정을 지식 체계의 연역적 생성과정이라고 한다.

(4) 과학지식 체계의 생성과정

과학지식 체계의 생성과정은 일반적으로 자연현상에 대한 설명체계의 귀납적, 귀추적, 연역적 고안과정들이 각기 또는 통합되어 〈표 1-3〉과 같이 수행된다.

과학지식 체계의 생성과정에서는 이들이 통합되어 순서적으로 수행되는 것이 일반적이지만, 독립적으로 수행되는 경우도 많다. 예를 들어, 이미 창안되어져 있는 가설의 검증에서는 연역적 생성과정이 수행되고, 이미 제기된 의문에 대해서는 귀추적 생성과정과 연역적 생성과정, 또는 귀추적 생성과정만의 수행이 이루어질 수 있다.

또한 비록 이러한 과학지식의 생성과정에 대해서는 아직 체계적이고 심도 있는 설명의 고안이 필요하겠지만, 이상의 결과들을 고려하면 과학지식의 생성이란 자연현상을 설명하기 위해 필요한 과학지식을 귀납적, 귀추적, 그리고 연역적 생성과정을 통해 고안하는 활동을 의미한다고 할 수 있겠다.

〈표 1-3〉 과학지식 체계의 생성과정

생성과정	생성내용
귀납적 생성과정	① 자연현상의 관찰 ② 관찰 현상에 대한 분석을 통한 규칙성 발견
귀추적 생성과정	③ 발견된 규칙성에 대한 의문 발상 ④ 의문에 대한 가능한 가설의 탐색 ⑤ 의문에 대한 가설의 창안
연역적 생성과정	⑥ 가설에 대한 검증방법 및 평가기준 고안 ⑦ 실험 수행 및 가설 평가 ⑧ 결론의 적용

2) 과학지식 생성의 철학적 기초

차머스(Chalmers, 1982)는 현대 과학철학의 흐름을 개관하는 저서에서 "과학에 특별한 어떤 것이 있다고 한다면, 그것은 도대체 무엇인가? 그럴듯하거나 믿을 만한 결과를 가능하게 하는 과학적 방법이란 무엇인가? 이러한 종류의 물음을 좀 더 분명히 밝혀 보고, 그 물음에 대한 해답을 연구하는 것이 이 책의 목적이다."라고 했다. 이 같은 그의 언급은 과학철학의 중요한 목적이 과학적 방법, 즉 과학지식을 생성하는 과학의 독특한 방법의 본질을 밝히는 것에 있음을 말해 준다. 따라서 과학지식의 생성과정을 밝히기 위해서는 과학적 방법에 관한 과학철학적 논의들을 살펴보는 것이 큰 의미가 있다.

로제(Losee, 2001)에 의하면 고대 아리스토텔레스(Aristotle)는 관찰, 단순 열거, 직관, 통찰 등으로 구성된 귀납적 방법과 삼단논법을 근간으로 하는 연역적 방법을 과학적 방법론으로 제시하였다. 이후 유클리드(Euclid)와 아르키메데스(Archimedes)에 이르러 아리스토텔레스의 연역적 방법은 귀류법과 소거법으로 발전하였다. 그리고 중세의 그로스테스트(Grosseteste)와 로저 베이컨(Roger Bacon)은 귀납-연역적 패턴이 기본적인 과학적 방법론이라고 하였으며, 스코터스(Scotus)와 오컴(Ockham)은 귀납법을 일치법과 차이법 등의 개념으로 발전시켰다. 또 근대에서 현대 전통적인 과학철학에 이르면서 프랜시스 베이컨(Francis Bacon)에 의해 귀납법에 배제법이 추가되었으며, 또 허셜(Herschel), 밀(Mill) 등에 의해 공변법과 잉여법이 추가되어 귀납법이 더욱 정교화되었다. 또한 연역법은 뉴턴(Newton)의 공리법과 헴펠(Hempel)의 가설-연역적 방법에서 과학지식을 정당화하고 확증하는 방법론으로 자리 잡게 되었다.

한편 피어스(Pierce)와 핸슨(Hanson)은 자연현상에 대해서 원인적인 설명에 이르게 하는 귀추라는 추론 양식을 제안하고 정의하여 과학에서 설명적 가설이 귀추에 의해서 생성된다는 것을 논리적으로 보여 주었다(Fischer, 2001). 이 밖에도 과학적 지식 생성의 방법론으로 제안된 것들에는 훼웰(Whewell)의 분해, 해명, 사실의 총괄 등과 캠벨(Campbell)과 헤세(Hesse) 등의 유추법(analogy), 또 은유법(metaphor) 등 매우 다양하다. 그러나 로제(Losee, 2001)와 피셔(Fischer, 2001)의 과학철학사에 대한 기술을 고려해 볼 때, 아리스토텔레스로부터 현대에 이르기까지 귀납, 연역, 그리고 귀추적 추론이 과학적 방법의 기본 골격을 이루며 발전해 왔다고 볼 수 있다.

따라서 여기서는 과학적 방법론에 관한 논의들에 나타나 있는 과학지식의 생성에 대한 귀납적 방법, 귀추적 방법, 연역적 방법 등의 과학철학적 배경, 의미, 과정 등에 관한 주요 설명들을 살펴봄으로써 과학지식의 생성과정에 대한 이해의 폭을 넓히고자 한다.

(1) 과학지식의 귀납적 생성에 관한 철학적 고찰

귀납이라는 용어는 아리스토텔레스의 '특수 실례로부터 일반화로 나아가는 과정' 이라는 '*epagoge*' 라틴어 번역에서 비롯된 것이다(Ross, 1949). 아리스토텔레스는 귀납이 특수명제에서 일반명제로 나아가는 특성을 가지는 것으로 보았으며, 이것을 단순 열거적 귀납법과 직관적 귀납법으로 구분하였다. 그러나 직관적 귀납법은 통찰력에 관련된 것으로 진정한 귀납법으로 볼 수 없다. 그 후 아리스토텔레스의 귀납적 방법은 근대의 베이컨으로 이어져 과학적 방법으로 체계화되었다. 베이컨은 아리스토텔레스주의자들의 귀납법이 가지는 제한점을 극복하기 위하여 점진적이고 누적적인 귀납의 특성을 강조하였고, 본질적인 상관관계를 효과적으로 발견하기 위한 배제법을 제안하였다(Losee, 2001). 또한 베이컨의 방법론을 토대로 과학적 방법론을 발전시킨 허셜은 과학적 인식을 발견의 맥락과 정당화의 맥락으로 구분하여 논의하였다. 그는 관찰로부터 자연의 법칙을 발견하고 이를 이론으로 통합하는 발견의 맥락에는 가설에 의한 방법과 함께 귀납적 도식이 적용되는 과정이 있다고 생각하였다.

귀납주의적 과학방법에 대한 구체적인 논의는 밀에 의해 상당한 진보를 이루었는데, 밀은 일치법, 차이법, 잉여법, 공변법과 같은 귀납법이 과학 법칙의 발견과정에서 중요하다고 보았고, 인과적 관계도 귀납법에 의해 파악될 수 있다고 보았다(Losee, 2001).

밀과 같은 귀납주의자들이 과학에서 귀납적 논증의 중요성을 강조한 것에 반하여 흄(Hume)은 귀납적 결론들이 경험적 관찰 사례들을 토대로 이루어지지만 그것들이 경험에 의해서 확증될 수 없다는 사실을 기반으로 하여, 귀납적 논증의 정당성에 문제를 제기하였다(Chalmers, 1982). 결국 흄과 이후의 과학철학자들에 의해 과학의 발견에 있어서 귀납법의 제한점이 제시되었고, 현대의 과학철학에서 귀납의 문제는 귀납적 결론들의 정당성의 근거를 묻는 것으로 논의되어 왔다(Hanson, 1958; Kuhn, 1970; Popper, 1968). 이러한 논의에 비추어 볼 때 결국 과학의 과정은 귀납적 방법론 또는 특수한 하나의 방법론만으로 설명하기에는 충분하지 않은 것으로 보인다. 그러나 일반화된 법칙을 생성하는 과정에서 귀납적 방법이 매우 중요하게 적용되고 있다는 것은 여러 철학자 사이에 인정되고 있는 부분이다(Hanson, 1958; Holland, Holyoak, Nisbett, & Thargard, 1986).

결국 전통적인 과학적 방법의 한 형태로 논의되어 왔던 귀납의 정의는 주로 관찰된 특수한 사실로부터 일반화된 진술 또는 법칙이나 이론으로 나아가는 추론과정을 의미하며, 현대에 이르기까지 널리 사용되고 있다(Darian, 1995; Lawson, 1995; Sternberg & Gardner, 1983). 한편, 인지심리학이나 심리측정학에서는 귀납을 규칙성과 불규칙성을 찾는 과정으로 정의하기도 한다(Klauer & Phye, 1994; Thurston, 1938). 그리고 논리학에서는 가능성의 정도에만 전제하여 이에 따른 결론에서의 논의 형태로 보거나(Colberg, Nester, & Trattner, 1985), 불확실성에 직면하여 지식을 확장해 나가는 추론과정으로 보기도 한다(Holland et al., 1986).

이러한 귀납에 대한 정의들을 종합해 볼 때 일반적으로 받아들여지는 귀납이란 경험이나 관찰된 현상으로부터 보편적이고 일반화된 명제인 규칙이나 법칙으로 나아가는 인지적 과정으로 볼 수 있다. 그러나 이러한 정의를 그대로 따르게 되면 오랫동안 과학철학에서 논의되어 온 귀납적 지식의 정당화의 문제가 여전히 남게 된다. 즉, 전통적 과학방법론에서 귀납적 추론의 원리는 '많은 수의 A가 다양한 조건의 변화 아래서 관찰되었고, 관찰된 A가 모두 예외 없이 B라는 성질을 가지고 있다면, 모든 A는 B라는 성질을 가지고 있다.' 는 것이다. 이러한 귀납 추론의 구조에는 '많은' 에서 '모든' 으로의 논리적 비약이 내포되어 있다. 경험적으로 모든 A를 관찰하는 것이 불가능하기 때문에 논리적으로 결론이 참임을 증명할 수는 없다(Chalmers, 1982). 이러한 귀납의 한계를 인식하여 이 연구에서는 귀납의 대상을 '모든' 관찰대상이 아니라 '주어진 상황 내' 의 관찰대상으로 한정하여 정의하고자 한다. 이 연구에서 과학적 방법론의 귀납적 방법이라 함은 주어진 현상이나 상황 내에서 관찰된 사실을 정확하게 기술하고, 이러한 관찰 사실들에서 규칙성을 발견하는 과정을 의미한다.

귀납적 방법에 대한 최근의 연구들은 귀납적 사고가 적용되는 종류, 기능, 과정 등에 관심을 두고 있으며, 귀납적 사고가 과학적 방법으로 적용된 구체적인 사례들을 연구하여 이를 새롭게 적용할 가능성을 열어 가고 있다(Csapo, 1997; Holland et al., 1986; Klauer & Phye, 1994; Sternberg & Gardner, 1983). 이 연구에서는 귀납적 방법의 시작인 관찰과 함께 다양한 분야에서 귀납 추론의 형태로 연구되고 있는 귀납적 사고에 관한 연구들을 고찰하여 과학지식의 귀납적 생성과정을 논의해 보고자 한다.

먼저, 과학철학적 논의에서 보았듯이 귀납적 방법의 시작은 주어진 사물이나 현상을 관찰하여 기술한 사실들로부터 출발한다. 자연의 어떤 규칙을 나타내 주는 법칙으로 나아가기 위해서는 사실에 대한 직접적인 관찰로부터 시작한다. 그러므로 관찰은 귀납적 방법의 첫 번째 과정으로 볼 수 있는데, 이는 자연현상을 지각하여 '사실' 을 얻어 내는 과정을 의미한다(Carnap, 1966; Norris, 1985). 그러나 관찰을 통해 얻어지는 사실이 모두 같은 종류의 것은 아니다. 예를 들어, 일회적으로 특정한 시간에 은행잎의 색, 모양, 크기 등을 관찰한다면 이를 통해 은행잎의 속성에 관한 사실들을 얻을 수 있다. 그러나 일주일 간격으로 은행잎의 색 변화를 관찰한다면 시간과 색깔의 관계에 관한 지식을 얻게 될 것이다. 그러므로 관찰은 대상의 속성에 관한 '단순 관찰' 과, 관계에 관한 '조작 관찰' 로 구분될 수 있다. 여기에서 관계에 관한 관찰을 조작 관찰로 명명하는 이유는 이러한 관찰은 관찰 이전에 반드시 정신적 조작과정이 선행되기 때문이다. 이 예에서 관찰자가 일주일 단위로 은행나무 잎을 관찰하기 위해서는 시간과 잎의 변화에 대한 의문과 예측, 또 구체적인 관찰방법을 고안하는 등의 정신적 조작과정이 선행되어야 했다.

이처럼 관찰을 통해 생성된 사실 지식들은 귀납적 사고과정을 거치면서 새로운 지식의 형태로 산출될 수 있다. 귀납적 사고에 관한 문헌에서 인지심리학은 범주 추론, 유추 추론 등으로 구분하여 논의하고 있다(김영채, 1996; 이정모, 2001). 또한 심리측정학에서는 유추, 서열화, 분류, 부호화, 배제 등을 귀납적 사고의 유형으로 제시하고 있다(Csapo, 1997). 이들은 모두 귀납적 사고에 대해 사고 유형별로 주로

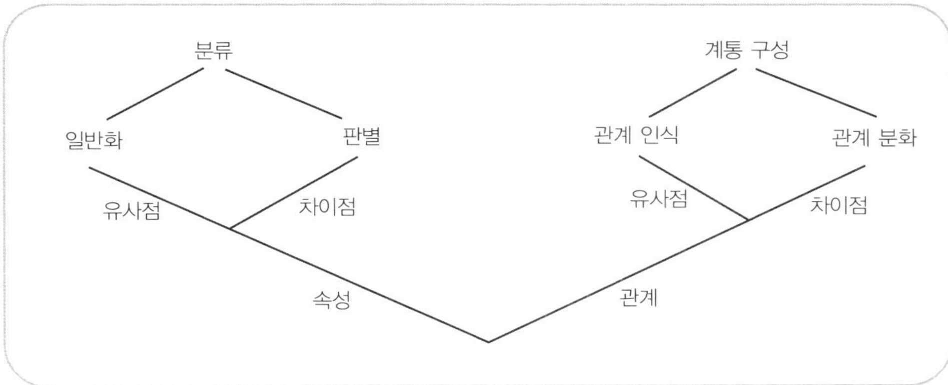

[그림 1-6] 귀납 추론의 구조

결과적 측면에서 개별적으로 논의를 전개하고 있다. 그러나 클라우어와 피에(Klauer & Phye, 1994)는 서로 구분되는 여섯 가지 종류의 귀납적 추론 전략을 [그림 1-6]과 같은 귀납 추론의 구조로 제시하였다.

이들이 제시한 귀납 추론 전략은 사물의 속성의 유사점에 관한 것은 일반화(generalization), 속성의 차이점에 관한 것은 판별(discrimination), 속성의 유사점과 차이점에 관한 것은 분류(cross classification), 관계의 유사점에 관한 것은 관계 인식(recognizing relationships), 관계의 차이점에 관한 것은 관계 분화(differentiating relationships), 관계의 유사점과 차이점에 관한 것은 계통 구성(system construction) 등을 포함한다. 이러한 귀납적 추론 전략은 각기 다른 종류의 지식을 생성하는 것으로 생각된다. 이들의 귀납적 추론 구조는 분류 전략과 계통 구성 전략을 귀납 추론의 마지막 단계로 생각하여 귀납 추론의 영역을 위계를 고려하여 제시한 것이다. 그리고 이 연구는 위계적으로 구성된 귀납 추론 구조의 분석을 통하여 각 전략에 의해 생성된 지식의 종류를 고려하는 측면에서 귀납적 사고를 유형화하는 사고과정을 알아보고자 하였다. 이러한 점에서 이 연구는 귀납적 사고를 유형화하고 과정을 위계적으로 분석하여 논의한 클라우어와 피에의 속성과 관계에 논의를 중심으로 관련된 과학지식을 종합하여 과학지식의 귀납적 생성과정을 분석하였다.

우선, 일반화 전략은 관찰 대상의 속성에서 유사점을 찾는 것이다. 일반화 전략에는 사물의 유사성을 찾아 공통성으로 인식하여 기술하는 '공통성 지식' 을 산출하는 것이다. 다음으로 판별 전략은 관찰 대상의 속성의 차이를 발견하는 전략으로 일반화 전력과 함께 분류 전략의 하위 전략으로 기능한다. 즉, 분류 전략은 개별적인 관찰대상들에서 공통성을 찾아 집단으로 구분하고 다른 대상들과의 차이점을 찾는 전략이다. 이러한 분류는 개별적인 사물에서 공통 특징을 찾아서 군집화하여 새로운 대상에 일반화하는 대표적인 귀납 추론의 유형으로 알려져 있다(성현란, 1989). 이 전략으로 공통성과 차이점을 인식하여 관찰대상들을 집단으로 분류하는 '분류지식' 이 얻어진다고 할 수 있다.

한편, 관찰대상의 관계에 관련된 전략에서 관계의 유사성을 동정하는 관계 인식 전략은 대상들 간의 순서적인 관계를 인식하고 나열하여 '경향성 지식' 을 생성한다고 생각할 수 있으며, 관계 분화 전략은 이 과정에서 경향성에 어긋나는 대상을 판별해 내는 것으로 생각된다. 끝으로, 계통 구성 전략은 분류 전략과 마찬가지로 관계의 유사성과 차이점을 인식하여 대상을 분류하는 전략으로 볼 수 있다. 이것은 속성에 관한 전략에 비해 인지적으로 조작하는 변인의 수가 증가한 것일 뿐 분류 전략과 큰 차이는 없는 것으로 생각된다. 결국, 이들이 제안한 귀납적 사고 전략을 통하여 공통성 지식, 경향성 지식, 분류 지식이 생성되는 것으로 볼 수 있다.

또한 과학적 탐구활동에 사용되는 귀납적 사고의 유형으로서 로슨(Lawson, 1995)은 분류, 보존적 사고, 서열화 등을 언급하였고, 박종원, 최경희, 김영민(2001)은 유형분류, 계열화, 보존, 상관관계를 제시하였다. 분류와 유형분류는 앞서 언급된 분류 지식을 생성하는 귀납적 사고와 관련지어 고려될 수 있다. 서열화(또는 계열화)는 분류된 유형들이 각각 고유한 특성을 가지게 되고, 그러한 특성들이 위계성을 가질 때 가능하다고 할 수 있다. 예를 들어, 여러 동물이 제시되었을 때 척추동물과 무척추동물로 분류하고, 척추동물을 다시 포유류, 파충류, 조류 등으로 분류하고 다시 하위구조로 분류할 수 있다. 이는 동물들의 위계적인 관계를 인식하여 분류체계를 완성하는 것으로 위계 지식이 생성되는 경우라고 할 수 있다. 이러한 위계화 사고는 분류와 구분되는 사고로 분류와 경향성 발견이 선행된 이후에 진행되는 상위의 사고로 볼 수 있다. 계열(서열)화는 앞서 언급된 경향성 지식과 용어상 혼란

이 있으므로, 생성된 지식의 특성에 비추어 위계 사고로 명명할 수 있다. 한편, 보존적 사고는 사물이 겉보기에는 다르지만, 일정한 값이 있다는 것을 발견하고 그것을 사물이나 사건의 특성으로 규정하는 것으로 이는 궁극적으로 공통성을 발견하는 과정으로 고려될 수 있다. 또한 상관관계는 주어진 상황에서 두 변인의 상관관계나 비례관계를 발견하여 일반화된 법칙으로 진술하는 사고로 정의되므로, 이것은 관계성에 대한 귀납적 사고의 과정으로 나타나는 경향성 발견이나 공통성 발견과 관련된 지식의 생성과정으로 고려될 수 있다.

결론적으로 귀납적 방법은 관찰에서 시작하여 귀납적 사고를 거치는 동안 다양한 지식들을 생성하게 한다. 즉, 단순 관찰이나 조작 관찰을 통해 관찰 사실을 생성하고, 생성된 사실들은 귀납적 사고로 넘어간다. 이렇게 귀납적 사고과정으로 넘어온 사실들은 공통점 발견과정을 통해 공통성 지식을 생성할 수 있다. 이렇게 생성된 공통성 지식은 분류과정을 통해 분류 지식을 생성하기도 하고, 공통관계 인식을 통해 경향성을 발견하여 경향성 지식을 생성할 수 있다. 또 분류와 경향성 발견의 사고가 더 진행되어 위계 지식이 생성될 수도 있다. 이처럼 귀납적 방법은 하위과정에서 상위과정으로 이어지는 위계적 연속에 의해 지식들을 생성한다. 이러한 과정을 결론적으로 진술하면 다음과 같다.

〈과학지식의 귀납적 생성과정〉

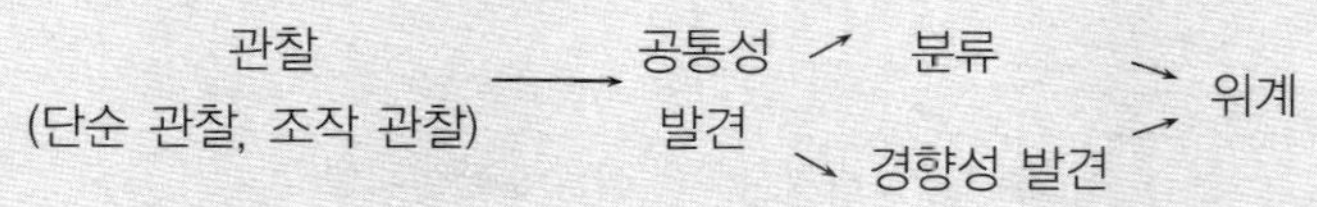

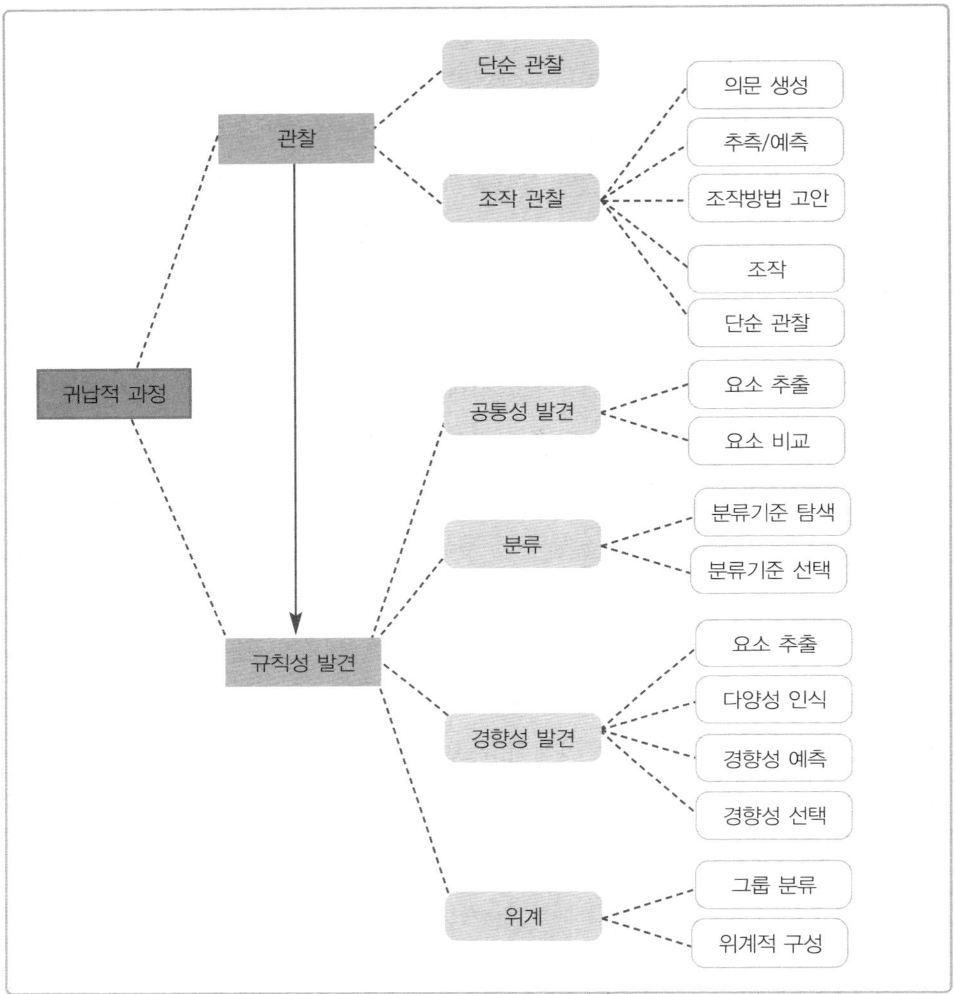

[그림 1-7] 과학지식의 귀납적 생성과정

(2) 과학지식의 귀추적 생성과정

과학적 사고과정을 보다 체계적으로 분석한 실용주의 철학자 찰스 퍼스(Charles Sanders Peirce, 1839~1914)는 새로운 아이디어를 고안해 내는 유일한 논리과정을 귀추적 사고과정이라고 하였다(Fisher, 2001). 특히, 퍼스는 귀추적 사고가 과학적 가설을 생성하는 중요한 역할을 수행한다고 하였다. 그러나 퍼스의 이러한 선도적 연구에도 불구하고 과학철학자들은 과학적 가설의 생성에 대해서 지금까지 다양한 견해를 제시하여 왔다. 따라서 여기에서는 과학적 가설의 귀추적 생성과정에 대한 과학철학적 논의를 종합고자 하였다.

가설 지식은 어떻게 생성될까? 이러한 의문에 대한 설명들 중 가장 광범위하게 제시되고 있는 것은 순간적인 직관에 의한 통찰이나 갑작스러운 사고의 도약 등이 가설 지식을 생성한다는 견해들이다. 예를 들어, 뉴턴은 귀납적 비약에 의해 가설이 생성된다고 했고(Losee, 2001), 포퍼(Popper, 1968)는 가설을 고안하는 과정이 갑작스러운 도약에 의해서 일어나기 때문에 논리적으로 분석하는 것은 불필요하며 가능하지도 않다고 했다. 또한 밀러(Millar, 1989)는 관찰된 사실이나 규칙성의 원인을 설명하기 위한 지각 불가능한 순간적인 직관으로 가설이 만들어진다고 했다. 그러나 핸슨(Hanson, 1958)은 가설 생성이 이들의 주장처럼 설명 불가능한 직관이나 통찰, 예감 등에 의해 생성되는 것이 아니라고 했다. 또한 그는 일부 학자들이 가설 생성을 심리학적 연구대상일 뿐이라고 하거나, 천재들만의 직관적 통찰영역이라고 주장하는 것은 심각한 오류를 범하는 것이라고 지적했다. 또한 최근의 연구들도(권용주 외, 2000; Jeong & Kwon, 2001) 가설 생성의 논리적 과정에 대해서 몇 가지 중요한 설명을 제시하였다.

가설 창안의 과정에 대한 두 번째 설명은 귀납 추론(inductive reasoning)의 과정이라는 견해다. 현재 많은 과학교과서 저자들은 귀납을 통해 가설이 생성된다고 기술하고 있다(Lawson, 1995). 귀납적 추론을 통해 얻은 보편성이 개개의 관찰 사실을 원인적으로 설명할 수 있다는 것이 이들의 주장이다. 그러나 과학적 가설은 관찰된 사실로부터 나오는 것이 아니라, 그것을 설명하기 위해 고안되는 것이다(Hempel, 1966). 예를 들어, 멘델(Mendal)이 귀납적 추론만을 사용하여 유전의 법칙을 설명했다면 '완두 교배 실험에서 F1에서는 모두 노란색 완두 종자만, F2에서는 녹색과 노란색의 완두 종자를 1대 3의 비율로 얻을 수 있다.' 는 규칙성을 제시하는 수준에서 연구가 끝났을 것이다. 그러나 멘델은 또 다른 방식의 사고과정을 통해 '한 개체의 한 형질을 결정하는 유전인자는 2개이며, 각각은 어버이로부터 물려받고, 그 둘은 서로 대립이 되는 변이체로 존재한다.' 는 가설을 생성할 수 있었고, 실험을 통해 이 가설을 검증했다. 귀납 추론으로는 나타나는 자연현상을 단순히 기술할 수 있을 뿐 현상의 원인을 설명하지는 못한다.

세 번째로 가설 생성과정을 가설-연역 체계 안에서 설명하려는 견해가 있다. 가설-연역 체계는 먼저 전제되는 가설을 설정하고 이로부터 구체적인 예상을 이끌어 내리는 방법이다. 그러나 하나의 법칙이 가설-연역 체계로 들어오게 되었다면 가설 생성을 위한 사고는 이미 종결된 것이다. 가설로부터 예상을 연역하는 과정은 과학자들이 창안한 그 가설이 설명을 필요로 하는 초기 관찰을 설명할 것이라고 생각한 다음에야 가능하다(Hanson, 1958). 즉, 가설-연역 체계는 이미 가설이 있다는 것을 전제로 논리가 전개되기 때문에 가설 생성과정을 설명하지 못한다.

지금까지의 논의는 가설이 갑작스러운 사고의 도약이나, 관찰한 사실들을 귀납하는 과정, 또는 이미 만들어진 가설을 전제로 예상을 연역하는 과정에서 생성되는 것이 더 이상 적절한 설명이 아님을 보여 준다. 그렇다면 가설은 어떻게 생성되는 것인가? 가설 생성에 대한 대안적 설명은 퍼스가 제안한 귀추적 추론(abductive reasoning)을 들 수 있다(Fischer, 2001). 귀추란 미지의 현 상황을 이미 알고 있는 다른 상황과의 유사성에 바탕을 두고, 이를 차용하여 현 상황을 설명하는 추론의 한 유형이다(권용주 외, 2000; Hanson, 1958; Lawson, 1995). 이러한 귀추적 추론의 과정에 대한 설명을 살펴보면, 실용주의의 창시자인 퍼스는 이미 논리학이나 과학철학에서 잘 정립된 추론 유형인 귀납과 연역에 대해 40여 년간 연구한 끝에 또 다른 추론 형식인 귀추를 추가하여 제시했다. 그는 연역, 귀납, 귀추의 차이점을 들어 각각이 독특한 추론 유형임을 논리적으로 설명했다. 그에 의하면 연역은 어떤 것이 반드시 그렇다는 것을 증명한다. 반면 귀납은 어떤 것이 실제로 작용하는 것을 보여 준다. 그리고 귀추는

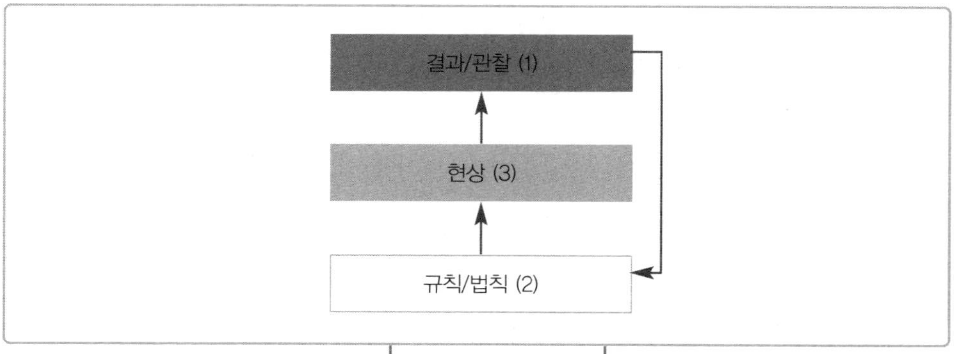

[그림 1-8] 퍼스가 제시한 가설 생성과정

단순히 무언가가 그럴 수도 있다는 것을 제안했다(Fischer, 2001). 즉, 귀추의 기능은 현상의 원인이 되는 설명적인 가설을 생성하는 것이다. 피셔(Fischer)에 의해 재구성된 퍼스의 귀추과정은 [그림 1-8]과 같은 모델로 제시될 수 있다.

[그림 1-8]의 모델에서 퍼스는 결과나 관찰에서 규칙이나 법칙으로 향하는 (1) → (3) → (2)의 과정을 귀납 추론, 규칙이나 법칙에서 결과나 관찰로 향하는 (2) → (3) → (1)의 과정을 연역 추론이라고 설명한 후, 나타난 현상(결과/ 관찰)을 설명하기 위한 적절한 가설(규칙/ 법칙)을 도입하거나 새롭게 구성하는 과정인 (1) → (2)의 과정을 귀추 추론이라고 설명했다(Fischer, 2001).

핸슨(Hanson, 1958)은 과학적 발견의 패턴을 논의하면서, 귀추란 하나의 사실을 관찰한 다음 그 사실을 생성하도록 만든 것이 무엇인지를 말하도록 하는 것이라고 정의했다. 그에 의하면 과학의 모든 아이디어는 귀추를 통해서 얻어진다. 또한 귀추와 귀납은 각각 둘 중의 하나로 또는 연역으로 환원될 수 없다. 귀추는 사실을 언급하고, 그것들을 설명하는 이론을 고안하는 과정이다. 즉, 설명대상(explicanda)으로부터 설명자(explicans)로 진행하는 과정이다. 핸슨의 귀추과정을 하나의 과정 모델로 재구성해 보면 [그림 1-9]와 같은 과정으로 설명될 수 있다.

로슨(Lawson, 1995)은 귀추란 이전의 어떤 한 상황의 성공적인 설명을 새로운 상황에 빌려와 적용한 임시적인 설명인 가설을 생성하는 정신적 과정이라고 정의했다. 그에 의하면, 귀추는 유추, 유추적 전이, 유추적 추론 등과 관련되는 과정이다. 또한 귀추에 의한 가설 생성과정은 현 상황과 이전 경험과의 유사성을 원천으로 하

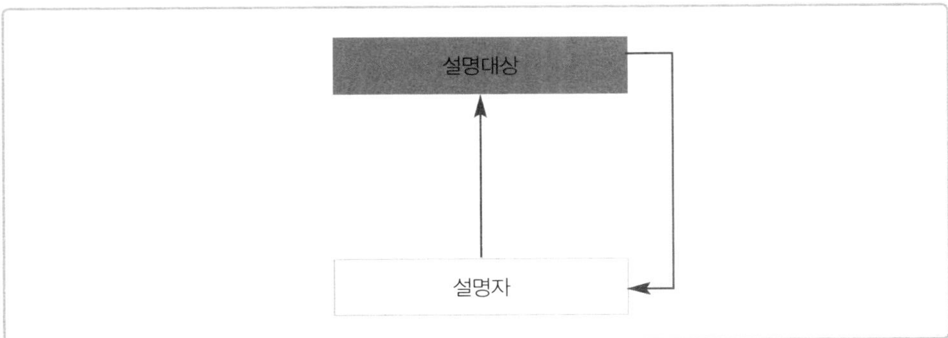

[그림 1-9] 핸슨이 제시한 가설 생성과정

는 과정이고, 많은 부분 잠재의식 수준에서 진행된다(Lawson, 2002). 실제로 로슨은 일상생활의 평범한 문제해결 과정에서도 귀추적 가설 생성과정이 이용됨을 다음과 같은 예를 들어 설명했다.

1단계-초기 관찰: 잘 타고 있던 바비큐 불이 꺼졌다.

2단계-인과적 의문 생성: 왜 바비큐 불이 꺼졌을까?

3단계-초기 원인(가설) 생성: 바비큐 불이 꺼진 원인은 바람이 불어서 꺼진 것이다.

앞의 예에서 그는 3단계에서 바비큐 불이 꺼진 원인이 바람에 의한 것임을 생각할 수 있었던 것은 아마도 바비큐 불과 같은 유사한 종류의 불꽃이 바람에 의해 꺼진 이전의 경험에서 비롯된 것이라고 설명했다. 즉, 가설은 현재 상황을 관찰해서 곧바로 만들어지는 것이 아니라 지금 현상과 비슷한 과거 경험으로부터 왔다는 것이다. 이러한 로슨의 귀추과정을 하나의 과정 모델로 재구성해 본다면 [그림 1-10]과 같은 과정으로 설명될 수 있다.

더 나아가, 권용주 등(2000)도 가설과 같은 잠정적 설명이 귀추를 통해 얻어짐을 논의하고 인지심리학적 연구를 통해 보다 상세히 가설 창안과정을 제안했다. 그들에 따르면, 가설 생성의 귀추적 과정의 첫 번째 단계는 현재의 '실제 상황' 에 존재하는 의문을 발상하고 현재의 '의문 상황' 을 구성하는 정성적 하위 특성들을 동정

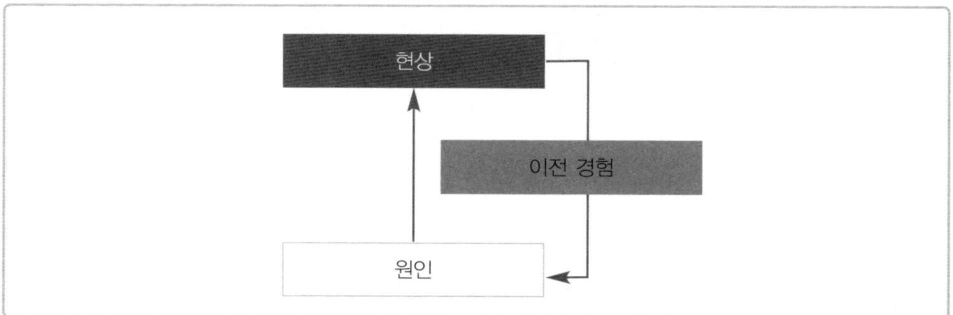

[그림 1-10] 로슨이 제시한 가설 생성과정

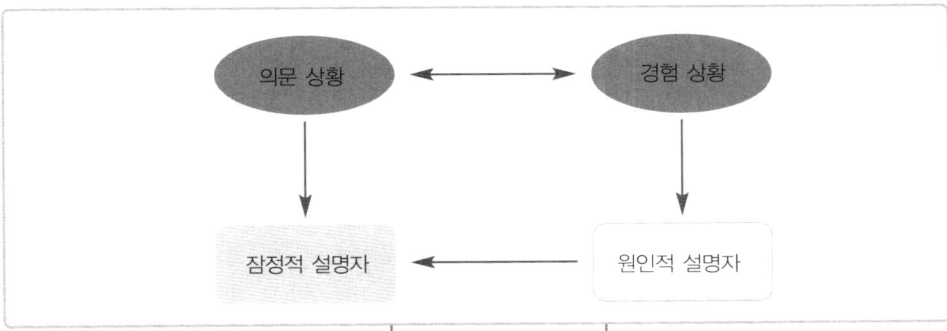

[그림 1-11] 권용주 등이 제시한 귀추적 가설 생성과정

하는 단계, 두 번째 단계는 현재의 '의문 상황'과 과거의 '경험 상황'을 정성적 확률에 바탕을 둔 유사성 정도에 의거한 비교 분석을 통해서 유사성 정도가 높다고 판단되는 과거의 '경험 상황'을 동정하는 단계, 세 번째 단계 이 '경험 상황'을 설명해 주는 기지의 '원인적 설명자'를 동정해 내는 단계, 네 번째 단계는 이러한 '원인적 설명자'들 중에서 현재의 의문 상황을 가장 효과적으로 설명한다고 판단되는 '잠정적 설명자'를 (조합하여) 선택하는 단계를 통해 가설이 창안됨을 제안했다. 여기에서 첫 번째 단계는 의문이 생성되는 단계로 해석될 수 있고, 두 번째, 세 번째, 그리고 네 번째 단계는 가설이 생성되는 단계로 해석될 수 있다. 이러한 가설 생성의 귀추적 과정에 대한 권용주 등의 설명을 모형화하여 귀추적 가설 생성과정을 제시하여 보면 [그림 1-11]과 같이 구조화할 수 있다.

이 가설 생성 모형은 과학적 가설이 일회적인 사고의 도약이나 지각 불가능한 직관적 통찰에 의해서 만들어지는 것이 아니라 일련의 귀추적 추론과정을 통해서 만들어진다는 것을 보여 준다. 또 이러한 과정에서 의문 상황, 경험 상황, 원인적 설명자, 잠정적 설명자 등의 중간적 지식이 생성된다는 것도 보여 준다. 이상의 귀추적 추론을 통한 잠정적 설명의 생성과정을 간단하게 기술하면 다음과 같다.

〈과학지식의 귀추적 생성과정〉

의문 생성 → 의문 상황 분석 → 경험 상황 동정 →

원인적 설명자 동정 → 잠정적 설명자 고안

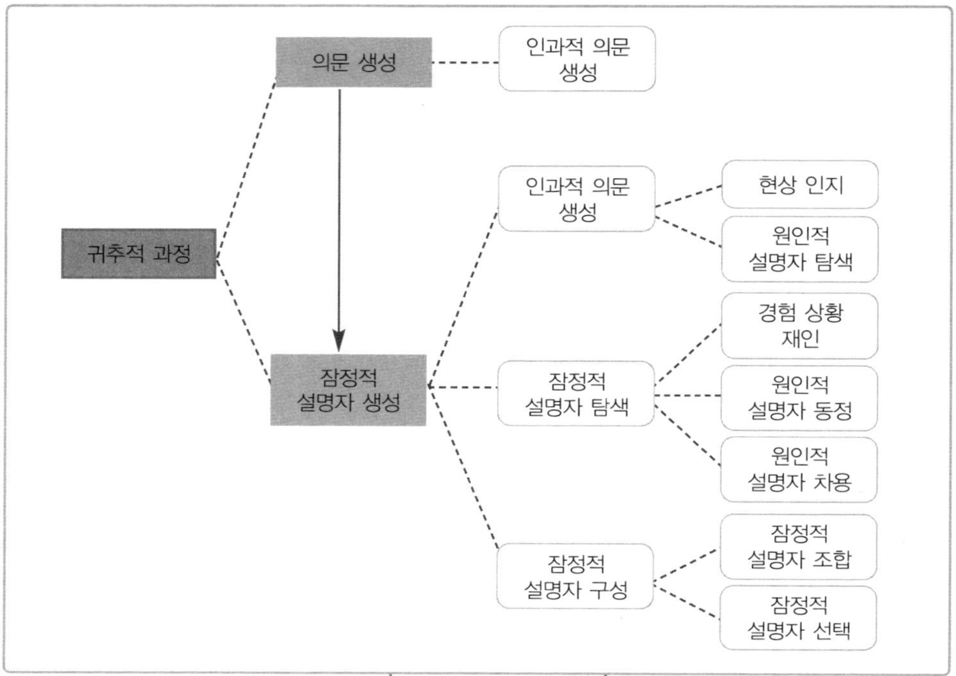

[그림 1-12] 과학지식의 귀추적 생성과정

(3) 과학지식의 연역적 생성과정

과학적 설명의 중요한 목표 중 하나는 '왜' 라는 물음에 대해 궁극적인 대답을 찾는 데 있다. 또한 이러한 과학적 설명이 아리스토텔레스가 이상으로 믿었던 논리적 연역의 형식을 지녀야 한다는 견해는 폭넓은 지지를 받아 왔다(Nagel, 1961). 이러한 연역적 설명은 보편성에 있어서 논란의 여지가 있었으나 포괄적이며 인상적인 체계임에는 재론의 여지가 없다. 과학철학에서의 연역적 방법론에 대한 논의는 데카르트(Descartes)로 대표되는 발견의 논리와 대비되어, 아리스토텔레스 이후 자연현상을 설명하는 가정이 옳다는 것을 확립해 가는 정당화의 논리로 점차 명확하게 설명되어 왔다.

과학자들은 이론이 제시될 때 종종 증거들을 제시한다. 이 증거는 가정이 입증된 것은 아니지만 인정할 만한 지지 기반을 제공해 준다고 할 수 있다. 그런 다음 과학자는 예측 가능한 새로운 사실과 알고 있는 사실을 설명하는 데 익숙해질 수 있음을 보여 줌으로써 가정의 논리적 결과를 규명한다. 과학자들은 이런 방법으로 관찰하거나 실험을 통해 그의 예측을 검증한다. 따라서 가정을 바탕으로 한 설명, 예측, 그리고 증거를 갖는 추론의 한 형태를 가설-연역적 방법이라고 할 수 있다. 즉, 가정은 가설의 부분에 해당되고, 예측과 증거의 제시를 통한 검증은 연역적인 부분이라고 할 수 있으며, 이 둘을 통합하여 가설-연역적 과정이라고 한다(Lewis 1988).

가설-연역적 방법은 과학의 정당화 논리에 한층 힘을 실어 주는 과학적인 방법으로 인식되어 왔다(Lewis, 1988). 더 나아가, 이러한 가설-연역적 추론에서 가설 검증과정의 사고는 연역적인 설명 부분에 해당한다. 그리고 이것은 가설 검증을 위한 전제를 설정하고 이를 확인하는 과정이다. 그러므로 가설 검증과정은 가설에서 도출된 조건적 진술인 시험명제(전제)와 결과를 바탕으로 그 시험명제의 진위 여부를 평가한 진술의 형태를 보인다. 박종원(1998) 또한 가설 검증과정의 연역적 구조에 대한 논의에서 가설 검증은 가설을 통해 실제 관찰 · 실험 가능한 상황을 먼저 예측하게 되고 예측된 현상이 실제로 일어나는지를 직접 관찰 · 실험함으로써 가설을 검증하는 두 단계 과정을 거치게 된다고 하였다. 이러한 주장은 가설 검증의 과정이 연역적임을 보여 주고 있으며, 가설 검증과정인 검증을 위한 사고과정과 실제 실험 활동과정(예측된 실험 현상을 확인하는 과정) 각각을 하나의 연역적인 패턴으로 보고 있다고 할 수 있다.

그리고 루이스(Lewis, 1988)는 「On The Motion of the Heart and Blood in Animals」라는 하비(Harvey)의 논문 분석을 통해 혈액순환설의 검증이 혈액순환에 대한 가정(가설)과 가설을 설명하기 위한 증거를 찾아내는 과정(검증)으로 수행되었다고 하였다. 특히, 이러한 하비의 가정과 증거를 찾아내는 과정을 로슨(Lawson, 2000)은 If ··· and ··· then ··· 의 사고과정, 즉 가설-연역적 추론과정으로도 설명했다. 이러한 설명은 과학적 검증이 연역적인 예상 및 실험적 방법을 통해 수집한 관찰 결과들과 예상의 합치 정도에 기반 한 연역과정이라는 것을 말해 주고 있다. 다시 말해, '의문 발상 → 가설 창안 → 검증방법 고안 → 검증방법의 수행에 따른 결과 → 결과를 바탕으로 가설의 평가' 의 과정으로 수행되는 가설-연역적 사고의 패턴에서 검증방법 고안, 검증 수행, 가설 평가에 관련된 부분이 가설 검증의 직접적인 과정에 해당하는 연역적 추론의 과정임을 보여 준다.

헴펠(Hempel, 1966) 역시 그의 유명한 제멜바이스(Semmelweis)의 산욕열 연구에 대한 분석결과를 예로 들면서 가설을 검증하는 기본과정에 대해 논의하였다. 그는 가설 검증과정에서 사용되는 검증 명제의 성격에 대해 구체적으로 제시하였다. 그의 설명에 따르면, 가설로부터 이끌어 낸 검증 명제들은 보통 조건적 진술의 성격을 지니고 있어야 한다는 것이다. 즉, 가설의 검증에는 '이러이러한 검증 조건들 아래에서는 이런 종류의 결과가 일어날 것이다.' 라는 진술이 요구된다는 것이다. 이러한 결과에 대한 진술은 명백히 조건문 형식으로 표현되어야 한다. 즉, '만일 C라는 조건들이 실행된다면 E라는 종류의 사건이 일어날 것이다.' 라는 형태로 진술되어야 한다고 주장했다.

나겔(Nagel, 1961) 또한 연역적 설명 유형에서의 설명 전제들의 조건을 논리적(logical) 조건, 인식적(epistemic) 조건, 내용적(substantive) 조건으로 분류하고 논리적 조건에 입각한 과학적 설명에 대해 언급했다. 그는 피설명항(설명되어야 할 사실)에 대한 연역적인 설명에 있어서 적어도 하나의 전제는 보편법칙이어야 하고 이는 피설명항의 도출에 있어 본질적인 역할을 하는 것이어야 한다고 했다. 더 나아가, 그는 이러한 설명에서 하나의 보편법칙 외에 여러 개의 단칭 언명 또는 사례 언명들은 포함되어 있어야 한다고 언급했다. 이어서 그는 과학적 설명의 논리적 조건도 제시했는데, 이것을 모두 포함한 그의 연역적 설명 체계는 다음과 같다.

첫째, 전제 가운데 적어도 하나의 보편법칙이 포함되어야 하고 이렇게 포함된 것은 피설명항을 연역하는 데 있어 본질적이어야만 한다.

둘째, 전제 가운데에는 적절한 초기 조건이 포함되어야만 한다.

이상의 설명들을 종합해 볼 때 가설 검증과정이 연역적 설명 구조를 가진다고 할 수 있다. 또한 가설 검증과정이 검증방법 고안, 검증 수행, 평가의 과정으로 이루어진다는 것도 알 수 있다. 즉, 연역 추론과정은 가설을 전제로 조건이 되는 평가방법을 고안하거나 평가기준을 이끌어 내는 과정이라고 할 수 있다. 여기에서 평가방법 고안은 구체적인 검증방법을 고안하는 과정이고, 평가기준 고안은 예상을 통해 실제 실험을 통해 얻어지는 결과와 비교하기 위한 가설 평가의 준거를 마련하는 과정이다. 이 과정에서 검증방법, 평가기준 등의 중간적 지식이 생성된다.

마지막으로, 가설 평가과정은 검증방법을 수행하고 결과를 얻어 가설을 평가하여 결론에 이르는 과정이다. 이 과정에서는 고안된 평가방법에 따라 실험을 실시한 후 관찰을 통해 결과를 수집하고, 연역 추론을 통해 얻은 평가기준과 실제 실험을 통해 얻은 결과를 비교하여 가설을 평가하고 결론을 진술한다. 이 과정에서 결과 지식과 결론 지식이 생성된다.

이와 같은 과학적 지식의 연역적 생성과정을 간단하게 진술하면 다음과 같다.

〈과학지식의 연역적 생성과정〉

검증방법 고안 → 평가기준 고안 → 결과 수집 → 가설 평가 → 결론 진술

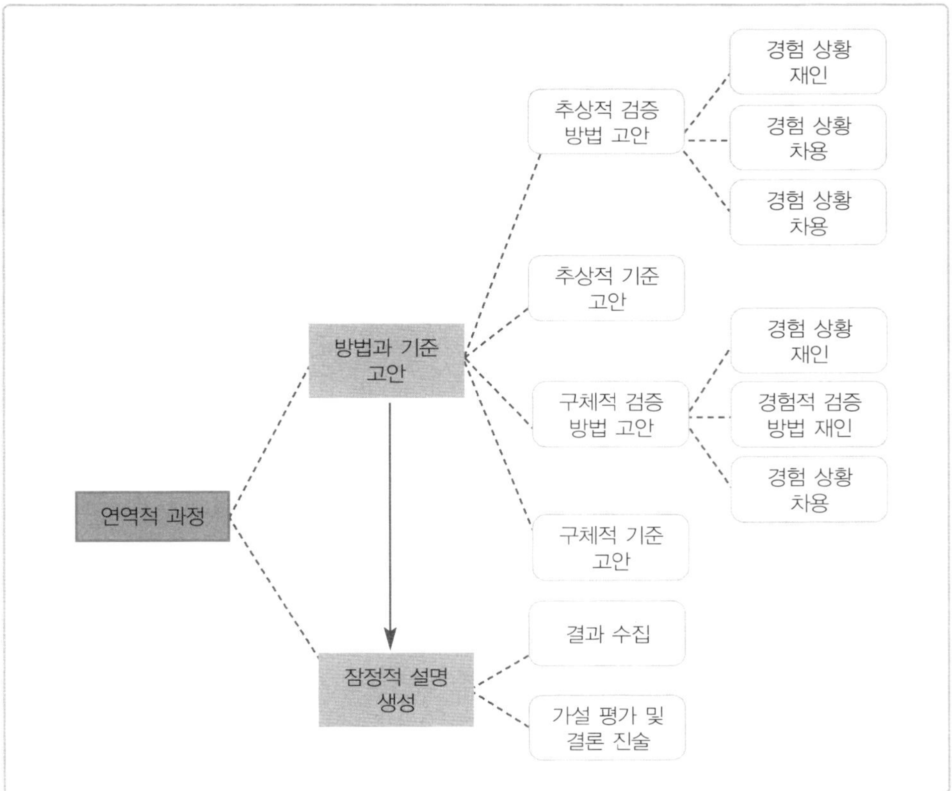

[그림 1-13] 과학지식의 연역적 생성과정

3) 과학철학적 연구의 종합

지금까지 과학철학 문헌들에 나타나 있는 과학지식 생성에 관련된 귀납적 추론, 귀추적 추론, 연역적 추론 등에 관한 과학철학적 배경, 의미, 과정 등에 관해 고찰해 보았다. 이에 따르면 과학지식의 생성과정은 그 추론 방식에 따라 크게 귀납적 과정, 귀추적 과정, 연역적 과정으로 나누어 볼 수 있다. 여기에서 귀납적 과정은 사실의 관찰에서 시작해서 규칙성을 발견하는 과정이며, 귀추적 과정은 귀납적 과정에서 생성된 기술적 지식들에서 인과적 의문이 생성되고 이에 대한 임시적인 답인 가설을 생성하는 과정이다. 또 연역적 과정은 생성된 가설을 전제로 연역적 추론을 통해 검증방법과 평가기준을 예상하고 실제 실험을 통해 그 예상을 확인함으로써 가설을 평가하는 과정이다.

귀납적 방법에 의한 선언적 과학지식의 생성과정은 '관찰(단순 관찰, 조작 관찰) → 공통성 발견 → 분류 → 위계' 또는 '관찰(단순 관찰, 조작 관찰) → 공통성 발견 → 경향성 발견 → 위계' 등으로 진행된다. 이를 통해 얻을 수 있는 지식은 사실, 공통성, 분류, 경향성, 위계 등으로, 자연현상을 그대로 기술하거나 종합한 지식들이다. 다음으로, 귀추적 방법에 의한 선언적 과학지식의 생성과정은 '의문 생성 → 의문 상황 분석 → 경험 상황 동정 → 원인적 설명자 동정 → 잠정적 설명자 동정' 이다. 귀추적 방법에 의해 얻을 수 있는 지식은 의문, 의문 상황, 경험 상황, 원인적 설명자, 잠정적 설명자 등이다. 마지막으로, 연역적 방법에 의한 선언적 과학지식의 생성과정은 '(가설의) 검증방법 고안 → (가설의) 평가기준 고안 → 결과 수집 → 가설 평가 → 결론 진술' 의 과정으로 제시할 수 있다. 여기에서 생성되는 과학적 지식에는 검증방법, 평가기준, 결과, 결론 등이 있다. 이상의 과학철학 분석 연구결과를 종합하여 선언적 과학지식의 생성과정을 제시해 보면 [그림 1-14]와 같이 나타낼 수 있다.

그림에서와 같이 어떤 선언적 과학지식은 그림에서 제시한 지식 생성의 전체 과정을 모두 거치면서 생성될 수도 있다. 그러나 대부분의 지식은 과정의 일부가 생략되거나 강조되어 생성되는 것으로 생각된다. 예를 들어, 생물학의 분류 지식은 주로 귀납적 과정이 강조되어 생성되는 것으로 볼 수 있으며, 물리학이나 화학의

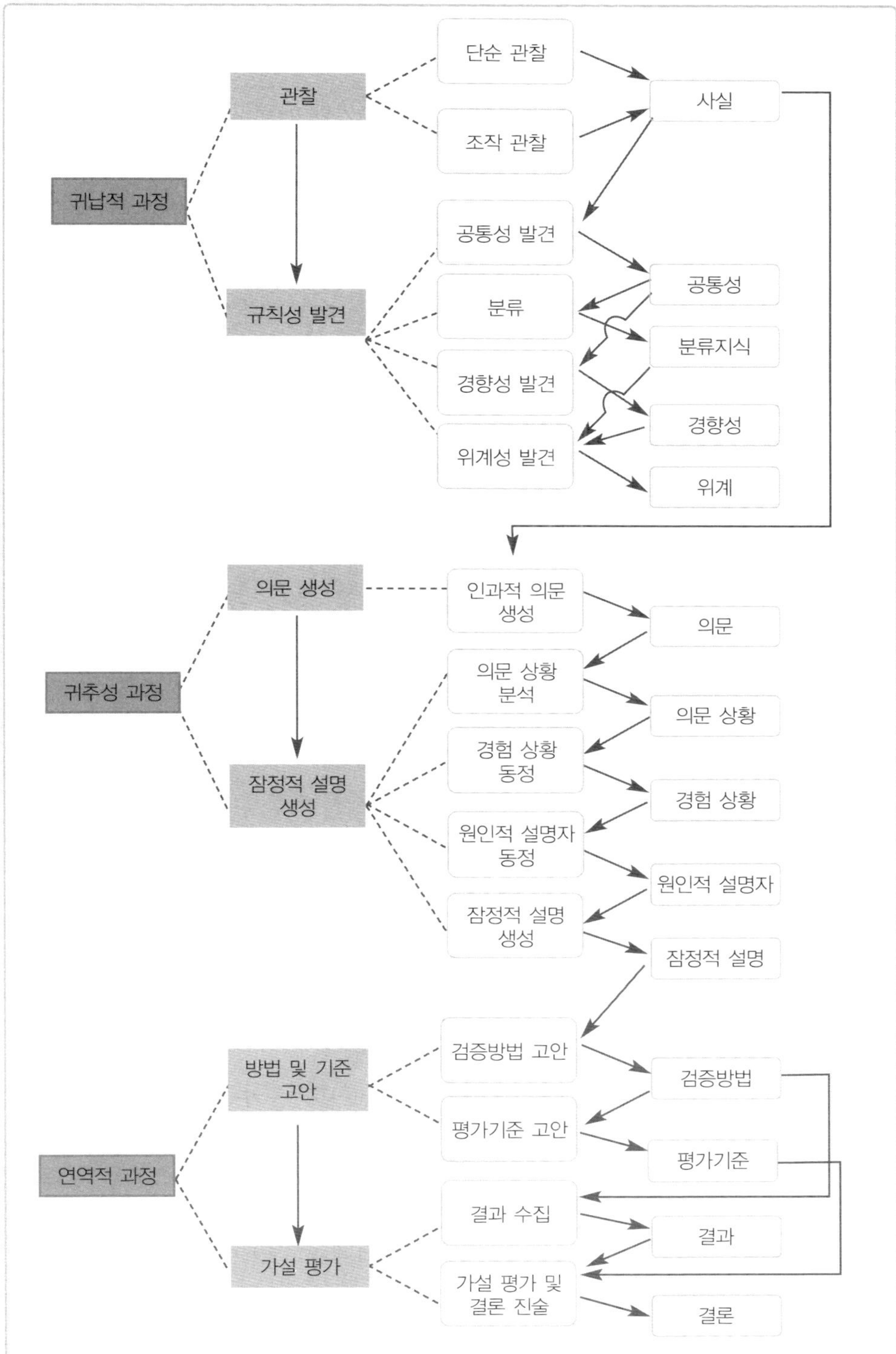

[그림 1-14] 선언적 과학지식의 생성과정

이론들은 귀추적 과정과 연역적 과정을 중심으로 생성된다고 볼 수 있다.

또한 선언적 과학지식의 생성을 위한 실제적인 사고 흐름이 앞의 모형에 나타난 것처럼 선형적 단계를 기계적으로 밟아 간다고 보기는 어렵다. 우리의 사고는 막힘없이 흘러가는 것이기 때문에 공장의 벨트컨베이어에서 물건이 만들어지는 것과는 다르다. 예를 들어, 관찰 대상들의 규칙성을 발견하는 과정에서 갑자기 인과적 의문이 생성되고, 그것을 해결하기 위해 고민하다가 다시 규칙성 발견과정으로 되돌아올 수도 있다. 순간적인 사고의 흐름은 처음과 끝을 오가는 매우 유동적인 것이다.

4. 과학자의 과학지식 생성과정

1) 과학자의 지식 생성 연구 동향

전통적인 과학교육의 중요한 교육 목적은 체계화된 지식을 학생들에게 전달하는 것이었다. 그러나 구성주의적 과학교육의 목적은 학습자 스스로 과학지식을 발견하고, 이 과정에서 새로운 지식을 생성할 수 있는 능력을 습득하는 것이다(권용주 외, 2003b). 뿐만 아니라, 학생들은 과학교육을 통해서 일상생활에서 직면하는 문제들을 과학적으로 해결하는 능력을 신장시키고, 앞으로 과학자가 될 학생들은 과학 연구 현장에서 창의적으로 새로운 지식을 생성할 수 있는 능력을 개발시켜 가는 것이다. 이처럼 지식 생성에 중심을 둔 과학교육에서 가장 효과적인 교수-학습 전략은 학생들이 과학자의 연구과정을 학습 상황에서 직접 경험할 수 있도록 하는 것이다(양일호, 정진수, 권용주, 정진우, 허명, 오창호, 2006).

사실 이러한 주장은 1960년대 초 학문 중심 교육과정이 등장하면서 계속되어 왔다. 그러나 많은 연구는 학문 중심 교육과정에 기초한 탐구수업이 학생들의 과학지식 향상과 새로운 개념의 이해에 효과적이지 못하다고 보고하였다(Adey, Askoko, Black, 1994; Clarkson & Wright, 1992; Harms & Yager, 1981; Hodson, 1992). 그리고 학문 중심 교육과정의 탐구수업이 효과적이지 못한 근본적인 이유에 대해서 울너프(Woolnough, 1995)와 하우드(Harwood, 2004)는 이 시기에 개발된 모형들이 실제 과학자들이 지식을 생성하는 과정을 충분히 반영하지 못한 것에 있다고 주장하였다.

이를 반영하듯 과학교육에서 과학자들의 연구과정에 관한 연구들이 새롭게 수행되고 있다(Dunbar, 2000; Keynes, 1997; Lawson, 2002). 예를 들어, 로슨(Lawson, 2002)은 갈릴레오(Galileo)의 연구 노트를 분석하여 갈릴레오가 어떠한 사고과정을 통해서 목성의 위성을 발견하였는지를 분석하였다. 이 연구의 결과는 갈릴레오가 가설 연역적인 사고과정을 통해 새로운 지식을 생성했음을 보여 주었다. 그러나 가설 연역적 사고과정이 구체적으로 어떠한 하위 사고과정을 포함하고 있는지를 제시하지는 못했다.

한편, 던바(Dunbar, 2000)는 분자생물학자들과 면역학자들의 연구활동에 직접 참여해서 그들의 연구수행 과정이나 세미나 과정을 분석하였다. 특히, 이 연구는 과학자들의 랩 미팅 과정에서 나타나는 특징적인 요소들에 대해서 비교적 자세히 기술하고 있다. 이 연구의 결과에 의하면 과학자들은 기대하지 않았던 발견(unexpected finding)에 집중하고, 연구과정에서 유추적 추론(analogical reasoning)과 분산 추론(distributed reasoning) 전략을 특징적으로 사용하였다. 그러나 이 연구 또한 특징적인 요소들만을 언급하고 있을 뿐 연구에서 나타나는 과정적인 흐름을 자세히 제시하지는 못하였다.

이 외에도 다윈의 자서전과 그의 연구 노트를 바탕으로 역사적 기술방법(historical accounts)을 사용하여 종의 기원이 나오기까지의 과정을 분석한 연구(Keynes, 1997)나 과학자의 과학적 연구에서 나타나는 사고과정을 제시한 연구(양일호 외, 2006)도 있지만, 케인스(Keynes, 1997)의 연구는 과학자의 연구결과나 추론 전략에만 집중하였을 뿐 구체적으로 어떠한 사고과정과 행동양식을 통해서 과학자가 연구를 수행하는지 제시하지 못하였고, 양일호 등(2006)의 연구는 과학자의 연구활동에서 나타나는 행동양식에 대해서는 분석하지 못한 한계를 보였다.

따라서 과학자의 연구활동에서 나타나는 연구단계를 밝히고, 각 단계에서 나타나는 사고과정과 행동양식, 그리고 그 결과 생성된 지식을 다차원적으로 분석하는 연구의 필요성이 매우 높다고 할 수 있다. 여기에서는 생물학의 특성을 가장 잘 나타내 주는 동물행동학(Mayr, 1997)을 연구하고 있는 현장 과학자 세 명의 지식 생성과정을 통해 과학자의 탐구과정을 보다 상세히 살펴보고자 한다.

2) 과학자의 지식 생성과정 모형

동물행동학자의 실제 연구과정에 관한 인터뷰 및 결과를 분석하고 이를 종합하면, [그림 1-15]와 같은 연구과정 모형으로 나타낼 수 있다. [그림 1-15]에 제시한 동물행동학자의 연구과정 모형은 크게 4단계로 구분하여 볼 수 있다. 우선, 배경의 뒷부분에 위치하여 회전하며 진행하는 화살표는 동물행동학자의 연구단계를 나타낸다. 둘째, 회전하는 화살표의 위에 위치한 타원형은 연구과정에서 나타나는 사고과정을 나타낸다. 이때 사고는 최하위 범주의 사고 요소만을 표시하였다. 셋째, 타원 아래에 위치한 사각형은 각 단계에서 나타나는 행동양식들을 나타낸다. 사각형 안에 위치한 행동요소들의 앞에 있는 영문자는 행동요소가 포함되는 최상위 범주의 코드를 나타낸 것이다. 영문자가 나타내는 D는 지식 검색 행동, O는 (연구대상) 조사 행동, T는 실험 행동, C는 의사소통 행동을 나타낸다. 넷째, 회전하는 화살표 내부에 위치한 원은 각 단계에서 생성된 지식을 나타낸다. 지식 역시 최하위 범주만이 표시되었다.

동물행동학자의 연구과정 모형은 크게 연구 분야 선정 단계, 연구주제 및 설명자 생성 단계, 검증방법 고안 단계, 결과 수집 및 해석의 단계로 진행된다. 연구 분야 선정 단계는 연구 상황 인식 → 연구 분야 선택 → 예비 연구대상 표상 → 연구대상 선택의 사고과정을 통해서 진행된다. 이 단계에서는 지식 검색 행동(D)의 적용과 조사 행동(O)의 관찰, 계획, 그리고 실험 행동(T)의 수집, 조작 행동이 나타난다. 이러한 사고과정과 행동들을 통해서 사실 지식, 문헌 지식, 경험 지식이 생성된다.

연구주제 선정 및 설명자 생성단계는 관찰방법 고안 → 사실 인식 → 의문 생성 → 의문 분석 → 유사 경험 표상 → 잠정적 설명자 탐색 → 잠정적 설명 구성의 사고과정을 통해서 진행된다. 이 단계에서는 지식 검색 행동(D)의 적용과 조사 행동(O)의 계획, 관찰, 그리고 실험 행동(T)의 계획, 관찰, 해석 행동이 나타난다. 이러한 사고과정과 행동들이 상호작용하여 사실 지식, 문헌 지식, 경험 지식, 인과적 의문 지식, 추측적 의문 지식, 예측적 의문 지식, 가설 지식, 추측 지식, 예측 지식이 생성되었다.

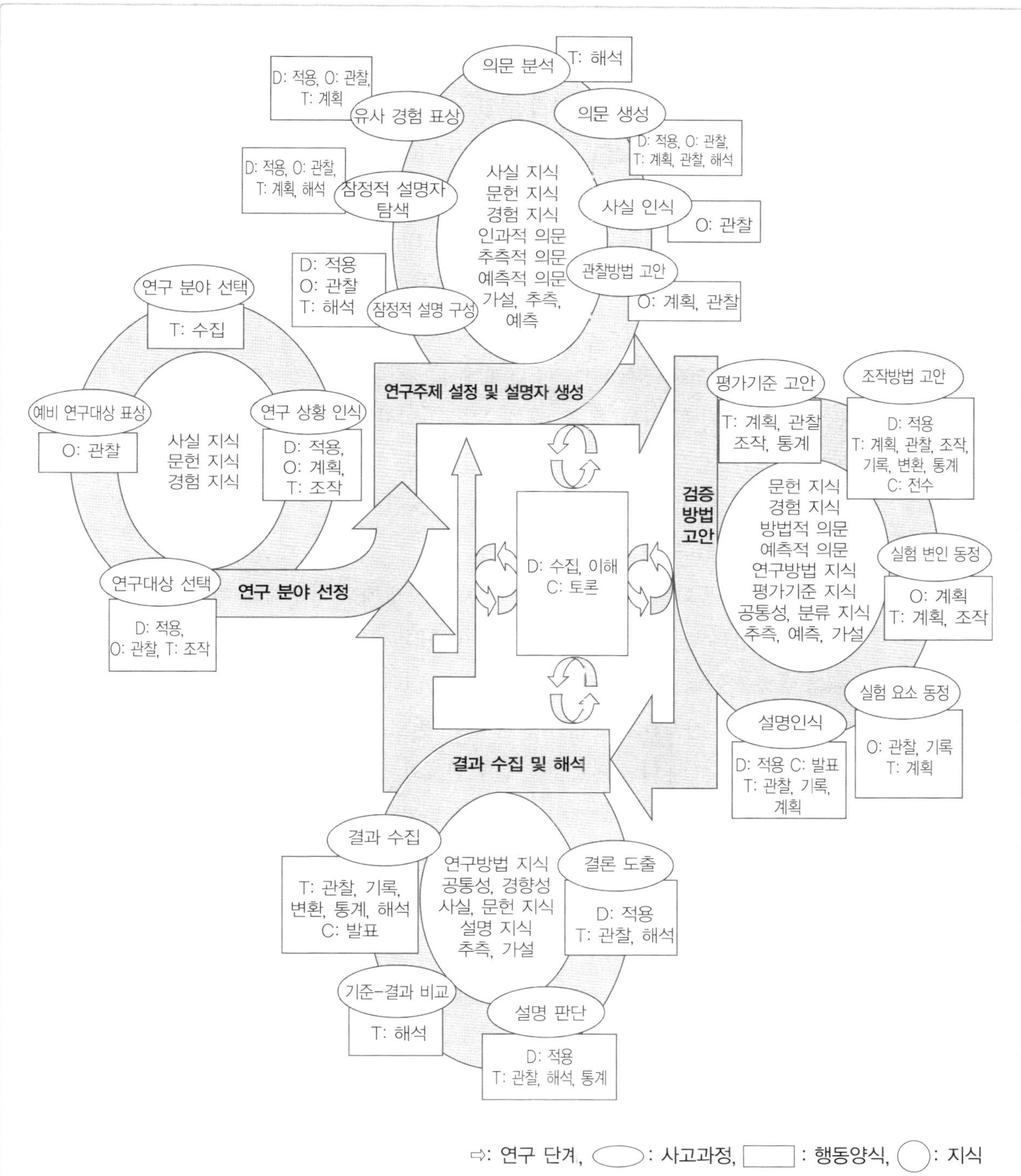

[그림 1-15] 동물행동학자의 연구과정 모형(이안나, 권용주, 정진수, 양일호, 2007)

검증방법 고안 단계는 설명 인식 → 설명 요소 동정 → 실험 변인 동정 → 조작방법 고안 → 평가기준 고안의 사고과정에 의해 진행된다. 이 단계에서는 지식 검색 행동(D)의 적용과 조사 행동(O)의 관찰, 기록, 해석, 그리고 실험 행동(T)의 계획, 조작, 관찰, 기록, 변환, 통계, 의사소통 행동(C)의 발표, 전수 행동이 나타난다. 이러한 사고과정과 각 단계에서 나타나는 행동들이 상호작용하여 문헌 지식, 경험 지식, 방법적 의문 지식, 예측적 의문 지식, 연구방법 지식, 평가기준 지식, 공통성 지식, 분류지식, 추측 지식, 예측 지식, 가설 지식이 생성되었다.

결과수집 및 해석 단계는 결과수집 → 기준-결과 비교 → 설명 판단 → 결론도출의 사고과정에 의해 진행된다. 이 단계에서는 지식 검색 행동(D)의 적용과 실험 행동(T)의 관찰, 기록, 변환, 통계, 해석, 그리고 의사소통 행동(C)의 발표 행동이 나타난다. 이러한 사고과정과 각 단계에서 나타나는 행동들이 상호작용하여 연구 방법 지식, 공통성 지식, 경향성 지식, 사실 지식, 문헌 지식, 설명 지식, 가설 지식, 추측 지식이 생성되었다.

또한 동물행동학자의 지식, 사고, 행동의 모형에서 가운데에 위치한 사각형(□)에는 지식 검색 행동의 하위인 수집(D), 이해(D) 행동과 의사소통 행동의 하위인 토론(C) 행동을 나타냈다. 따로 구분한 이유는 인터뷰 과정에서 동물 행동학자 세 명 모두가 일일이 진술하기 어려울 만큼 높은 빈도로 행동하였다고 진술하였기에 연구 단계의 가운데에 나타냈고 모든 연구 단계와 상호작용함을 표현하였다.

앞의 그림에 제시한 바와 같이 동물행동학자의 연구과정 모형은 기존의 연구들과 비교해 볼 때 차이가 있다. 기존의 연구들은 과학자가 과학적 연구를 수행하는 과정을 현상 관찰에서부터 시작하여 의문을 통해 가설을 생성하고 이를 검증하는 과정을 과학적 연구의 과정으로 보았다(권용주 외, 2003b; 권용주, 정진수, 이준기, 2006; 정진수, 2006a, 2006b). 그러나 실제 분석 결과 그러한 과정이 진행되기 이전에 동물행동학자는 자신이 연구하고자 하는 분야를 선택하는 단계가 선행되어 나타난다. 특히 연구 상황 인식 → 연구 분야 선택 → 예비 연구대상 표상 → 연구대상 선택의 사고과정은 과학적 연구활동에서 동물행동학자(생물학자)가 특정대상을 관찰하고 그때 생긴 호기심과 의문만으로 연구를 진행하는 것이 아니라, 현재 관련 연구들이 어떻게 진행되고 있으며 그중에서도 연구가 가능한 분야가 어떤 분야인지를 논리적으로 생각하고 선택하는 사고가 나타났다고 볼 수 있다.

또한 동물행동학자의 연구활동은 반복적이고 순환적인 과정이 지속적으로 나타난다. 그래서 동물행동학자의 연구과정 모형에서는 과학적 연구가 단선적으로 진행되는 것이 아니라 계속적으로 반복되고 순환되는 복잡한 과정으로 이루어진다는 것을 나타냈다. 회전하며 진행하는 화살표로 나타낸 연구 분야 선정 단계, 연구주제 설정 및 설명자 생성 단계, 검증방법 고안 단계, 결과 수집 및 해석 단계들은 학자마다의 특성에 따라 특정 단계가 여러 번 반복된 후 다음 단계로 진행된다는 것을 나타낸다. 이는 과학자들이 많은 시행착오를 반복하면서 연구를 수행한다고 주장한 이전 연구들과 일치한다(양일호 외, 2006; 조은미, 김수일, 정진수, 권용주, 2005). 또한 전체적인 모형에서 특히 연구 분야 선정 단계는 왼쪽으로 돌출되어 나오도록 표현하였고, 결과 수집 및 해석 단계와 연구주제 선정 및 설명자 생성의 단계 사이에는 오른쪽으로 꺾여 진행되는 작은 화살표를 표시하였다. 이는 동물행동학자들이 연구진행 전에 하나의 연구 분야를 선택하면 선택한 분야 내에서 새로운 가설을 세우고 연구하며 다양한 연구활동을 진행한다는 것을 나타낸다.

그러므로 생물학의 특성이 잘 나타나는 동물행동학을 연구하는 학자들은 하나의 연구 분야를 선택하면 그 분야 내에서 반복적이고 순환적인 과정을 거치면서 연구를 진행하고, 연구 단계마다 다양한 사고와 행동이 상호작용하면서 새로운 지식을 생성해 낸다고 볼 수 있다.

3) 과학자 지식 생성과정의 교육학적 의의

여기서는 실제 과학자의 지식 생성 모형에 대해 알아보았다. 이 모형에 의하면 연구 단계는 '연구 분야 선정' '연구주제 및 설명자 생성' '검증방법 고안' '결과 수집 및 해석' 의 단계로 나타났다. 각 단계에 해당되는 사고과정은 일정한 흐름을 통해서 진행되었고, 하위 사고과정마다 특이적인 행동들이 나타났다. 또한 하위 사고와 다양한 과학적 행동이 상호작용하여 연구 단계마다 다양한 지식을 생성하였다. 특히 '지식 검색 행동' 과 '의사소통 행동' 은 연구의 전반에 걸쳐서 지속적으로 나타났다. 이는 과학적 연구에서 지식 검색 행동을 통한 사전 지식의 획득이 중요하고, 사회과학뿐만 아니라 자연과학에서도 의사소통을 통한 정보의 교환과 의견 교환이 과학적 연구활동에서 중요한 역할을 함을 알 수 있다. 또한 동물행동학자의 연구과정은 단선적이고 일회적인 것이 아니라 특정 단계가 지속적으로 반복되기도 하고 여러 단계가 순환되고 피드백되는 과정을 통해서 진행되는 것을 알 수 있었다.

이 모형은, 먼저 과학 교수-학습 모형 개발이나 전략 수립에 적용될 수 있을 것으로 기대된다. 기존의 모형들이 대부분 직선적인 탐구과정에 따라 수업을 진행하도록 되어 있는 것에 비교해서 과학자의 지시생성 모형은 순환적인 특성을 가지고 있어서 학생들의 자연스러운 사고의 흐름을 방해하지 않는다. 이러한 점은 학생들의 지적 호기심과 탐구에 대한 집중력을 높여 줄 것으로 기대된다. 또한 사고과정뿐 아니라 행동양식과 생성될 지식의 종류 등도 모형에 포함되어 있으므로 이전의 탐구 중심 수업 모형에 학생들의 행동과 생성 지식이 반영될 수 있도록 수업 전략을 개선하는 데도 이용될 수 있을 것이다. 그리고 학생들의 탐구활동 능력을 단계별, 영역별로 평가하는 데 적용될 수 있고, 평가 결과 부족한 부분을 피드백할 수 있는 자료를 제공할 수 있다. 예를 들어, 학생들이 자유 탐구를 수행할 때 연구 분야를 선정하지 못하고 있다면, 교사는 이 모형을 적용하여 먼저 학생들이 연구 상황을 인식하고 있는지 확인하고, 연구 분야와 연구대상을 선택할 수 있도록 도와줌으로써 학생들이 연구 분야를 결정할 수 있도록 전략적으로 도움을 줄 수 있다. 즉, 과학자의 지식 생성 모형을 적용함으로써 교사들이 학생들의 탐구활동에 대해 미시적으로 평가하고 교육적인 처방을 할 수 있다.

02 과학적 관찰

이 장에서는 과학탐구의 출발점인 과학적 관찰에 대해 소개하고자 한다. 과학적 관찰이란 무엇인지 알아보고, 과학적 관찰의 효과적인 교수-학습방법에 대해 살펴볼 것이다.

과학지식의 생성이론 / **관찰** / 분류 / 의문 / 가설 / 실험설계 / 가설 평가

1. 과학적 관찰의 도입활동

청진기 관찰

청진기 관찰 활동은 우리 몸에서 나타나는 간단한 생리현상인 혈압 및 맥박에 대해 사진이나 수치 자료가 아닌 실제 자신의 몸을 측정하여 그 주기성을 이해할 수 있도록 꾸며져 있다. 이를 통해 학생들은 우리 몸에서 나타나는 혈압 및 맥박에 대해 다양한 사실을 관찰하고, 규칙성을 파악할 수 있다.

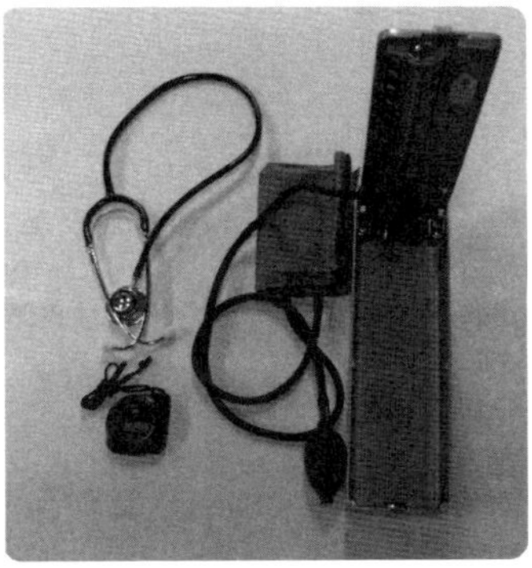

〈준비물〉

① 수은식 혈압계(커프 포함)

② 청진기

③ 스톱워치

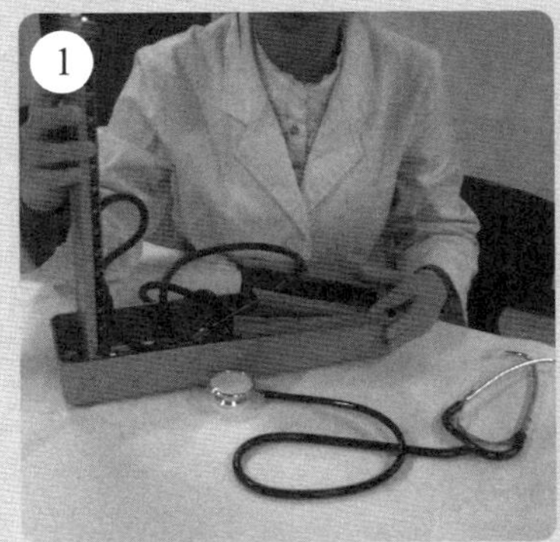

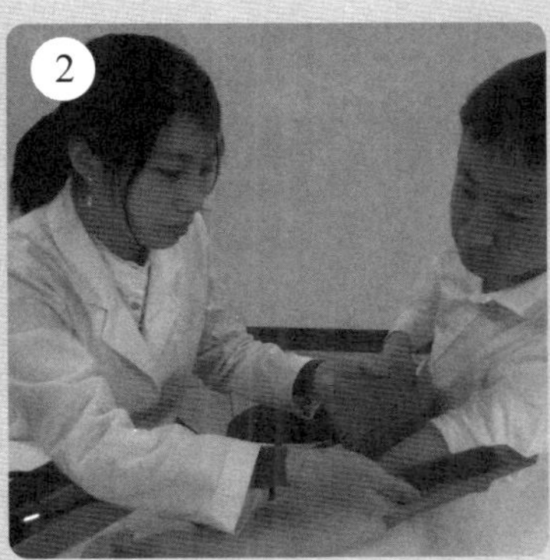

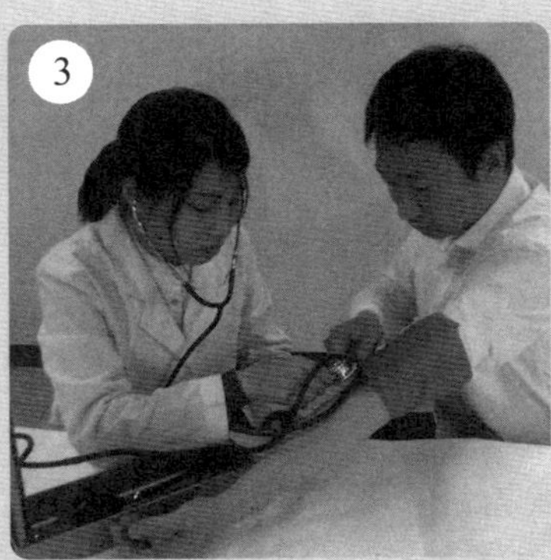

〈탐구방법〉

① 수은식 혈압계의 뚜껑을 열고, 커프를 잘 펴서 장치한다.

② 친구의 팔에 커프를 잘 감아 주고, 혈압계의 스위치를 ON 상태에 놓는다.

③ 청진기를 커프 아래쪽 팔뚝에 대고, 펌프 아래의 공기마개를 돌려 막은 후 충분히 공기를 주입하여 수은주가 약 220mmHg가 되도록 한다.

④ 공기마개를 천천히 돌려 주면서 나타나는 변화를 관찰한다.

⑤ 수은주의 혈압을 눈으로 세심히 확인하면서 청진기로 들리는 소리를 듣는다.

⑥ 스톱워치를 사용하여 소리와 수은주의 움직임을 자세히 관찰한다.

〈유의 사항〉

- 반드시 혈압계의 스위치를 ON에 두고 시작한다.
- 커프는 펌프한 채로 오래 두면 혈액순환이 되지 않아 위험하다.
- 커프를 팔에 감을 때는 반드시 공기를 다 빼고 감아 준다.
- 펌프를 해도 커프가 부풀지 않을 때는, 공기펌프 밑의 코크나사를 잠근 상태인지 확인해 준다.
- 청진기는 소리를 증폭시키므로 청진기를 착용한 상태에서는 표면을 손으로 차거나 하는 장난을 치지 않도록 한다.

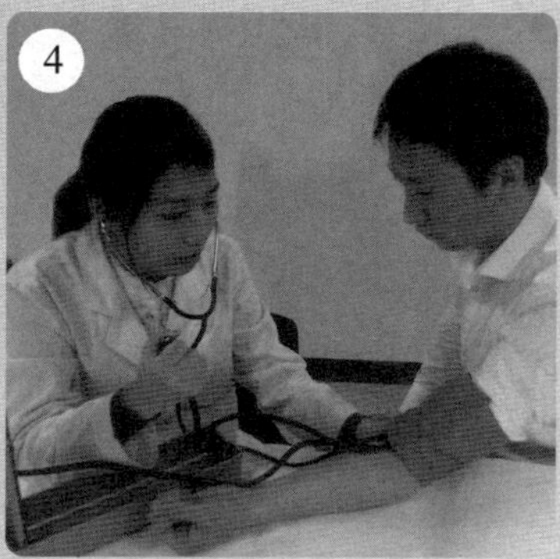

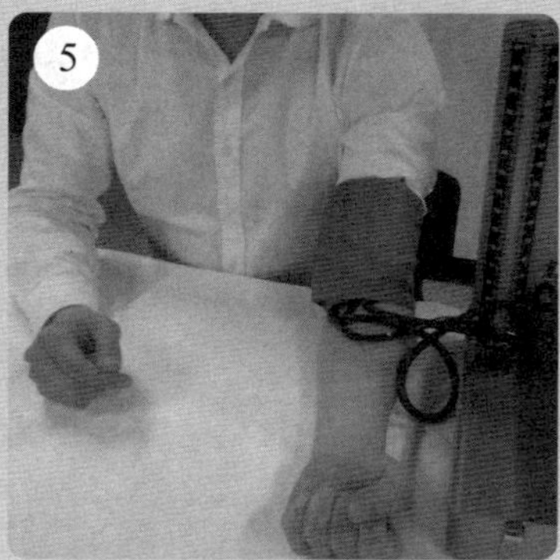

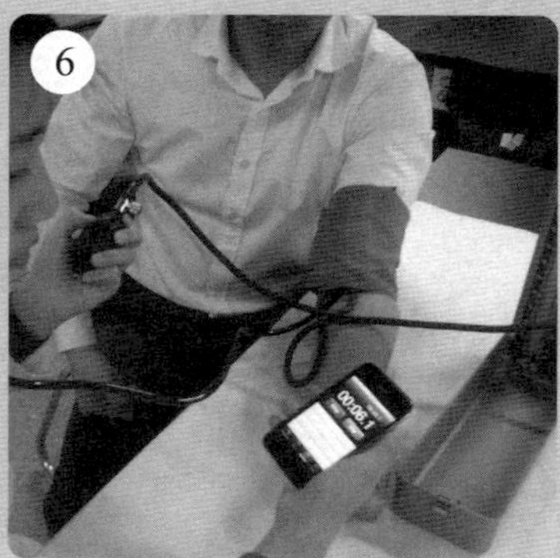

과학적 관찰지식 생성 활동지

활동	생성한 관찰지식	관찰결과의 유형	관찰의 과정
관찰			

2. 과학적 관찰의 유형 및 사고과정

과학활동에서 처음 출발점은 무엇일까? 이런 의문에 대해서 많은 과학자, 과학철학자들은 물론이고, 심지어 인지과학자들도 과학은 관찰로부터 시작한다고 인정해 왔다(권용주, 정진수, 강민정, 박윤복, 2005; Sienko & Plane, 1961). 따라서 과학지식의 생성활동 역시 과학적 법칙, 인과관계, 가설 등을 생성하기 전에 현상에 대하여 관찰된 기술적 지식을 얻는다. 그래서 이렇게 관찰된 사실이 모여서 자료라고 부르는 정보의 덩어리가 되고, 이러한 정보의 덩어리는 그 자체로서 과학지식일 뿐만 아니라, 다른 과학지식의 생성을 위한 다음 단계의 바탕이 된다. 더 나아가, 관찰은 과학활동뿐 아니라 과학교육 활동에서도 매우 중요한 활동으로 여겨져 왔다(Chadwick & Barlow, 1994; Haslam & Gunstone, 1997).

그러나 이렇게 과학활동 및 과학지식의 생성에서 관찰의 중요성이 무척 다양하게 논의되었음에도 관찰을 위한 체계적인 전략의 제시는 미흡하다. 비록 러셀과 하렌(Russel & Harlen, 1990)이 과학교육 과정에서 관찰기능 성취수준을 감각 이용, 차이 구분, 시간에 따른 기술, 도구 사용, 정량화 등으로 제시하였지만, 효과적인 관찰지식의 생성을 위한 체계적인 관찰 전략을 충분하게 제시하지 못하고 있다. 여기에서는 앞서 제시된 관찰활동의 분석을 통하여 관찰의 유형과 이들의 범주화를 제시하고, 이를 바탕으로 체계적으로 관찰을 수행할 수 있는 학습 전략을 논의하고자 한다.

1) 관찰 유형의 분류

관찰자들이 관찰한 결과에는 다양한 종류의 관찰 유형이 나타나 있다. 다음은 겨울눈 과제를 통해 생성될 수 있는 관찰지식의 예다.

예시 1. 목련 겨울눈의 겉 부분에 솜털이 있다.

예시 2. 칠엽수 겨울눈을 손으로 자르니 풋사과 냄새가 난다.

예시 3. 산수유 겨울눈의 껍질은 거칠다.

예시 4. 철쭉 겨울눈 바깥쪽에 있는 덮개들은 크기가 모두 다르다.

예시 5. 단풍나무 겨울눈의 길이가 1.5mm다.

이러한 예시와 같이 연구대상 교사들의 겨울눈 관찰 유형은 다섯 가지 분류기준에 의해서 분류될 수 있다. 첫 번째 관찰 유형 분류기준은 관찰에 이용한 감각기관의 종류다. 예를 들어, '목련 겨울눈의 겉 부분에 솜털이 있다.'는 시각에 의한 관찰이고, '산수유 겨울눈의 껍질은 거칠다.'는 촉각을 이용한 관찰이다. 이와 같이 관찰에 이용한 오감, 즉 시각(visual), 청각(auditory), 후각(olfactory), 미각(gustatory), 촉각(tactile) 등으로 관찰의 유형을 구분하는 방법은 이미 광범위하게 받아들여지고 있다(Chadwick & Barlow, 1994).

두 번째, 관찰대상의 조작의 유무에 따라 관찰 유형은 구분될 수 있다. '목련 겨울눈의 겉 부분에 솜털이 있다.'는 관찰대상에 아무 조작도 가하지 않고 관찰한 결과다. 이처럼 아무런 조작 없이 행하는 관찰을 단순 관찰(simple observation)이라고 한다. 그러나 '칠엽수 겨울눈을 손으로 자르니 풋사과 냄새가 난다.'는 칠엽수의 겨울눈을 손으로 자르는 조작이 있어야만 얻을 수 있는 사실이다. 이와 같은 관찰대상에 조작을 가해서 관찰하는 것을 조작 관찰(manipulative observation)이라고 한다.

세 번째, '솜털이 있다' '풋사과 냄새가 난다' '거칠다' 등과 같이 관찰대상의 성질을 단순히 정성적으로 관찰(qualitative observation)한 것과, '길이가 1.5㎜다'와 같이 정량적으로 관찰(quantitative observation)한 것으로 관찰 유형을 분류할 수 있다.

네 번째, '칠엽수 겨울눈…… 풋사과 냄새가 난다.' '겨울눈의 길이가 1.5㎜다.' 등과 같이 관찰대상 전체를 관찰함으로써 얻어지는 사실과, '겉 부분에 솜털이 있다.' '겨울눈의 껍질은 거칠다.' 등과 같이 관찰대상의 일부분을 관찰함으로써 얻어지는 사실로 구분될 수 있다. 즉, 관찰은 관찰대상 전체를 관찰하는 전체 관찰(whole observation)과 관찰대상의 일부만을 관찰하는 부분 관찰(particular observation)로 구분될 수 있다.

다섯 번째, 식물의 겨울눈 관찰에 나타난 관찰 유형은 관찰대상의 수에 따라 구분될 수 있다. '덮개들은 크기가 모두 다르다.' 라는 관찰은 '덮개' 라는 관찰대상을 여러 개 관찰함으로써 얻어지는 사실이다. 이와 같이 관찰대상이 다수인 관찰 유형을 '다수대상 관찰(plural target observation)' 이라고 할 수 있다. 반면에 '껍질은 거칠다.' '길이가 1.5㎜다.' 등과 같이 하나의 관찰대상에 관한 관찰은 '단일대상 관찰(singular target observation)' 이라고 할 수 있다.

여섯 번째, 관찰의 유형은 시간이라는 변인에 따라 구분될 수도 있다. 과제의 특성상 앞의 과제에서는 나타나지 않았으나, 어떤 학생이 새가 날아가는 모습을 보고 '앨버트로스(albatross)와 물수리(osprey)의 나아가는 속력은 점점 빨라진다.' 라는 관찰지식을 생성했다면, 속력의 변화는 시간의 변화가 있어야만 관찰 가능한 사실이다. 이와 같이 시간에 종속된 관찰 유형을 '변화 관찰(change observation)' 이라고 할 수 있다. 반면에, '솜털이 있다.' 와 같은 관찰 지식은 특정 시점에서 관찰된 시간 독립적인 관찰이다. 이러한 관찰 유형을 '정적 상태 관찰(static state observation)' 이라고 할 수 있다.

이를 총괄해 보면, 관찰 유형을 분류하는 기준은 크게 관찰방법과 관찰대상에 따라 구분될 수 있다. 그리고 관찰방법에 따라서는 다시 감각의 종류, 조작, 정량화

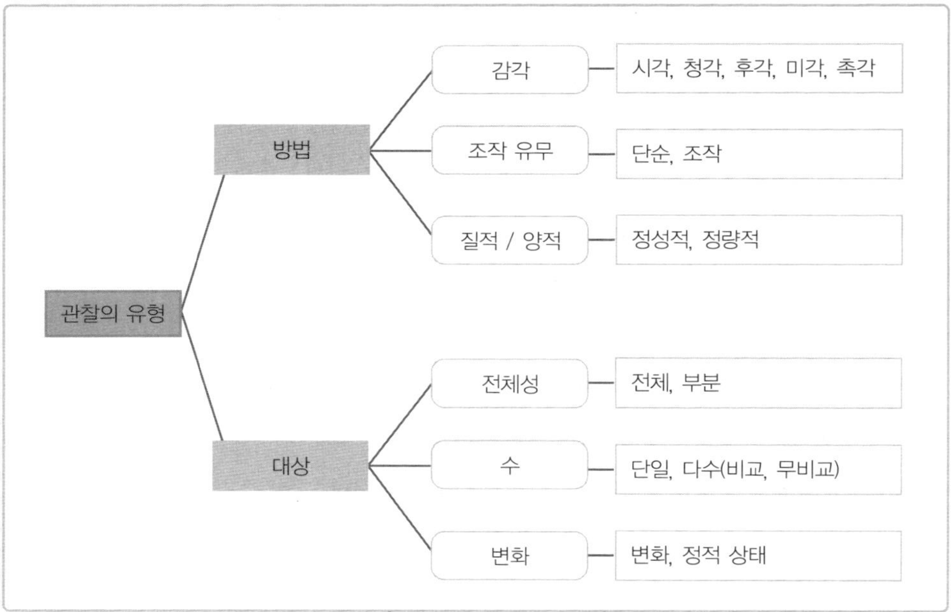

[그림 2-1] 과학적 관찰의 유형과 구조

등의 하위 기준을 포함하고, 관찰대상에 따라서는 대상의 전체성, 대상의 수, 대상의 시간 의존성 등의 하위 기준을 포함하고 있다. 이러한 결과를 그림으로 나타내면 [그림 2-1]과 같다.

[그림 2-1]에 제시된 것과 같이 관찰의 유형은 다양한 기준에 의해서 분류될 수 있다. 먼저 크게는 관찰의 방법과 대상에 따라 기준이 분류될 수 있고, 방법과 대상은 각각 3가지의 하위 분류기준으로 다시 나뉠 수 있다. 다시 말하면, 관찰의 유형은 2차원 평면 위에서 방법에 따라 세로 방향으로, 대상에 따라 가로 방향으로 배열되고 각각의 차원에서 다시 3차원의 하위 구조로 세분될 수 있다. 이것을 하나의 분류틀로 제시하면 〈표 2-1〉과 같다.

〈표 2-1〉 과학적 관찰의 분류틀

관찰대상 / 관찰방법			정적 상태 관찰				변화 관찰				합계
			비교 관찰		무비교 관찰		비교 관찰		무비교 관찰		
			전체	부분	전체	부분	전체	부분	전체	부분	
시각	단순 관찰	정성 관찰									
		정량 관찰									
	조작 관찰	정성 관찰									
		정량 관찰									
청각	단순 관찰	정성 관찰									
		정량 관찰									
	조작 관찰	정성 관찰									
		정량 관찰									
후각	단순 관찰	정성 관찰									
		정량 관찰									
	조작 관찰	정성 관찰									
		정량 관찰									
미각	단순 관찰	정성 관찰									
		정량 관찰									
	조작 관찰	정성 관찰									
		정량 관찰									
촉각	단순 관찰	정성 관찰									
		정량 관찰									
	조작 관찰	정성 관찰									
		정량 관찰									
합계											

〈표 2-1〉에 제시된 것과 같이 관찰의 유형은 세로 방향으로 관찰방법에 따라 감각의 종류, 조작 여부, 정량화 여부 등의 3차원 구조로 구분될 수 있다. 그런 다음, 감각의 종류에서는 5가지 유형으로 구분하고, 각각의 감각에서 다시 단순과 조작 관찰로 구분되며, 각각의 단순과 조작 관찰에서 다시 정성과 정량 관찰로 구분된다. 따라서 세로 방향으로는 관찰의 유형이 모두 20가지로 분류될 수 있다.

반면, 가로 방향으로는 관찰대상에 따라 대상의 전체성, 대상의 수, 대상의 시간 의존성 등의 기준에 의해서 관찰의 유형이 분류될 수 있다. 대상의 전체성에 따라서는 전체와 부분 관찰로 구분되고, 대상의 수에 따라서는 단수와 다수로 구분되며, 대상의 시간 의존성에 따라서는 시간독립과 시간의존으로 관찰의 유형을 분류하였다. 따라서 가로 방향으로는 관찰의 유형이 모두 8가지로 분류될 수 있다.

관찰방법에 따른 20가지 분류와 관찰대상에 따른 8가지 관찰 유형을 조합할 때 전체 관찰의 유형은 160가지로 분류될 수 있다.

2) 관찰지식의 분석

지금까지 소개한 관찰지식의 유형에 따라 '겨울눈 과제'에서 생성된 관찰 사실들을 실제로 분석해 보면 다음과 같다.

예시 1. 목련 겨울눈의 겉 부분에 솜털이 있다. 〈시각, 단순, 정성〉〈부분, 단수(무비교)〉

예시 2. 칠엽수 겨울눈을 손으로 자르니 풋사과 냄새가 난다. 〈후각, 조작, 정성〉〈전체, 단수(무비교)〉

예시 3. 산수유 겨울눈의 껍질은 거칠다. 〈촉각, 단순, 정성〉〈부분, 단수(무비교)〉

예시 4. 철쭉 겨울눈 바깥쪽에 있는 덮개들은 크기가 모두 다르다. 〈시각, 단순, 정성〉〈부분, 다수(비교)〉

예시 5. 단풍나무 겨울눈의 길이가 1.5mm다. 〈시각, 단순, 정량〉〈전체, 단수(무비교)〉

앞의 분석결과를 〈표 2-2〉의 관찰의 분류틀에 적용하면 다음과 같이 나타낼 수 있다.

〈표 2-2〉 과학적 관찰의 분류틀

관찰대상 / 관찰방법			정적 상태 관찰				변화 관찰				합계
			비교 관찰		무비교 관찰		비교 관찰		무비교 관찰		
			전체	부분	전체	부분	전체	부분	전체	부분	
시각	단순 관찰	정성 관찰		1		1					2
		정량 관찰			1						1
	조작 관찰	정성 관찰									
		정량 관찰									
청각	단순 관찰	정성 관찰									
		정량 관찰									
	조작 관찰	정성 관찰									
		정량 관찰									
후각	단순 관찰	정성 관찰									
		정량 관찰									
	조작 관찰	정성 관찰			1						1
		정량 관찰									
미각	단순 관찰	정성 관찰									
		정량 관찰									
	조작 관찰	정성 관찰									
		정량 관찰									
촉각	단순 관찰	정성 관찰				1					1
		정량 관찰									
	조작 관찰	정성 관찰									
		정량 관찰									
합계				1	2	2					5

3) 관찰지식 분석의 실제

지금까지 배운 관찰지식의 분석방법에 따라 '신천옹(앨버트로스)의 행동관찰' 과제'에서 생성된 관찰 사실들을 실제로 분석해 보고, 분류된 결과를 〈표 2-3〉에 나타내 보자.

예시 1. 앨버트로스는 물갈퀴를 펴고 땅을 구르면서 앞으로 전진한다.

예시 2. 앨버트로스의 부리는 머리의 1.5배 정도 된다.

예시 3. 앨버트로스와 물수리의 나아가는 속력은 점점 빨라진다.

예시 4. 물수리의 날개 끝이 갈라져 있다.

〈표 2-3〉 과학적 관찰의 분류틀

관찰대상 / 관찰방법			정적 상태 관찰				변화 관찰				합계
			비교 관찰		무비교 관찰		비교 관찰		무비교 관찰		
			전체	부분	전체	부분	전체	부분	전체	부분	
시각	단순 관찰	정성 관찰									
		정량 관찰									
	조작 관찰	정성 관찰									
		정량 관찰									
청각	단순 관찰	정성 관찰									
		정량 관찰									
	조작 관찰	정성 관찰									
		정량 관찰									
후각	단순 관찰	정성 관찰									
		정량 관찰									
	조작 관찰	정성 관찰									
		정량 관찰									
미각	단순 관찰	정성 관찰									
		정량 관찰									
	조작 관찰	정성 관찰									
		정량 관찰									
촉각	단순 관찰	정성 관찰									
		정량 관찰									
	조작 관찰	정성 관찰									
		정량 관찰									
합 계											

과학적 관찰지식 생성 활동지

활동	생성한 관찰지식	관찰결과의 유형	관찰의 과정
관찰			

3. 과학적 관찰의 교수-학습방법

식물 중심주 관찰

식물 중심주 관찰 활동은 여러 식물의 줄기 단편을 직접 제작하고 관찰할 수 있도록 꾸며져 있다. 이를 통해 학생들은 책에서만 보아 왔던 중심주의 형태와 이들의 배열상에 대해 자세히 알아보며 각 구조의 기능에 대해 쉽게 이해할 수 있다.

〈준비물〉

① 광학현미경
② 슬라이드 글라스, 커버 글라스
③ 핀셋
④ 면도칼
⑤ 샬레
⑥ 간단한 식물 3종 혹은 그 이상(콩나물, 마늘종, 아욱)
⑦ 스포이트, 물

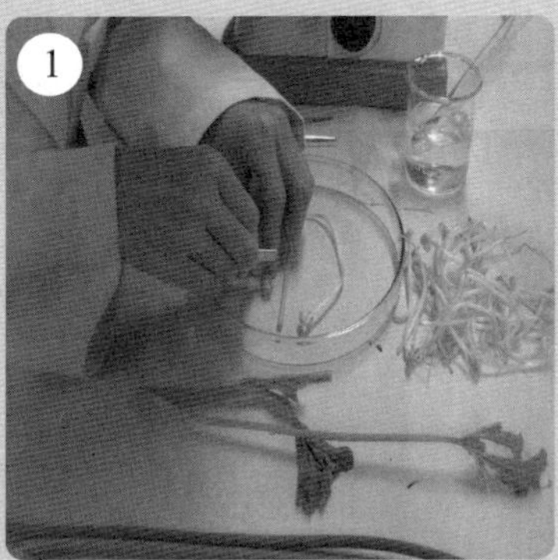

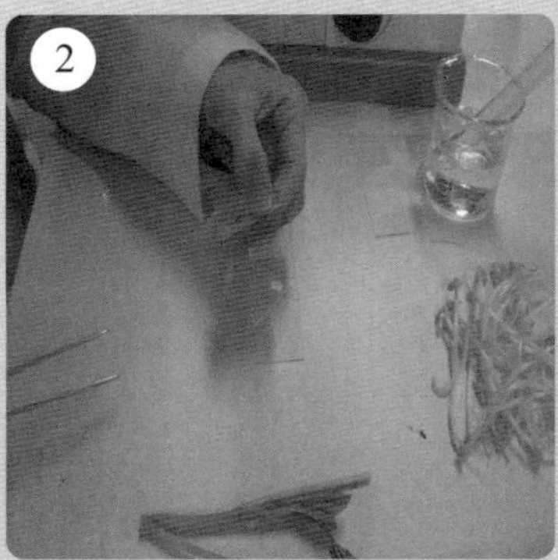

〈탐구방법〉

① 면도칼을 이용하여 준비한 각 식물들의 줄기 부분을 얇게 절단한다.

② 절단한 식물 줄기를 슬라이드 글라스에 올려놓는다.

③ 스포이트를 이용하여 물을 뿌린다.

④ 커버 글라스를 덮어서 프레파라트를 제작한다.

⑤ 현미경을 이용하여 관찰한다.

⑥ 준비한 식물들 모두를 관찰하고 관찰한 모양을 기록한다.

〈유의 사항〉

- 식물의 절편을 제작할 때 면도칼을 조심해서 다룬다.
- 프레파라트를 제작 시에 식물 절편이 너무 눌리게 하지 않는다.
- 현미경 관찰 시 여러 배율로 관찰한다.

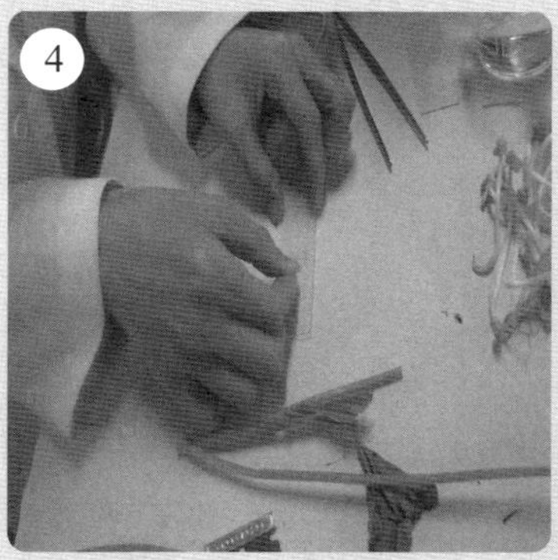

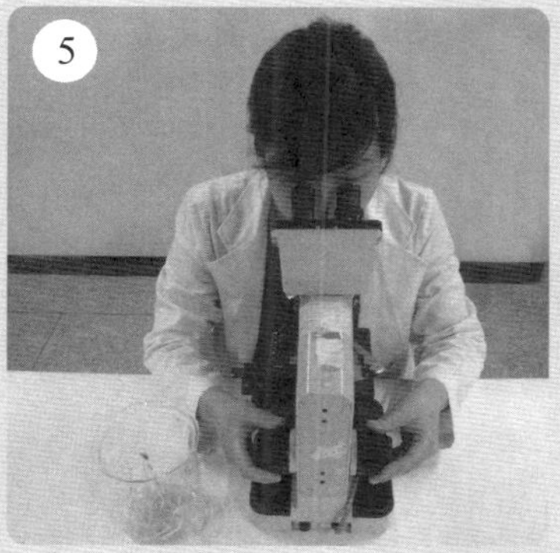

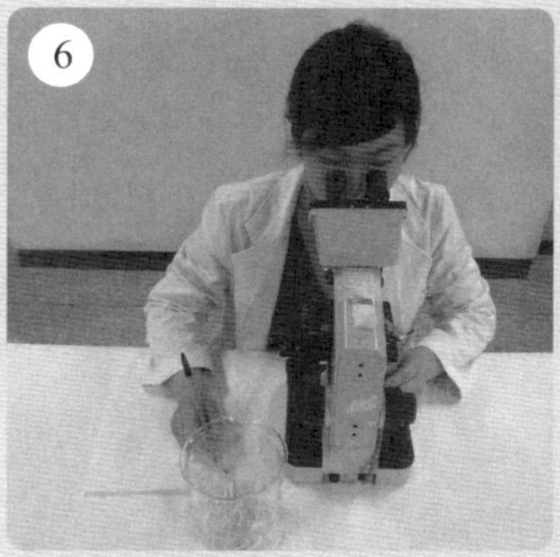

과학적 관찰지식 생성 활동지

활동	생성한 관찰지식	관찰결과의 유형	관찰의 과정
관찰			

과제의 과학적 배경 지식

식물의 육상 진출은 관속계 발달이라는 변화들이 축적되었기 때문에 가능한 진화적 사건이었다. 식물들에게 있어 이처럼 중요한 관다발은 한순간에 배열되고 조직된 것은 아니다. 양치식물 및 종자식물의 뿌리나 줄기의 중심을 세로로 지나가는 부분으로 물과 양분의 통로인 관다발이 있다. 관다발 식물의 여러 조직을 크게 세 조직으로 나누어 표피 · 피층(皮層) · 중심주로 구분하는데, 중심주 속에는 관다발조직인 물관부와 체관부 외에 기본 조직이 있다. 이것에 대한 형태학적 비교 연구는 관다발식물의 계통을 고찰하는 데 매우 중요한 것으로, 이 관점에서 제창된 학설을 중심주설이라고 한다. 이 활동은 줄기로 해도 규칙성 파악에 도움을 줄 수 있고, 잎자루[葉柄]를 재료로 하여도 흥미로운 결과를 얻을 수 있다. 이 3종의 조직배열은 식물의 종류와 기관에 따라 모양이 일정하다. 무엇보다도 3단계의 해상력 수준(resolution level)을 통한(① 식물체 자체 - ② 단면 돋보기 관찰 - ③ 중심주 절편 현미경 관찰) 관찰의 경향성을 통해 자연스럽게 규칙성 지식을 생성할 수 있을 것이다. 특히 보다 상세한 관찰을 위해 스스로 중심주 절편을 효과적으로 제작할 방법을 고안해 봄으로써 절차적 지식 측면도 연습해 볼 수 있다. 식물의 중심주 배열상은 식물의 진화에 따른 경향성을 내포하고 있다(Judd, Campbell, Kellogg, & Stevens, 1999).

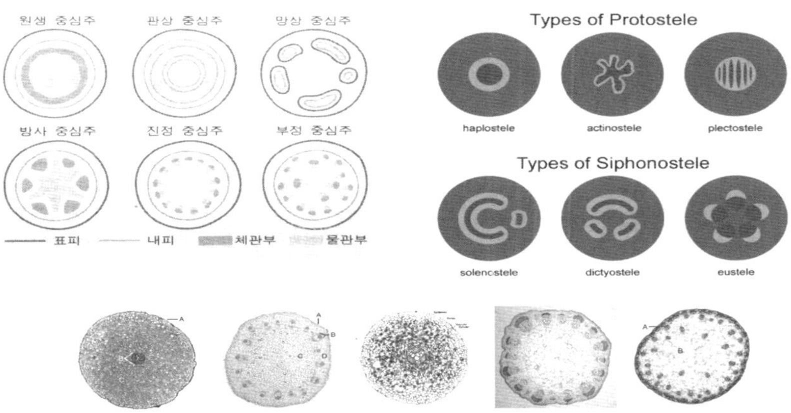

다양한 식물 중심주의 유형과 실제 절단면 예시

식물 중심주 관찰 활동의 지도를 위한 교사용 스토리 보드

<table>
<tr><th colspan="2">과정</th><th>교사 지도 내용</th><th>학생 반응의 예</th></tr>
<tr><td colspan="2">관찰대상 제시</td><td>중심주 구조를 보기 위한 박편 제작방안을 고안하도록 지도한다.</td><td>① 지우개에 끼우고 자르면 잘 된다.
② 면도칼 두 개 사이에 식물 줄기를 끼우고 자르면 얇은 층이 된다.
③ 자른 줄기 중심주의 박편을 샬레에 받은 물 위에 띄우면 평평하게 펴져서 관찰이 쉽다.</td></tr>
<tr><td colspan="2" rowspan="3">관찰하기</td><td>다양한 방법을 이용하여 재료들을 관찰하도록 지도한다.</td><td rowspan="3">① 식물마다 관다발 배열상이 다르다.
② 아욱은 관다발이 가장자리로 늘어 서 있다.
③ 콩나물과 마늘종의 중심주 배열상은 다르다.</td></tr>
<tr><td>감각적 관찰에서 조작 관찰까지 수행하도록 지도한다.</td></tr>
<tr><td>전체 관찰에서 부분 관찰까지 수행하도록 지도한다.</td></tr>
<tr><td rowspan="2">규칙성 파악</td><td>공통성</td><td>관찰한 식물의 중심주들이 공유하는 다양한 공통점을 찾아내도록 지도한다.</td><td>① 콩나물과 마늘종은 모두 가운데가 비어 있지 않다.</td></tr>
<tr><td>경향성</td><td>관찰한 사실들로부터 경향성을 발견할 수 있도록 지도한다.</td><td>① 중심주 내에서 바깥쪽 피층으로 갈수록 가는 다발들이 모여 있다.</td></tr>
</table>

4. 과학적 관찰의 적용활동

겨울눈 관찰

겨울눈 관찰 활동은 학생들이 직접 겨울눈을 관찰할 수 있도록 구성되어 있다. 이 활동에서 학생들은 다양한 형태의 과학적 관찰방법을 이용하여 겨울눈의 상세한 구조를 살펴볼 수 있다.

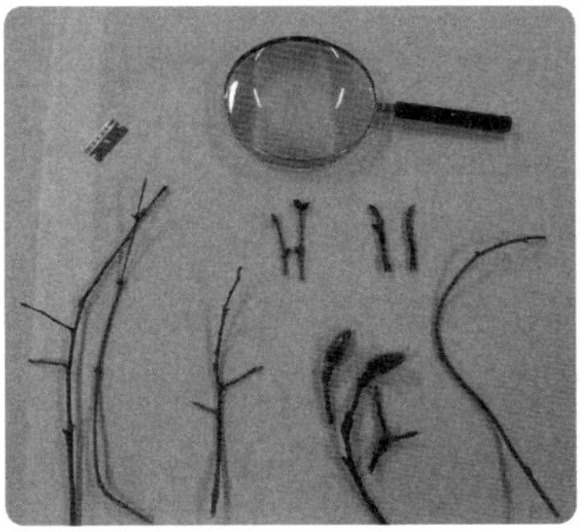

〈준비물〉

① 돋보기

② 면도칼

③ 여러 가지 식물의 겨울눈

〈탐구방법〉

① 주변의 여러 가지 식물의 겨울눈을 준비한다.

② 각 겨울눈의 구조를 서로 비교해 본다.

③ 겨울눈의 구조를 상세하게 관찰해 본다.

④ 돋보기를 이용하여 겨울눈의 구조를 관찰해 본다.

⑤ 면도칼을 이용하여 겨울눈을 절단해 본다.

⑥ 돋보기를 이용하여 절단면을 상세히 관찰해 본다.

〈유의 사항〉

- 과제 특성상 겨울철에 주로 해 볼 수 있다.
- 겨울눈을 자를 때는 면도칼에 베이지 않도록 조심해서 다룬다.

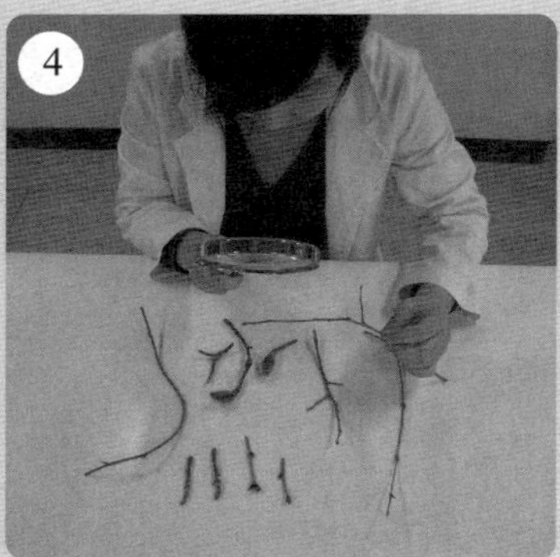

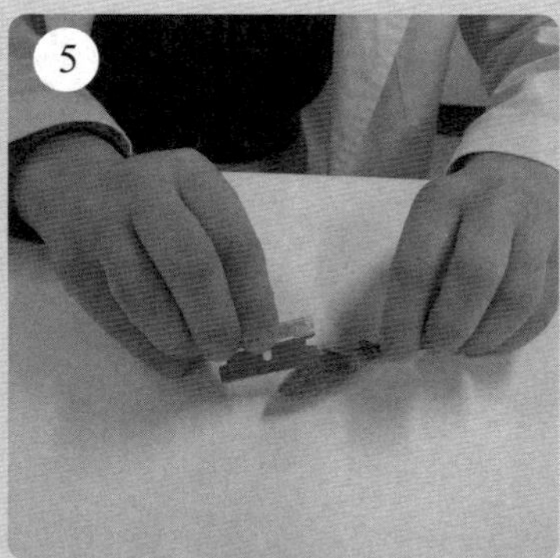

과학적 관찰지식 생성 활동지

활동	생성한 관찰지식	관찰결과의 유형	관찰의 과정
관찰			

과제의 과학적 배경 지식

어린 가지의 끝이나 잎겨드랑이[葉腋 : 줄기와 잎자루 사이]에 달리며 눈의 중심에는 앞으로 잎이나 꽃, 줄기가 될 부분이 들어 있고, 줄기가 될 부분의 끝에는 생장점이 있으며, 겉은 아린(芽鱗)이라고 하는 비늘 같은 조각이 여러 장 덮여 있어 추위 등 외부 환경으로부터 눈을 보호한다.

눈은 그 모양과 위치, 역할 등에 따라 각각 이름이 다르다. 장차 꽃이 될 눈은 꽃눈[花芽], 잎이 될 눈은 잎눈[葉芽]이라고 하며 꽃과 잎이 동시에 되는 눈은 혼아(混芽)라고 한다.

봄이나 여름에 생겨 그해 안으로 각 기관을 형성하는 눈은 여름눈[夏芽]이라고 하는데 이는 아린으로 덮여 있지 않다. 이에 비해 봄부터 가을에 걸쳐 형성되어 휴면상태로 겨울을 넘긴 다음, 다음 해 봄에 자라는 눈은 겨울눈[冬芽]이라고 하는데 아린으로 덮여 있음은 물론 송진 등에 의해서도 보호된다.

겨울눈은 수목이나 다년생 초본이 여름부터 가을에 걸쳐 겨울을 지내는 그들만의 생존 전략이며, 오랜 진화의 역사에서 선택된 독특한 기관이다. 대개 줄기의 끝이나 곁에 붙어 있고, 잎눈은 갸름하고 길며, 꽃눈은 잎눈보다 둥글고 크다. 겨울눈의 겉은 식물의 종류에 따라 솜털로 덮여 있거나 진액으로 싸여 있는 편이다.

겨울눈의 구조는 여러 겹의 비늘잎으로 싸여 있으며, 꽃이 될 꽃눈, 잎이나 줄기가 될 잎눈, 잎과 꽃이 같이 나올 섞임눈의 생김새는 다르다. 겨울눈은 비늘잎으로 싸여 있는데 비늘잎 위에 솜털이나 진액이 덮여 있어 추위로부터 보호될 수 있는 것이다.

겨울눈의 종류에는 봄에 싹이 터서 잎이나 줄기가 되는 잎눈과 장차 꽃이 되는 꽃눈, 그리고 잎과 꽃이 될 부분이 섞여 있는 섞임눈이 있다.

겨울눈의 위치에 따른 종류에는 나뭇가지의 끝에 붙어 있는 끝눈과 가지의 곁에 붙어 있는 곁눈이 있다. 주로 잎눈은 형태적으로 길쭉하고 꽃눈은 둥글고 큰 편이다. 이러한 겨울눈은 식물에 따라 다양한 모양과 구조를 나타내고 있어 관찰의 소재로 훌륭하다.

03

과학적 분류

이 장에서는 자연현상의 질서와 규칙을 파악하는 데 있어 중요한 탐구과정 중 하나인 과학적 분류에 대해 소개하고자 한다. 과학적 분류란 무엇인지 알아보고, 과학적 분류의 효과적인 교수-학습방법에 대해 살펴볼 것이다.

과학지식의 생성이론 · 관찰 · 분류 · 의문 · 가설 · 실험설계 · 가설 평가

1. 과학적 분류의 도입활동

지문 분류

지문 분류 활동은 여러 가지 모양의 지문 형태를 분류해 보는 활동이다. 학생들은 직접 자신이나 친구들의 지문을 찍고 이를 분류함으로써 분류과정에 대해 흥미롭게 생각하면서 활동을 진행시킬 수 있다.

〈준비물〉

① 스탬프 잉크
② 돋보기
③ 종이
④ 자

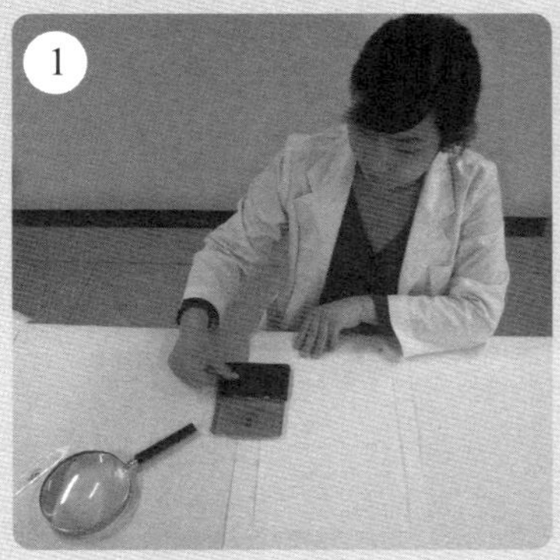

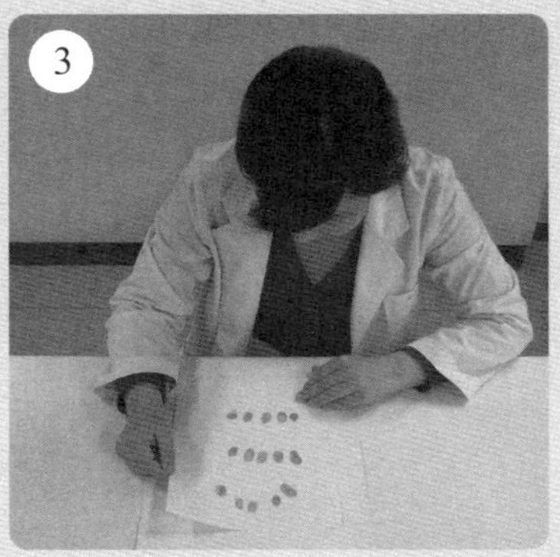

〈탐구방법〉

① 스탬프를 준비하여 손가락에 잉크를 묻힌다.

② 각 손가락에 잉크를 묻힌 후 흰 종이에 찍는다.

③ 모든 손가락의 지문을 찍은 후 관찰한다.

④ 자를 이용하여 지문의 모양을 측정해 본다.

⑤ 돋보기를 이용하여 상세하게 관찰해 본다.

⑥ 관찰한 결과를 바탕으로 분류한다.

〈유의 사항〉

• 잉크를 너무 많이 묻히거나 너무 적게 묻히면 지문이 진하거나 흐리게 나오므로 적당히 묻히고 찍도록 한다.

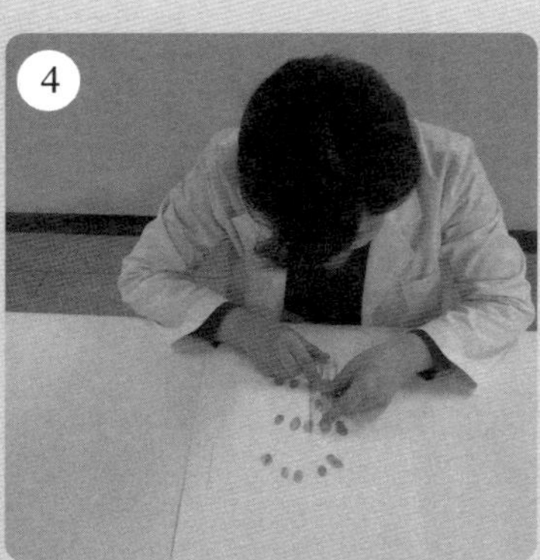

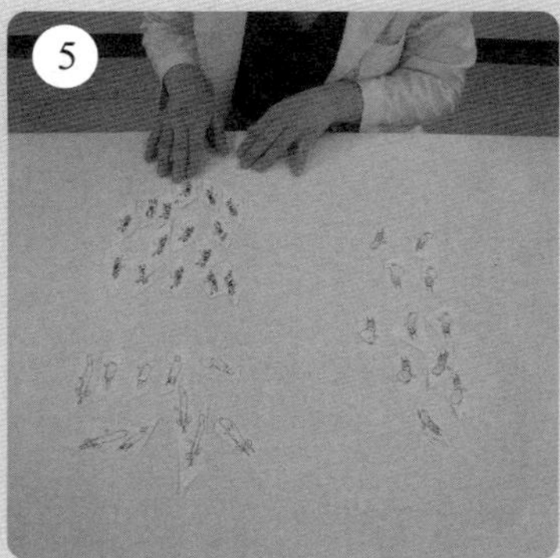

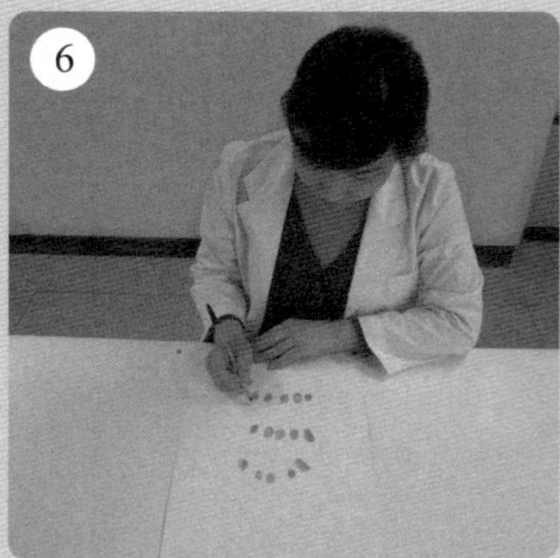

과학적 분류지식 생성 활동지

활동	생성한 분류지식	분류의 유형	분류의 과정
분류			

2. 과학적 분류의 유형 및 사고과정

생물의 가장 흥미로운 점은 그것이 지니는 다양성에 있고, 이러한 생물의 다양성은 바로 진화의 결과라 할 수 있다(Mayr, 1997). 생물학자들은 3천만 정도의 많은 종들이 지구에 서식하고 있는 것으로 추정하고 있다(Lewis, 1988). 그러므로 생물을 분류하여 계통수를 생성하는 것은 생물학 연구에 필요한 기초정보를 제공하는 역할을 수행하게 되므로(우건석, 조광선, 박규택, 1997; 이종욱, 김창환, 문태영, 1993; Mayr, 1997) 생물학 연구 자체뿐만 아니라 생물교육에도 매우 중요하다(Honey & Paxman, 1986; 이현주, 2002). 그러나 한편으로 이렇게 생물종의 수가 많다 보니 생물수업에서 계통수 관련 단원은 주로 암기 위주의 주입식 교수방법에 의해 가르쳐지고 있는 실정이다(이현주, 2002; Core, 1982). 그래서 학생들은 암기할 개념이나 지식이 많은 계통수 관련 단원의 학습에 대해 쉽게 흥미를 잃어버린다. 또한 단순한 개념이나 지식을 강조하는 주입식 교수방법만으로는 학생들에게 생물의 진화적인 계통관계를 이해시키기는 어렵다(Brewer, 1997; Gendron, 2000).

계통수 관련 단원 학습의 또 다른 문제점은 생물을 어떻게 분류하여 어떤 체계로 정할 것인지 학자들마다 의견이 다양하다는 것이다(강은정, 이인규, 1986; 임낙룡, 박경화, 1999). 또한 우건석 등(1997)도 계통관계를 제시한다는 것, 즉 생물을 분류하고 계통수를 생성하는 것은 새로운 가설을 세우는 작업이며, 동시에 기존의 가설을 확인하는 작업이라고 하였다. 그러므로 생물을 분류하고 계통수를 생성한다는 것은 생물계를 보다 체계적으로 구분하고 정리하기 위한 학자들의 노력이므로 절대적인 분류체계나 계통수는 존재할 수 없으며, 시대나 상황에 따라 다양하게 변할 수 있음(이종욱 외, 1993; Wallace, Sanders & Ferl, 1991)을 감안하여 이에 대한 정확한 지도가 필요하다(강은정, 이인규, 1986; Reiss & Tunnicliffe, 2001). 그래서 단순한 개념이나 불완전한 지식을 강조하는 암기 위주의 주입식 교수방법보다는 학생들이 직접 분류하여 계통수를 생성해 보는 탐구적인 문제해결 활동의 기회를 제공해 주어야 한다(Brewer, 1997).

1) 분류지식의 생성과정

분류의 사고 경향을 보면, 분류를 하기 전에 분류기준을 고안하고, 그 기준에 따라 분류를 하게 된다. 분류기준을 고안하는 과정에서 일부 관찰대상에서 공통점과 차이점을 찾는 과정이 있다. 결국 분류의 사고과정은 대상 관찰 → 분류기준 고안(일부 대상의 공통점 찾기와 차이점 찾기) → 분류기준 선택 → 분류의 과정으로 진행됨을 알 수 있다. 또한 피험자들은 분류한 집단에서 분류기준을 고안하고 선택하여 집단 분류를 하고, 분류된 집단을 위계적으로 배열하여 여러 번에 걸친 분류와 위계화 활동을 진행하였다. 그러므로 위계의 과정은 크게 집단 분류와 위계적 배열로 나눌 수 있고, 집단 분류는 다시 집단 분류기준 고안(집단 내 대상의 공통점 찾기와 차이점 찾기) → 집단 분류기준 선택의 과정으로 진행됨을 알 수 있었다.

2) 공통성 지식의 생성과정

분류지식의 생성과정에서 단위 분류기준의 고안 및 집단 분류기준의 고안과정에서 나타나는 규칙성 지식의 한 종류인 공통성 지식의 생성과정을 간략히 모형화하면 [그림 3-1]과 같다. 이는 준거속성의 추출이라는 면에서 분류지식이 생성되는 과정에서 반드시 선행되어야 하는 사고과정이다.

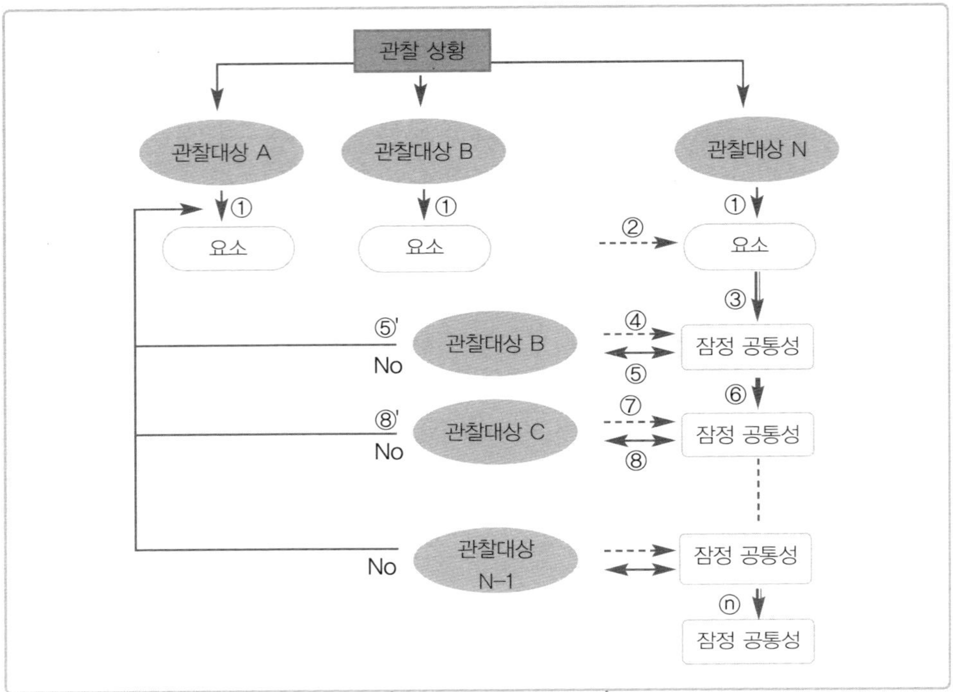

[그림 3-1] 공통성 지식의 생성과정 모형(박윤복, 2005)

3) 경향성 지식의 생성과정

경향성 지식은 분류지식의 생성과정에서 분류된 집단들 간에서 나타나는 규칙성 지식의 한 종류다. 경향성 지식의 생성과정을 간략히 모형화하면 [그림 3-2]와 같다. 이는 계통수 구성과 같은 위계지식의 생성이나 역사적 가정을 기반으로 하는 생물진화 과정을 탐구할 때 반드시 선행되어야 하는 중요한 사고과정이다.

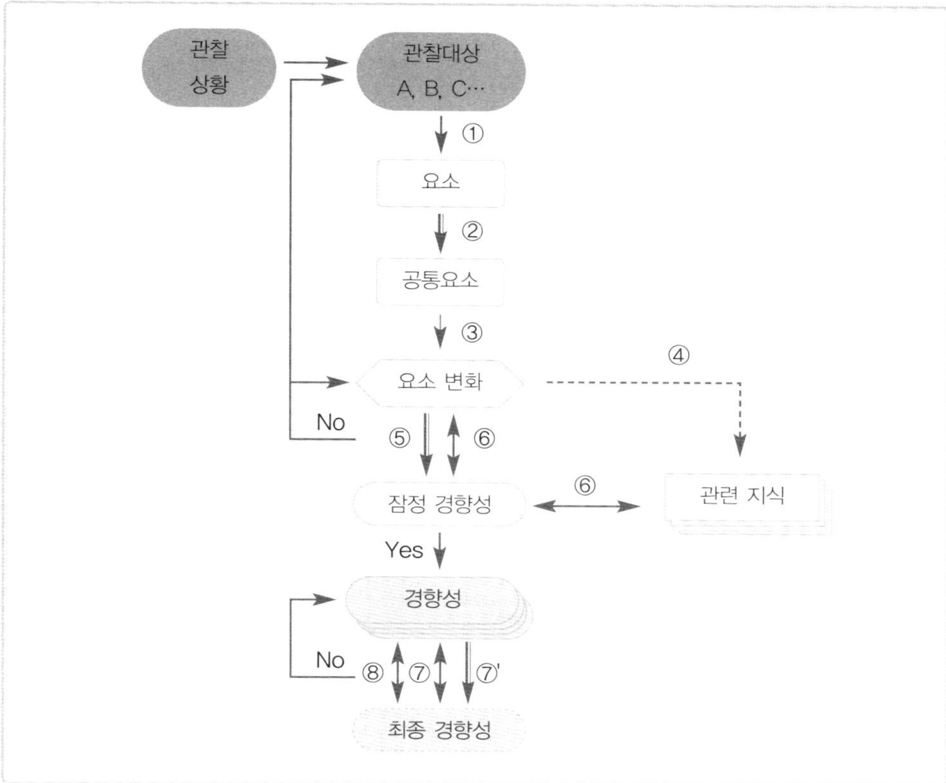

[그림 3-2] 경향성 지식의 생성과정 모형(박윤복, 2005)

4) 계통수(위계) 지식의 생성과정

계통수(위계) 지식의 생성은 분류된 집단들 간에서 나타나는 경향성 지식을 바탕으로 집단들 간의 위계를 나타내 주는 최종적인 과정이다. 계통수(위계) 지식의 생성과정을 간략히 모형화하면 [그림 3-3]과 같다.

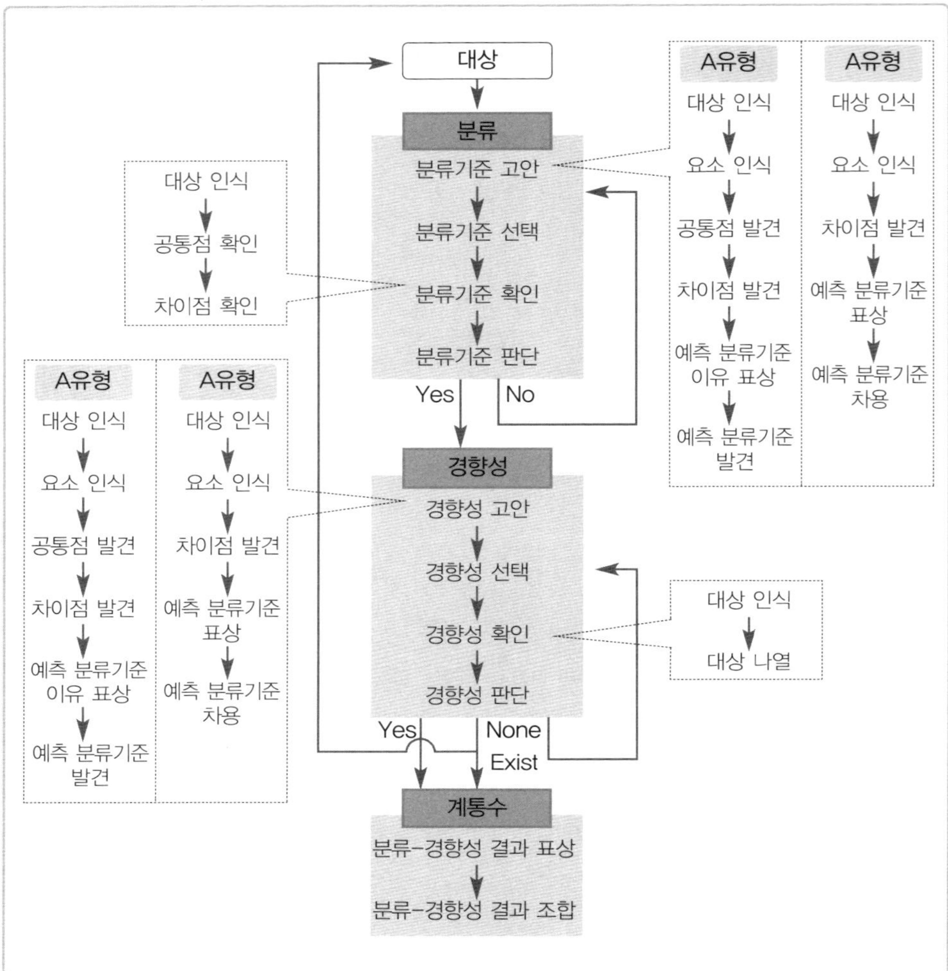

[그림 3-3] 분류-계통수 지식의 생성과정 모형(조은미, 김수일, 정진수, 권용주, 2005)

지금까지 살펴본 분류, 공통성, 경향성, 위계지식 생성의 사고과정 모형은 생물학습 지도와 평가 측면에 몇 가지 시사점을 준다. 먼저, 분류-계통수 관련 단원의 학습 시 지금까지의 암기 위주의 주입식 교수방법이 아니라, 여기에서 제시된 계통수 생성 사고과정에 비추어 과정적이고 체계적인 교수-학습 전략을 세우는 데 도움을 줄 수 있다. 즉, 학생들에게 '분류하여 계통수를 만들어 보라.' 와 같은 단순한 안내에 그치는 것이 아니라 '분류기준을 고안, 선택, 확인, 판단해 보자.' '경향성을 고안, 선택, 확인, 판단해 보자.' '분류와 경향성 결과를 표상하고 조합해 보자.' 등과 같이 보다 구체적이고 체계적인 교수 전략을 세울 수 있다. 이러한 교수-학습 전략을 통해 학생들은 계통수 관련 단원에 대해 흥미를 유발할 수 있을 것이다.

또한 이 같은 내용은 탐구적인 문제해결력과 사고력을 향상시키기 위한 프로그램의 개발에 적용될 수 있다. 생물교육의 목표인 탐구능력을 신장시키기 위해 일반적으로 교과서에 제시된 것들은 실제 탐구능력의 신장보다는 이론이나 결과 확인을 위한 실험이 대부분이다. 여기에서 제시된 분류, 공통성, 경향성, 위계지식 생성의 사고과정 모형에 따른 프로그램을 개발하여 제공한다면 학습자의 탐구적인 문제해결력과 사고력을 향상시키는 데 도움을 줄 수 있을 것이다. 또한 이 모형들은 분류-계통수 생성 능력의 평가에도 적용될 수 있다. 이때 단지 분류-계통수 생성 결과만을 평가하는 것이 아니라 분류-계통수 생성과정을 단계별로 평가하여 어떤 단계를 어려워하고 생성하지 못하는지를 질적(qualitative)으로 평가할 수 있다. 이러한 평가결과는 학습자가 분류-계통수를 생성하지 못하는 근본적인 원인을 분석할 수 있게 함으로써 평가의 본질적인 목적인 피드백 자료를 제공할 수 있다.

5) 분류지식의 분석

지금까지 소개한 분류지식의 유형에 따라 [그림 3-4]의 '소라껍질 분류' 활동에서 생성된 분류지식들을 실제로 분석해 보면 다음과 같다.

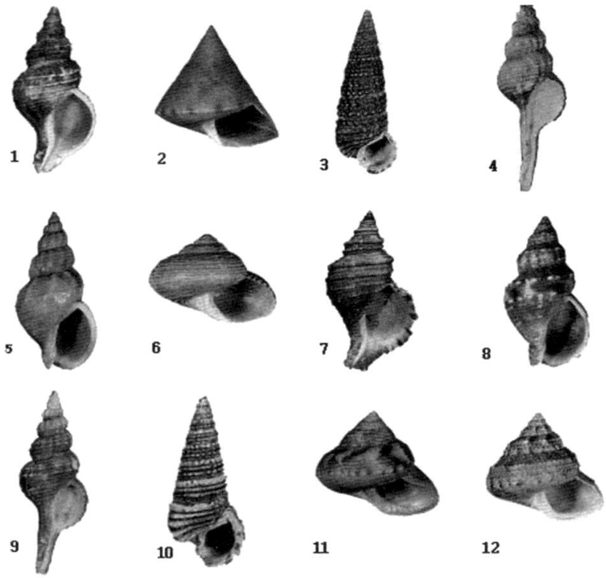

[그림 3-4] 소라껍질 분류 활동 제시 사진(조은미 외, 2005)

〈학생 T의 소라껍질 분류 활동 중 사고과정〉

발화	사고과정		
· 나와 있는 것들(4. 9. 1. 8. 7. 5) 중에서도	대상 인식		분류 기준 고안
· 어…… 뼈대가……	요소 인식		
· 4번이랑 9번은 그 뼈대 있는 데까지 구멍이 다 오지 않은 작은 구멍을 갖고 있는데	공통점 발견	차이점 발견	
· 나머지 7번, 8번, 1번, 5번은 뼈대가 나와 있어도 구멍이 뼈대에 있는 데까지 다 와 있어서	공통점 발견		
· 어……. 4번, 9번은 따로 분류하고 싶어요.	예측 분류기준 발견		
· 뼈대 있는 데까지 구멍이 없는 4번이랑 9번은 따로 나누고,	공통점 확인	차이점 확인	분류 기준 확인
· 어……. 뼈대까지 구멍이 있는 나머지 7번, 8번, 5번, 1번을 하나로	공통점 확인		
· 묶고(4, 9/1, 8, 7, 5 로 나눔).			분류 기준 판단

과학적 분류지식 생성 활동지

활동	생성한 분류지식	분류의 유형	분류의 과정
분류			

6) 분류지식 분석의 실제

지금까지 배운 분류지식의 분석방법에 따라 [그림 3-5]의 '다양한 새 분류하기 활동'을 수행하면서, 어떤 과정을 통해 분류지식을 생성하게 되는지 자신의 사고 과정을 직접 분석해 보자.

[그림 3-5] 다양한 새 분류하기 활동의 제시 그림(조은미 외, 2005)

3. 과학적 분류의 교수–학습방법

새소리 분류

이 실험은 다양한 새소리를 듣고 이를 분류해 보는 과정으로 이루어져 있다. 이 실험을 통해 시각을 주로 사용하는 분류에서 벗어나 다른 감각기관을 이용한 분류 과정을 수행해 볼 수 있다.

〈준비물〉

① 열 가지 종류 이상의 새소리가 담긴 mp3 파일
② 새소리를 들려 줄 수 있는 음향 장치
③ 소리를 분석해 주는 프로그램
④ 새 사진 파일

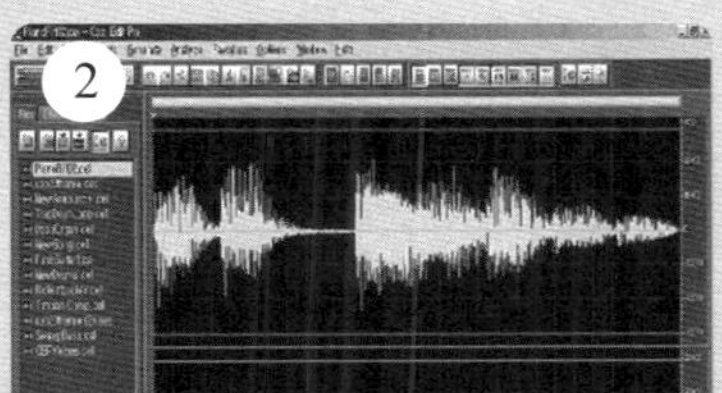

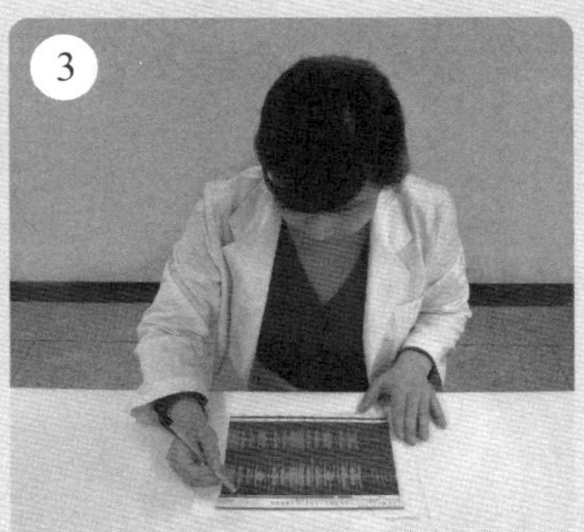

〈탐구방법〉

① 여러 종류의 새소리가 담긴 mp3 파일을 준비한다.

② 각 새소리를 일정시간 동안 들려 준다(이때 해당 소리를 내는 새의 사진을 잠시 뒤에 보여 준다.).

③ 음성 분석 프로그램을 이용하여 각 새소리를 분석한다.

④ 소리로 들었던 각 새소리를 이용하여 분류해 본다.

⑤ 음성 분석 프로그램을 통해 분석된 새소리 데이터를 이용하여 분류해 본다.

⑥ 두 데이터를 동시에 이용하여 분류해 본다.

〈유의 사항〉

- 각 새소리는 충분한 시간 동안 일정시간을 들려준다.
- 컴퓨터가 아닌 테이프, CD 플레이어로도 가능하다.
- 새소리는 명확하게 잘 들리는 것을 선정한다.

과학적 분류지식 생성 활동지

활동	생성한 분류지식	분류의 유형	분류의 과정
분류			

과제의 과학적 배경 지식

새들에게 소리는 인간의 언어처럼 다양한 의사소통 수단이 되며(Edwards et al., 2005), 한 종 내에서도 변이가 다양하게 존재할 수 있는 것으로 알려져 있다(Laiolo, Rolando, Delestrade, & De Sanctis, 2001). 또한 명금류의 경우 짝짓기 철에 이성을 유혹하는 수단으로도 사용되어 이들의 생존과 직접적으로 연관되는 중요한 행동적 특징이 된다(Kumar, 2003). 식물이나 균과는 달리 동물의 경우는 행동이라는 또 하나의 요소로 인해, 분류나 계통을 연구하는 것이 쉽지 않다. 이 활동 과제에서는 조류 생태학자들이나 동물행동학자들이 연구하는 과정을 따라 해 보면서, 다양한 데이터로부터 어떤 분류-계통이 얻어질 수 있는지 스스로 체험해 보는 시간을 갖도록 한다.

또한 과거 청각적 관찰을 통한 판단에만 의존했던 동물음성학은 최근 소나그램(Sonagram)과 같은 음파분석 장비들을 통해 청각적 자료를 시각적 자료로 변환시켜 다중감각적 자료변환 과정을 통한 다각적인 탐구를 시도하고 있다(Hurd & Enquist, 2005). 이 활동에서는 비록 고가의 장비인 소나그램은 아니지만 윈도 미디어 플레이어(window media player) 혹은 골드 웨이브 프로그램(Gold Wave program) 내에 있는 시각화 창을 통해 청각 관찰 자료들을 시각화하여 다각도의 관찰을 꾀한 후 이를 바탕으로 분류를 시도해 보도록 설계하였다.

새소리 분류 활동의 지도를 위한 교사용 스토리 보드

과정		교사 지도 내용	학생 반응의 예
분류대상 관찰		관찰 대상으로부터 다양한 사실정보를 이끌어 낼 수 있도록 지도하고, 관찰이 보다 다양한 대상과 방법에 대해 풍부하게 이루어질 수 있도록 지도한다.	① 1번 새의 소리에는 '삑삑' 하는 높은 튼의 소리가 있다.
분류기준 고안	공통점	관찰한 새소리들이 공유하는 다양한 공통점과 차이점을 찾아내도록 지도한다.	① 1번과 3번 새의 소리는 레퍼토리 반복주기가 같다.
	차이점		
분류 수행		관찰된 새소리들의 공통점과 차이점을 기준으로 집단을 형성시켜 이들을 분류해 보도록 지도한다.	① 음의 고저에 따라 1, 2, 3, 8번 새와 4, 5, 6, 7번 새로 나누어 볼 수 있다.
경향성 찾기		관찰한 사실들로부터 경향성을 발견할 수 있도록 지도한다.	① 레퍼토리 소리가 날카로운 새일수록 파형 진폭이 심하다. ② 몸집이 작은 새일수록 높은 파형을 나타내는 소리를 낸다.
위계 구성하기		찾아낸 공통점, 차이점과 경향성을 바탕으로 집단 간의 위계적 질서를 찾아보도록 분류 후 재분류(계통적 분류)에 유의하여 지도한다.	① 날카로운 소리를 내는 집단 A(1, 2, 3)에서 중간인 집단 B(4, 5, 6)를 거쳐 낮은 소리인 집단 C(7, 8)로 진화되었다.

4. 과학적 분류의 적용활동

카미날큘스 분류

카미날큘스(Caminalcules) 분류 활동은 형태가 유사한 미지의 동물들을 분류해 보는 활동이다. 카미날큘스는 가상의 동물로 전체적인 형태는 유사하지만 각각 조금씩 다른 특징을 지니고 있기 때문에 공통성, 경향성, 위계성을 찾아보는 데 유용하다.

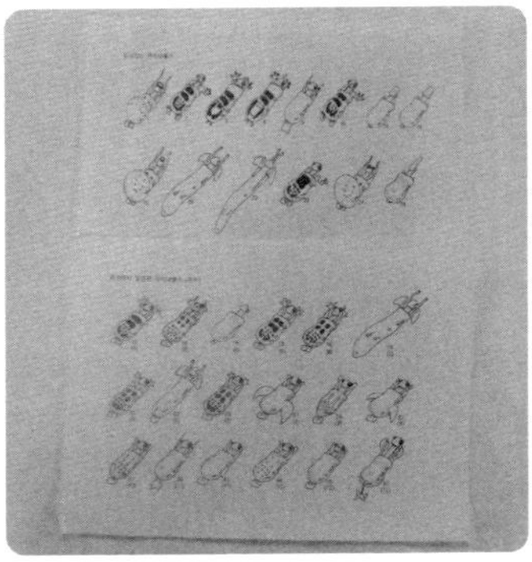

〈준비물〉

① 카미날큘스 세트(set)

② 가위

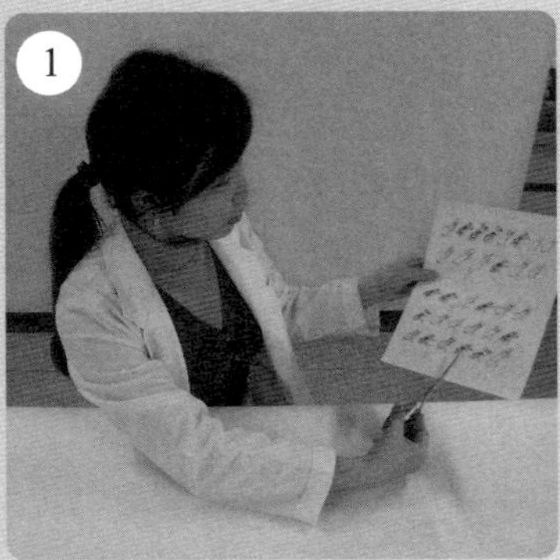

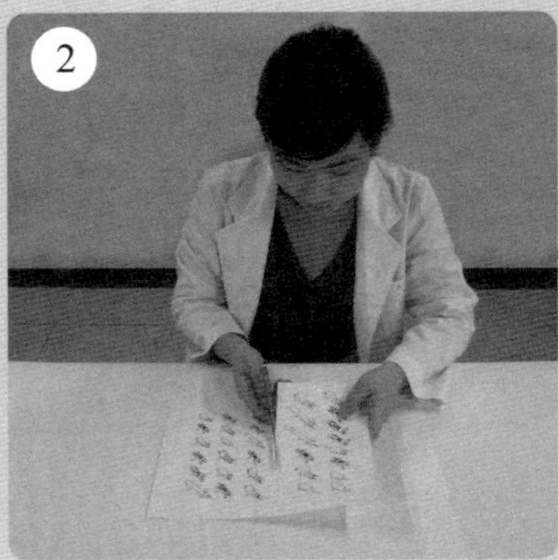

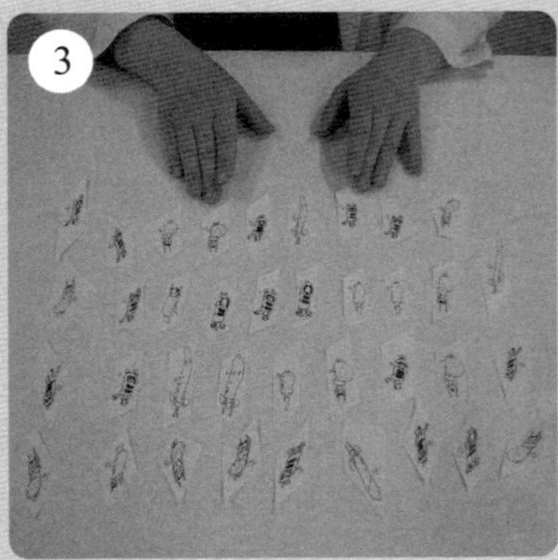

〈탐구방법〉

① 카미날큘스 세트가 인쇄된 종이를 나누어 준다.

② 카미날큘스 세트의 각 동물들을 가위로 오려 낸다.

③ 여러 카미날큘스를 자신의 기준에 맞추어 나누어 본다.

〈유의 사항〉

• 카미날큘스 세트는 웹에서 다운로드 받을 수 있다.

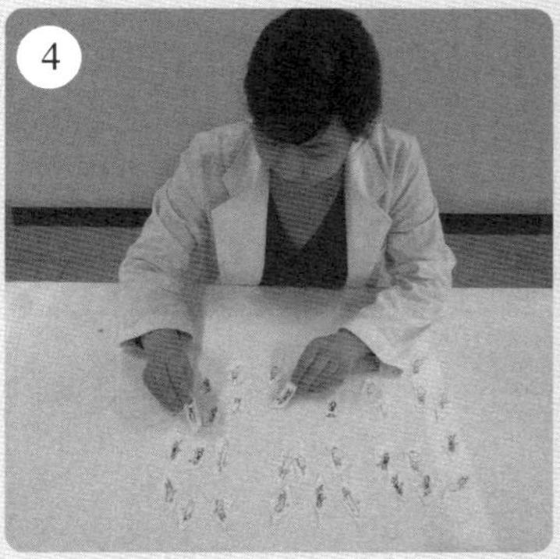

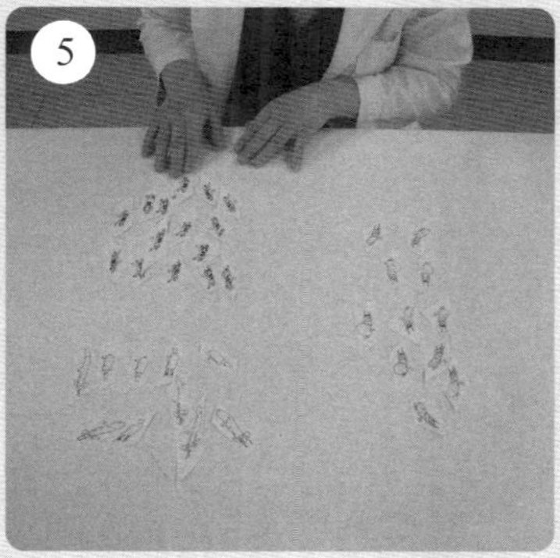

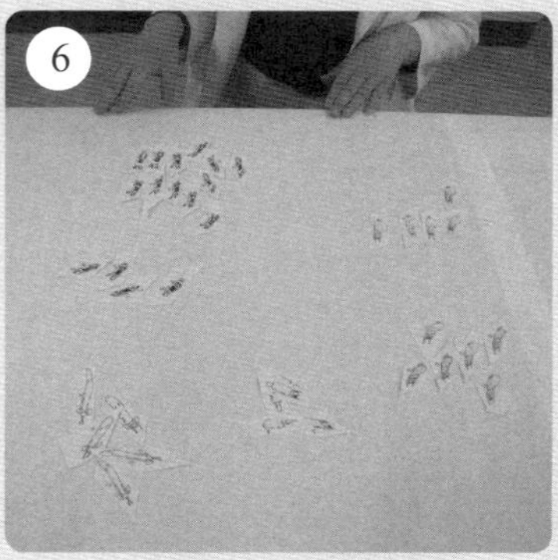

과학적 분류지식 생성 활동지

활동	생성한 분류지식	분류의 유형	분류의 과정
분류			

과제의 과학적 배경 지식

분류과제에 사용된 카미날큘스(Caminalcules)는 조지프 카민(Joseph H. Camin)에 의해 고안된 상상의 동물로서 전체적인 형태는 유사하지만 자세히 관찰하면 조금씩 다른 특징을 가진 다양한 모양을 가진다(Gendron, 2000).

이 과제는 인공적인 동물이기 때문에 학생들이 관찰할 때 아무런 선입견을 가지지 않는다는 장점이 있다. 소칼(Sokal)과 스니스(Sneath)가 이들을 이용하여 수리분류(numerical taxonomy)의 정당성을 밝히는 검산을 수행한 것으로도 유명하다(Sokal, 1966). 또한 카미날큘스 세트는 현생종 개체 세트와 화석종 개체 세트가 함께 개발되어 있어, 귀납적 지식 생성 수업 시 분류, 공통성, 경향성, 위계에 대한 학습이 동시에 이루어질 수 있는 좋은 소재다.

동일한 방식으로 아래 제시된 실제 생물사진들(B, C, D)을 통해서도 활동이 가능하다.

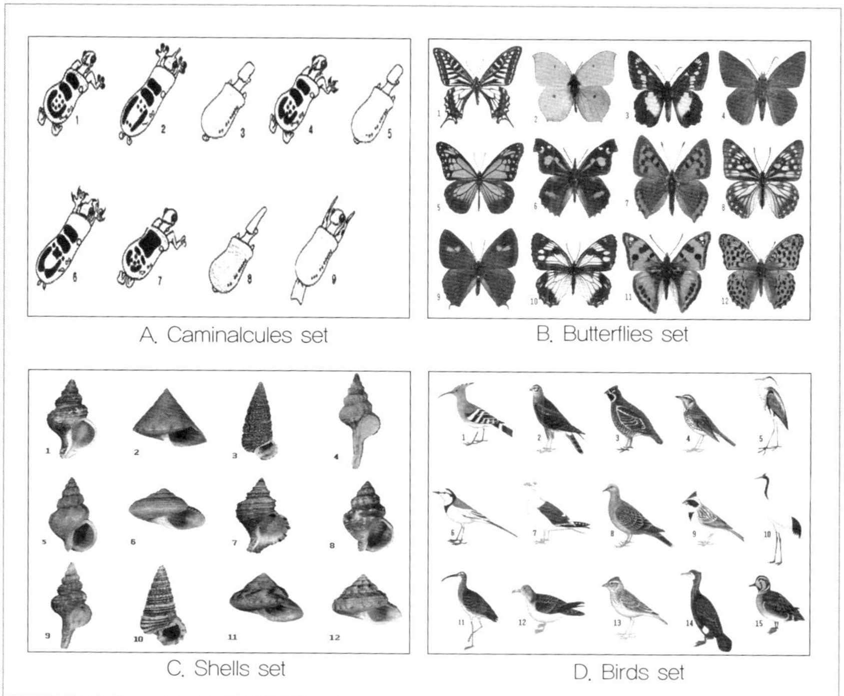

A. Caminalcules set

B. Butterflies set

C. Shells set

D. Birds set

다양한 분류활동 소재

04

과학적 의문

이 장에서는 과학탐구의 방향과 가치를 결정짓는 핵심적 과정인 과학적 의문에 대해 소개하고자 한다. 과학적 의문이란 무엇인지 알아보고, 과학적 의문의 효과적인 교수-학습방법에 대해 살펴볼 것이다.

1. 과학적 의문의 도입활동

뿔도마뱀의 생태

이 활동은 우리가 흔히 볼 수 없었던 뿔도마뱀의 생태를 관찰한 후, 그 과정에서 여러 가지 다양한 형태의 의문을 떠올려 보고 그 의문을 분석해 보는 과정이다.

〈준비물〉

① 뿔도마뱀의 생태가 나타나는 동영상 파일

② 컴퓨터 및 프로젝션

〈탐구방법〉

① 뿔도마뱀의 생태가 잘 나타나는 동영상을 준비한다.

② 뿔도마뱀 동영상을 시청한다.

③ 뿔도마뱀의 생태 동영상을 시청하면서 떠올랐던 의문을 적어 본다.

〈유의 사항〉

• 뿔도마뱀의 생태에 관한 동영상은 웹에서 쉽게 다운로드가 가능하다.

• 동영상 파일을 여러 가지 준비하여 보여 준다.

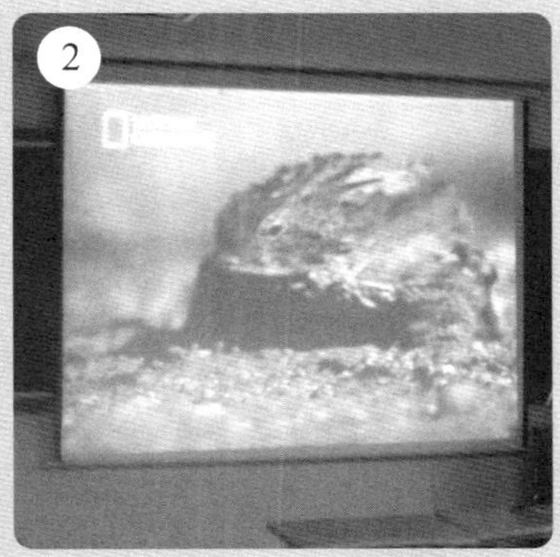

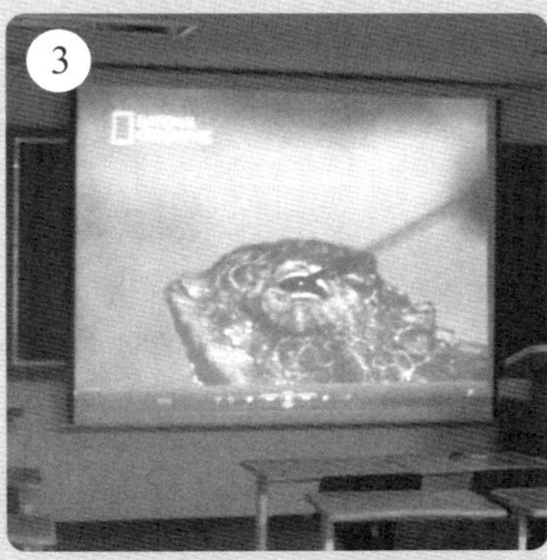

과학적 의문지식 생성 활동지

활동	생성한 의문지식	의문의 유형	의문 생성의 과정
의문 생성			

2. 과학적 의문의 유형 및 사고과정

1) 과학적 의문의 유형 분석

학문 중심 교육사조가 도입된 이후, 과학교육자들은 학생들의 과학적 탐구능력 발달을 중요한 교육 목표로 설정하고, 교수-학습 과정에서 과학적 탐구능력을 향상시키기 위해서 많은 노력을 기울여 왔다(Jungwirth & Dreyfus, 1990; Roth & Bowen, 1994). 과학적 탐구는 자연현상을 관찰하여 의문을 제기하고, 그 의문에 대한 답을 제안하여 검증하는 활동(NRC, 2000)이라고 할 수 있다. 따라서 과학적 탐구의 출발점은 자연현상을 관찰하여 의문을 생성하는 것에 있다고 할 수 있다(교육부, 1999; Chin & Brown, 2002a).

과학적 의문에 대한 정의는 학자들에 따라 다양하지만, 일반적으로 자연현상을 관찰하고 현재의 지식으로는 설명할 수 없는 불안정한 문제, 의심, 불확실성 등을 인식했을 때 갖게 되는 궁금증이나 알고자 하는 것을 의미한다(Christenbury & Kelly, 1983; Lawson, 1995; Spargo & Enderstein, 1997). 이러한 과학적 의문 생성은 과학연구의 방향과 가치를 결정짓는 핵심적인 과정일 뿐만 아니라, 과학학습에서 학생들의 학습 의욕을 자극함으로써 능동적인 탐구로 유도하는 매우 중요한 과정이다(권용주, 고경태, 정진수, 2003a; 김성근, 여상인, 우규환, 1999a; NRC, 2000; Roychoudhury & Roth, 1996; Thagard, 1998).

그러나 현재 대부분의 교과서와 실험 교재는 탐구 문제를 직접 제시하고 있어서 학생들 스스로 의문을 발상하여 탐구할 수 있는 기회는 거의 제공하지 못하고 있는 실정이다(Germann, Odam, Aram, & Burke, 1996). 이것은 과학적 의문 생성에 대한 체계적인 연구가 부족해서 학생들의 의문 생성을 위한 교수-학습 전략이 마련되지 못한 것에서 비롯된 것이라고 생각된다. 실제로 의문 생성의 인지적 과정에 대한 연구는 거의 찾아보기 어렵다. 또한 의문의 종류에 따라 탐구의 방법뿐만 아니라 그 의문 해결을 통해 얻어지는 과학적 지식 역시 달라짐에도 불구하고, 과학적 의문의 종류를 명확하게 구분한 문헌도 많지 않다(Lawson, 1995; NRC, 2000).

의문에 관련된 선행 연구들은 대부분 수업 중 교사에게 묻는 학생들의 의문(Dillon, 1988; Germann et al., 1996; Watts et al., 1997)이나, 학습내용의 단순 적용, 용어 등에 대한 추가 설명을 요구하는 의문(김성근, 여상인, 우규환, 1999b), 단원이나 구체적인 주제에 한정된 의문(이명제, 2000), 학생들이 과학적인 글을 읽고 생성하는 의문(Scardamalia & Bereiter, 1992)을 분석한 것이어서, 자연현상을 관찰하여 학생 스스로 생성한 과학적 의문의 종류를 분류했다고 하기 어렵다. 또한 로슨(Lawson, 1995)이 분류한 서술적 의문과 인과적 의문은 간략하다는 장점이 있지만 너무 포괄적이어서 과학 교수-학습 전략 수립에 적용하기에는 많은 제한점이 있다.

따라서 여기에는 과학적인 현상이 제시되었을 때 학생들이 그 현상을 관찰하는 과정에서 생성하는 과학적 의문의 유형을 분석하여 분류하고, 이들이 생성한 의문의 유형과 수를 비교해 보고자 한다.

(1) 의문 유형의 분류

다음은 '사이다 속의 건포도' 활동에서 학생들이 생성한 과학적 의문의 일부다.

예시 1. 기포가 하는 역할은 무엇일까?

예시 2. 탄산가스가 계속 밑에서 올라오면서 물방울이 없어졌다. 왜일까?

예시 3. 기포가 아래에서 올라오는 데 있어서 일정 크기가 있는 기포도 있고 아주 작은 기포도 있는데 기포의 성분은 무엇인가?

예시 4. 건포도가 가벼워서? 아니면 사이다라 떠 있을 수 있는가?

예시 5. 다 떠올라 있게 하는 방법은 없을까?

학생들이 생성한 과학적 의문의 유형을 종합하여 나타내면 [그림 4-1]과 같다. [그림 4-1]에서 볼 수 있는 바와 같이 관찰활동에서 생성된 과학적 의문의 유형은 다양하다. 와츠와 앨솝, 굴드 그리고 월시(Watts, Alsop, Gould, & Walsh, 1997)는 학생 의문을 강화 의문, 탐구 의문, 정교화 의문으로, 킹(King, 1995)은 사실적 의문, 이해 의문, 통합 의문으로 학생 의문을 분류하였다. 로슨(Lawson, 1995)은 서술적

[그림 4-1] 과학적 의문의 유형(이혜정, 정진수, 박국태, 권용주, 2004)

의문과 인과적 의문으로 분류하였다. 그러나 이러한 선행 연구결과들과 비교하여 이 연구에서는 과학적 의문을 크게 추측적 의문, 인과적 의문, 예측적 의문, 방법적 의문, 적용적 의문으로 분류하였다. 또한 이들의 하위 의문으로 각각 대상탐색 의문, 대상확인 의문, 설명자탐색 의문, 설명자확인 의문, 결과탐색 의문, 결과확인 의문, 실례탐색 의문, 실례확인 의문으로 세분화하여 분류하였다. 여기에서 제시한 과학적 의문 중에서 추측적 의문은 현재 상황에서 알기를 원하는 또 다른 정보를 찾는다는 점에서 킹(King, 1995)이 분류한 사실적 의문과 유사하다. 인과적 의문은 자연현상의 원인을 알고자 하는 로슨의 인과적 의문과 유사하다.

●● 추측적 의문

학생들의 의문에는 '이 식물의 이름은 뭘까?' 또는 '암석 표면에 은빛가루 같은 것은 무엇인가?' 와 같이 관찰하고 있는 '식물과 은빛가루의 명칭' 에 대해 궁금해하는 의문들이 있다. 또한 '기포가 아래에서 올라오는 데 있어서 일정 크기가 있는 기포도 있고 아주 작은 기포도 있는데 기포의 성분은 무엇인가?' 와 '양초의 성분이 무엇인가?' '액체는 중성인가?' 와 같은 의문은 '기포, 양초, 액체의 성분' 에 대해 궁금해하는 의문들이다. '기포가 하는 역할은 무엇일까?' 와 같이 '기포가 하는 기능' 에 대해 궁금해하는 의문이 있고, '이 식물의 기공은 어떻게 생겼을까?' 와 같이 '기공의 구조' 에 대한 의문이 있다.

이들은 모두 현재 관찰하고 있는 대상, 즉 '식물, 은빛가루, 기포, 양초, 액체, 기공' 에 대한 궁금증이 나타난 의문들로 그들의 '명칭, 성분, 기능, 구조' 등에 관해 알고자 하는 의문들이다. 이러한 의문을 권용주 등(2003a)은 추측적 의문(conjectural question)으로 분류하였다. 한편 친과 브라운(Chin & Brown, 2002b)은 이러한 의문을 단지 정보를 회상하면 해결할 수 있는 의문이기 때문에 사실적 의문(factual question)으로 분류하였다. 그러나 친과 브라운의 분류에 의하면 관찰 상황에서 생성되는 모든 의문은 사실적 의문으로 분류되어야 한다. 왜냐하면 관찰은 곧 사실을 발견하는 과정이고 사실은 모두 정보의 회상으로 완결되기 때문이다. 즉, 친과 브라운의 사실적 의문은 너무 광범위한 개념이다. 따라서 이 연구에서는 현재의 관찰결과나 관찰된 일련의 사건, 즉 대상 자체의 명칭이나 성분, 구조, 기능 등에 대한 궁금증이 나타난 의문은 추측적 의문으로 분류한다.

추측적 의문은 다시 두 개의 하위 의문으로 분류된다. '기포가 아래에서 올라오는 데 있어서 일정 크기가 있는 기포도 있고 아주 작은 기포도 있는데 기포의 특성은 무엇인가?' 와 '양초의 성분이 무엇인가?' '암석 표면에 은빛가루 같은 것은 무엇인가?' '이 식물의 이름은 뭘까?' 는 '기포의 특성' 과 '양초의 성분' '은빛가루의 명칭' '식물의 이름' 을 알고자 하는 의문들이다. 이들은 현재 관찰하고 있는 대상이 갖는 특성에 대해 궁금해하는 것이고, 또 의문에 그것이 무엇인지 추정한 내용이 포함되어 있지 않다. 랑, 드마이스, 그레이서 그리고 킬먼(Lang, Dumais, Graesser, & Kilman, 1992)은 상태나 현상, 행위에 대해 누가, 언제, 어떻게, 무엇을 했는지에 관해 구체화할 것을 요구하는 의문은 개념완성 의문(concept completion question)으로 분류한다. 그러나 개념완성 의문은 관찰대상뿐 아니라 행위자에 대한 궁금증을 모두 포함하고 있으므로 너무 포괄적이며 비과학적인 속성을 내포한다. 또한 추측적 의문은 관찰대상의 개념뿐만 아니라 대상의 특성 전반에 관해 알고자 하는 의문이므로 개념완성 의문이라는 용어는 적절하지 못하다. 따라서 대상이 갖는 특성을 궁금해하지만 그 특성이 무엇인지를 사고해 내지 못하는 의문은 대상탐색 의문(object exploration question)으로 분류한다.

이에 반해 '액체는 중성인가?' 와 같은 의문은 '액체가 중성인지' 를 궁금해한다. 이는 액체가 갖는 성질은 중성일 것이라고 먼저 생각하고, 그것의 진위 여부를 알고자 하는 의문이다. 즉, 현재 관찰하고 있는 대상의 특성이 무엇인지에 대해 추정하고, 그것이 옳은지 확인하고자 하는 의문이다. 이것은 의문에 대한 잠정적인 답을 생각해 냈다는 점에서 대상탐색 의문과는 다르다. 랑 등(Lang et al., 1992)은 이러한 의문은 확인 의문(verification question)으로 분류한다. 이 연구는 랑 등(Lang et al., 1992)의 용어를 차용하여 동일한 맥락에서, 현재 관찰대상의 특성을 생각해 내고 그것의 진위를 묻는 의문은 대상확인 의문(object verification question)으로 분류한다.

●● 인과적 의문

학생들의 의문에는 대상에 대한 의문 이외에 '양초를 거꾸로 세우면 왜 불꽃의 방향은 다시 위로 올라올까?' 와 '건포도가 가벼워서? 아니면 사이다라 떠 있을 수 있는가?' '탄산가스가 계속 밑에서 올라오면서 물방울이 없어졌다. 왜일까?' '광합성 작용을 하고 있기 때문에 잎이 푸를까?' 는 현재의 관찰대상이 그렇게 되어 있는 이유나 까닭, 원인을 알고자 하는 의문들도 있다. 많은 연구자(권용주 외, 2003a; Lawson, 1995)는 이러한 종류의 의문을 인과적 의문(causal question)으로 구분하였다. 여기서는 관찰 사실을 근거로 어떤 현상이 일어나게 된 원인에 대한 궁금증이 나타난 의문을 인과적 의문으로 분류하였다.

핸슨(Hanson, 1958)은 과학적 발견의 패턴을 논의하면서 하나의 사실을 관찰한 다음 그 사실을 설명하는 이론을 고안하는 과정을 귀추(abduction)로 설명하고 있다. 귀추는 설명대상(explicanda)으로부터 설명자(explicans)로 진행하는 과정을 말한다. 이것은 어떤 하나의 사실을 관찰한 다음 그 사실을 생성하도록 만든 것, 즉 설명자가 무엇인지를 말하도록 하는 것이다. 같은 맥락에서, 인과적 의문은 관찰 현상의 원인으로서의 설명자를 알고자 하는 의문이라고 할 수 있다.

인과적 의문은 다시 두 가지 유형으로 분류할 수 있다. '탄산가스가 계속 밑에서 올라오면서 물방울이 없어졌다. 왜일까?' 와 '양초를 거꾸로 세우면 왜 불꽃의 방향은 다시 위로 올라올까?' 는 '물방울이 없어진 이유' 와 '양초를 거꾸로 세웠는데도 불꽃의 방향이 위를 향하는 이유' 를 궁금해하는 의문들이다. 이들은 관찰 현상이 일어나게 된 원인에 대한 설명자를 추정하지 못한 유형이다. 이처럼 설명자가 무엇인지를 탐색하는 특성을 갖는 의문은 설명자탐색 의문(explicans exploration question)으로 분류한다.

또한 '건포도가 가벼워서? 아니면 사이다라 떠 있을 수 있는가?' 와 '광합성 작용을 하고 있기 때문에 잎이 푸를까?' 는 '건포도가 뜨는 이유가 건포도가 가벼워서인지, 사이다 때문인지의 여부' 와 '잎이 푸른 이유가 광합성 때문인지의 여부' 를 확인하고자 하는 의문들이다. 이들 의문은 원인에 대한 설명자가 의문에 포함되어 있으며, 그것의 진위를 확인하고자 하는 의문이다. 이러한 종류의 의문은 설명자확인 의문(explicans verification question)으로 분류한다.

●● 예측적 의문

'식물의 어린 정도에 따라 액체의 흡수는 어떨까?' '심지의 두께는 불꽃의 온도에 영향을 미칠까?' '만약 물을 넣었더라도 같은 결과가 나타났을까?' '본 암석의 질량과 다른 종류의 암석의 질량이 같다면 실제 저울에서 측정한 무게도 같을까?' 와 같은 의문들이 있다.

이들은 '식물의 나이에 따라, 물을 넣었을 때' '심지의 두께를 달리했을 때' '암석의 질량은 같게 하고 종류를 달리했을 때' 앞으로 나타나게 될 현상에 대한 궁금증이 나타난 의문들이다. 이들은 공통적으로 어떤 현상의 원인으로 작용하는 몇몇의 변인을 달리했을 때 나타날 수 있는 새로운 현상이나 아직 관찰되지 않은 것에 대한 궁금증을 나타낸다.

SAPA는 관찰과 측정, 추리를 바탕으로 미래에 일어날 사건이나 상황에 대해 미리 생각하는 것을 예측(prediction)이라고 정의했다(AAAS, 1965). 여기서 말하는 예측은 기초적인 탐구과정 기술로서의 예측을 말하면서, 증거들의 패턴을 토대로 미래에 일어날 사건들에 대하여 진술하는 것이라고 말하고 있다. 권용주, 정진수, 박윤복, 강민정(2003)도 이와 같은 의문을 예측적 의문(predictive question)으로 분류하였다. 현재의 관찰 사실에 어떤 변인을 달리했을 때 나타나게 될 현상이나 일련의 사건에 대한 궁금증이 나타난 의문은 예측적 의문으로 분류한다.

예측적 의문은 '심지의 두께와 불꽃의 온도의 관계는?' 또는 '식물의 어린 정도와 액체의 흡수 정도는 어떤 관련이 있는가?' 와 '만약 물을 넣었더라도 같은 결과가 나타났을까?' 와 '본 암석의 질량과 다른 종류의 암석의 질량이 같다면 실제 저울에서 측정한 무게도 같을까?' 로 나눌 수 있다.

이들은 모두 결과의 원인으로 작용할 수 있는 몇몇 변인을 조작했을 때 나타날 결과에 대해 궁금해하는 의문들이지만 그 성격은 다르다. 전자는 '심지의 두께' 와 '식물의 나이' 를 조작하였을 때 '불꽃의 온도' 와 '액체의 흡수 정도' 는 어떻게 변화할 것인지를 궁금해하지만, 나타날 결과에 대해서는 생각하지 않았다. 이에 반해, 후자는 '물을 넣어도 염색이 되는지의 여부' 와 '건포도를 입으로 불면 가라앉을지의 여부' '질량은 같으나 종류가 다른 암석들이 무게도 같을지의 여부' 를 궁금해한다. 이들은 변인을 조작했을 때 나타날 결과를 미리 예측하여 생각해 본 후, 그것의 진위를 알고자 하는 의문들이다. 따라서 전자는 결과탐색 의문(result exploration question), 후자는 결과확인 의문(result verification question)으로 분류한다.

●● 방법적 의문

'다 떠올라 있게 하는 방법은 없을까?' 와 '촛불의 크기를 크게 하거나 작게 할 방법이 없을까?' '좀 더 빨리 염색시키는 방법은 없을까?' 와 같은 의문은 현재의 관찰 사실을 다른 방법으로 해결하기 위하여 자신의 지식을 새롭게 구성하고 통합할 수 있는 방법에 대해 궁금해하는 의문이다. 랑 등(Lang et al., 1992)은 피험자가 어떤 활동을 수행하고자 할 때 필요한 계획이나 도구, 방법 등에 대해 알고자 하는 의문을 도구적/절차적 의문(instrumental/procedural quesiton)으로 분류하였다. 도구적/절차적 의문은 방법 이외의 계획이나 도구들을 모두 포함하고 있다. 그러나 위의 의문들은 제시된 과제를 다른 방법으로 해결할 수 있는 방안을 모색하고자 하는 성격이 강하므로 방법적 의문(methodical question)으로 분류한다. 즉, 모든 의문은 제시된 과제를 다른 방법으로 해결할 수 있는 또 다른 방안에 대해 알고자 하는 것으로, 그 구체적인 방법을 생각하고 그것의 진위를 확인하는 의문은 대체로 나타나지 않으나, 최근 연구(신동훈, 2007)에 의하면 학생들의 의문에서 방법적 의문의 경우에서도 방법 탐색형 의문(method exploration question)과 방법 확인형 의문(method verification question)이 있는 것으로 보고되기도 한다.

●● 적용적 의문

'촛불이 흔들릴 때 검은 연기가 나는 것이 인체에 주는 영향은?' 과 '한약재로 쓰는가?' '이 돌로 보석을 만들 수 있을까?' 는 현재 관찰하고 있는 대상의 쓰임새를 궁금해하는 의문들이다. 친과 브라운(Chin & Brown, 2002a)은 피험자가 다루고자 하는 정보를 어디에 사용할 수 있을지 궁금해하는 의문을 적용 의문(application question)으로 분류하였다. 같은 맥락에서, 현재의 관찰 사실이 일상생활에서 어떻게 사용될 수 있는지를 궁금해하는 의문은 적용적 의문(applicative question)으로 분류한다.

적용적 의문은 다시 '촛불이 흔들릴 때 검은 연기가 나는 것이 인체에 주는 영향은?' 과 '한약재로 쓰는가?' '이 돌로 보석을 만들 수 있을까?' 로 구분할 수 있다. 전자는 '검은 연기가 인체에 주는 영향' 을 알고자 하는 의문이지만 그 용도에 대해서 구체적인 생각을 하고 있지 못하다. 반면에, 후자는 '셀러리가 한약재로 쓰이는지의 여부' 와 '퇴적암으로 보석을 만들 수 있을지의 여부' 를 알고자 한다. 이들은 '셀러리의 쓰임새' 와 '퇴적암의 쓰임새' 에 대해 '한약재' 와 '보석' 이라는 용도를 생각한 후 그것의 진위를 확인하고자 하는 의문으로 사고 수준에 있어 전자와 구분된다. 따라서 전자는 실례탐색 의문(example exploration question), 후자는 실례확인 의문(example verification question)으로 분류한다.

이상과 같이 초등 예비교사들이 생성한 과학적 의문은 크게 추측적 의문, 인과적 의문, 예측적 의문, 방법적 의문, 적용적 의문 등 다섯 가지 유형의 의문으로 분류할 수 있다. 그리고 이들은 다시 각각의 하위 의문으로 분류할 수 있다.

(2) 의문 유형의 분석

지금까지 소개한 의문지식의 유형에 따라 '셀러리 염색' 활동에서 생성된 의문지식들을 실제로 분석해 보면 다음과 같다.

예시 1. 이 식물의 이름은 뭘까?

예시 2. 식물의 어린 정도에 따라 액체의 흡수는 어떨까?

예시 3. 이 식물의 기공은 어떻게 생겼을까?

예시 4. 광합성 작용을 하고 있기 때문에 잎이 푸를까?

예시 5. 만약 물을 넣었더라도 같은 결과가 나타났을까?

예시 1~5는 학생 W가 '셀러리 염색' 활동에서 생성한 것이다. 이를 앞에서 제시된 의문의 유형에 따라 분석하여 〈표 4-1〉에 나타내면 다음과 같다.

〈표 4-1〉 학생 W가 '셀러리 염색 활동'에서 생성한 의문의 유형 분류

의문 유형 / 예시 번호	추측적		인과적		예측적		방법적		적용적	
	탐색	확인	탐색	확인	탐색	확인	탐색	확인	탐색	확인
예시 1	○									
예시 2					○					
예시 3	○									
예시 4				○						
예시 5						○				

(3) 의문지식 분석의 실제

지금까지 배운 의문지식의 분석방법에 따라 '양초의 연소' 관찰활동에서 생성된 의문지식의 유형들을 실제로 분석해 보고, 분류된 결과를 〈표 4-2〉에 나타내 보자.

예시 1. 심지의 두께는 불꽃의 온도에 영향을 미칠까?

예시 2. 양초를 거꾸로 세우면 왜 불꽃의 방향은 다시 위로 올라올까?

예시 3. 촛불의 크기를 크게 하거나 작게 할 방법이 없을까?

예시 4. 촛불이 흔들릴 때 검은 연기가 나는 것이 인체에 주는 영향은?

예시 5. 양초의 성분이 무엇인지?

〈표 4-2〉 '양초의 연소 관찰활동'에서 생성한 의문의 유형 분류

의문 유형 / 예시 번호	추측적		인과적		예측적		방법적		적용적	
	탐색	확인	탐색	확인	탐색	확인	탐색	확인	탐색	확인
예시 1										
예시 2										
예시 3										
예시 4										
예시 5										

2) 의문 생성의 사고과정

과학적 탐구는 다양한 의문을 해결하기 위해 잘 구조화된 과학적 지식과 이해를 적용시키고 합리화할 수 있는 능력을 사용하는 과정 전반(Collins, 1997)이다. 학습자 스스로 의미 있는 과학적 지식을 생산하는 구성주의적 관점에서 학습자들이 자연현상에 대하여 의문을 품는 것은 과학적 탐구의 출발점으로서 그 의미가 높다. 이는 과학적 의문이 과학 발전의 원동력이거나 과학의 본질에 가깝기 때문이다.

학생 스스로 탐구 문제를 발상하고 설정하여 탐구활동을 수행하는 것은 학생들의 창의적 · 비판적 사고와 탐구에의 능동적 참여를 촉진시킬 수 있으며(Gott & Duggan, 1995; Jones, Simon Black, Faibrother, & Watson, 1992; Roychoudhury & Roth, 1996), 과학적 탐구과정은 과학적 의문의 종류에 따라 탐구의 방향과 방법이 달라질 수 있다(Hempel, 1966; Lawson, 1995). 학생들은 자연현상에서 다양한 의문을 발

상하고, 인식된 의문이 어떤 종류이냐에 따라 탐구 수행이 가능한지 혹은 어떤 종류의 탐구를 수행해야 하는지를 결정해야 한다.

지식을 생성한다는 것은 제기된 문제 현상을 설명하기 위해 필요한 지식을 고안하는 것을 의미한다(Anderson & Biddle, 1991). 따라서 과학적 지식을 생성한다는 것은 자연현상에 대한 문제 제기가 선행되었음을 의미한다. 권용주 등(2003b)은 과학적 지식을 결과적 지식(terminal knowledge)과 중간적 지식(intermediate knowledge)으로 구분하면서, 자연현상을 탐구하는 과정에서 생성되는 '의문'을 중간적 지식으로 말하고 있다.

과학탐구에서 생성되는 중간적 지식인 의문은 대부분의 과학적 연구의 방향과 가치를 결정짓는 데 큰 영향을 미치기 때문에 중요하다(권용주 등, 2003a). 과학적 방법에서 '문제의 확인 및 결정'은 과학적 탐구와 조사활동의 첫 단계를 구성하며, 제시된 문제의식은 문제를 확인하거나 결정하는 준거가 될 뿐만 아니라 수집된 사실을 조직하는 원리가 된다. 한 예로, 헴펠(Hempel)은 제멜바이스(Semmelweiss)의 산욕열에 대한 연구에서, 산욕열이 발생하게 된 원인을 묻는 의문을 해결하기 위해 많은 가설을 세우고 이를 검증하는 방법을 통해 문제를 해결하였다(Hempel, 1966). 또한 카로(Caro)는 가젤영양의 이상 행동을 관찰하고 '가젤영양이 왜 도약 행동을 할까'라는 의문을 생성한 후 가설-연역적인 방법으로 의문을 해결하였다(Lawson, 1995).

과학적 의문은 과학교육에서도 중요한 위치를 차지한다. 에니스(Ennis)는 의문이 학생들의 문제 해결, 비판적 사고, 창의적 사고 등과 같이 체계적으로 조직화된 사고과정 기술 중의 하나라고 말하고 있다(Cuccio-Schirripa & Steiner, 2000). 실제로 많은 과학교육 연구자(Gott & Duggan, 1995; Jones et al., 1992; Roychoudhury & Roth, 1996)는 학생 스스로 탐구 문제를 발상·설정하여 탐구활동을 수행하는 것이 학생들의 창의적·비판적 사고와 탐구에의 능동적 참여를 촉진한다고 말한다. 이는 학생들이 스스로 의문을 제기함으로써 자율적으로 탐구하게 되고, 스스로 정보를 처리하여 새로운 지식을 생성할 수 있는 능력을 지니게 됨으로써 사고력도 신장될 수 있다는 가정에 기인한다. 이처럼 중간적 지식인 과학적 의문은 탐구의 방향과 가치를 결정짓고, 학생들에게는 과학적 사고력을 신장시키는 결정적 역할을 하기 때문에 중요하다.

그러면, 학생들이 생성한 과학적 의문의 원천은 무엇인가? 과학교육자 또는 인지심리학자들은 학생 의문의 원천으로 학생이 지니고 있는 지식과의 차이나 모순(Scardamalia & Bereiter, 1992), 놀랍거나 호기심을 끄는 사건(Christenbury & Kelly, 1983; Dillon, 1988), 또는 실제적인 필요에 의한 것(Opdal, 2001; Thagard, 1998; Wilson, 1974)으로 주장하고 있다. 여기서 과학적 의문이 어떻게 생성되는지에 관한 선행 연구를 구체적으로 살펴보면, 윌슨(Wilson)은 학생 의문의 착상은 습관적인 대답에 의해 설명될 수 없는 관찰이나 호기심을 끄는 사건, 이론이나 법칙에 의해 예상할 수 있는 관찰을 찾는 데 실패했거나 자료의 차이가 있을 때, 우연한 관찰에 의해 일어난다고 말하고 있으며(Dillon, 1988), 스카다마리아와 베리이터(Scardamalia & Bereiter, 1992)는 학생 의문의 원천은 학생이 갖고 있는 지식과의 차이나 모순에 기인하거나, 어떤 방향으로 지식을 확장하기 위한 욕구에서 온다고 말한다. 또한 그러한 의문은 우리 주변의 세상에 대한 호기심, 학생들의 깊은 흥미와 관심, 세상을 이해하기 위한 노력에서 발생한다고 말하고 있다. 타가드(Thagard, 1998)는 위염과 박테리아에 관해 연구한 워런(Warren)과 마셜(Marshall)의 연구 기록을 분석함으로써 그들의 인지적 과정을 살펴보았다. 그리고 과학적 의문은 놀람과 실제적인 필요, 호기심에 의해서 발생한다고 말한다. 놀람은 이전의 기대와 신념에 부합하지 않는 무언가를 발견했을 때 나타나며 이것이 의문을 생성한다고 말한다. 실제적 필요는 어떤 기술적 과제를 성취하기 위해서 세계가 어떻게 돌아가는지에 대한 추가적인 지식을 필요로 할 때 이로 인해 과학적 의문이 생성된다고 한다. 또한 호기심은 과학자들이 이전의 놀람이나 실제적 필요 때문이 아니라 일반적 관심과 흥미 이외의 무언가를 알기를 원할 때 의문을 발생시킨다고 말한다. 마지막으로 하나의 과학적 의문은 또 다른 하위 의문을 생성하는 원동력이 된다고 말하고 있다.

이상의 선행 연구들을 고찰한 결과, 과학적 의문의 생성은 선지식과의 모순, 호기심, 놀람, 실제적인 필요 등에 의해 발생할 수 있음을 알 수 있다. 그러나 지금까지 학생의 의문에 대한 선행 연구들은 학생들의 과학적 의문이 어떤 상황에서 어떻게 생성되는지에 관해서는 거시적으로 설명하고 있을 뿐, 구체적이고 미시적인 관점에서 설명하지 못하고 있다. 이에 학생들이 생성한 과학적 의문의 원천과 과정에 대한 연구는 학생들이 과학적 의문에 관한 아이디어를 어디서, 어떻게 가져오는지에 대한 구체적이고 실증적인 연구를 통해서 밝힐 수 있으며, 이러한 연구결과를 바탕으로 과학 교수-학습에서 학생들에게 적절한 비계를 설정해 주는 전략 수립을 위한 기초 자료로 활용될 수 있을 것이다.

여기서는 앞서 배운 과학적 의문의 다섯 가지 대표적인 유형 중 학생들에게 가장 빈번히 나타나는 인과적 의문의 사고 유형과 구체적인 생성과정을 알아보도록 하겠다.

(1) 의문 생성의 사고과정

다음은 '사이다 속의 건포도' 과제에서 인과적 의문이 생성되기까지 학생의 머릿속에서 일어나는 사고과정을 사고발성법(think aloud method)을 통하여 제시한 것의 예시다.

> 기포가 막 주위의 건포도에 달라붙어요. 그러고 나서 갑자기 딱 떠오르는 거예요. 주위에서 보면 보통 물체가 물에 가라앉으면 다시 안 뜨거든요. 왜냐하면, 물보다 물체가 무거우니까 가라앉거든요. 이것도 그거랑 비교해 보면, 얘는 그거 때문만은 아닌 거 같다는 생각이 들어요. 그래서 궁금하단 생각이 거의 동시에 든 거 같은데 이게 왜 떠오를까요?

첫째, '기포가 막 주위의 건포도에 달라붙어요.' 와 같은 프로토콜은 현재의 관찰 상황을 구성하는 요소들, 즉 관찰하고 있는 대상이나 현상이 나타난 사고과정으로 관찰 현상 추출(identifying observed phenomena)로 분류한다.

둘째, 같은 맥락에서 '그러고 나서 갑자기 딱 떠오르는 거예요' 와 같이 관찰하고자 하는 현상을 구체적으로 분석하는 사고과정으로 관찰 현상 분석(analysing observed phenomena)으로 분류한다.

셋째, '주위에서 보면' 과 같은 프로토콜은 현재 관찰하고 있는 상황과 유사한 상황을 동정하는 것으로, 권용주 등(2003b)의 연구에서 의문 상황과 관련된 경험이나 지식이 표현된 내용을 경험 상황(experienced situation)으로 분류한 것과 같은 맥락에서, 경험 상황을 머릿속에 전체적으로 떠올린 사고과정으로 분류한다.

넷째, 사고과정 중에서 '보통 물체가 물에 가라앉으면' 은 경험 상황을 구성하고 있는 요소들이 표현된 것이다. 이들은 경험 상황에서 '물체가 가라앉는다.' 라는 경험 현상을 추출해 내는 사고다. 이러한 사고의 유형은 관찰대상의 동적인 측면을 포함하고 있기 때문에 경험 현상 추출(identifying experienced phenomena)이라 한다.

다섯째, '물에 가라앉으면 다시 안 뜨는데' 와 같이 추출한 경험 현상이 갖는 특징이나 성격을 구체적으로 분석하는 사고가 나타난 사고과정으로 경험 현상 분석(analysing experienced phenomena)으로 분류한다.

여섯째, '물보다 물체가 무거우니까 가라앉는데' 는 현재 관찰하고 있는 현상이 일어난 이유에 대해 설명하고 있는 사고다. 권용주 등(2003)은 이처럼 경험 상황의 원인을 설명하는 내용을 원인적 설명자(causal explicans)라고 분류하였다. 같은 맥락에서 경험 현상을 원인적으로 설명한 내용이 나타난 사고를 원인적 설명자 표상(representing causal explicans)으로 분류한다.

일곱째, '이것도 그거랑 비교해 보면' 과 같이 관찰 현상과 경험 현상의 유사성과 차이점을 비교했음을 확인할 수 있는 프로토콜 유형을 현상 비교(comparing phenomena)라고 분류하였다. 이는 권용주, 양일호, 정원우(2000)가 제시한 가설 생성과정의 두 번째 과정에 포함된 '경험 상황과 현재의 실제 상황의 유사성 비교' 개념과 비슷하다.

여덟째, '얘는 그거 때문만은 아닌 거 같다는 생각이 들어요.' 라는 사고과정은 무거운 물체가 가라앉는 현상을 설명하는 원인적 설명자가 현재의 관찰 현상을 설명해 줄 수 있는지를 판단하는 사고과정이다. 이와 같은 과정을 설명자 판단(judging explicans)으로 분류한다.

이와 같이 분석된 내용을 정리하면 〈표 4-3〉과 같다.

〈설명자 탐색 인과적 의문의 생성과정〉

관찰 현상 추출 → 관찰 현상 분석 → 경험 상황 표상 → 경험 현상 추출 → 경험 현상 분석 → 원인적 설명자 표상 → 현상 비교 → 설명자 판단 → 의문 생성

〈설명자 확인 인과적 의문의 생성과정〉

관찰 현상 추출 → 관찰 현상 분석 → 경험 상황 표상 → 경험 현상 추출 → 경험 현상 분석 → 원인적 설명자 표상 → 현상 비교 → 설명자 판단 → 설명자 차용 → 의문 생성

〈표 4-3〉 인과적 의문에서 나타난 사고의 유형

정의	사고의 유형	
	설명자 탐색	설명자 확인
관찰 상황을 구성하는 요소들과 관찰하고 있는 현상의 특성에 대한 사고가 표현됨	관찰 현상 추출	관찰 현상 추출
관찰 현상을 구체적으로 분석하는 사고가 표현됨	관찰 현상 분석	관찰 현상 분석
현재의 관찰 상황과 유사한 경험이나 지식 등을 전체적으로 머릿속에 떠올리는 사고가 표현됨	경험 상황 표상	경험 상황 표상
경험 상황을 구성하는 요소들이 표현됨	경험 현상 추출	경험 현상 추출
경험 현상을 구체적으로 분석하는 사고가 표현됨	경험 현상 분석	경험 현상 분석
경험 현상을 원인적으로 설명한 내용이 표현됨	원인적 설명자 표상	원인적 설명자 표상
관찰 현상을 경험 현상과 비교하는 사고가 표현됨	현상 비교	현상 비교
경험 현상의 원인적 설명자가 관찰 현상을 설명해 줄 수 있는지를 판단하는 사고가 표현됨	설명자 판단	설명자 판단
경험 현상의 원인적 설명자를 관찰 현상의 가설적 설명자로 차용하는 사고가 표현됨		설명자 차용

(2) 의문 생성 사고과정 분석

다음은 '셀러리 염색' 활동에서 인과적 의문이 생성되는 과정을 나타낸 것이다. 지금까지 소개한 의문지식의 과정과 유형에 따라 이를 분석하면 다음과 같다.

- 이 식물은 〈관찰 현상 추출〉
- 많이 봤던 것 같아요 〈경험 상황 표상〉
- 보통 꽃 같은 걸 꽂아 두면은 〈경험 현상 추출〉
- 당분간은 물관에서 계속 빨아들여 가지고 잘 펴 있잖아요. 다른 것들은 한참 담가 놓아야 시들잖아요 〈원인적 설명자 표상〉
- 이것도 그거랑 비교해 보면 〈현상 비교〉
- 얘는 그거 때문만은 아닌 거 같다는 생각이 들어요 〈설명자 판단〉
- 그러고 나서 '왜 시들까?' 라는 의문이 생겼어요 〈의문 생성〉

〈표 4-4〉 '셀러리 염색' 활동에서 인과적 의문의 생성과정

과제 \ 사고과정	사고과정의 진행 순서
'셀러리 염색' 활동에서 인과적 의문의 생성 단계	〈관찰 현상 추출〉 ↓ 〈경험 상황 표상〉 ↓ 〈경험 현상 추출〉 ↓ 〈원인적 설명자 표상〉 ↓ 〈현상 비교〉 ↓ 〈설명자 판단〉 ↓ 〈의문 생성〉

(3) 의문 생성 사고과정 분석의 실제

다음은 앞에서 소개한 '셀러리 염색' 활동에서 인과적 의문이 생성되는 과정을 나타낸 것이다. 지금까지 소개한 의문지식의 과정과 유형에 따라 이를 실제로 분석해 보자.

- 이 식물이 지금 줄기가 빨개졌잖아요.
- 전체적으로 지금 빨갛거든요?
- 원래 빨간 식물도 봤는데
- 고구마 잎인가?
- 그런 건 원래 빨갛잖아요.
- 그래서 이 줄기도 빨간 건가? 라는 생각이
- 얘도 혹시 그래서 그런 건가?

과학적 의문지식 생성 활동지

활동	생성한 의문지식	의문의 유형	의문 생성의 과정
의문 생성			

3. 과학적 의문의 교수-학습방법

캔의 비밀

'캔의 비밀' 활동은 각기 다른 여러 종류의 음료수 캔이 물속에서 어떻게 되는지를 살펴본 후, 이 과정에서 떠오르는 여러 가지 의문을 분석해 볼 수 있는 활동이다.

〈준비물〉

① 다섯 종류 이상의 음료수

② 수조, 물

〈탐구방법〉

① 각기 다른 다섯 종류 이상의 음료수를 준비한다.

② 음료수를 천천히 수조에 넣어 본다.

③ 다섯 종류의 음료수를 모두 넣은 후 발생하는 현상을 관찰한다.

④ 이 과정에서 떠오르는 의문을 적어 본다.

〈유의 사항〉

• 각 음료수는 개봉하지 말고 내용물이 있는 상태에서 실험을 진행한다.

과학적 의문지식 생성 활동지

활동	생성한 의문지식	의문의 유형	의문 생성의 과정
의문 생성			

과제의 과학적 배경 지식

가게에 가면 '일반 콜라'와 '다이어트 콜라'가 있다는 정도는 모두 알고 있을 것이다. 그러나 하얀 캔 속에 들어 있는 다이어트 콜라는 튜브처럼 물에 뜨고 붉은 캔에 담긴 일반 콜라는 잠수함처럼 가라앉는다는 사실은 대부분 알지 못한다.

당장 물속에 캔 콜라를 넣어 보자. '물체가 물에 뜬다'는 것은 물체가 일정한 양의 물과 자리바꿈을 하거나 물을 밀어내기 때문이다. 만약 어떤 물체가 액체 속에서 그것의 무게보다 더 많은 물을 밀어내면 가라앉게 되지만 그렇지 않을 경우 뜨게 된다. 결국 얼마나 많은 양의 물을 밀어내는지는 단위 부피당 물질의 질량을 뜻하는 물체의 밀도가 결정한다.

따라서 일반 콜라는 내용물이 물보다 밀도가 더 높아 가라앉게 되고 다이어트 콜라는 밀도가 낮아 뜨게 되는 것이다. 물론 콜라 회사들이 정확한 내용물과 성분 등은 밝히지 않지만 일반 콜라가 밀도가 높은 이유는 콜라 속의 설탕 성분 때문으로 볼 수 있다. 반면 다이어트 콜라가 뜨는 것은 설탕보다 밀도가 훨씬 낮은 인공감미료를 사용하기 때문으로 여겨진다.

다이어트 콜라는 일반 콜라에서 사용하는 설탕 대신에 아스파탐(aspartame)이라고 하는 설탕보다 200배 높은 단맛을 가진 감미료를 사용한다. 이것은 비충치성 성질을 지닌다. 화학명으로는 'Alpha-L-aspartyl-L-phenylalanine methyl ester'라는 긴 이름을 가지고 있으며, 분자식은 $C_{14}H_{18}N_2O_5$이다. 구조식은 아래 그림과 같다.

이 아스파탐은 체내에서 일반 단백질과 같이 분해, 소화, 흡수되어 4kcal/g의 열량이 발생되나 동등한 단맛을 내는 데 설탕의 약 1/200이 소요되므로 칼로리 문제는 무시해도 된다. 그러나 칼로리가 전혀 없는 것은 아니고, 다이어트 콜라는 일반 콜라의 4분의 1정도의 칼로리를 가지고 있다고 한다(일반 콜라 100kal, 다이어트 콜라 25~30kal).

밀도를 고려해 실험하는 방법은 의외로 간단하다. 얼마나 많은 양의 물을 밀어내는지는 그 물체의 밀도(단위 부피당 질량)가 결정한다. 밀도는 물과 비교되는데, 물의 밀도는 1로 정해져 있다. 물질이 일반 콜라와 같이 물보다 밀도가 높으면 가라앉지만 다이어트 콜라와 같이 밀도가 낮으면 뜨게 된다.

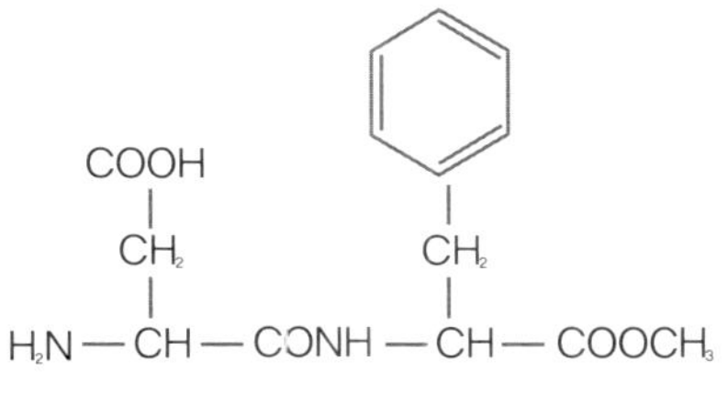

아스파탐의 화학적 구조

'캔의 비밀' 활동의 지도를 위한 교사용 스토리 보드

의문 생성과정의 활동	교사 지도 내용	학생 반응의 예 (가설 생성 활동에서 생성된 지식)
현상 제시	실험 준비물 및 실험활동 안내	① 조별로 실험 준비물 확인하기
관찰하기	실험을 하면서 관찰한 내용을 자세하게 적게 한다.	① 다이어트 콜라는 물에 뜨고 일반 콜라는 가라앉는다. ② 물에 잠기는 모양이 달라도 같은 결과다. ③ 다이어트 콜라는 톡 쏘는 맛이 덜하다. ④ 두드릴 때 나는 소리가 서로 다르다.
의문(인과적 의문) 상황 분석하기 (경험 상황 비교)	실험을 통해 생기는 모든 궁금증을 자신의 경험에 비추어 생각해보게 한다.	① 캔은 철로 되어 있어서 가라앉는다. ② 물보다 가벼우면 뜨는데 다이어트 콜라는 물보다 가벼운가? ③ 일반 콜라와 다이어트 콜라의 성분 중에 물보다 가볍고 무거운 것이 차이가 날 것이다.
	의문 상황과 관련하여 보다 상세한 관찰 및 실험을 통해 초점화되고 많은 정보를 얻도록 지도한다.	① 다이어트 콜라가 완전히 뜨는 것이 아니라 바닥에서 3㎝가량 떠 있다. ② 내용물을 따라 내면 둘 다 물에 뜬다. ③ 캔의 재질은 동일하다.
의문 생성하기	관찰 현상에 대한 궁금증을 자신의 경험에 비추어 생각해 보고, 왜 이러한 현상이 일어나게 되었는지 의문을 생성하도록 한다.	① 다이어트 콜라는 왜 물에 뜨고 일반 콜라는 가라앉을까?
의문 정교화하기	의문 상황 분석을 통해 알게 된 세부 정보들을 바탕으로 보다 구체적인 의문을 생성하도록 한다.	① 같은 재질의 캔에 담겨 있는데도 왜 다이어트 콜라만 물속에서 3㎝가량 떠 있을까?

4. 과학적 의문의 적용활동

사이다 속의 건포도

이 활동은 사이다 속에서 건포도의 변화를 살펴본 후 그 과정에서 떠오르는 여러 가지 의문에 대해 살펴보는 활동이다.

〈준비물〉

① 사이다

② 건포도

③ 메스실린더

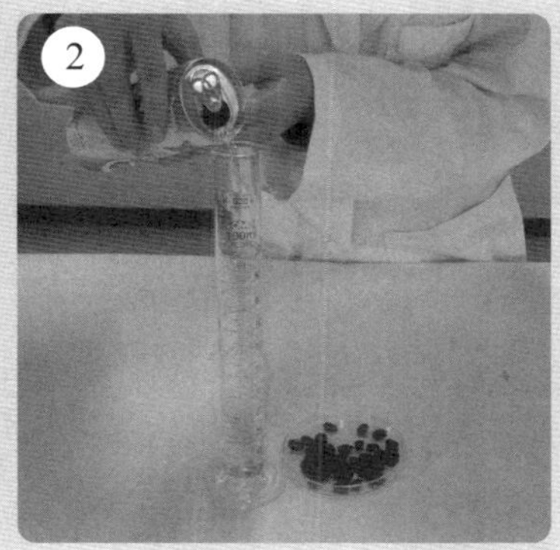

〈탐구방법〉

① 사이다를 개봉한 후 메스실린더에 천천히 붓는다.

② 건포도를 메스실린더에 천천히 넣는다.

③ 건포도에서 일어나는 변화를 살펴본다.

④ 이 과정에서 떠오르는 의문을 적어 본다.

〈유의 사항〉

• 건포도를 한번에 너무 많이 넣지 않도록 한다.

• 개봉한 지 오래되어 김이 빠진 사이다로는 실험이 원활하지 않을 수 있다.

과학적 의문지식 생성 활동지

활동	생성한 의문지식	의문의 유형	의문 생성의 과정
의문 생성			

과제의 과학적 배경 지식

'사이다 속의 건포도' 활동 과제는 이미 많이 알려진 과학마술로, 주로 초등학생이나 유아를 위한 과학실험 소재로 많이 활용되고 있다. 이 활동 과제에서 나타나는 현상의 신기한 점은 건포도의 움직임이 우리가 상식적으로 알고 있는 내용과 배치된다는 것이다. 일반적으로는 물속에 물체를 넣으면 가라앉거나 떠오르게 되지만, 이 실험에서 사이다 속에 넣은 건포도는 처음에는 가라앉다가 이내 다시 떠오르게 된다. 이러한 현상은 건포도 외에 다른 물체를 넣어도 동일하게 관찰할 수 있다. 다만, 너무 무거운 물체를 넣으면 확실하게 일어나지 않을 수도 있다. 단추나 쌀 알갱이, 콩을 활용해도 좋다.

이 실험에서 관찰할 수 있는 현상을 정리하면 다음과 같다.

① 컵 바닥에 가라앉은 단추, 건포도 등의 표면에 기체 방울이 달라붙는다.
② 단추에 기체 방울이 달라붙어 단추가 위로 떠올랐다가 기체 방울이 터지면서 다시 아래로 가라앉는다.

이 실험의 비밀은 사이다와 같은 탄산음료 속에 충진되는 기체인 '이산화탄소'에 있다. 사이다에 물체를 넣으면 표면에 작은 공기 방울(이산화탄소)들이 달라붙어 물체는 부력을 얻게 되어 위로 떠오르게 된다. 하지만 수면 근처에 이른 건포도는 달라붙었던 기포들이 터지게 되고, 이내 다시 가라앉게 되기 때문에, 부침(浮沈)을 반복하게 되는 것이다. 사이다 속의 탄산가스가 고갈될 때까지 이 현상은 반복된다.

실험은 시중에 판매되는 모든 탄산음료나 샴페인으로도 실험이 가능하다. 사이다로 실험을 추천하는 이유는 액체가 투명해서 안에 든 물체의 부침운동이 명확히 관찰 가능하기 때문이다. 사이다 속의 기체가 이산화탄소인지는 석회수에 투여하여 물이 흐려지는지 알아봄으로써 손쉽게 확인이 가능하다.

05
과학적 가설

이 장에서는 자연현상에 대한 탐구과정에서 얻은 잠정적인 설명인 과학적 가설 생성에 대해 소개하고자 한다. 과학적 가설 생성이란 무엇인지 알아보고, 과학적 가설 생성의 효과적인 교수-학습방법에 대해 살펴볼 것이다.

1. 과학적 가설의 도입활동

얼굴표정

우리의 감정은 얼굴표정으로 잘 나타난다. 이 활동에서는 펜을 입에 물고 재밌는 만화를 보면서 자신과 친구들에게 나타나는 변화를 자세히 관찰하고, 이러한 현상의 원인을 살펴볼 것이다.

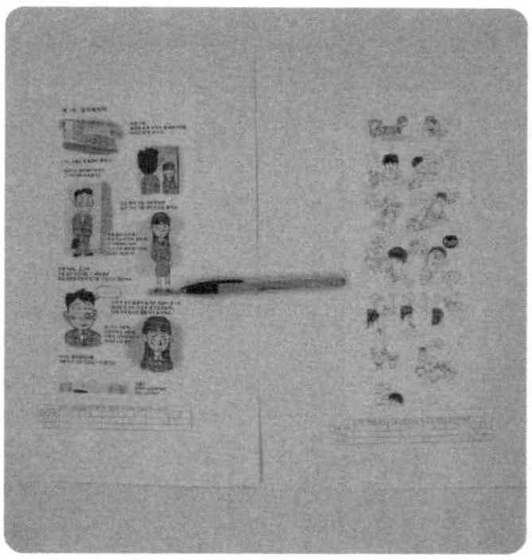

〈준비물〉

① 웃음을 일으킬 수 있는 재미있는 만화 두 세트
(세트 당 6~10편)

② 볼펜

③ 재미 정도를 표현할 수 있는 검사지

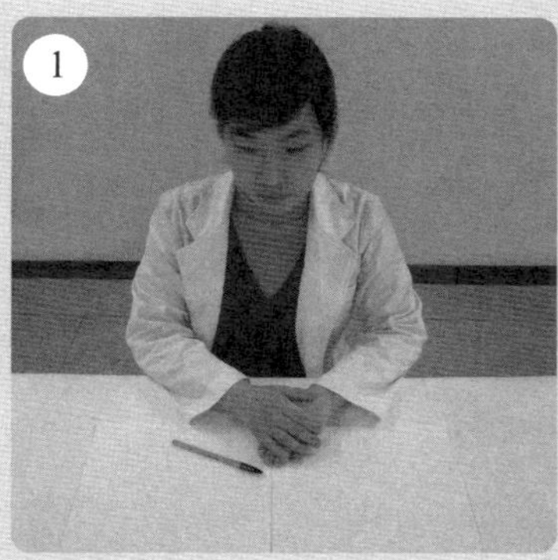

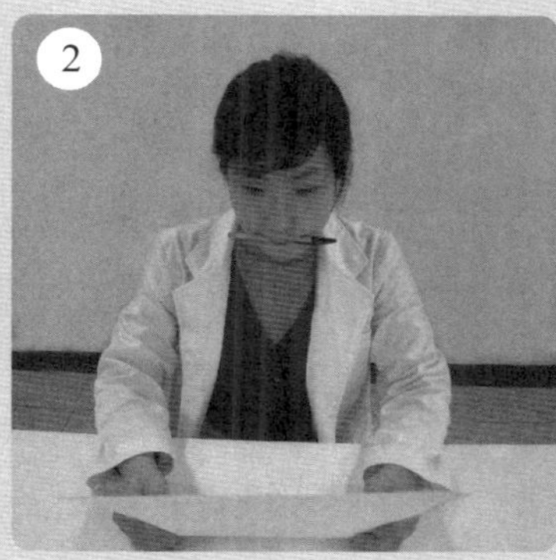

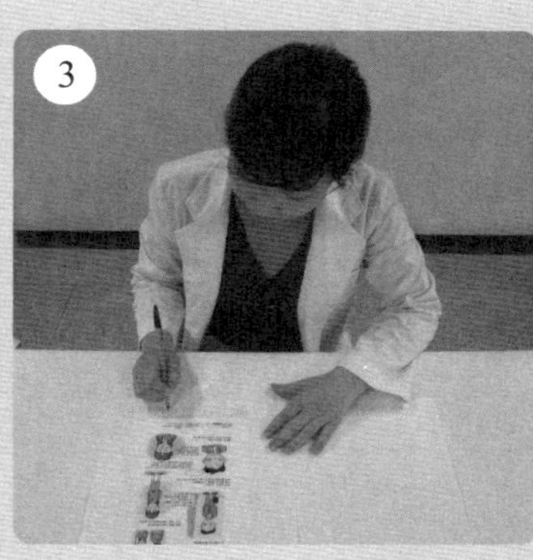

〈탐구방법〉

① 입 꼬리가 양옆으로 올라가도록 볼펜을 옆으로 문다.

② 볼펜을 옆으로 문 상태에서 재미있는 만화를 본다.

③ 만화를 본 후 재미 정도를 검사지에 표현한다.

④ 입이 앞으로 나오도록 볼펜을 길게 문다.

⑤ 볼펜을 앞으로 길게 문 상태로 재미있는 만화를 본다.

⑥ 만화를 본 후 재미 정도를 검사지에 표현한다.

⑦ 두 가지 경우의 재미 정도를 비교해 본다.

⑧ 두 경우에서 재미의 차이가 나는 원인을 생각해 본다.

〈유의 사항〉

- 만화는 한 편이 4~6컷 정도인 짧은 단편 만화로 준비한다.
- 만화는 서로 다른 만화를 준비하되 둘 다 재미있는 만화를 준비한다.
- 학생들이 미리 보지 못했던 만화를 준비한다.

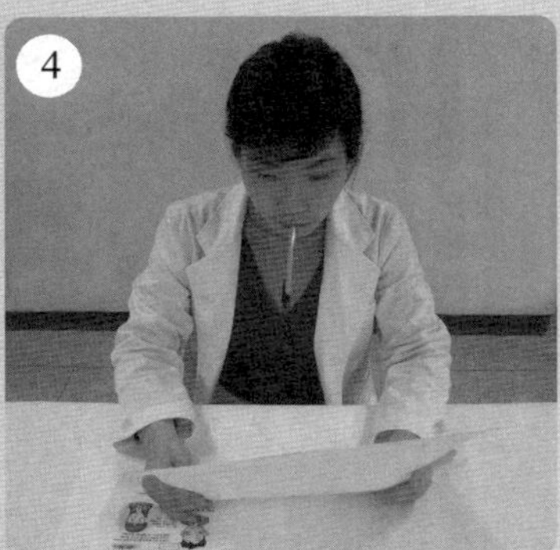

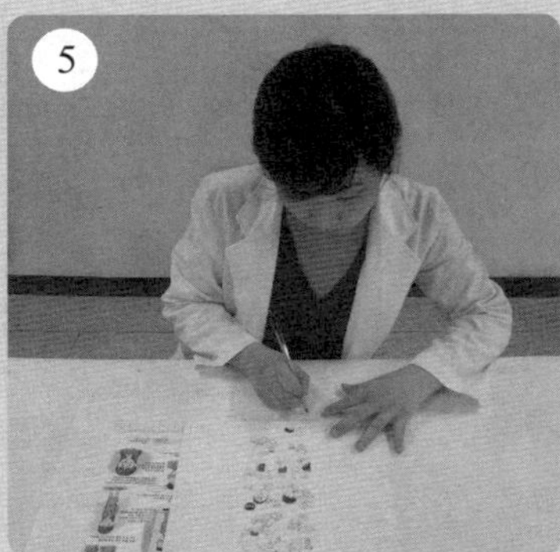

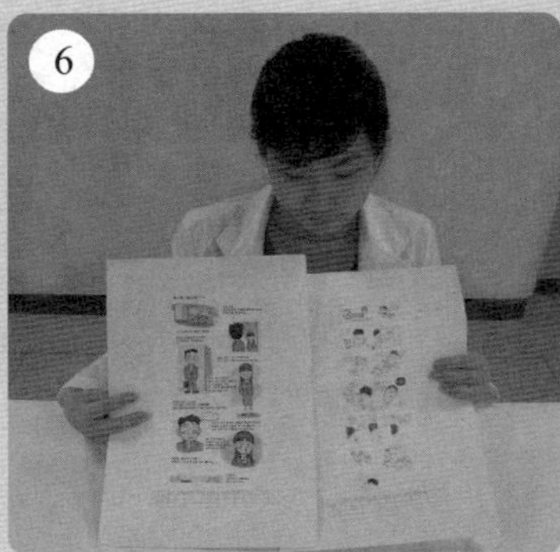

과학적 가설지식 생성 활동지

활동	생성한 가설지식	가설의 유형	가설 생성의 과정
가설 생성			

2. 과학적 가설의 유형 및 사고과정

1) 과학적 가설의 유형 분석

가설의 창안과 검정은 과학적 탐구의 과정에서 가장 핵심적인 과정의 하나로 여겨져 왔다(Alcock, 1989; Klahr & Dunbar, 1988; Kuhn, Amsel, & O' Loughlin, 1988; Kwon, 1997; Lawson, 1995). 또한 가설의 창안 또는 검증 기능의 발달은 학생들의 과학적 성취도 향상, 논리적 사고의 발달, 그리고 창의적 사고의 발달에 매우 밀접하게 관련되어 있음이 다수의 연구에 의해서 논의되어 왔다(Adsit & London, 1997; Lawson, 1985; Lawson, Abraham, & Renner, 1989).

일반적으로, 가설이란 어떤 특정 집단의 현상들이 일어나는 원인으로서 설명되는 제안된 명제나 명제들의 집합으로 정의된다(Barnhart, 1953). 그러면 이러한 가설은 어떻게 창안되는가? 가설의 창안과정은 귀추(外傳, abduction)라는 과정으로 설명될 수 있다고 제시하였다(Hanson, 1958). 즉, 귀추란 미지의 현 상황을 이미 알고 있는 다른 상황과의 유사성에 바탕을 두고, 이를 차용하여 설명하는 추론의 한 과정으로 설명될 수 있다(Hanson, 1958; Lawson, 1995). 이러한 핸슨(Hanson)과 로슨(Lawson)의 설명에 기초한다면, 우리가 생성하는 가설은 관찰을 단순 · 일반화하여 얻어지는 귀납의 과정이나 또는 가설로부터 다음 단계에서 일어날 것으로 예측되는 현상을 연역하는 과정으로부터 얻어진다고 볼 수 없다. 가설은 이러한 귀납이나 연역의 과정이 아닌, 미지의 관찰된 현상을 이미 우리가 알고 있는 사전 지식과 비교하여 어떻게 유사한가에 대해서 분석할 수 있는 형태의 논리적 이해과정과 이러한 유사성을 미지의 현 상황을 위한 가설원으로서 차용할 수 있는 형태의 사고과정이 동시적으로 수행하는 인지적 활동에 의해 창안된다고 할 수 있겠다.

가설의 창안은 관찰된 현상에서 발상되는 의문이나 문제의 해결을 위한 과학적 설명으로 접근할 수 있는 관문이기 때문에 많은 연구자는 가설의 창안이 과학적 탐구에서 가장 중요한 사고 기능의 하나라고 주장해 왔다(Adsit & London, 1997; Klahr & Dunbar, 1988; Lawson, 1995; Peter, 1992; Wenham, 1993). 뿐만 아니라, 과학적 탐구력 향상이 교수-학습의 가장 중요한 목표의 하나이자 교수-학습 활동의 가장 중요한 요소의 하나로 되어 있는 과학교육의 특성을 감안하면, 가설창안 활동은 과학 교수-학습 활동의 가장 중심적인 활동의 하나로 다루어져야 함은 물론이고, 그에 앞서 가설창안 과정에 대한 보다 진보된 설명이 제공되어야 할 것이다.

그러나 이러한 가설의 창안 기능에 대한 중요성에도 불구하고 학생들의 가설창안 과정에 대한 체계적인 연구는 제대로 이루어지지 못하고 있다. 비록 극히 일부 연구가 학생들이 제시한 가설에 대해서 분석을 하였지만, 이 연구가 학생들의 가설에 대한 특성을 파악하는 데 다음과 같은 제한점을 가지고 있다. 첫째, 비록 이들 연구가 가설의 특성 분석을 위한 분석틀을 제시하였지만, 이는 가설 자체에 관한 본질적인 정의와 상이한 관점을 지니고 있다. 예를 들면, 구수정과 박승재(1995), 저먼과 오다마, 아람 그리고 버크(Germann, Odama, Aram, & Burke, 1996)의 연구에서는 가설과 예측의 구분이 모호하고 고안된 검증과정을 과정적 가설이라고 분류하는 등 가설의 본질적 정의를 평가하는 체계로 활용하기에는 중요한 제한점이 있다. 둘째, 저먼 등(Germann et al., 1996), 퀸과 조지(Quinn & Goerge, 1975), 웬햄(Wenham, 1993)의 연구에서는, 가설 창안에 대한 평가기준이 현상의 원인으로 제시된 가능성 있는 설명체계의 분석을 위해 고안된 것이 아니라 가설의 지지와 기각을 판단하는 데 기준이 되는 증거로 사용되는 예상의 제시를 평가하도록 설정되어 있는 제한점이 있다. 이는 가설이 아니라 예상을 분석하기 위해서 고안했다는 것이다. 따라서 보다 체계적으로 학생들의 가설창안 능력을 조사하고, 더 나아가 가설창안 능력을 향상시키기 위한 과학 교수-학습 과정을 구성하기 위해서는 이러한 연구에 앞서 학생들이 창안하는 가설의 특성을 본질적인 정의에 충실하여 분석한 기술적인 정보의 제공이 요구된다.

여기서는 가설의 유형과 세부적 속성을 제시하고 이를 바탕으로 체계적으로 가설을 생성할 수 있는 학습 전략을 논의하고자 한다.

(1) 가설 유형의 분류

다음은 '왜 생선의 살코기는 육상동물의 살코기보다 익혔을 때 부드럽고 잘 부서지고 또 씹을 때 잘 쪼개지는가' 에 대해서 학생들이 반응한 가설의 수와 내용적 속성에 대해서 조사한 결과다.

> [학생 A의 가설]
>
> 운동량의 차이 때문에 육류가 어류보다 질긴 것이다. 어류는 물의 흐름에 따라 몸을 유연하게 움직이기 때문에 운동량이 적다. 반면 육류는 장애물도 있고 서 있는 것 자체가 운동이기 때문에 운동량이 많다고 볼 수 있다. 이러한 운동량의 차이가 근육의 발달 차이를 가져와 특성의 차이를 보이게 했을 것이다.
>
> [학생 B의 가설]
>
> 물에 사는 어류는 (근육 속의) 단백질의 일부가 물에 부분적으로 녹아서 물고기의 근육은 부드럽고 잘 쪼개진다.
>
> [학생 C의 가설]
>
> 육상동물과 어류의 생활환경의 차이에서 오는 것이다. 즉, 육상동물은 자신의 무거운 몸을 중력에 반하여 지탱하는 뼈의 근육이 강해야만 움직일 수 있고, 또 그래야만 살아갈 수 있으므로 그렇게 발달되어 왔다. 반면, 어류는 물에서 살기 때문에 자체의 부력으로도 얼마든지 물에서 떠다닐 수 있고 육상동물보다는 대체로 무게가 적으며 단지 헤엄만 칠 수 있으면 되므로 근육이 그렇게 질기고 단단하게 발달할 필요가 없다.

'생선과 육상동물을 삶았을 때, 생선이 육상동물보다 부드럽고 잘 부서지고 또 씹을 때 잘 쪼개지는가' 라는 의문에 대해서 앞의 세 학생들이 제시한 가설을 비교해 보면 각각의 가설 사이에서 유사점과 차이점을 발견할 수 있다. 먼저 학생 A, B의 가설의 공통적 속성은 어류나 육상동물의 각 개체의 개인적인 행동 속성에 의해 근육의 차이가 결정되었다는 원인을 제시하였다. 또한 이들 가설의 공통점은 우리가 그 가설을 바로 직접적으로 조작할 수 있고 또 그 원인이 바로 우리의 가까이에 존재하는 속성을 원인으로 제시했다는 것이다. 즉, 학생 A, B가 제시한 가설의 공통적인 특성은 개체 자신의 행동, 생리, 구조에 대한 설명을 원인으로 제시하고 있다.

이들 가설은 구체적이고 직접 조작될 수 있으며 관찰될 수 있고, 우리 주변에 존재하는 원인이라는 것이다. 이러한 가설을 네스와 윌리엄스(Nesse & Williams, 1994), 앨콕(Alcock, 1989)은 근접적 가설(proximate hypotheses)이라고 표현했으며, 로슨과 드레이크, 존슨, 권 그리고 스카폰(Lawson, Drake, Johnson, Kwon, & Scarpone, 2000)은 관찰 가능한 속성(seen entities)으로 된 가설이라고 표현했다.

그러나 이들 가설에서 나타난 속성을 살펴보면 근접적 특성 및 관찰 가능성뿐만 아니라 직접 조작될 수 있는 속성도 가지고 있다. 따라서 조작적 속성의 의미가 근접적 특성 및 관찰 가능성의 의미를 포괄적으로 표현할 수 있는 용어이므로, 이들 가설을 조작적 가설(manipulative hypotheses) 혹은 현상적 가설(phenomenal hypotheses)로 표현하는 것이 가설의 특징을 보다 바람직하게 표현하는 것으로 생각된다.

학생 C의 가설은 개체의 개인적인 행동, 생리, 구조적 속성을 넘어서 주어진 자연환경에 잘 적응한 개체들이 살아남아서 그것이 어류나 육상동물의 전체적인 속성으로 자리매김된 것이라는 이론적인 설명을 원인으로 제공하고 있다. 이 설명은 진화적인 원인을 설명하고 있으며, 또 직접 관찰되거나 조작될 수 없는 이론적 설명을 원인으로 제시하고 있다. 따라서 이 가설을 검증하기 위해서는 가설 자체를 하나의 독립변인으로 조작하기보다 가설과 관련된 조작이 가능한 다른 독립변인을 제시하여 검증을 실시하는 조작 불가능한 가설의 연역적 검증과정이 고안되어야 한다. 조작적 가설에서는 가설과 검증에 사용되는 독립변인이 동일한 것과는 달리, 여기(이론적 가설)서는 가설과 가설을 검증할 때 조작하는 독립변인이 서로 다르다는 것이다. 이것은 본질적으로 이들 가설이 바로 구체적으로 조작이 어려운 이론적 또는 진화적 속성을 포함하기에 그러한 것이다. 이러한 가설에 대해서 로슨 등(in press)과 다리언(Darian, 1995)은 이론적 가설(theoretical hypotheses)이라고 표현하였고, 네스와 윌리엄(Nesse & Williams, 1994), 앨콕(Alcock, 1989)은 진화적 가설(evolutionary hypotheses)이라고 표현하였다. 그러나 이론적 가설이 진화적 가설뿐 아니라 가설이 직접 독립변인으로 조작되지 않는 설명을 제시한 가설도 포함하고 있기 때문에, 이들 가설은 이론적 가설(theoretical hypothesis)로 표현하는 것이 이들 가설의 속성을 보다 포괄적으로 나타내는 것이다.

(2) 가설 유형의 분석

지금까지 소개한 가설의 유형에 따라 '생선과 육상동물을 삶았을 때, 생선이 육상동물보다 부드럽고 잘 부서지고 또 씹을 때 잘 쪼개지는가' 라는 의문에 대해 생성된 가설을 실제로 분석해 보면 다음과 같다.

[학생 D의 가설]

먹이가 다르므로 근육조직의 발달 정도가 다를 것이다. 즉, 육상동물은 물이 상대적으로 적게 함유된 질긴 음식물을 먹고 이것은 다시 근육을 질기게 만들고, 또 어류는 물이 상대적으로 많이 함유된 부드러운 먹이를 먹기 때문에 근육을 부드럽게 만들 것이다.

① 위 가설에서는 어류나 육상동물의 각 개체적인 행동 속성에 의해 근육의 차이가 결정되었다는 원인을 제시하였다.
② 또한 이 가설은 직접적으로 조작 가능하다.
③ 학생 D가 현상의 원인으로 생각한 것은 우리 주변에 존재하는 현상적인 속성이다.
④ 즉, 학생 D가 생성한 가설의 특성은 개체 자신의 행동, 생리, 구조에 대한 설명을 원인으로 제시하고 있다.

∴ ①~④의 분석을 통합하면, 결론적으로 학생 D의 가설은 현상적 가설[phenomenal hypotheses; = 조작적 가설(manipulative hypotheses)]이다.

(3) 가설 유형 분석의 실제

[예비 과학교사 E의 가설]

육상에서는 중력이 작용하므로 육상동물은 그 중력을 이기며 활동할 수 있도록 근육이 튼튼하게 진화되어 왔다. 그러나 어류의 경우를 보면, 어류가 사는 물은 물의 부력에 의해 중력이 육상만큼 직접적으로 작용하지 않는다. 따라서 어류는 물의 부력 덕분에 중력에 반하여 자신의 몸을 지탱하는 데 필요한 튼튼한 근육이 발달될 필요가 없으므로 근육이 발달되지 않는 방향으로 진화되어 왔다.

분석
①
②
③
④
…

∴ (   ) 유형의 가설이다.

2) 과학적 가설 생성의 사고과정

가설은 어떻게 생성되는가? 가설지식의 생성에 관한 견해는 다양하지만 아직 만족할 만한 설명을 찾아보기 어렵다. 먼저, 포퍼(Popper, 1968)나 밀러(Millar, 1989) 와 같은 학자들은 가설이 논리나 절차에 의해 생성되는 것이 아니라 갑작스러운 사고의 도약이나 상상에 의해 생성된다고 본다. 그러나 이러한 견해는 최근의 가설 생성과정에 관한 연구들(권용주 외, 2000; Jeong & Kwon, 2001; Lawson, 1995, 2000, 2002)에 의해 지지를 잃어 가고 있다. 또 현재 많은 과학교과서의 저자들은 귀납적 추론의 결과로 얻어진 공통성이나 경향성 지식이 결국 관찰한 개개의 사실들을 원인적으로 설명할 수 있다고 주장한다(Lawson, 1995). 그러나 이러한 주장 또한 귀납적 지식 생성과 현상의 원인을 설명하는 지식 생성의 차이에 대한 이해가 깊어짐에 따라 점점 의미를 잃어 가고 있다. 또한 가설의 생성과정을 가설-연역 체계 안에서 설명하기도 한다. 그러나 가설-연역적 체계로 설명하는 것은 체계 안에 이미 가설이 있다는 것을 전제로 시작하는 것이기 때문에 가설의 생성과정 자체를 설명하지는 못한다(Hanson, 1958). 마지막으로, 귀추적 추론(abductive reasoning)에 의해 가설이 생성된다고 설명하는 연구들이 있다(권용주 외, 2000; Hanson, 1958; Jeong &

Kwon, 2001; Lawson, 1995). 여기에서 귀추적 추론이란 미지의 현 상황을 이미 알고 있는 다른 상황과의 유사성에 바탕을 두고, 이를 차용하여 설명하는 추론 유형을 말한다(권용주 외, 2000; Jeong & Kwon, 2001).

귀추적 추론으로 가설지식 생성과정을 설명하는 견해들은 가설지식 생성에 관해 새로운 방향을 제시해 준다. 그러나 이들의 연구 역시 가설의 생성에 관한 기술적인 자료를 바탕으로 한 설명 체계를 구성하는 데는 한계를 보인다. 먼저, 퍼스(Peirce, in Fishcer, 2001)와 핸슨(Hanson, 1958)의 연구는 귀추가 귀납이나 연역과는 전혀 다른 추론 형식이며 귀추를 통해 가설이 생성된다는 것을 논리적으로 설명한다. 하지만 귀추적 추론의 하위 사고과정에 대해서는 더 이상 말해 주지 못한다. 그리고 로슨(Lawson, 1995, 2000, 2002)의 연구는 귀추과정을 현 상황과 이전 경험의 유추적 과정으로 설명한다. 그러나 유추적 과정이 무엇이며, 어떠한 종류의 사고과정인지에 대한 설명이 부족하다. 또한 권용주 등(2000)의 연구는 귀추적 가설 생성 과정의 하위과정을 비교적 자세하게 기술하고 있지만, 각 과정에 대한 실험적 근거가 충분하다고 하기는 어렵다. 정량적 연구와 정성적 연구를 병행한 연구(Jeong & Kwon, 2001) 또한 귀추과정의 존재를 지지하지만 하위과정을 확인해 주지는 못한다. 따라서 가설지식의 생성과정에 대한 정확한 이해를 위해서는 추가적인 기술적 연구가 절실히 요구된다.

한편, 가설지식 생성과정에 대한 기술적 연구의 필요성은 과학교육의 실제에서 더욱 절실하다. 과학교육에서 과학적 탐구력 향상은 가장 중요한 교육 목표 중의 하나다. 그리고 과학적 탐구에서 가설 생성의 중요성은 이미 논의한 것처럼 매우 크다. 또한 학습자의 가설 생성 기능의 발달은 과학적 성취도 향상, 논리적 사고의 발달, 그리고 창의적 사고의 발달과 밀접하게 연관되어 있다(Lawson, 1995). 그러므로 과학 교수–학습 상황에서 가설을 생성하는 활동은 중심적인 활동으로 다루어져야 한다. 이러한 활동을 위해서 가설 생성 능력을 신장시키기 위한 구체적인 교수–학습방법과 전략이 마련되어야 한다. 하지만 현행의 과학 교수–학습 전략이나 프로그램들을 살펴보면 관찰, 실험설계 방법 고안, 가설 평가 및 결론 진술 등의 과정에 대해서는 비교적 상세하게 교수방법들을 제시하고 있으면서, 가설 생성과정에서는 단지 '가설을 창안하라.' 라는 단편적인 지시문 이외에 더 이상의 전략을 찾아보기 어렵다. 이러한 교육 현상은 가설 생성과정의 중요성에 대한 인식 부족에서 왔을 수도 있다. 그러나 이러한 현상의 원인은 구체적인 전략 개발에 필요한 아이디어 부족에서 비롯된 것으로 생각되며, 결국 아이디어의 부족은 가설 생성과정에 대한 체계적이고 기술적인 연구가 부족한 것에 근본적인 원인이 있다고 할 수 있다. 따라서 학생들의 가설생성 능력 향상을 위한 교수-학습의 실제에서 가설 생성과정에 대한 보다 체계적이고 기술적인 연구의 필요성은 아주 절실하다고 할 수 있다. 이상의 필요성에 따라, 여기에서는 과학적 가설 지식의 생성과정에 대해 소개하고자 한다.

(1) 가설지식의 생성과정

다음은 '식초와 달걀의 만남' 활동을 수행하면서 학생들이 자신의 가설을 생성하기까지의 사고과정을 나타낸 것이다.

- 지금 과제의 현상과 비슷한 현상을 찾기 위해 기포가 생기는 종류를 생활 경험에서 찾아보아야겠다.
- 컵에 차가운 물을 담았을 때 공기가 냉각되어서 물방울이 생겼다.
- 실험 상황은 물이 아니라 식초라는 산이다. 단순히 공기 냉각에 의한 물방울이 생기는 것과는 다르다.

- 식초는 산이고 녹이는 작용도 한다.
- 소화작용 상황, 위산이 생각났다.
- 위산에 의한 음식물의 소화 작용으로 소화된 물질이 만들어진다.
- 달걀을 영양분이라고 생각할 수 있고 위산이 음식물을 소화시키듯이 산이 달걀을 녹이는 작용을 해서 공기 방울이 발생했다.

- 공기 방울을 생각했다.
- 달걀이 식초에 들어가 거품이 나는 것과 콜라에 감자튀김을 빠뜨렸을 때 거품이 나는 것이 비

숫하다고 생각했다.
- 탄산음료에서 이산화탄소가 발생된다는 생각을 했다.
- 음료 속에 이산화탄소가 들어 있기 때문이라고 생각했다.
- 음료 속에 이산화탄소가 들어 있었듯이 식초 속에 들어 있던 수소가 기포가 되었다.
- 공기 방울이 많이 올라가는 생각을 했다. 수소가 가볍고 식초의 반응이 활발하다는 생각을 했다.

- 금속을 식초에 넣었을 때 공기 방울이 발생하는 실험이 생각났다.
- 식초가 금속을 녹이는 중화 반응이 일어난다.
- 식초가 산이다.
- 이 현상도 중화 반응일 것 같다.

- 식초가 달걀 껍질에 작용해서 중화시키면서 달걀 껍질을 녹이고 공기 방울이 생성된다는 가설을 선택했다.

앞의 예시에서 지식의 유형은 다섯 가지로 분류된다. 첫 번째, '실험 상황은 물이 아니라 식초……' '공기 방울을 생각했다' 등과 같이 의문을 갖게 한 상황을 나타낸 사고과정을 의문 상황(questioning situation)이라고 한다. 이것은 권용주 등(2000)의 연구에서 언급한 현재의 실제 상황(current world)과 유사한 개념이다. 그러나 '실제 상황'은 상황의 현재성을 강조한 것이고, '의문 상황'은 의문을 갖게 한 상황의 특성에 의미를 두어 용어를 도입했다는 점에서 차이가 있다.

두 번째, '산이 달걀을 녹이는 작용을 해서' '식초 속에 들어 있던 수소가 기포가 되어서' 등과 같이 의문 상황의 원인을 설명하는 내용을 가설적 설명자(hypothetical explicans)라 한다. 이것은 핸슨(Hanson, 1958)이 귀추적 추론과정을 설명할 때 사용한 '설명자'라는 용어와 권용주 등(2000)의 가설적 설명자(hypothetical explanations) 개념에 포함된 용어와 의미를 차용한 것이다. 여기에서 가설적 설명자는 가설과는 구별된다. 가설은 명제나 명제들의 집합의 형태로 표현되며 설명자와 설명대상을 모두 포함한다. 그러나 가설적 설명자는 설명자만을 포함한다. 예를 들어, '산이 달걀을 녹이는 작용을 해서 공기 방울이 발생했다.'라는 명제에서 명제 전체는 가설이고, 이 내용 중 '산이 달걀을 녹이는 작용' 은 공기 방울이 생긴 이유를 설명하는 설명자이기 때문에 가설적 설명자다.

세 번째, '컵에 차가운 물을 담았을 때 물방울이 생겼다.' '금속을 식초에 넣었을 때 공기 방울이 발생하는 실험이 생각났다.' 등과 같이 의문 상황과 관련된 경험이나 지식이 표현된 내용을 경험 상황(experienced situation)이라 한다.

네 번째, '공기가 냉각되어서……' '음료 속에 이산화탄소가 들어 있기 때문……' 등과 같이 경험 상황의 원인을 설명하는 내용을 원인적 설명자(causal explicans)라 한다. 원인적 설명자는 설명자로서의 기능과 구조가 가설적 설명자와 동일하지만 설명하는 대상에는 차이가 있다. 즉, 가설적 설명자는 의문 상황을 설명하고, 원인적 설명자는 경험 상황을 설명한다.

마지막으로, 피험자가 과제 해결의 결과로 제시한 가설을 최종 가설(final hypothesis)이라 한다.

한편, 가설지식 생성과정에서 지식을 찾거나 표상된 지식을 조작하는 사고는 여섯 가지 유형으로 분류해 볼 수 있다. 첫 번째, '기포가 생기는 종류를 생활 경험에서 찾아보자' 와 같이 의도적으로 지식을 생각해 내려는 사고 유형을 지식 탐색(searching knowledges)이라 한다.

두 번째, '달걀이 식초에 들어가 거품이 나는 것과 콜라에 감자튀김을 빠뜨렸을 때 거품이 나는 것이 비슷하다.' 와 같이 의문 상황과 경험 상황의 유사성과 차이점을 비교했음을 확인할 수 있는 사고과정 유형을 의문 상황과 경험 상황 비교(comparing a question situation and a experienced situation)라고 분류했다. 이것은 권용주 등(2000)이 제시한 가설 생성과정의 두 번째 과정에 포함된 '경험 상황과 현재의 실제 상황의 유사성 비교' 개념과 비슷하다.

세 번째, '위산이 음식물을 소화시키듯이 산이 달걀을 녹이는 작용을 해서 공기 방울이 발생했다.' 는 가설을 살펴보면, 음식물 소화 상황(경험 상황)을 설명하는 원인적 설명자인 '산의 녹이는 작용' 이 의문 상황의 설명자로 차용되었음을 알 수 있다. 이렇게 원인적 설명자를 차용하여 가설적 설명자에 적용하는 사고 유형을 설명자 차용(borrowing explicans)이라 한다. 이것은 로슨(Lawson, 1995)이 귀추 개념을 정의하면서 한 상황의 설명이 다른 새로운 상황으로 차용되고 적용되는 과정이 귀추과정에 포함됨을 언급했는데 이것과 비슷하며, 권용주 등(2000)의 가설 생성과정 중 세 번째 과정의 설명자 차용과 동일한 개념이다.

네 번째, '식초가 달걀 껍질에 작용해서 중화시키면서 달걀 껍질을 녹이고 공기 방울이 생성된다.' 는 가설을 표현한 사고과정을 살펴보면, 이미 표상되었던 가설적 설명자 1, 2, 4의 설명자들이 부분적으로 포함되어 있음을 알 수 있다. 이처럼 의문 상황의 일부분들을 각각 설명하는 가설적 설명자들을 조합해서 의문 상황 전체를 설명할 수 있는 가설을 생성하는 사고 유형을 설명자 조합(combining explicans)이라 한다.

다섯 번째, 여러 개의 서로 다른 가설적 설명자가 생성되었을 때 그중 하나를 선택하는 사고 유형을 설명자 선택(selecting a explican)이라 한다.

마지막으로, '공기 방울이 많이 올라가는 생각을 했다. 수소가 가볍고 식초의 반응이 활발하다는 생각을 했다.' 와 같이, 가설 생성 이후 의문 상황을 다시 생각하는 유형이 사고과정에 나타난다. 이것은 피험자가 자신이 생성한 가설을 확인하기 위해서 목적을 가지고 의문 상황을 다시 생각한 것이다. 이처럼 가설 생성과정에서 생성된 설명이나 최종적인 가설을 검증하기 위해 의문 상황이나 경험 상황에서 증거를 찾는 사고 유형을 설명자 확인(confirming a explican)이라 한다.

이를 최종적으로 모형화하면 [그림 5-1]과 같다.

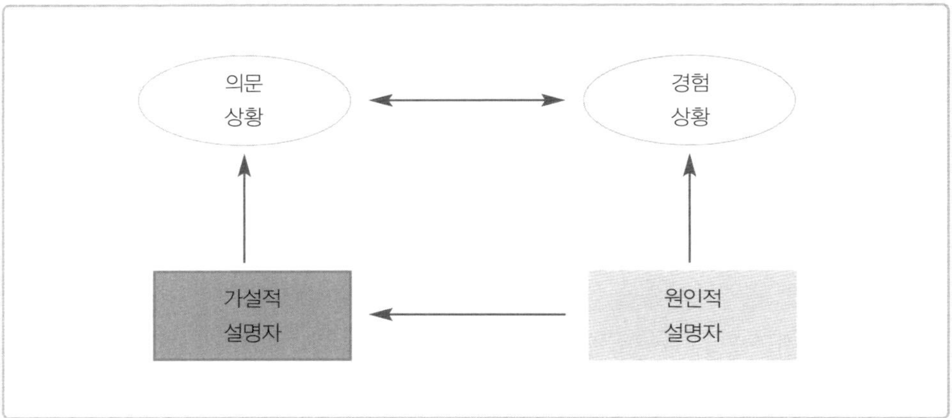

[그림 5-1] 과학적 가설의 귀추적 생성과정 모형

(2) 가설생성 사고과정 분석

다음은 지금까지 소개한 가설생성의 사고과정 유형에 따라 '식초와 달걀의 만남' 활동 과제에서 학생 Y가 가설을 생성하기까지의 과정을 예시한 것이다.

여기에서 '( )' 안의 내용은 지식의 종류를 나타낸 것이며, '〈 〉' 안의 내용은 사고의 유형을 나타낸 것이다.

- 식초는 산이고 녹이는 작용도 한다(경험 상황).
- 소화작용 상황, 위산이 생각났다(경험 상황).
- 위산에 의한 음식물의 소화작용으로 소화된 물질이 만들어진다(원인적 설명자).
- 달걀을 영양분이라고 생각할 수 있고 위산이 음식물을 소화시키듯이 산이 달걀을 녹이는 작용을 해서 공기 방울이 발생했다(가설적 설명자)-〈비교〉((의문 상황)~(경험 상황)),〈차용〉((원인적 설명자) → (가설적 설명자)).

〈학생 Y의 가설생성 사고과정〉

(경험 상황) → (경험 상황) → (원인적 설명자) → (가설적 설명자)

-〈비교〉((의문 상황)~(경험 상황)),〈차용〉((원인적 설명자) → 가설적 설명자))

(3) 가설생성 사고과정 분석의 실제

다음은 지금까지 소개한 가설생성의 사고과정 유형에 따라 '식초와 달걀의 만남' 활동 과제에서 학생 G가 가설을 생성하기까지의 과정을 예시한 것이다.

여기에서 학생 G의 사고과정 예시분에 대해, '( )' 안에는 지식의 종류를, '〈 〉' 안에는 사고의 유형을 나타내어 분석한 뒤, 다음에 제시된 빈 상자에 학생 G의 가설생성의 사고과정 순서를 정리해 보자.

- 바닥의 껌 제거 상황을 생각했다.
- 땅콩으로 만든 비누로 제거하는 생각을 했다.
- 땅콩이 껌을 녹인다.
- 땅콩이 껌을 녹이는 것과 비슷한 반응 현상으로 식초가 껍질을 녹일 때 기포가 만들어진다.

〈학생 G의 가설생성 사고과정〉

3. 과학적 가설의 교수-학습방법

어느 손이 내 손이지?

우리는 주변에서 불의의 사고 등으로 인해 손이나 발이 절단된 환자들을 볼 때가 있다. 이런 환자들을 괴롭히는 많은 불편 중 하나가 환지통이다. 이 과제를 체험하면서 자신의 감각 및 지각에 대해 자세히 관찰해 보고, 우리가 이렇게 느끼게 되는 원인을 생각해 볼 수 있다.

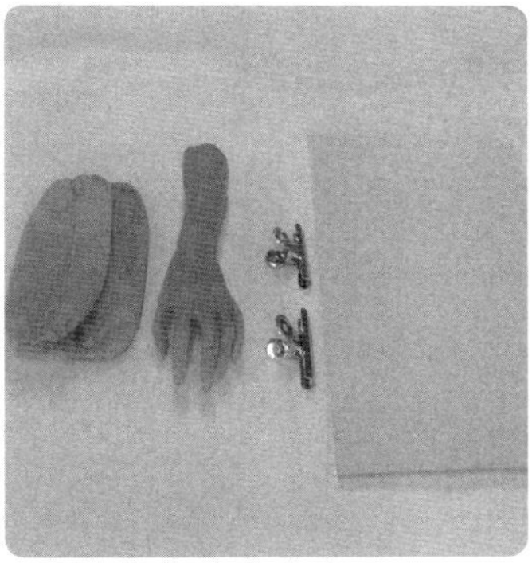

〈준비물〉

① 가짜 손

② 토시

③ 칸막이, 집게

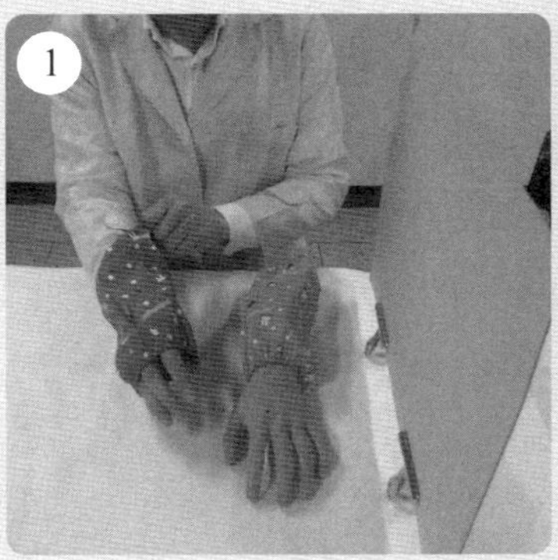

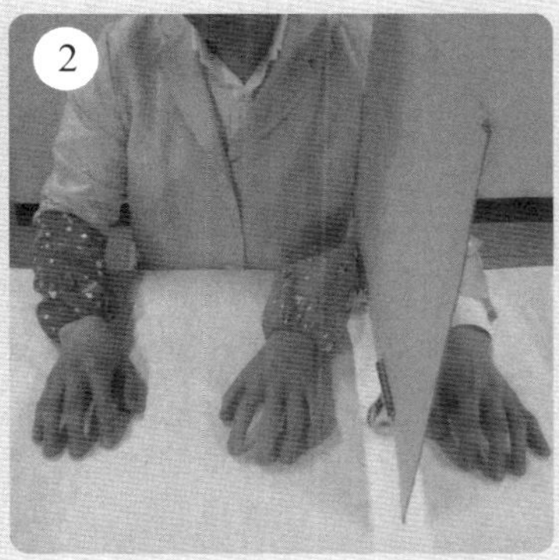

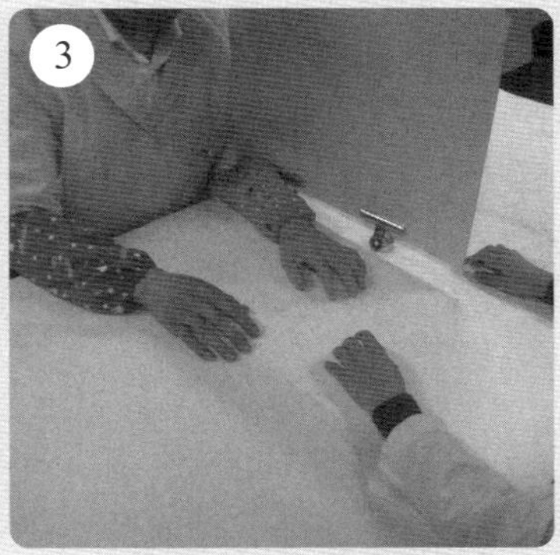

〈탐구방법〉

① 가짜 손과 가짜 손의 맞은편 자신의 손에 토시를 씌운다.

② 가짜 손과 같은 쪽의 손이 안 보이도록 칸막이로 막는다.

③ 맞은편에서 가짜 손과 가짜 손과 같은 쪽의 보이지 않는 손을 동시에 만져 준다.

④ 일정시간 만져 주다가 갑자기 가짜 손을 꼬집는다.

⑤ 피험자의 반응을 살펴본다.

⑥ 이 과정에서 일어나는 현상들에 대한 원인을 생각해 본다.

〈유의 사항〉

- 가짜 손은 직접 제작하거나, 시중에서 쉽게 구입할 수 있는 마네킹의 손을 이용하여도 무방하다.
- 손을 만져 주는 사람은 가짜 손과 진짜 손의 같은 부위를 만져 준다.
- 너무 일찍 꼬집지 않도록 한다.

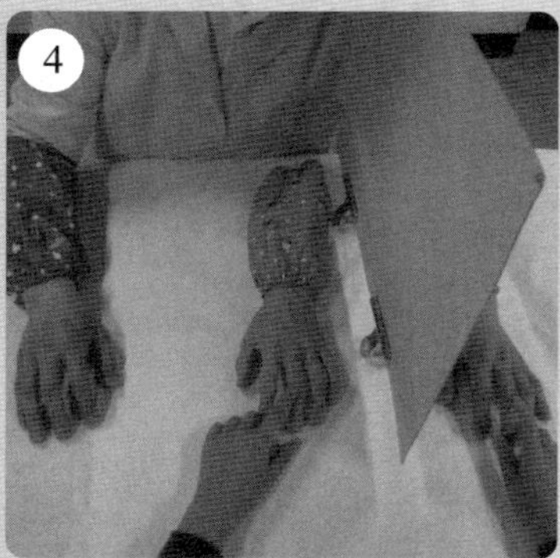

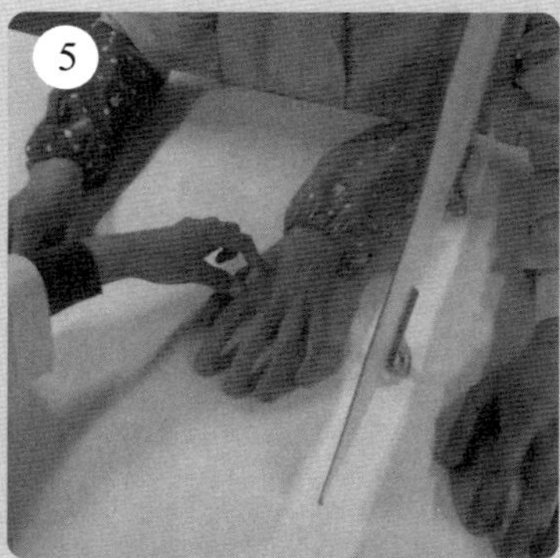

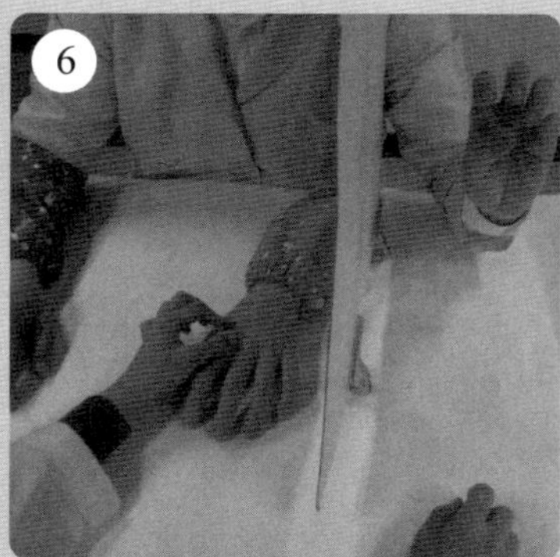

과학적 가설지식 생성 활동지

활동	생성한 가설지식	가설의 종류	가설 생성의 과정
가설 생성			

과제의 과학적 배경 지식

상이한 뇌 영역들이 서로 다른 기능을 가진다면 그것들이 어떻게 통합되는가? 특히 대뇌피질의 감각영역을 생각해 보자. 일차 시각피질은 후두엽에 있고, 일차 청각피질은 측두엽에 있으며, 다른 영역들은 또 다른 곳에 위치한다. 뇌가 어떻게 시각, 청각, 촉각 및 다른 정보를 결합하여 하나의 통합된 대상을 지각하게 되는가? 우리가 설명해야 하는 예를 몇 가지 들어 보자.

① 인형의 입이 움직이는 것을 보면서 복화술사의 말소리를 들으면 인형이 말을 하는 것으로 착각하게 된다.
② 영상과 소리의 동기화가 잘 안 된 영화나 더빙이 잘못된 외국 영화를 볼 때, 우리는 소리가 영상과 일치되지 않았다는 것을 안다.
③ 일부 가수들은 입 모양과 춤만 따라 하고 노래는 CD를 통해 부르는 립싱크를 하지만 우리는 쉽게 알아차리지 못한다.

모조 팔을 가지고 해 보는 재미있는 뇌 과학 관련 실험인 '어느 손이 내 손이지?' 활동 과제는 모조팔을 통해 감각통합의 실체를 느껴 볼 수 있게 한다. 이때 피험자는 1~2분 내에 마치 모조 팔이 자신의 팔인 것 같은 착각에 놀라게 되고, 이때 모조팔을 꼬집으려 하면, 피험자는 놀라게 되지만 팔이 움직여지지 않는 이상한 경험을 하게 된다. 이와 같은 효과가 나타난다는 것은 사람들이 촉각과 시각을 하나의 경험으로 결합시킨다는 것을 의미한다(Kalat, 2004).

시각, 청각, 그리고 뇌의 다른 영역들이 어떤 방식으로 서로 영향을 미쳐 하나의 대상에 대해 통합된 지각을 가능케 하는가 하는 의문을 결합문제(binding problem) 혹은 대규모 통합문제(large-scale integration problem)라고 부른다. 두뇌 연구의 초기 단계에서는 여러 감각정보가 통합되는 영역이 따로 있다고 생각했다. 하지만 지금의 유력한 가설은 지각의 결합이 별도의 특수 영역이 아니라 여러 뇌의 영역의 정확한 활동에 의존한다는 것이다. 즉, 함께 동기화(synchronization)되는 뇌파의 동조화에 의해 뉴런들이 연합된다는 것이다(Kalat, 2004).

'어느 손이 내 손이지?' 활동의 지도를 위한 교사용 스토리 보드

가설 생성과정의 활동	교사 지도 내용	학생 반응의 예 (가설 생성 활동에서 생성된 지식)
현상 제시	플라스틱으로 된 가짜 손을 앞에 놓고 자신의 진짜 손을 보지 못하게 하고 함께 문지르면 가짜 손을 자기 손처럼 느끼게 되는 현상	
관찰하기	실험을 하면서 관찰한 내용을 자세하게 적게 한다.	① 가짜 손이 내 손 같았다. ② 꼬집으려고 하니까 내 손을 움직였는데, 보이는 손이 움직여지지 않아 놀랐다. ③ 가짜 손이 물렁물렁해 보이는 순간이 있다.
의문 만들기	실험을 통해 생기는 모든 궁금증(인과적 의문)을 적어 보게 한다.	① 왜 속았을까? ② 왜 가짜 손이 진짜 같을까?
유사경험 탐색과 설명자 만들기-1차	실험 상황과 유사한 경험 상황을 적어 보게 한다.	① 성우의 더빙 ② 가수의 립싱크
상세 관찰하기	의문 상황과 관련된 더욱 상세한 정보를 관찰하여 알아낸 것을 기술하도록 한다.	① 거듭해서 할수록 내 손이라는 생각이 들 때까지의 소요시간이 더 길어졌다.
유사경험 탐색과 설명자 만들기-2차 (원인적 설명자 찾기)	찾아낸 경험 상황의 원인을 떠올려 보고, 더 심층적인 원인에 대해서도 생각해 보게 한다.	① 눈으로 보는 시각정보와 손으로 느끼는 촉각정보가 두뇌에서 합쳐지기 때문이다.
가설 구성하기	지금까지 생각한 것을 바탕으로 가설을 구성한다. 이때 가설 수정의 기회를 부여하고 여러 개의 가설을 만드는 경우도 허용한다.	진짜 손과 가짜 손의 동일한 자극(시각과 촉각)을 계속 주게 되면, 시각정보와 촉각정보의 감각이 뇌에서 통합적으로 연합되기 때문에 가짜 손을 진짜 손으로 착각되게 된다.

4. 과학적 가설의 적용활동

식초와 달걀의 만남

이 활동은 주변에서 흔히 볼 수 있는 재료인 식초와 달걀이 만났을 때 벌어지는 현상을 관찰하고 그 원인을 찾아보는 활동이다.

〈준비물〉

① 식초

② 달걀

③ 비커

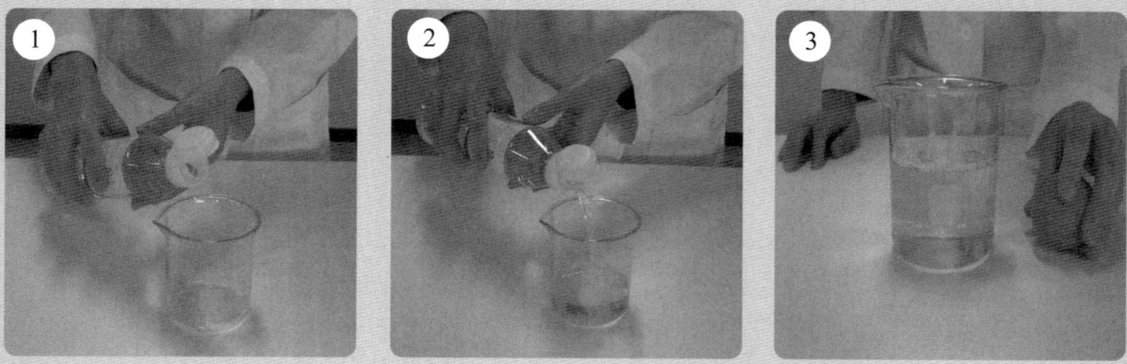

〈탐구방법〉

① 준비한 식초를 비커에 붓는다.

② 식초가 있는 비커에 달걀을 서서히 넣는다.

③ 이때 벌어지는 현상을 자세히 관찰한다.

④ 이 현상이 일어나게 된 원인을 생각해 본다.

〈유의 사항〉

• 달걀을 지속적으로 둘수록 거품이 계속 생겨나는 것을 볼 수 있다.

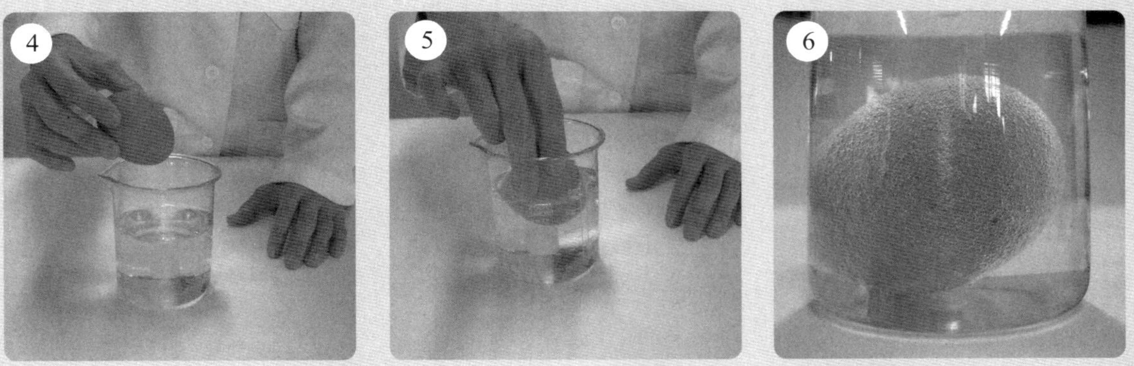

과학적 가설지식 생성 활동지

활동	생성한 가설지식	가설의 유형	가설 생성의 과정
가설 생성			

과제의 과학적 배경 지식

여기서 제시된 '식초와 달걀의 만남' 활동 과제는 식초에 달걀을 넣었을 때 달걀 표면의 기포들이 생성되는 현상을 보여 주고, 현상의 원인을 설명할 수 있는 가설을 생각해 보도록 하는 과제다. 이 활동 과제의 이론적 배경은 다음과 같다.

달걀 껍질의 주성분은 탄산칼슘($CaCO_3$)이다. 달걀 껍질에 포함된 탄산칼슘이 식초(아세트산)에 녹아서 아세트산칼슘을 만들고, 물과 이산화탄소가 생성되는 반응을 일으킨다. 반응식은 $CaCO_3 + 2CH_3COOH \rightarrow Ca(CH_3COO)_2 + H_2O + CO_2$가 된다. 이때 달걀 껍질 표면에 생기는 기포가 이산화탄소다. 일종의 중화반응이 일어나고 있는 것이다(Oxtoby & Nachtrieb, 1990).

달걀을 오래 담가 둘 경우 삼투압 작용으로 인하여 달걀의 크기가 점점 커지고, 껍질은 모두 녹아 버리게 된다. 만약 학생들이 삶은 달걀을 날달걀과 다를 것이라 생각하여 비교 관찰을 위해 달걀을 삶았다고 하더라도 달걀 껍질의 성분에는 변화가 없기 때문에 삶은 달걀도 식초에 담그면 기포가 생긴다. 기포가 생기는 원리는 껍질 자체의 성분이 같기 때문에 날달걀과 삶은 달걀 모두 같다.

이 활동에서는 기포의 정체가 무엇이고 왜 생기는지를 알아내는 것이 주 목적이지만, '식초와 달걀의 만남' 활동 과제는 삼투에 대한 내용이나 산-염기를 학습하는 데도 좋은 소재가 될 수 있다.

06

과학적 실험설계

이 장에서는 자신의 설명을 검증하기 위한 효과적인 방안을 고안해 내는 탐구과정인 과학적 실험설계에 대해 소개하고자 한다. 과학적 실험설계란 무엇인지 알아보고, 과학적 실험설계의 효과적인 교수-학습방법에 대해 살펴볼 것이다.

과학지식의 생성이론 — 관찰 — 분류 — 의문 — 가설 — **실험설계** — 가설 평가

1. 과학적 실험설계의 도입활동

콩나물의 물관

물관을 옆에서 보면 어떻게 생겼을까? 이 실험은 콩나물 물관의 횡단면을 관찰해 보고 그 구조가 왜 그렇게 되었는가에 대한 가설을 세우고 이를 검증할 수 있는 실험을 설계해 보는 과정이다.

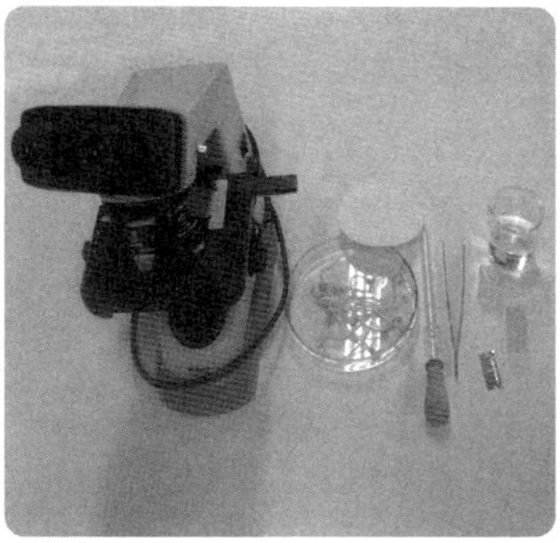

〈준비물〉

① 콩나물

② 스포이트, 핀셋

③ 샬레, 면도칼

④ 슬라이드 글라스, 커버 글라스

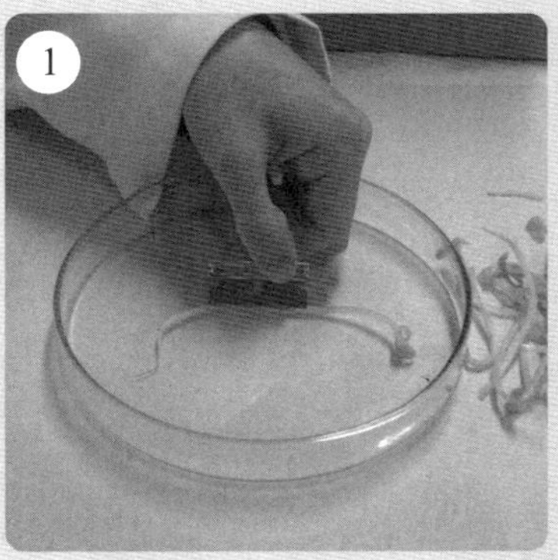

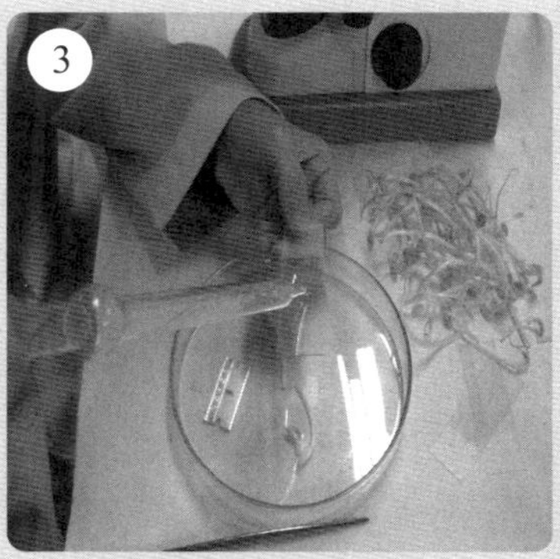

〈탐구방법〉

① 콩나물을 면도칼을 이용하여 횡단으로 절단하면서 횡단 절편을 만든다.

② 슬라이드 글라스에 절편을 넣고 커버 글라스로 덮어 프레파라트를 만든다.

③ 현미경을 이용하여 콩나물의 횡단면을 관찰해 본다.

④ 배율을 조절해 가면서 상세히 관찰해 본다.

⑤ 콩나물 물관의 구조를 관찰한 후 왜 이러한 구조가 나타나는지에 대한 가설을 세워 본다.

⑥ 자신이 세운 가설을 검증할 수 있는 실험을 설계한다.

〈유의 사항〉

- 콩나물 절편을 만들 때 면도칼을 조심히 다룬다.
- 절편을 최대한 얇게 만들어야 물관의 종단면이 잘 보인다.

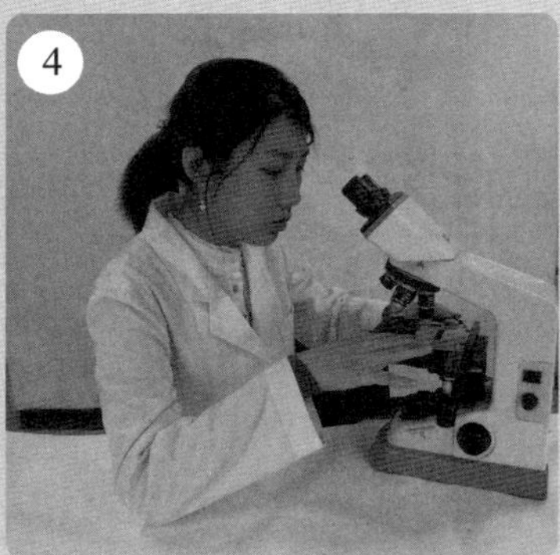

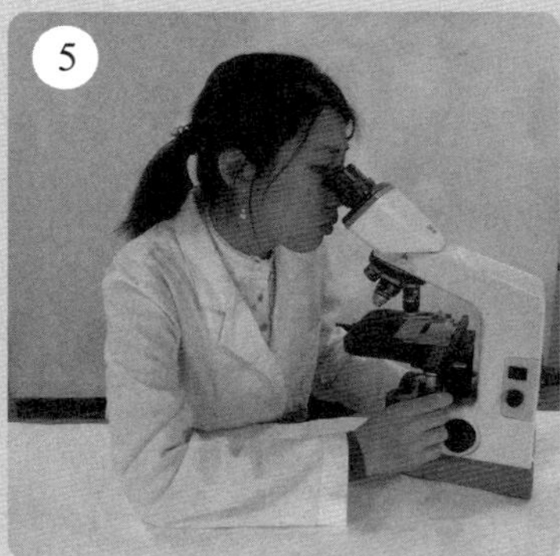

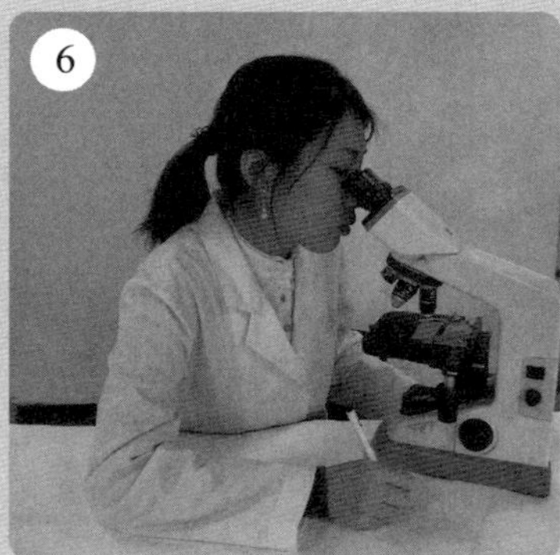

과학적 실험설계지식 생성 활동지

활동	생성한 실험설계지식	실험설계의 유형	실험설계의 과정
실험 설계			

2. 과학적 실험설계의 유형 및 사고과정

1) 과학적 실험설계의 유형

과학지식은 귀납적, 귀추적, 연역적 과정을 통해서 생성된다(권용주, 최상주, 박윤복, 정진수, 2003b). 귀납적 과정은 사실, 공통성, 경향성, 분류지식, 위계지식 등의 서술적 지식을 생성하는 과정이다. 그리고 귀추적 과정은 인과적 의문과 설명적 지식인 가설을 생성하는 과정이다. 마지막으로 연역적 과정은 생성된 가설을 검증하는 과정이다(권용주 외, 2003b). 한편, 과학지식의 생성과정은 두 단계로 구분되기도 한다(Losee, 2001; Mayr, 1997; Popper, 1968). 첫 번째는 발견의 단계다. 이 단계는 관찰에서 출발하여 가설이 생성되기까지의 과정이다. 따라서 발견의 단계는 귀납적 과정과 귀추적 과정을 포함한다고 할 수 있다. 그리고 두 번째는 정당화의 단계다. 이것은 가설을 검증하여 타당성을 입증하는 과정이다. 따라서 이 과정은 연역적 과정에 해당된다.

이와 같이 가설을 검증하는 과정은 과학지식의 생성과정 중 연역적 과정, 혹은 정당화의 단계에 해당한다. 가설 검증과정은 아이디어 수준으로 생성된 가설에 정당성을 부여하는 과정이므로 설명적 과학지식 생성의 핵심과정이라고 할 수 있다(Klahr & Dunbar, 1988; Laughlin, Magley, & Shupe, 1997; McPherson, 2001).

또한 가설 검증과정의 중요성은 과학교육 현장에서도 폭넓게 인식되고 있는 것으로 생각된다. 실제로 조정일과 주종기(1996)의 연구결과에 의하면, 55% 이상의 고등학교 교사들은 과학적 방법이란 검증과 재검증, 타당한 방법으로 어떤 것의 옳고 그름을 증명하거나, 실험 변인을 신중하게 통제하는 것이라고 응답했다. 그리고 22%의 교사들은 이론이나 가설을 제시하고 그것을 검증하기 위한 실험을 고안하는 것이라고 응답했다.

그렇다면 가설은 어떻게 검증되는가? 헴펠(Hempel, 1966)은 가설이 '실험적 방법'과 '비실험적 방법'에 의해 검증된다고 주장했다. 실험적 방법은 원인 A를 조작해서, 가설에 포함되어 있는 현상 B가 발생하는지의 여부를 관찰하는 방법이다.

즉, 이것은 독립변인의 값을 변화시켜서 종속변인이 가설에 입각해서 관찰되는지 확인하는 방법이다. 그리고 비실험적 방법은 실험적 통제가 불가능할 때, 즉 가설에 언급된 원인 A의 조작이 기술적 수단들에 의해서 현실화될 수 없을 때 그 조건 속에서 참으로 B가 일어나는지를 관찰하는 방법이다.

조희형과 박승재(1995)는 가설 검증방법을 '관찰에 의한 검증' '실험에 의한 검증' '이론에 의한 검증' 으로 구분하였다. 먼저, 관찰에 의한 검증은 가설과 관련된 실례를 찾아보는 방법이다. 그리고 실험에 의한 검증은 인과관계를 나타내는 가설을 통제된 실험에 의해 검증하는 방법이다. 마지막으로, 이론에 의한 검증은 관찰이나 통제된 실험으로 검증할 수 없는 가설을 다른 가설이나 이론에서 출발한 연역적 추론을 통해 검증하는 방법이다.

조희형과 박승재(1995)의 가설 검증방법에 대한 구분은 헴펠(Hempel, 1966)의 구분보다 상세하다고 할 수 있다. 즉, 이들은 헴펠(Hempel, 1966)의 '비실험적 방법'을 '관찰에 의한 검증' 과 '이론에 의한 검증' 으로 다시 구분했다고 볼 수 있다. 그러나 이들은 '실험에 의한 검증' 을 더욱 세분화하지는 않았다.

박종원(2003)은 구리봉 안에서 자석이 천천히 떨어지는 현상을 보여 주고, 그 원인이 공기 마찰 때문인지 아니면 전자기 유도 때문인지를 밝히는 실험을 학생들에게 설계하도록 요구한 후 학생들의 응답을 분석하였다. 이 연구결과에 의하면 가설 검증방법은 크게 '직접실험' 과 '비교실험' 으로 구분되며, 비교실험은 다시 '긍정 비교실험' 과 '부정 비교실험' 으로 구분된다. 직접실험은 현상의 원인이 직접 작용하는지를 알아보려는 실험을 의미한다. 그리고 긍정 비교실험은 현상의 원인이 주어졌을 때 기대하는 현상이 일어나는지를 알아보는 실험이다. 반면, 부정 비교실험은 현상에서 원인을 제거한 경우에 현상이 발생되지 않을 것을 기대하는 실험방법이다.

이와 같이 박종원(2003)의 연구결과는 가설 검증을 위한 실험적인 방법들을 직접실험과 비교실험으로 나누고, 비교실험을 다시 긍정 비교와 부정 비교로 상세하게 구분하였다. 그러나 헴펠(Hempel, 1966)이나 조희형과 박승재(1995)가 제안했던 비실험적인 방법들을 모두 포함하지는 못했다. 또한 박종원(2003)의 연구는 마찰이나 전자기 유도와 같이 단일 원인으로 의문 현상을 설명하는 가설의 검증방법에 관한 연구였기 때문에, 복잡한 생명 현상을 설명하는 가설과 같이 복합적인 원인을 포함한 가설의 검증방법까지 포함했다고 보기 어렵다.

여기서는 과학적 실험설계의 유형에 대해 보다 자세히 알아보고자 한다.

(1) 실험설계의 유형 분류

다음은 학생들이 생성한 의문과 가설, 그리고 실험설계 지식을 예시한 것이다.

(예시 1) 수국 과제 [직접 관찰법]

- 의문: 왜 수국의 꽃색이 이처럼 다양한가?
- 가설: 수국의 양분 흡수력 차이에 의해 다양한 수국 꽃색이 나타났다.
- 검증방법: 색이 다른 수국의 줄기를 절단해서 단면을 현미경으로 관찰한다(체관, 물관 크기 비교). 이유는 양분이 이동하는 양과 속도에 따라 색이 변할 수 있다는 것을 증명하고자 했기 때문이다.

(예시 2) 감자즙 과제 [유사현상 비교법]

- 의문: 감자즙을 묻힌 거름종이는 과산화수소수에서 왜 가라앉았다 떠오르는가?
- 가설: 감자즙의 탄소와 과산화수소수가 반응해 이산화탄소가 발생되고 이것이 거름종이에 부착해 밀도가 작아져 거름종이가 떠올랐다.
- 검증방법: 사이다에 건포도를 넣고 나타나는 현상을 관찰한다. 즉, 건포도 표면에 기포가 발생하고, 그 기포 때문에 건포도가 떠오르는지를 관찰한다.

(예시 3) 제비나비 과제 [긍정 비교법]

- 의문: 연주제비나비의 이주 이후 흰띠제비나비 암컷 II형의 개체 수는 왜 늘어났는가?
- 가설: 연주제비나비는 독성을 지니고 있는데 이를 포식자가 학습하게 되어 연주제비나비와 닮은 흰띠제비나비 암컷 II형에 대한 포식을 회피하여 흰띠제비나비 암컷 II형의 개체 수가 상대적으로 증가했다.

• 검증방법: 연주제비나비(암수), 흰띠제비나비(암컷 Ⅰ형, Ⅱ형과 수컷)를 채집한다. 실험 공간에 포식자(새)를 투입하여 연주제비나비를 먹게 한 후 반응을 관찰한다(여러 번 실험 반복).

(예시 4) 펭귄 과제 [긍정-부정 비교법]

• 의문: 왜 펭귄의 날개는 짧아졌을까?
• 가설: 긴 날개의 펭귄보다 짧은 날개의 펭귄이 수영에 유리했기 때문에 자연선택되었다.
• 검증방법: 다른 펭귄보다 팔이 긴 펭귄과 팔이 짧은 펭귄을 선별한다. 그리고 두 펭귄을 같은 조건의 환경에 두고 수영을 하게 한다.

(예시 5) 수국 과제 [비례 비교법]

• 의문: 왜 수국의 꽃색은 이처럼 다양한가?
• 가설: 수국이 함유하고 있는 수분 양의 차이에 의해 다양한 수국 꽃색이 나타났다.
• 검증방법: 수분 양을 달리 제공. 토양의 비옥도, 산성도, 기온, 일조량 등을 같은 상태로 제공하면서 붉은 수국과 푸른 수국에 수분을 제공(매일 0.5L, 1L, 1.5L씩 제공)하며 색의 변화를 관찰한다.

먼저, 예시 1에서 학생들은 수국 꽃색이 다양한 이유를 양분의 흡수력 차이라고 설명했다. 그리고 이 가설을 검증하기 위해서 양분의 통로인 체관을 직접 관찰하려고 했다. 이와 같이 A의 영향 때문에 B현상이 나타난다는 가설을 검증할 경우에 A의 영향을 직접 관찰하는 방법을 박종원(2003)은 직접실험이라고 하였다. 조희형과 박승재(1995)도 가설과 관련된 현상과 원인에 대해서 관찰하는 것이 가설 검증의 한 방법이 될 수 있다고 하였다. 이 연구에서는 검증방법이 실험이라기보다는 관찰을 통한 방법이기에 관찰이라는 용어를 사용하였으며, 제시된 의문 현상에서 그 현상의 원인을 관찰하여 검증하므로 이 검증방법을 '직접 관찰법(direct observation)' 이라고 하였다. 이 방법을 그림으로 나타내면 [그림 6-1]과 같다(P: 의문 현상, a: 현상의 원인).

[그림 6-1]에서 P는 의문 현상이고, a는 그 의문 현상의 원인이다. 사실 이 방법은 원인과 현상의 인과성을 검증하였다고 보기 어렵다. 왜냐하면 원인과 현상이 동시에 관찰되었다고 해서 그것들이 서로 인과관계에 있다고 할 수 없기 때문이다(Losee, 2001). 그러나 이 방법은 인과관계 검증의 전체 과정 중 한 과정으로서 중요

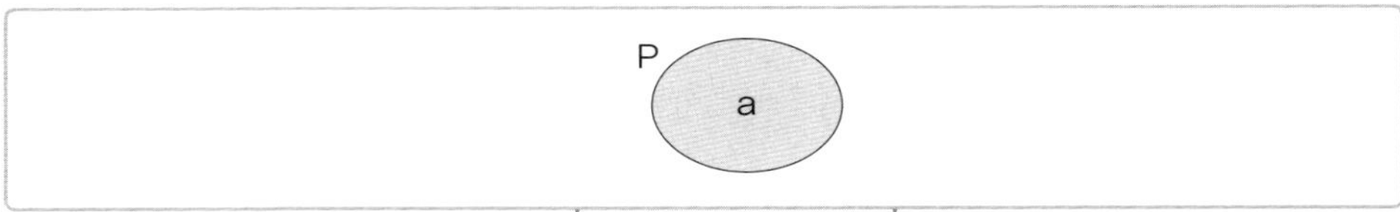

[그림 6-1] 직접 관찰법

성을 갖는다. 원인을 조작하는 실험을 수행하기 이전에 그 원인을 먼저 정확하게 동정하는 것이 선행되어야 하기 때문이다. 실제로 타가드(Thagard, 1998)의 워런(Warren)과 마셜(Marshall)에 대한 연구에서, 위염의 원인으로 가정된 헬리코박터(H. Pylori)를 위벽에서 동정해 내는 것이 선행되었고, 후속된 또 다른 검증방법을 통해서 이 박테리아가 위염의 원인이 됨이 증명되었다.

둘째, 예시 2의 방법은 거름종이가 기포 때문에 뜬다는 가설을 검증하기 위해서 이것과 유사한 현상인 사이다 속의 건포도 표면에 기포가 달라붙어서 건포도가 뜨는 현상을 보여 주는 검증방법이다. 이러한 검증방법을 '유사현상 비교법(similar phenomenon comparison)' 이라고 하였다. 이 방법을 [그림 6-2]와 같이 나타낼 수 있다(P: 의문 현상, P″: 유사 현상, a: 현상의 원인, a″: 유사 원인).

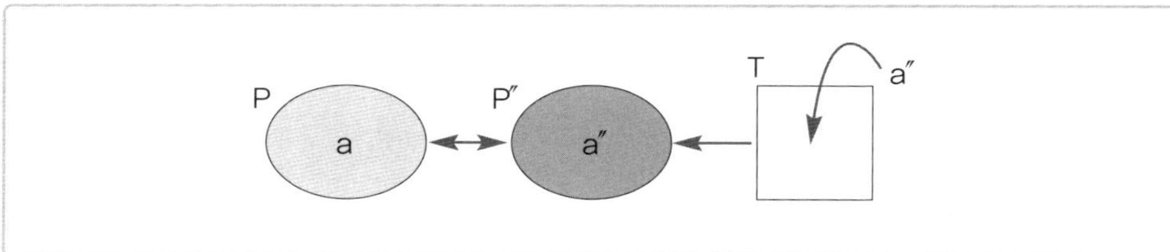

[그림 6-2] 유사현상 비교법

셋째, 예시 3의 방법은 가설에 포함된 원인을 투입하여 의문을 갖게 한 현상을 재현함으로써 가설을 검증하는 방법이다. 이 연구에서는 이와 같은 방법을 '긍정 비교법(positive comparison)' 이라고 하였다. 이 방법은 박종원(2003)의 긍정 비교실험과 유사하다. 단지 박종원(2003)은 원인이 투입되는 방식에 있어서 일회적인 방식과 연속적인 변화 방식을 구분하지 않고 모두 긍정 비교법이라고 하였다. 그러나 이 연구의 긍정 비교법은 일회적인 방식만을 의미한다. a에 의해 P가 나타났다는 가설에 대한 긍정 비교법을 [그림 6-3]과 같이 나타낼 수 있다(P: 의문 현상, T: 가설 검증 상황, a: 현상의 원인).

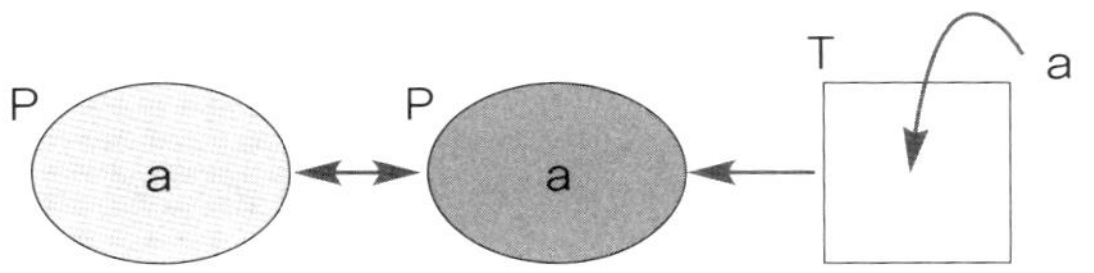

[그림 6-3] 긍정 비교법

넷째, 예시 4의 방법은 현상의 원인이 있는 현상과 없는 현상 사이에 차이가 있다면 그 원인과 현상 간의 인과관계가 성립된다는 논리를 적용한 방법이다. 이 방법은 박종원(2003)의 긍정 비교실험과 부정 비교실험을 조합한 방법이라고 할 수 있다. 즉, 원인이 가해진 현상에 관련된 것은 긍정 비교실험, 원인이 가해지지 않은 현상에 관련된 것은 부정 비교실험에 해당된다고 볼 수 있다. 이 연구에서는 위와 같이 원인이 가해진 현상과 원인이 가해지지 않은 현상의 차이를 비교함으로써 그 원인과 현상의 인과관계를 검증하는 방법을 '긍정-부정 비교법(positive-negative comparison)'이라고 하였다. 이것을 그림으로 표현하면 [그림 6-4]와 같다(P: 현재 현상, T: 가설 검증 상황, D: 현재의 현상과 다른 현상, a: 현상의 원인).

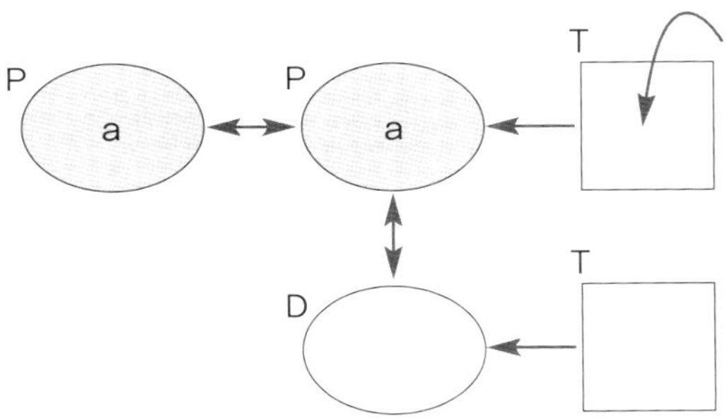

[그림 6-4] 긍정-부정 비교법

마지막으로, 예시 5의 방법은 차이현상 비교법의 연장선상에 있다고 할 수 있다. 차이현상 비교법이 두 현상만을 비교하는 방법인 반면, 이것은 원인을 비례적으로 조작하고 이에 따라 나타나는 현상의 비례적 차이를 확인하는 방법이다. 이 연구에서는 이 방법을 '비례 비교법(proportion comparison)' 이라고 하였다. 이것은 박종원(2003)의 긍정 비교실험이 구분하지 못한 또 다른 한 유형이다. 이를테면, 이것은 원인의 연속적인 변화에 따라 나타나는 현상의 연속적인 변화를 비교하는 방법이다. 이 방법을 [그림 6-5]와 같이 나타낼 수 있다(P: 현재 현상, T: 가설 검증 상황, a: 현상의 원인, mp: 비례 상황, na: 비례 원인).

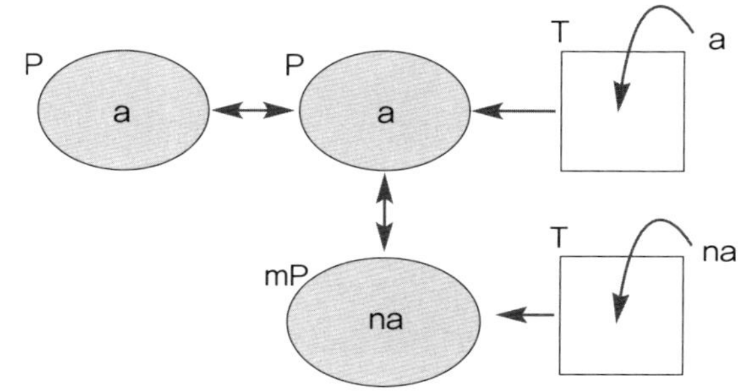

[그림 6-5] 비례 비교법

(2) 실험설계 유형의 분석

다음은 '감자즙 속의 종이' 활동 과제에서 학생 C가 생성한 실험설계지식이다. 이를 지금까지 소개된 실험설계 지식의 유형에 따라 분석해 보면 다음과 같다.

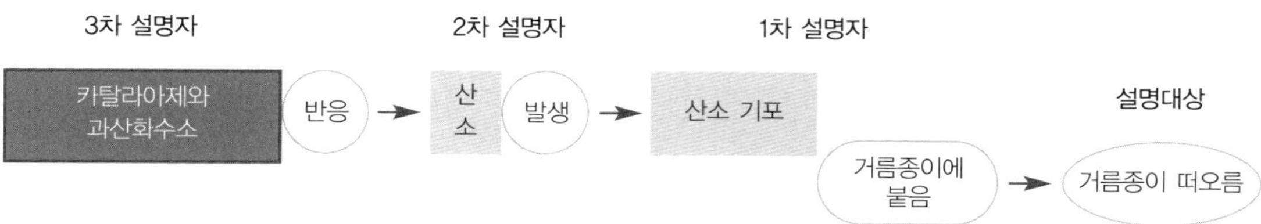

[이 과제에서 검증해야 할 가설의 구조]

① 먼저 카탈라아제를 거름종이에 묻히고 유리병 속에 넣는다.
② 그다음 스포이트로 과산화수소수를 몇 방울 떨어뜨리고 나서 얼른 뚜껑을 덮는다.
③ 꺼져 가는 불씨를 준비하여 유리병 속에 넣어 본다.
④ 불씨가 다시 활활 타오르면 산소가 발생했다는 증거다.

[분석]

2차 설명자인 산소가 발생했다는 것을 검증하기 위해서 원인이 되는 미지의 기체를 발생시키고 꺼져 가는 불씨를 사용하여 그 기체의 성질을 확인함으로써 가설을 검증하고자 하였다. 이러한 방법은 긍정 비교법에 해당된다.

(3) 실험설계 유형의 분석의 실제

다음은 '감자즙 속의 종이' 활동 과제에서 생성된 학생 P가 생성한 실험설계 지식이다. 이를 지금까지 소개된 실험설계 지식의 유형에 따라 분석해 보자.

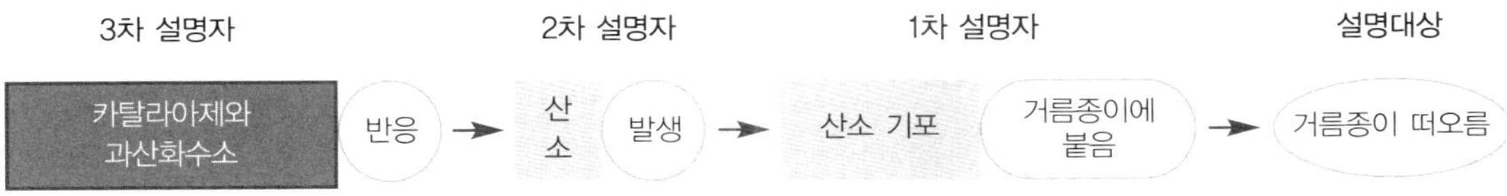

[이 과제에서 검증해야 할 가설의 구조]

[학생 P의 실험설계]

① 감자 100g을 얇게 잘라서 비커에 넣는다.
② 스포이트를 사용하여 감자가 잠길 정도로 과산화수소수를 넣는다.
③ 1분 뒤에 비커 안에 성냥불을 넣어 본다.
④ 불꽃이 더 세어지면, 산소가 발생한 것이다.

2) 과학적 실험설계의 사고과정

새로운 과학지식의 생성에서 핵심적인 과정 중의 하나가 고안한 가설을 검증하는 과정이다(McPherson, 2001). 또한 과학적 방법론에 관한 거의 대부분의 문헌은 과학적 과정을 논리실증주의의 가설-연역적 방법론으로 설명하고 있다(Kerr, 1998). 이 방법론에 따르면, 과학자들은 과학적 지식을 생성하기 위해서 인과적 의문을 발상하고, 그 의문에 대한 잠정적인 답인 가설을 생성하며, 생성한 가설을 검증하기 위해 검증방법을 고안하고, 그 방법에 따라 실험을 실시했을 때 얻어질 결과를 예상한다. 그런 후 실제 실험을 실시하여 얻은 결과와 예상한 결과를 비교함으로써 가설을 검증한다(Lawson, 1995). 이러한 가설-연역적 방법은 탐구 학습, 순환 학습, 가설 검증 수업 등의 교수-학습 모형에 핵심적으로 포함되어 초·중·고교의 과학교육에서 광범위하게 적용되고 있다.

그러나 이러한 방법론이 교육 현장에 적용될 때, 학생들이 경험하는 가설 검증 과정은 실제 과학연구에서 과학자들이 경험하는 것과는 많은 차이가 있다. 김영호 등(1997)이 실시한 전국 규모의 과학교육 실태 조사에 의하면, 57.8%의 중학교 학생들이 실험과정과 결과를 미리 배운 후 실험을 실시한다고 응답했으며, 31.6%의 학생들은 선생님이 시키는 순서에 따라 실험을 하고 있다고 응답했다. 이 연구에 의하면 단지 3.6%의 학생들만이 과학자들처럼 처음부터 아무런 도움 없이 가설을 검증하는 방법을 스스로 고안하는 실험을 실시했다고 응답했다. 이러한 연구결과는 학생들의 가설 검증 활동이 이미 주어진 방법으로부터 예상된 결과를 확인하는 과정에 치우쳐 있다는 것을 보여 준다. 즉, 학생들의 가설 검증과정에서는 스스로 검증방법을 고안하거나 결과를 예상하는 과정이 대부분 생략되었거나 소홀히 된 상태에서 가설-연역적 방법이 적용되고 있다고 할 수 있다.

그렇다면 학교 현장에서 가설을 검증하기 위한 실험방법의 고안이나 결과의 예상과정이 실질적으로 적용되고 있지 못하는 이유는 무엇일까? 아마도 이에 대한 중요한 이유 중의 하나는 실험 시설 미비, 기자재 부족, 실험 조교 미확보, 과다한 교과 내용 등의 외적인 것에 있을 수도 있다. 그러나 보다 근본적인 원인은 가설 검증을 위한 실험 설계가 학생들에게는 무척이나 어렵고, 이를 도울 수 있는 교사의 전략이 거의 마련되어 있지 않기 때문이다. 실제로 최근의 연구들에 의하면 개방형 실험 과제 수행에서, 학생들은 가설 속에 포함된 변인들을 추출하고 변인들을 조작하는 실험방법을 고안하는 것에 큰 어려움을 겪는 것으로 나타났다(김재우, 박승재, 오원근, 1999; 윤혜경, 박승재, 1999; 황성원, 박승재, 2001). 그리고 과학실험 수업에 관한 교사의 능력에 대한 설문에서는, 65% 이상의 교사들이 자신의 탐구적 실험 지도 능력이 충분하지 않다고 응답하였다(김영호 외, 1998). 따라서 학생들이 과학자들처럼 가설을 검증하는 기회를 갖게 하기 위해서는, 학생 스스로 실험설계 지식과 평가기준을 고안할 수 있도록 도울 수 있는 교수 전략을 마련하는 것이 무엇보다도 절실히 요구된다.

실험설계 지식과 평가기준은 어떻게 고안되는 것일까? 많은 과학철학자와 과학교육학자는 가설 검증방법과 예상 결과를 고안하는 과정이 연역적 과정이라고 주장한다(권용주, 고경태, 정진수, 2003a; 박종원, 1998; Hempel, 1966; Laudan, 1977; Lawson, 2000; Popper, 1968). 예를 들어, 로슨(Lawson)에 따르면 '만약 가설이 옳다면 ~했을 때 ~결과가 얻어질 것이다.' 라는 논리 구조가 가설 검증방법 고안과 결과 예상을 포함한다. 즉, '~했을 때' 는 가설 검증방법을 의미하며, ' ~결과가 얻어질 것이다.' 는 결과 예상을 의미한다는 것이다. 또 박종원(1998)은 가설 검증의 과정을 가설을 통해 실제 관찰 가능하거나 실험 가능한 상황을 먼저 예측하는 단계와 예측된 현상이 실제로 일어나는지를 직접 관찰함으로써 가설을 검증하는 단계로 구분하였다. 여기에서 첫 번째 단계는 연역적 과정에 해당되며, 두 번째 단계는 그 예상을 확인하는 과정이다. 뿐만 아니라 권용주 등(2003a)은 연역적 과정이 가설 검증방법 고안과정과 가설 평가기준 고안과정으로 구분된다고 제안하였다. 그러나 이러한 선행 연구들도 어떻게 가설 검증과정에서 연역적 지식이 고안되는지를 자세하게 제시하지는 못하였다.

따라서 여기에서는 학생들에게 가장 부족하며 과학지식 생성의 핵심과정으로 일컬어지고 있는 실험설계 과정의 구체적인 사고과정을 알아보도록 하겠다.

(1) 실험설계 지식의 생성과정

다음은 실제 동물행동학자가 '거미의 행동' 에 대해 연구하는 과정에서 자신의 가설을 검증하기 위해 실험을 설계하는 사고과정의 일부다.

- 나한테는 협동인지 아닌지를 보여 주는 것이 가설이었어요. [설명(가설) 인식]
- 그럼 코퍼레이션이 뭐냐. 코퍼레이션은 두 가지로 정의될 수 있는데, 두 가지 모두를 보여 줘야 해요. [설명 요소 동정]
- ……첫 번째, 스스로 고안하고, …… 랩 사람들에게 물어보거나, 페이퍼가 늘 옆에 있으니까 페이퍼를 보는데, 처음에 실험 디자인을 할 때에는……. [변인의 조작과 통제방법 고안]
- 그 데이터가 어떤 성격으로 나와서 어떤 통계처리 테스트를 거기다 적용시키면 어떤 결과가 나오고 …… 이런 것까지 내다보는 것인데……. [설명의 평가기준 고안]
- 그룹 사이즈나 샘플 사이즈를 결정하는 문제에 관해서는 지금 얘들은 야생에서 얻기가 굉장히 힘든 것이기 때문에……. [요소에 해당하는 실험의 변인동정]

(중략)

- 예비 실험을 통해서 10마리, 20마리에서 실험이 잘 일어난다는 것을 다 확인을 했고…… 그걸 포함하는 더 많은 거미의 수가 포함되어야 해. [설명의 평가기준 고안]

(중략)

- 새끼와 어미의 나이를 실험하는 거예요. 새끼들은 태어난 지 6일이 되면 일어나요. ……이 엄마는 계속해서 알집을 돌보고 새끼들에게 영양성 알을 주고, 새끼들과 같이 여기 온 지가 6일이 되었어요. 이때 알집 돌보기를 계속하다가 5일째 되는 날 새끼들에게 엄마를 갖다 놔요. [요소에 해당하는 실험의 변인동정]
- 처음 엄마는 빼고, 5일째 된 날 새로운 엄마를 새끼한테 갖다가 놔 봐요. ……엄마가 대체되면 새끼들도 대체돼요. 그래서 어른이 된, 새끼한테 먹히기 바로 전에 어미를 꺼내는 실험, 여러 가지 조작 실험을 실시해서……. [변인의 조작과 통제방법 고안]

(중략)

앞의 예시처럼 설명 검증을 위한 실험설계 지식 및 기준을 고안하는 사고과정은 순환적인 사고과정으로 나타나며, 〈표 6-1〉과 같은 분석틀로 정리해 볼 수 있다.

〈표 6-1〉 실험설계 사고과정의 분석틀

종류	정의
설명 인식	생성한 설명을 다시 명확히 하는 사고
설명의 요소 동정	자신이 생성한 설명을 구성하는 설명 요소들을 추출하는 사고
요소에 해당하는 실험의 변인동정	설명을 검증하기 위한 실험적 변인을 추출하는 사고 [위에서 추출된 설명 요소에 해당하는 실험의 변인(독립변인, 종속변인, 조작변인, 통제변인)에 대한 동정]
변인의 조작과 통제방법 고안 1	설명 검증을 위한 조작적인 검증방법을 고안하는 사고
설명의 평가기준 고안	실험 결과를 평가할 수 있는 기준을 고안하는 사고

이와 같이 분석된 실험설계 지식 생성의 사고과정을 순서대로 도식화하면 [그림 6-6]과 같다.

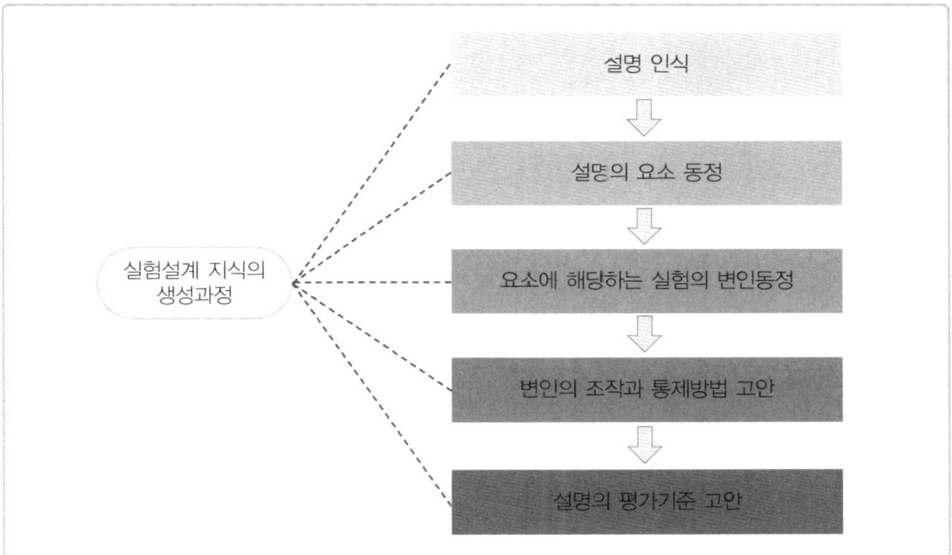

[그림 6-6] 실험설계 지식 생성의 사고과정 모형

(2) 실험설계 사고과정 분석

다음은 새의 노래를 연구하는 동물행동학자 S가 자신의 연구가설 검증을 위한 실험을 설계하는 과정을 인터뷰를 통해 나타낸 것이다. 지금까지 배운 실험설계의 사고과정에 입각하여 과학자 S의 실험설계 지식 생성 사고과정을 분석해 보면 다음과 같다.

- 지리적 변이를 보기 위해서, 지리적으로 노래 타입이 어느 정도 유사하고, 개체 사이에서 개체 내에서 집단 내, 집단 간에서 보려고 생각한 것이죠. [설명요소 동정]
- 한 지역을 통해서는 알 수 없으므로 다른 지역도 살펴본 것이다. 실험 계획 시 체계적으로 조직해서 필드에 나갔다. 이를 결정할 때, 기준은 지리적인 변이, 공간적인 변이나 차이, 범위 내에서 샘플링하겠다. 여기서부터 어디까지를 연구하겠다. [요소에 해당하는 실험의 변인동정]
- 보통 사람들은 여기 가 보고 띄엄띄엄 가는데, 저는 거리로 해서 비슷하게 재어 보았어요. A, B, C, D, E, F, G, H까지 해 보았죠. 지금 A, B, C, D, E, F, G, H 거리를 전체 따져 보니까 위에서 아래까지 230Km를 좀 더 조밀하게 하면서, 다른 지역으로 더 이상 갈 시간이 없었어요. [변인의 조작과 통제방법 고안]
- 녹음은 해지기 전부터 그리고 해 뜨기 전 9~10시에 녹음을 했어요. 연구하는 데 힘들었죠. 새소리는 되도록 많이 녹음하려고 했어요. 하지만 새의 종류를 알 수 없었기에 최대한 녹음했죠. 한 지역을 집중적으로 해야 하는데, 겹쳐지는 녹음을 방지하기 위해서 녹음한 거리에서 일정 거리 떨어진 다음에 녹음하거나 했어요. [변인의 조작과 통제방법 고안].
- 예를 들어, 남쪽이 북쪽의 띰을 들었을 때에만 이 개체는 어떠한 행동학적 반응을 보일 거예요. 앞서 언급한 행동반응이 나온다면 저의 가설이 옳다는 것이죠. [설명의 평가기준 고안]

앞의 분석에 따라 제시된 예문은 다음과 같은 사고과정을 거쳐 실험을 설계했다고 볼 수 있다.

[설명 요소 동정] → [요소에 해당하는 실험의 변인동정] →
[변인의 조작과 통제방법 고안] → [변인의 조작과 통제방법 고안] →
[설명의 평가기준 고안]

(3) 실험설계 사고과정 분석의 실제

다음은 도롱뇽의 행동을 연구하는 동물행동학자 P가 자신이 생성한 가설을 검증하기 위해 실험설계를 하고 있는 과정을 나타낸 것이다. 지금까지 배운 실험설계의 사고과정에 입각하여 동물행동학자 P의 실험설계 지식 생성 사고과정을 분석해 보자.

- 실재적으로 여기서 했던 실험들의 경우 정말 도롱뇽이 냄새를 맡고 가는가? 이것 같은 경우는 수컷이고, 그다음에는 당연히 암컷만 가지고 실험을 하고…… 이쪽에 아무것도 없다면 수컷들이 다 이쪽으로 이동할 것 같아요.
- 그러면 도대체 여기서 무슨 일이 있어서 도롱뇽들이 이쪽으로 이동하는 것일까요? 그러면 결국은 도롱뇽들에게 무슨 일이 있을 거라는 얘기거든요. 실험 디자인은 나올 수 있는 요인들을 다 잡아 본 거지요. 상호작용은 시각적인 것, 이건 사람들도 똑같으니까요. 냄새로 반응이 올라갈 수 있는가가 그다음 터칭(touching)이 되겠네요.
- 일단 도롱뇽이 서로 못 보게 하고 만지지도 못하게 하면서 위치를 바꾸어 냄새로도 상호작용을 못하게 그렇게 하세요. 이렇게 세 가지 사항을 다 배제하고 나니 도롱뇽이 없어졌어요.
- 이 실험을 하고 나서는 이것을 분리하기 위해 크로마토그래피를 하고, 크로마토그래피를 해서 나온 것을 가지고 다시 행동 테스트를 하고, 그다음에 SDS를 해 보았어요.

3. 과학적 실험설계의 교수-학습방법

감자즙 속의 종이

이 활동에서는 감자즙을 묻힌 종이를 과산화수소수에 넣었을 때 벌어지는 현상을 관찰하게 된다. 학생들은 이때 나타나는 현상에 대한 가설을 세우며, 이 가설을 검증할 수 있는 실험을 직접 설계해 볼 수 있는 활동이다.

〈준비물〉

① 감자

② 강판

③ 과산화수소수

④ 거름종이, 펀치

⑤ 핀셋, 비커

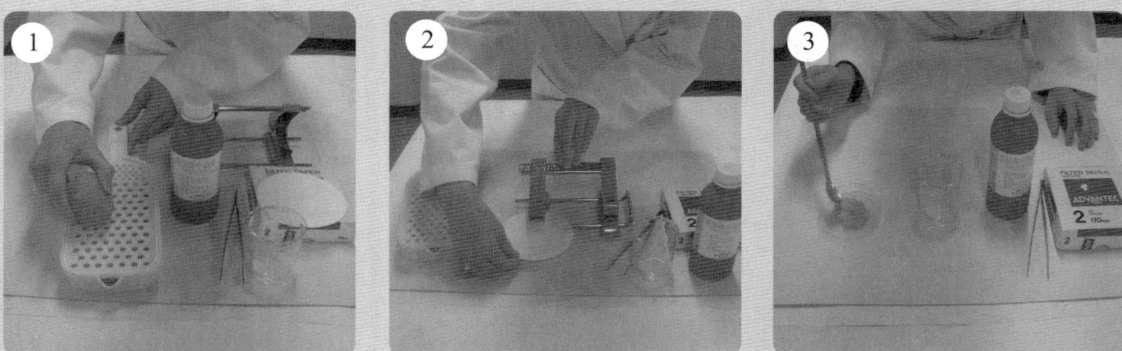

〈탐구방법〉

① 감자를 갈아서 즙을 만든다.

② 펀치를 이용하여 거름종이를 작게 자른다.

③ 거름종이 조각에 감자즙을 묻힌다.

④ 비커에 과산화수소수를 넣는다.

⑤ 과산화수소수를 넣은 비커에 감자즙을 묻힌 거름종이를 넣는다.

⑥ 비커 속에서 벌어지는 현상을 관찰하고 그 현상에 대한 가설을 세워 본다.

⑦ 본인이 세운 가설을 검증할 수 있는 실험을 설계해 본다.

〈유의 사항〉

• 과산화수소수를 직접 만지거나 마시지 않도록 주의한다.

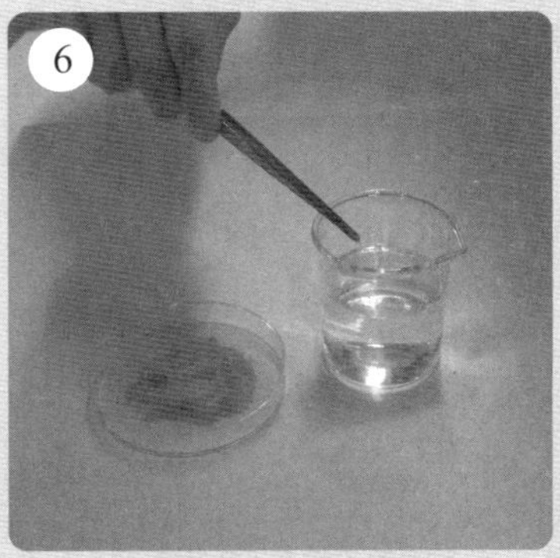

과학적 실험설계지식 생성 활동지

활동	생성한 실험설계지식	실험설계의 유형	실험설계의 과정
실험 설계			

과제의 과학적 배경 지식

이 과제는 학생들이 변인을 쉽게 파악하고 어렵지 않게 가설을 생성할 수 있다. 때문에 학생들의 가설을 검증하기 위한 실험설계 과제로 적합하다. '감자즙 속의 종이' 활동 과제에서 가라앉았던 거름종이가 다시 떠오르게 되는 원리는 감자즙 속에 포함되어 있는 생화학적인 효소(enzyme)인 카탈라아제(catalase)가 과산화수소(H_2O_2)에 촉매로 작용하기 때문이다.

과산화수소는 카탈라아제에 의해서 물과 산소로 쉽게 분해되어 비커 안에서는 산소기포가 발생된다. 이 기포들은 거름종이의 거친 표면에 달라붙게 되고, 기포에 의해 밀도가 작아진 거름종이는 과산화수소수의 표면으로 점차 떠오르게 된다(정진수, 권용주, 2007).

카탈라아제는 과산화수소가 분해되어 물과 산소가 만들어지는 반응을 촉매하는 효소다. 과산화수소에 이산화망간을 넣으면 빠르게 기포가 발생한다. 그 이유는 $2H_2O_2 \rightarrow 2H_2O + O_2$의 반응이 진행되기 때문이다. 과산화수소는 이산화망간 없이도 물과 산소로 분해될 수 있지만, 이산화망간은 반응이 일어나는 속도를 빠르게 해 주는 물질이다. 즉, 어떠한 반응을 촉진시키는 물질인 촉매인 것이다. 우리 몸속에도 이산화망간과 비슷한 역할을 하는 촉매가 있는데, 그것이 바로 카탈라아제다. 생체 내에서 일어나는 반응을 촉매하는 단백질을 효소라고 하는데, 카탈라아제 역시 효소의 일종이다.

과산화수소와 같은 과산화물은 세포막에 나쁜 영향을 끼치기도 하고 효소와 같이 몸속에서 중요한 기능을 하고 있는 물질들을 방해하기도 한다. 따라서 몸속에 과산화수소가 존재하면 이를 빨리 파괴시켜 주어야 하는데, 카탈라아제가 이 역할을 한다. 과산화수소가 물과 산소로 분해되는 반응이 빨리 일어나도록 도와주는 것이다. 카탈라아제는 감자즙뿐만 아니라 간 속에도 많이 존재하는데, 우리가 간의 주요 기능으로 해독작용을 이야기하는 것은 바로 카탈라아제와 같이 몸에 해로운 물질을 빠르게 없애 주는 효소들이 간에 많이 들어 있기 때문이다.

'감자즙 속의 종이' 활동의 지도를 위한 교사용 스토리 보드

실험설계 활동과정	교사 지도 내용	학생 반응의 예
가설의 요소 추출하기	가설을 이루고 있는 각 설명자(explican)와 그것을 이루고 있는 설명 요소, 그리고 그들의 관계에 대해 파악하도록 지도한다. 이 단계에서는 자신의 가설을 올바르게 인식하게 하는 것이 주안점이다. 이 단계에서 앞서 배운 가설의 구조도를 그려 보도록 하면 도움이 된다.	① 감자즙에서 과산화수소수가 분해되어 기체가 발생한다. ② 카탈라아제와 과산화수소수의 반응 때문에 산소가 발생되어 거름종이가 뜬다. (구조도 제시)
가설의 요소에 해당하는 변인 고안하기	위에서 추출한 가설의 요소에 해당하는 변인을 생각해 보도록 한다. 즉, 요소 내에서 독립변인과 종속변인의 구분처럼 변인의 속성을 파악하도록 지도한다.	① 결국 거름종이가 뜨는 건 과산화수소수가 분해되어 나오는 산소기체 때문이다.
변인의 조작과 통제방법 (추상적 수준 / 구체적 수준) 고안하기	알아보고자 하는 변인(독립변인)을 조작하고 그 외의 다른 변인(통제변인)을 통제할 방법에 대해 생각해 보도록 지도한다.	(추상적 수준) ① 두 개를 같이 넣어서 하나만 떠오르면 감자의 뭔가 특별한 성분 때문이다. (구체적 수준) ① 감자 대신 오이즙과 간을 사용하여 동일한 실험을 한다. 여기에 비교를 위해 아무것도 묻히지 않은 거름종이를 넣는다. 투여는 핀셋으로 잡은 뒤에 동시에 실시한다.
가설의 평가기준 고안하기	자신이 고안한 실험을 통해 예상되는 결과나 관찰 사실을 바탕으로 가설의 진위를 판단할 수 있는 구체적인 평가기준을 세우도록 지도한다.	① 당근즙 대신 오이즙과 간즙을 묻힌 거름종이를 과산화수소수에 넣었을 때도 거름종이가 떠오르면 가설이 맞는 것인데, 이때 아무것도 묻히지 않은 거름종이는 떠오르지 않아야 한다.

4. 과학적 실험설계의 적용활동

줄기의 물방울

이 활동에서는 식물의 줄기를 잘랐을 때 잘린 절단 부위에서 벌어지는 현상을 관찰하게 된다. 이 후 관찰 현상에 대한 가설을 세우고, 가설 검증방법을 고안해 보는 과정이다.

〈준비물〉

① 줄기가 목화되지 않은 녹색식물
② 면도칼
③ 돋보기
④ 종이, 펜

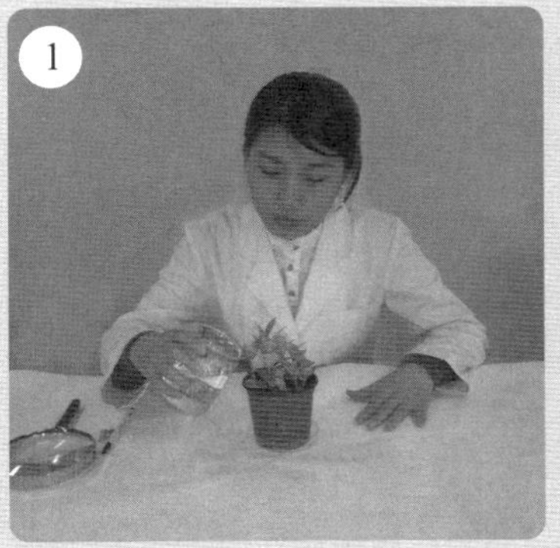

〈탐구방법〉

① 물을 충분히 주어 시들지 않은 녹색식물을 준비한다.

② 식물의 줄기 부분을 면도칼로 자른다.

③ 줄기의 절단면에서 일어나는 현상을 관찰한다.

④ 이러한 현상들에 대한 가설을 세운다.

⑤ 가설을 검증할 수 있는 실험을 설계한다.

〈유의 사항〉

- 봉선화나 토마토를 이용하면 실험이 잘 이루어진다.
- 줄기를 절단할 때 면도칼을 조심히 다룬다.
- 목화되지 않은 줄기를 준비한다.

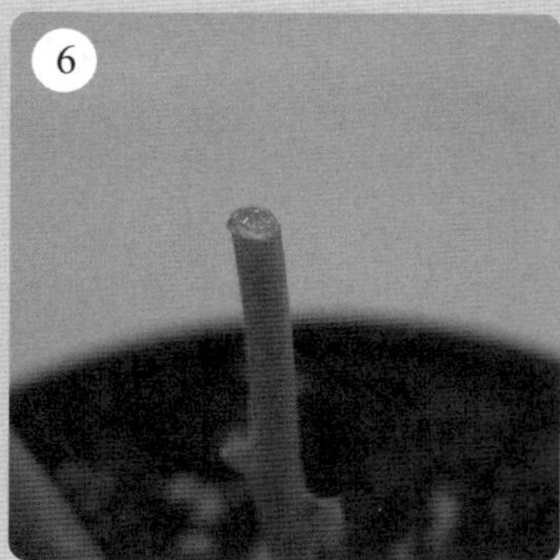

과학적 실험설계 지식 생성 활동지

활동	생성한 실험설계지식	실험설계의 유형	실험설계의 과정
실험 설계			

과제의 과학적 배경 지식

'줄기의 물방울' 과제는 식물의 줄기를 잘랐을 때 뿌리 쪽 줄기에서 수액이 흘러넘치는 현상을 관찰한 다음 이 현상을 설명할 수 있는 가설을 생성한 후, 자신의 가설을 검증할 수 있는 실험을 설계하는 것이다. 이 과제에서 학생들이 관찰하게 되는 현상은 토양의 물과 뿌리 내부의 수액 농도에 의한 수분퍼텐셜(water potential)이 발생하고, 이러한 수분퍼텐셜로 인해 물이 뿌리 내부로 들어오며, 증산-응집력-장력의 메커니즘에 의해 물관을 따라 물이 상승되게 된다(Purves, Sadava, Orians, & Heller, 2001). 이때 상승된 물이 절단면으로 솟으면 우리가 관찰하는 물방울같이 맺힌 모습으로 나타나게 되는 것이다. 식물에서 물을 이동시키는 힘은 바로 수분퍼텐셜의 차이 때문이다. 수분퍼텐셜(물의 자유에너지 상태에 따라 변화)은 농도기울기, 용질의 양, 온도, 압력, 기질의 성질 등이 포함되며 이들은 모두 물의 자유에너지 상태를 높이거나 낮춤으로써 수분퍼텐셜에 영향을 준다.

수분퍼텐셜을 바꾸는 가장 흔한 변화는 용질 농도의 변화(용질 농도가 감소하면 수분퍼텐셜이 더 커짐)다. 이때 물은 수분퍼텐셜이 높은 곳에서 낮은 곳으로 이동하게 된다. 증산작용은 잎 안에 강한 수분퍼텐셜 기울기를 만들어 물을 당기는 주된 힘을 제공한다(12기압, 130m). 잎 내부에서 물이 증발하면 주변 세포들의 수분퍼텐셜이 낮아지며, 그 결과 주변의 물 공급원에서 물이 이동된다(Purves et al., 2001).

하지만 식물의 물 수송에는 일명 TACT 메커니즘이라고 불리는 증산(transpiration), 부착력(adhesion), 응집력(cohesion), 장력(tension)의 도움도 필요하다. 부착력은 물 분자가 유리나 식물 세포벽의 셀룰로오스(cellulose) 같은 물질에 부착하려는 힘이고, 응집력은 분자들끼리 서로 끌어당기는 힘이며, 장력은 가는 물기둥을 끌어당기는 힘이다. 증산이 수분퍼텐셜을 감소시켜 수분퍼텐셜 기울기가 형성되고 이 기울기는 부착력과 함께 잎 물관부의 가는 물기둥을 강력하게 끌어당긴다. 가는 관에서는 물이 엄청나게 강한 응집력을 갖기 때문에 물이 끊어지지 않고 관다발 계를 따라 끌려 올라간다.

07
과학적 가설 평가

이 장에서는 결과의 수집 및 해석을 통하여 잠정적인 설명의 정당화가 이루어지는 탐구과정인 과학적 가설 평가에 대해 소개하고자 한다. 과학적 가설 평가란 무엇인지 알아보고, 과학적 가설 평가의 효과적인 교수-학습방법에 대해 살펴볼 것이다.

1. 과학적 가설 평가의 도입활동

레몬즙 글씨 쓰기

이 활동에서는 레몬즙으로 글씨를 쓴 뒤에 나타나는 현상을 관찰하게 된다. 관찰된 현상에 대한 가설을 세우고 실험을 수행하여 그 결과를 평가해 본다.

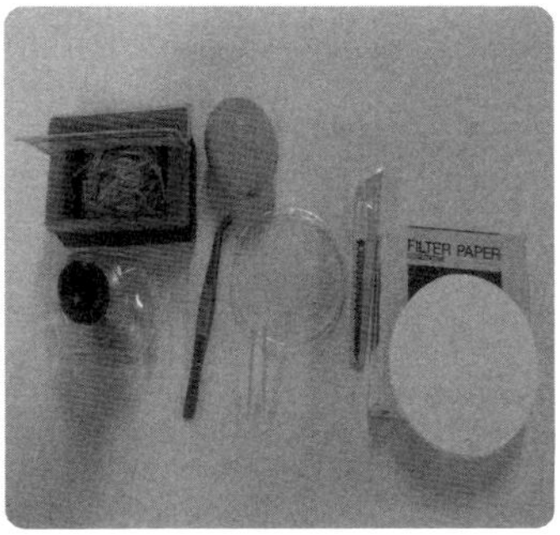

〈준비물〉

① 알코올램프, 성냥
② 레몬
③ 샬레
④ 거름종이
⑤ 커터 칼
⑥ 면봉, 핀셋

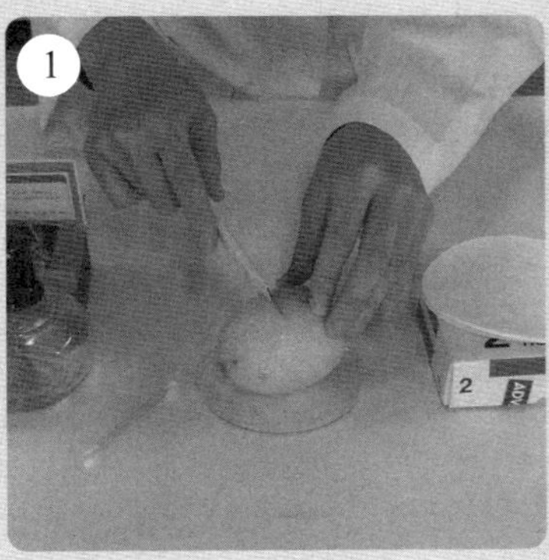

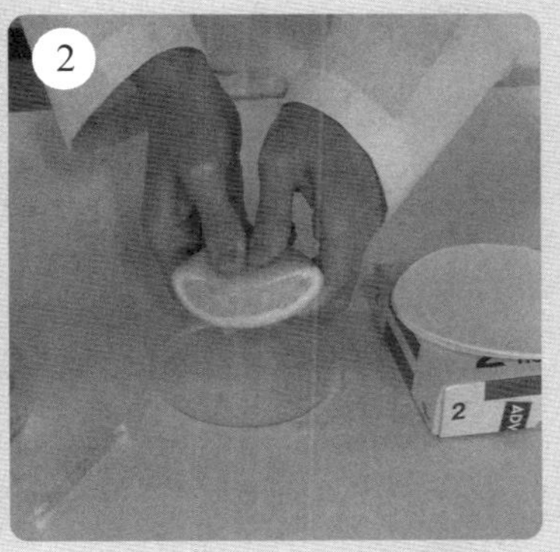

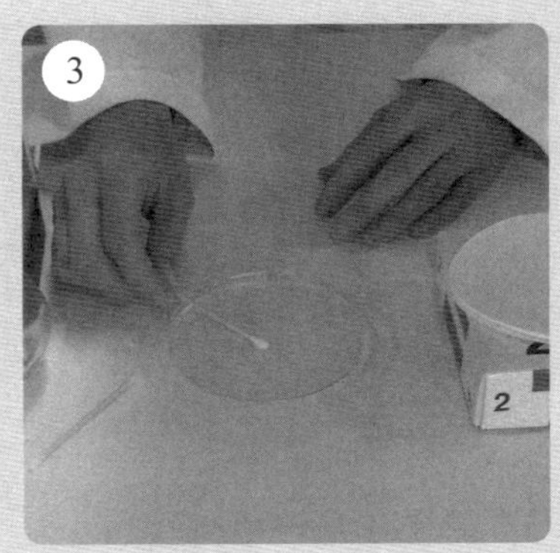

〈탐구방법〉

① 커터 칼로 레몬을 반으로 자른다.

② 미리 준비한 샬레 위에 레몬을 짜서 즙을 낸다.

③ 면봉에 레몬즙을 묻힌다.

④ 거름종이 위에 레몬즙을 묻힌 면봉으로 원하는 글씨를 쓴다.

⑤ 알코올램프 위에서 글씨를 쓴 거름종이를 핀셋으로 잡고 조심스럽게 열을 가한다.

⑥ 거름종이에서 나타나는 변화를 확인한 후 왜 그렇게 되는지 가설을 세워 본다.

⑦ 가설을 검증할 수 있는 실험을 수행한 후 그 결과를 평가해 본다.

〈유의 사항〉

- 레몬을 칼로 자를 때 손을 베지 않도록 주의한다.
- 실험에 사용되는 재료는 먹지 않는다.
- 레몬즙으로 글씨를 쓴 후 알코올램프로 가열할 때에 종이가 직접 닿아 불이 붙지 않도록 주의한다.

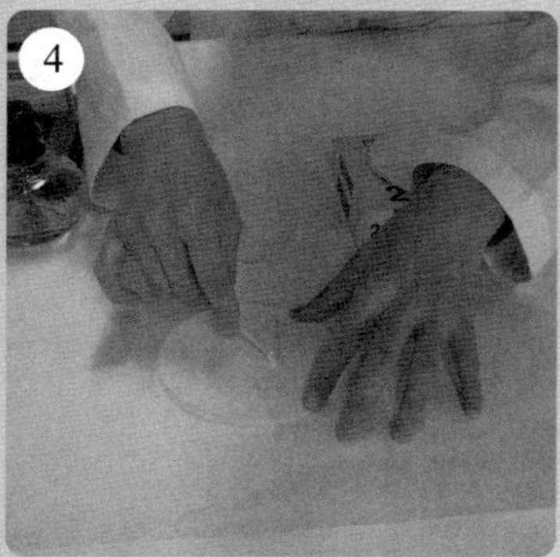

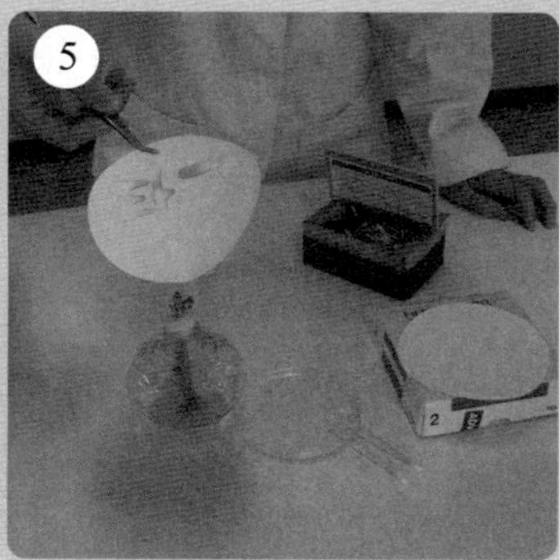

과학적 가설평가지식 생성 활동지

활동	생성한 가설평가지식	가설평가의 유형	가설평가 과정
가설 평가			

2. 과학적 가설 평가의 유형 및 사고과정

1) 과학적 가설평가지식의 생성과정

지식기반사회에서 과학교육 목표는 탐구활동을 통한 과학적 사고의 향상(권용주, 최상주, 박윤복, 정진수, 2003b)을 통해 과학지식 생성력을 길러 주는 것이라고 할 수 있다. 로슨(Lawson, 1995)에 의하면 과학적 지식은 인과적 의문을 발상하고, 그 의문에 대한 잠정적인 답인 가설을 생성하며, 생성한 가설을 검증하기 위해 검증방법을 고안하고, 그 방법에 따라 실험을 실시했을 때 얻어질 결과를 예상한 후, 실험을 통해 얻은 결과와 예상한 결과를 비교함으로써 가설을 검증하는 과정을 거쳐 생성된다. 또한 권용주, 고경태, 정진수(2003a)는 과학적 탐구과정 중 가설 설정과 검증과정이 중요한 과정임을 강조함으로써 학습자가 과학지식을 생성하기 위해서는 어떠한 부분의 학습이 필요한지와 어떠한 방식의 학습이 이루어져야 하는가를 제시하였다. 그리고 클라라와 던버(Klahr & Dunbar, 1988)는 가설 검증과정이 아이디어 수준으로 생성된 가설에 정당성을 부여하는 과정으로 설명적 과학지식 생성의 핵심 과정이라고 강조하며, 과학지식 생성을 위해 가설 검증과정의 학습이 꼭 필요하다고 언급하였다.

그러나 학교 현장에서 이루어지고 있는 가설 검증 학습에 대한 연구결과를 살펴보면, 클라라와 던버(Klahr & Dunbar, 1988)는 56%의 학생이 반증(disconfirming) 실험으로부터 올바른 결론을 기술하는 데 실패하였다고 밝히고 있다. 그리고 김영호 등(1997)은 전국 규모의 과학교육 실태 조사에서 57.8%의 중학교 학생들이 실험과정과 결과를 미리 배운 후 실험을 실시하고, 31.6%의 학생들은 선생님이 시키는 순서에 따라 실험을 하며, 단지 3.6%의 학생만이 도움 없이 스스로 고안하는 실험을 한다는 것을 밝혔다. 또한 성은모(2003)가 연구한 바에 의하면, 학생들이 탐구과정 절차에 따라 학습활동을 할 때 실험 결과의 내용은 잘 파악하나 가설 검증의 타당한 근거를 제시하는 능력은 여전히 부족한 것으로 나타났다. 따라서 가설 검증과정이 과학지식 생성력 신장에 중요함에도 불구하고 이를 신장시킬 수 있는 교수-학습 전략에 따라 이루어지는 과학수업은 드물다.

현재까지 가설 검증과정에 대해 이루어진 연구들을 살펴보면, 권용주 등(2003a)은 가설 검증과정이 검증방법 고안, 검증 수행, 평가의 과정으로 이루어진다고 진술하였고, 박종원(1998)은 물리학에서의 예를 들어 가설 검증과정이 실제 관찰/실험 가능한 상황을 예측하는 과정과 예측한 현상이 실제로 일어나는지 관찰/실험하는 두 단계의 과정에 의해서 이루어진다는 가설 검증의 논리적 구조를 제시하였다. 그리고 방정아(2006)는 고등학생을 대상으로 개방적 가설 검증 학습 모형을 적용하여 과학탐구 학습을 실시한 집단과 실험과정이 모두 제시된 일반적인 실험 수업을 실시한 집단 간의 비교 연구에서, 가설 검증 학습 모형의 적용이 과학탐구 능력 향상에 효과적임을 밝혔다.

그러나 권용주 등(2003b)의 연구는 과학철학과 인지심리학적 선행 연구 고찰을 통해 나타난 것으로 상세한 하위과정과 과정 간의 상호작용에 대한 언급이 없다. 또한 박종원(1988)의 연구는 가설 검증의 과정을 가설로부터 실험을 예측하는 과정과 예측된 실험으로부터 가설을 반증하는 과정으로 나누어 이에 대한 연역적인 구조를 살펴본 것으로서, 가설을 전제로 수행한 실험 결과를 평가하는 학습자의 사고과정에 대한 세부적인 내용은 나타나 있지 않다. 방정아(2006)의 연구에는 학습자가 가설 검증 학습 모형으로 탐구활동을 수행하는 동안 어떠한 단계를 거치며 결론을 생성하였는지에 대해 구체적으로 밝혀진 바가 없으며, 가설 검증을 효과적으로 수행하는 학생과 그렇지 못한 학생 간에 어떠한 사고과정상의 차이점이 있는지에 대해서도 언급이 없다.

현재까지 가설 검증과정에서 연역적 과학지식의 구조 및 생성과정(권용주 외, 2003a)과 가설 검증방법의 유형(박순화, 고경태, 정진수, 권용주, 2005)에 대한 연구 등 가설 검증을 학습에 이용할 수 있는 토대가 되는 기초 연구들이 수행된 바 있으나, 아직 가설 검증과정의 사고과정에 대한 연구는 이루어지지 않았다. 특히 가설 검증과정 중 검증방법 고안 부분은 사고과정에 대한 연구(이재경, 2003)와 사고과정 분석 및 평가에 대한 연구(고경태, 2004)가 이루어진 바가 있으나, 가설 평가 부문에 대해서는 상세한 연구가 이루어지지 않고 있다. 다만, 가설 평가의 정의로는 검증방법을 수행하고 결과를 얻어 가설을 평가하여 결론에 이르는 과정(권용주 외, 2003a)

이라고 제시된 바 있으나 그 상세한 과정에 대해서는 알려진 바가 없다. 단지, 가설 평가과정이 결과를 수집(collecting result)하고, 연역 추론을 통해 얻은 평가기준과 실제 실험을 통해 얻은 결과를 비교하여 결론을 진술하는 단계(evaluating hypothesis & stating conclusion)로 이루어진다는 두 단계의 과정(권용주 외, 2003b)과 가설을 과학적 설명에 포함되는 하나의 설명으로 하여 결과 수집, 기준-결과 비교, 설명 판단, 결론 도출의 네 가지 하위 범주로 구분한 설명 평가에 대한 연구(이안나, 권용주, 정진수, 양일호, 2007)만 알려져 있을 뿐이다.

로슨(Lawson, 1995)은 학습자의 과학지식 생성과정을 돕기 위해 과학적 발견과정을 밝히는 것이 중요하다고 하였다. 따라서 학습자가 과학적 사고를 통한 과학지식 생성력을 향상시키기 위해서는 아직 상세한 발견과정이 밝혀지지 않고 있는 가설 평가 사고과정에 대한 연구의 필요성이 매우 크다. 가설 평가 사고과정에 대한 연구는 학습자의 가설 평가 학습을 위한 교수-학습 전략을 마련하는 비계가 될 수 있으며, 학습자가 가설 평가를 수행하는 동안 직면하게 되는 사고과정의 문제점에 대해 적절한 피드백을 제공해 줄 수 있을 것이다. 또한 가설 평가 사고과정 평가 프로그램을 개발하는 기준을 제공해 줄 수 있다. 여기에서는 과학적 가설 평가의 사고과정에 대해 보다 자세히 알아보고자 한다.

2) 과학적 가설평가의 사고과정

(1) 가설 평가의 사고과정

다음은 '달걀 회전시키기' '무즙 속의 종이' 그리고 '컬러 면 만들기' 활동 과제에서 학생들이 그들 스스로 가설을 만들고 이를 평가하기까지의 사고과정과 연구문헌들에서 나타난 근거들을 토대로 구성한 '가설 평가의 사고 분석틀' 이다(〈표 7-1〉).

이처럼, 가설 평가 영역의 사고과정은 자료수집, 자료해석, 결론 구성의 세 가지 상위 사고 유형을 가지는 것으로 분석되었으며, 각 상위 사고 유형들을 상세하게 범주화하면 총 15가지의 하위 사고 유형으로 정의할 수 있었다. 15가지 하위 사고 유형은 원자료 수집, 자료 선정, 자료 비교, 자료 변환, 자료 재인, 검증방법 재인,

〈표 7-1〉 가설 평가의 사고과정 분석틀

사고유형 상위	사고유형 하위	정의	코드
자료 수집 (D)	원자료 수집	실험 수행 결과 얻어지는 가공하지 않은 자료를 모으는 사고	DR
	자료 선정	가설 평가에 이용할 자료를 결정하는 사고	DS
	자료 비교	선정한 자료들을 견주어 유사점과 차이점을 밝히는 사고	DC
	자료 변환	선정한 자료를 표, 그림, 그래프와 같은 다른 형태로 바꾸는 사고	DV
자료 해석 (A)	자료 재인	선정한 자료를 되새기는 사고	ARD
	검증방법 재인	고안한 검증방법을 되새기는 사고	ARM
	평가기준 재인	고안한 평가기준을 되새기는 사고	ARC
	평가기준-자료 비교	평가기준과 자료를 견주어 일치 여부를 판단하고 단위 결론을 생성하는 사고	AC
	외부지식 차용	가설, 검증방법, 평가기준 고안에 이용한 것 이외의 지식을 채택하여 자료와 평가기준의 일치 여부를 확인하는 사고	AB
	현상 확인	의문 현상이나 실험 현상을 되새겨 자료와 평가기준의 일치 여부를 확인하는 사고	AP
결론 구성 (Co)	가설 재인	생성한 가설을 되새기는 사고	CoRH
	단위결론 재인	생성한 단위 결론을 되새기는 사고	CoRN
	결론 통합	단위 결론들을 통합하여 최종 결론을 생성하는 사고	CoI
	결론 판단	최종 결론과 가설을 비교하여 일치 여부를 결정짓는 사고	CoJ
	결론 확인	최종 결론이 의문 현상을 설명하였는지 여부를 확인하는 사고	CoF

평가기준 재인, 평가기준-자료 비교, 외부지식 차용, 현상 확인, 가설 재인, 단위결론 재인, 결론 통합, 결론 판단, 결론 확인으로 구성된다.

실제 과학자의 연구과정을 살펴보면(이안나 외, 2007), 이러한 과정은 과거 선행연구들에서 언급한 것처럼 단선적으로 진행되는 과정이 아니라 연구(탐구) 상황에 따라 순환적으로 진행되는 사고과정임을 알 수 있다. 이러한 순환적 사고의 흐름에서 가설 평가의 사고과정을 간략히 모형으로 나타내면 [그림 7-1]과 같다.

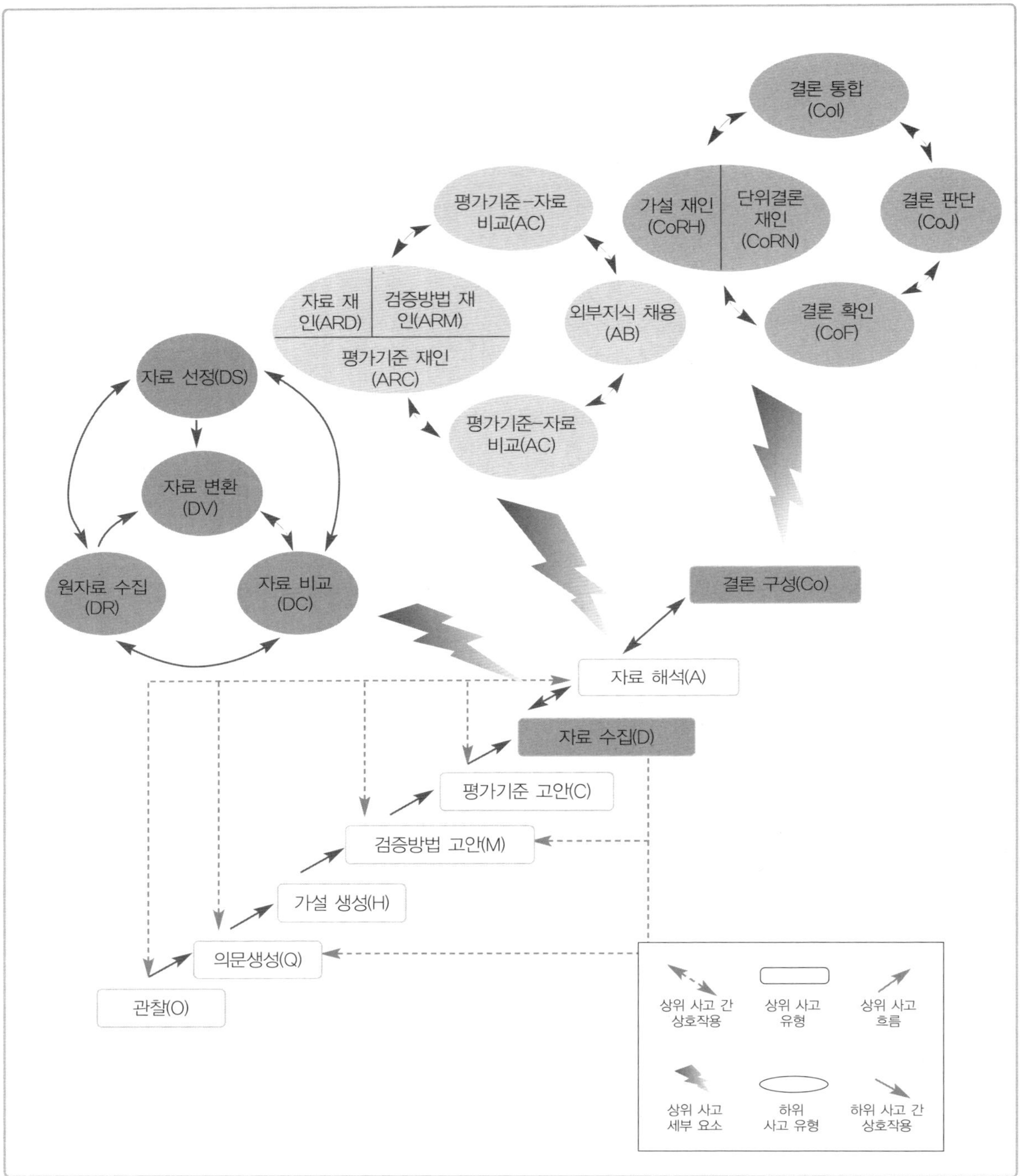

[그림 7-1] 생물 가설 평가 사고과정 모형(김유미, 2008)

(2) 가설 평가 사고과정 분석

〈표 7-1〉이 제시한 사고과정 분석기준에 입각하여 실제로 학생 K가 '달걀 회전시키기' '무즙 속의 종이' 그리고 '컬러 면 만들기' 활동 과제를 수행하면서 자신이 생성한 가설을 평가해 가는 사고과정을 분석해 보면 다음과 같다.

[자료수집 단계의 사고과정 분석-일부 발췌]

- (달걀을 회전시킴. 초시계로 회전 시간을 측정하여 기록-3회) (다른 달걀로 회전 실험하며 초시계로 회전 시간 측정) 〈원자료 수집〉
- (한 번은 굴러가는 달걀을 다시 잡아서 초시계를 다시 리셋하고 측정함) 〈자료 선정〉
- (학습지에 표 형태로 기록: 가로는 달걀의 삶는 시간, 세로는 횟수로 하여 회전 시간을 기록함) 〈자료 변환〉
- 6분이 3분보다 훨씬 잘 돌아가는데요. 돌릴 때 느낌부터 달라요. 〈자료 비교〉
- (다시 달걀 회전 실험을 하며 초시계로 회전 시간을 측정하여 기록-2회) (다른 달걀을 이용하여 회전 시간을 측정하며 기록) 〈원자료 수집〉
- (1회 기록 후 2회 시 굴러가는 달걀을 다시 잡아서 초시계로 다시 리셋하고 측정함) 〈자료 선정〉
- 지금 9분요(2회 기록). 〈원자료 수집〉
- 아직 9분하고 있는데요. 3분이랑 6분은 차이가 많이 나는데 6분이랑 9분은 그 차이가 좀 적게 나는 것 같아요. 〈자료 비교〉
- (계속해서 달걀을 회전시키며 회전 시간을 기록함. 3, 6, 9, 13, 날달걀의 순서로 실험함) 〈원자료 수집〉

[자료해석 단계의 사고과정 분석]

- PH 11인 수산화나트륨을 양배추 즙에 넣었더니 〈검증방법 재인〉
- [중략……]
- PH 2가 산이니까, 산은 양배추 즙에서 붉은색을 반응하고, 그 PH 7이나 8, 10이었다면 그 염기들이 푸른색과 녹색으로 변했는데, PH 11이면 강염기인데…… 〈외부지식 차용〉
- 강염기니까 녹색이 더 진한 녹색으로 보였어요. 푸른색이 아니라 여기서도 약간 녹색으로, 색깔 변화가 나타났어요. 〈자료 재인〉
- 일단 지금 눈에 보이는 결과로는 제가 예상했던 것과 같이…… 〈평가기준 재인〉

- 양배추즙 역시, 산성, 그 PH에 따라서 색깔이 변하는 성질을 가지고 있습니다. 그래서 산성에서는 붉은색으로 반응하고, 염기에서는 거의…… 강염기에서는 녹색으로 반응을 합니다. 〈평가기준–비교 재인〉
- [중략……]
- 아까 봤던 현상은 면 때문이 아니고 양배추즙에 의한 색깔 변화가 맞습니다. 〈현상 확인〉

'달걀 회전시키기' '무즙 속의 종이' 그리고 '컬러 면 만들기' 활동 과제에서 학생 K의 사고과정을 종합하면 아래와 같다.

〈달걀 회전시키기 – 자료수집 과정〉

원자료 수집 → 자료 선정 → 자료 변환 → 자료 비교 → 원자료 수집 → 자료 선정 → 원자료 수집 → 자료 비교 → 원자료 수집

〈컬러 면 만들기 – 자료해석 과정〉

검증방법 재인 → 외부지식 차용 → 자료재인 → 평가기준 재인 → 평가기준–비교 재인 → 현상 확인

(3) 가설 평가 사고과정 분석의 실제

지금까지 배운 가설 평가의 사고과정 분석기준에 입각하여 실제로 학생 M이 '무즙 속의 종이' 활동 과제를 수행하면서 자신이 생성한 가설을 평가해 가는 사고과정을 직접 분석해 보자.

[학생 M의 가설 평가 사고과정 중 ○○ 단계 일부 발췌]

- 하얀색 거품이 계속 발생한 것으로 보아서는 기포가 발생한 것이다. 〈 〉
- 실험 결과가 과산화수소수에 무즙을 넣었을 때 거품이 발생하면서, 기포가 계속 발생하는 것으로 보아서 기체가 발생하는데, 〈 〉
- 이 기체는 과산화수소수이기 때문에 산소일 것이라고 예측을 하였고, 〈 〉
- 성냥불이 활활 타오르는 것을 관찰하지는 않았지만, 불씨가 계속적으로 남아서 성냥이 타는 것을 관찰할 수 있었기 때문에 이 기체는 산소일 것이다. 〈 〉
- 그러므로 제가 세운 가설이 무즙에 있는 효소에 의해서 산소가 발생하고 그것이 거름종이를 띄웠을 것인데, 〈 〉
- 그게 사실이 되겠죠. 가설은 옳다. 〈 〉
- 실험 결과 내린 결론은 무즙에 있는 효소가 과산화수소수와 반응하여, 과산화수소수의 반응을 촉진하여 과산화수소수가 산소로 변화하여, 〈 〉
- 그 산소로 변화한 것 때문에 거름종이가 떴을 것이다. 〈 〉
- 가설은 옳다. 〈 〉
- (앞 장을 들춰 본 후) 〈 〉
- 무즙에 의해서 과산화수소수의 반응이 촉진되면 산소가 나온다. 〈 〉

[학생 M의 사고과정]

3. 과학적 가설 평가의 교수-학습방법

증산작용

우리는 평소에 나무와 숲의 관계 및 그 역할에 대해서 생각해 볼 기회가 많지 않다. 또한 나무의 정적 특성으로 인해서 숲 속을 거닐 때도 나무가 하는 일에 대해서는 거의 감지를 못하는 경우가 많다. 증산작용 활동 과제를 체험하면서, 식물의 물 수송기관에 대해 자세히 관찰해 보고, 이러한 일이 생기게 되는 원인을 생각해 보며, 검증할 수 있는 실험을 한 후 그 결과를 평가해 본다.

〈준비물〉

① 돋보기

② 고무밴드

③ 비닐봉지

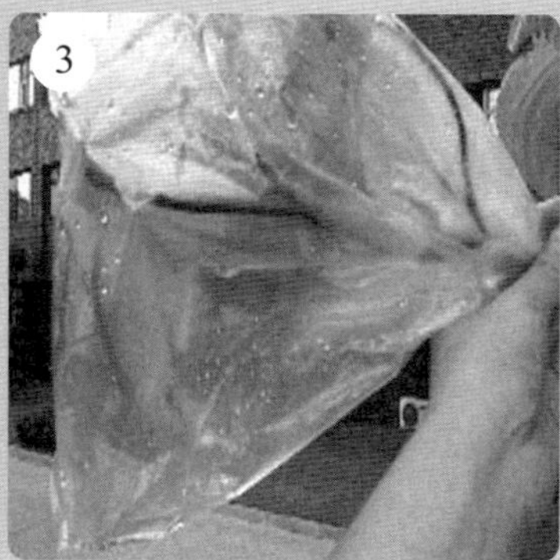

〈탐구방법〉

① 잎이 있는 나뭇가지에 투명한 비닐봉지를 씌운다.

② 3시간 정도 후에 비닐봉지 안쪽의 변화를 살펴본다.

③ 왜 이러한 현상이 일어나는지 가설을 세워 본다.

④ 이 가설을 검증할 수 있는 실험을 수행하고 그 결과를 평가해 본다.

〈유의 사항〉

- 너무 일찍 봉지를 관찰하면 잘 관찰이 안 될 수도 있으니 충분히 시간이 지난 후 관찰한다.
- 비닐봉지는 얇고 비치는 것으로 상자에 묶음으로 파는 크린랩 같은 것이 좋다.

과학적 가설평가지식 생성 활동지

활동	생성한 가설평가지식	가설 평가의 유형	가설평가 과정
가설 평가			

과제의 과학적 배경 지식

식물은 생육 중에 외부에서 가장 많이 물을 흡수하지만, 뿌리에서 흡수된 물은 그 일부가 팽압(膨壓)의 유지나 물질교환에 쓰이고 나머지 대부분은 증산에 의해 소실된다. 토란이나 벼과 식물에서는 물이 액체 그대로 잎에서 배출되는 출액(出液)이라는 현상이 있으나, 이러한 예는 적다. 증산이 주로 일어나는 부위는 잎이다. 잎의 주요 부분은 물로 가득 찬 엽육세포(葉肉細胞)로 되어 있다. 이들 세포는 세포간극으로 둘러싸이고, 다시 세포간극은 기공(氣孔)을 통해 외기(外氣)와 통한다. 엽육세포의 표면으로부터 증발된 물은 세포간극이나 기공을 통하여 외기 중으로 나가는데 이를 기공증산(stomatal transpiration)이라 한다. 이 밖에 아주 적기는 하나, 잎의 표면을 덮고 있는 큐티클(cuticle)을 통해서 증산이 이루어지는 큐티클 증산(cuticular transpiration)도 있다.

기공증산은 기공의 개폐 정도에 따라 좌우된다. 기공의 개폐는 기공을 둘러싸고 있는 공변세포의 팽압 변화에 의해 조절된다. 증산의 크기는 식물의 내적 · 외적 조건에 따라 영향을 받는다. 외적 조건 중에서 빛이 가장 큰 영향을 주는데, 이에는 두 가지 이유가 있다. 그중 하나는 빛이 기공 개폐의 원인이 되고 있다. 즉, 기공은 밝은 곳에서는 열리고 어두운 곳에서는 닫힌다. 다른 하나는 잎에 흡수된 복사에너지가 잎의 온도를 외위(外圍) 온도보다 높게 한다는 것이다. 즉, 잎에 흡수된 복사에너지는 일부만 광합성을 위해 쓰이고, 나머지 대부분은 열로 변해 잎의 온도를 높인다. 이 결과 잎 세포표면의 물의 증기압이 높아져 외기의 증기압과의 차가 커지므로 증산속도가 증가된다.

빛 이외에도 온도 · 습도 · 바람 · 이산화탄소 등의 변화가 증산의 크기 변화에 영향을 준다. 증산에 의해 식물체에서 소실된 물은 뿌리로부터 흡수된 물로 보충된다. 증산이 활발해서 흡수가 실수(失水)를 보충하는 데 충분하지 못하면 식물은 시든다. 증산은 개략적으로 말해서 다음과 같은 생리적인 의의가 있다. 즉, 증산은 식물체에서 물이 상승하는 원동력이 된다. 식물체 내에서 물은 잎에서 뿌리 끝까지 하나의 물기둥으로 연결되어 있고 잎에서 증산을 하면 흡수가 되는 한, 연속해서 상승을 계속한다. 이때 물에 풀린 염류의 흡수, 상승운반도 이루어진다. 또 물이 수증기로 변할 때 에너지를 빼앗음으로써 잎의 과열을 방지한다.

'증산작용' 활동의 지도를 위한 교사용 스토리 보드

<table>
<tr><th colspan="2">과정</th><th colspan="2">교사 지도 내용</th><th colspan="2">학생 반응의 예</th></tr>
<tr><td colspan="2">관찰하기</td><td colspan="2">실험을 하면서 관찰한 내용을 자세하게 적게 한다.</td><td colspan="2">잎 위에 매어 둔 비닐 안쪽에 물방울이 생겼다.</td></tr>
<tr><td colspan="2">의문 만들기</td><td colspan="2">실험을 통해 생기는 모든 궁금증(인과적 의문)을 적어 보게 한다.</td><td colspan="2">이 물은 어디서 온 것인가?</td></tr>
<tr><td colspan="2">의문 선택하기</td><td colspan="2">다양하게 생성한 의문 중에 가장 궁금한 의문 한 가지를 선택하도록 한다.</td><td colspan="2">왜 비닐봉지에 물방울이 생겼을까?</td></tr>
<tr><td colspan="2">의문 상황 분석하기</td><td colspan="2">의문 상황과 관련된 더욱 상세한 정보를 관찰하여 알아낸 것을 기술하도록 한다.</td><td colspan="2">비닐봉지에 생긴 물방울은 무색, 무취다.</td></tr>
<tr><td colspan="2" rowspan="2">유사경험 생각하기</td><td>유사경험 현상</td><td>유사경험 현상의 원인</td><td>유사경험 현상</td><td>유사경험 현상의 원인</td></tr>
<tr><td>의문 상황과 유사경험 상황을 찾아보도록 지도한다.</td><td>찾아낸 경험 상황의 원인을 알아내 보도록 지도한다.</td><td>비닐하우스에 가 보면 비닐 안쪽에 항상 물이 묻어 있다.</td><td>식물이 물을 뿜어내어 습도가 높기 때문이다.</td></tr>
<tr><td colspan="2">가설 만들기</td><td colspan="2">지금까지 생각한 것을 바탕으로 가설을 구성한다. 이때 가설 수정의 기회를 부여하고 여러 개의 가설을 만드는 경우도 허용한다.</td><td colspan="2">식물의 잎에서 기공을 통해 물이 나왔기 때문에 비닐봉지에 물방울이 생긴 것이다.</td></tr>
<tr><td colspan="2">검증방법 고안하기</td><td colspan="2">자신의 가설을 검증할 수 있는 적절한 실험 방법을 설계할 수 있도록 지도한다. 이 단계에서 후반부에 반드시 평가기준을 고안하도록 지도한다.</td><td colspan="2">매니큐어로 식물의 잎 표면의 기공을 모두 막고, 비닐봉지를 씌운 잎과 막지 않는 자연상태의 잎에 비닐봉지를 씌워 물방울이 어느 군에서 생기는지 확인한다.</td></tr>
<tr><td rowspan="2">가설 평가</td><td>결과 수집 및 변환하기</td><td colspan="2">자신이 설계한 실험을 실제로 수행하고 이를 통해 결과(raw data)를 수집하도록 지도한다. 이후 해석이 용이하도록 변환시키도록 지도한다.</td><td colspan="2">매니큐어로 막은 군에서는 덮어씌운 비닐봉지에 물방울이 맺히지 않고, 바르지 않은 잎에서는 비닐에 물방울이 맺혔다.</td></tr>
<tr><td>결과 해석 및 결론 도출</td><td colspan="2">변환된 자신의 결과를 해석하고 평가기준과 비교할 수 있도록 지도한다. 이를 통해 통합되고 일반화된 결론을 도출하도록 지도한다.</td><td colspan="2">이러한 결과와 평가기준을 비교하여 볼 때, 가설은 옳다. 물방울은 식물체의 수분으로부터 왔으며, 이는 식물 잎의 기공의 증산작용과 관련된다.</td></tr>
</table>

4. 과학적 가설 평가의 적용활동

오징어 굽기

우리가 즐겨 먹는 오징어를 불에 구워 먹을 때는 어떤 일이 일어나는가? '오징어 굽기' 활동 과제를 체험하면서, 오징어의 생리에 대해 자세히 관찰해 보고, 이러한 일이 생기게 되는 원인을 생각해 보며, 실험을 한 후 그 결과를 평가해 본다.

〈준비물〉

① 마른 오징어

② 버너

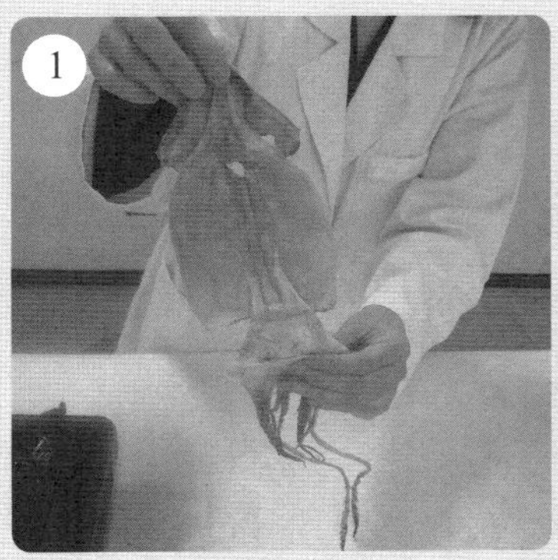

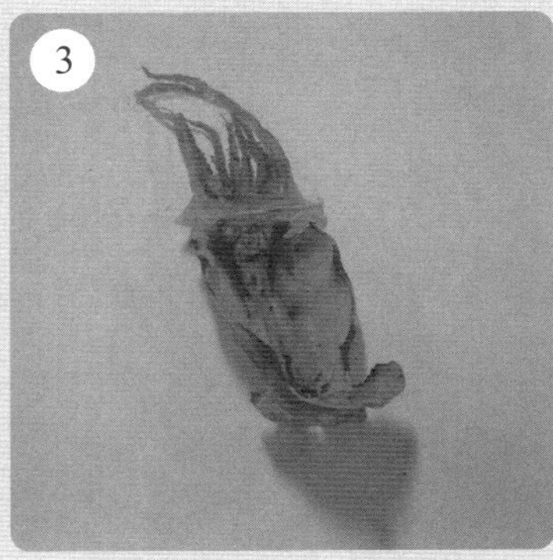

〈탐구방법〉

① 준비된 오징어를 잘 펴 준다. 표면이 젖어 있지는 않은지 확인한다.

② 버너 위에 오징어를 올리고 굽는다. 이때 어느 면인지를 표시한다.

③ 구워진 오징어가 어떻게 구어지는지 관찰하고, 표시한 면과 휘어진 면을 비교 관찰한다.

④ 또 하나의 깨끗한 마른 오징어를 준비한다.

⑤ 버너에 두 번째 오징어를 구워 보고 아까 구어진 면과 어떻게 다른지 관찰해 본다.

⑥ 이때 나타나는 현상에 대한 가설을 세우고 이를 검증하여 그 결과를 평가해 본다.

〈유의 사항〉

- 화기를 다루는 실험이므로 화재와 안전사고에 유의한다.
- 이 실험과 함께 물오징어를 삶는 실험을 병행해도 흥미롭다.
- 오징어 전체를 실험하기가 번거로우면, 몸통 조각을 잘라 핫플레이트(hot plate) 위에서 가열하면 보다 안전하다.
- 학생이 상세 비교 관찰을 원할 경우, 돋보기, 칼, 물오징어와 냄비, 물을 준비한다.

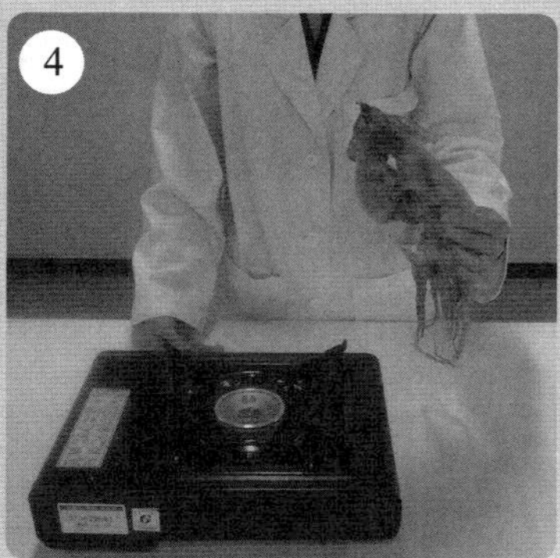

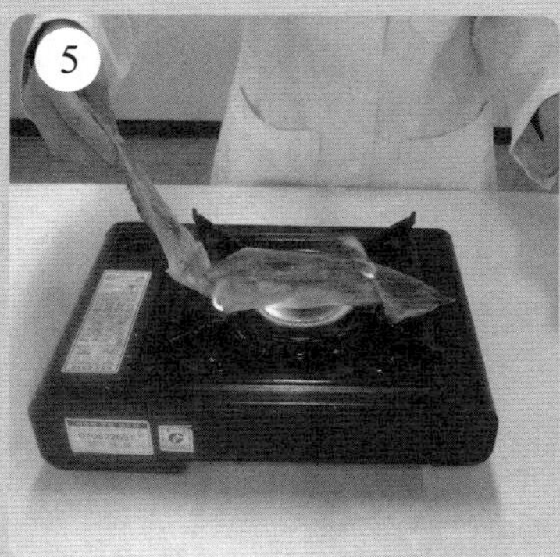

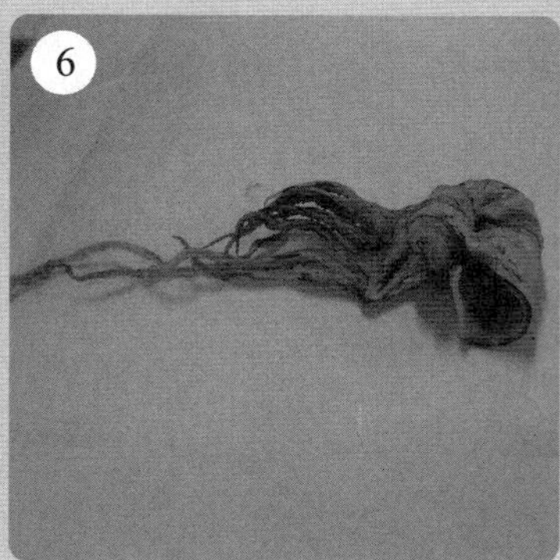

과학적 가설평가지식 상성 활동지

활동	생성한 가설평가지식	가설 평가의 유형	가설평가 과정
가설 평가			

과제의 과학적 배경 지식

오징어를 석쇠 위에 구우면 둥글게 오그라든다. 여러 방향으로 잘라 낸 오징어 조각은 자른 방향에 따라 원형, 궁형, 나선형, 물받침형의 모양으로 일정한 방향으로 변하고, 오징어는 자른 방향과 관계없이 항상 앞면을 안쪽으로 하여 세로로 오그라든다. 왜 그럴까?

껍질이 있는 조각과 없는 조각을 삶아 변하는 오징어 모양을 비교하면 껍질이 있는 조각이 훨씬 더 많이 오그라들고, 늘 앞면을 안쪽으로 하여 세로로 오그라든다. 오징어가 열을 받을 때 겉껍질 쪽으로 오그라드는 원인은 속껍질보다 겉껍질의 수축력이 크기 때문이다. 그리고 세로 방향으로 오그라드는 까닭은 겉껍질은 이중구조로 되어 있기 때문이다. 속껍질의 섬유 무늬는 대각선의 길이가 세로로 긴 마름모 모양에서 정방형의 마름모(◇) 모양으로 변한다.

참고로 오징어는 체제가 복잡한 무척추동물 중 하나다. 오징어가 헤엄칠 때 위로 가는 부분이 앞이고, 밑은 뒤에 해당한다. 등 쪽 끝은 확장해서 지느러미를 구성하고, 배 쪽 외투막 끝은 머리와 내장 사이에 있는 목을 둘러싼다.

오징어는 보통 배 쪽의 다리로 헤엄치지만 흥분하면 외투막을 세게 수축하여 깔때기로부터 물을 분출하며, 물을 뿜어내는 반대 방향으로 돌진한다. 또한 공격을 받으면 항문 가까운 곳에서 깔때기로 개공하는 묵즙낭으로부터 묵즙을 방출하여 다른 방향으로 도망가면서 적을 현혹시키기도 한다.

Part 2

과학지식의 평가

08
과학적 관찰능력 평가

이 장에서는 관찰 사고과정과 유형을 바탕으로 과학적 관찰능력을 객관적 · 정량적으로 평가할 수 있는 방안에 대하여 살펴볼 것이다. 이어 과학적 관찰지식의 생성과 평가과정에 대한 실제 적용과정을 소개하고자 한다.

관찰능력 평가 | 분류능력 평가 | 의문생성능력 평가 | 가설생성능력 평가 | 실험설계능력 평가 | 가설평가능력 평가

1. 과학적 관찰능력의 평가

식물의 기공 관찰

이 활동은 학생들이 직접 잎의 절단면을 제작하고 기공의 모양을 관찰할 수 있도록 꾸며져 있다. 이 실험을 통해 학생들은 교과서에서만 보고 배운 기공의 모습을 직접 관찰해 볼 수 있다.

〈준비물〉

① 여러 종류의 식물의 잎(백합, 국화, 소나무, 회양목)

② 현미경

③ 스포이트, 물

④ 슬라이드 글라스, 커버 글라스

⑤ 핀셋, 면도칼

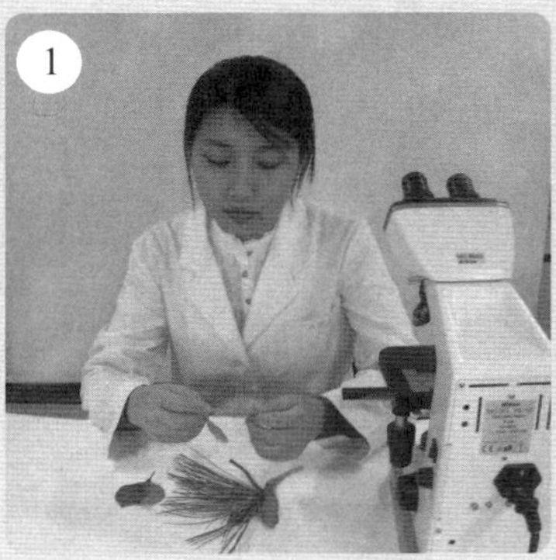

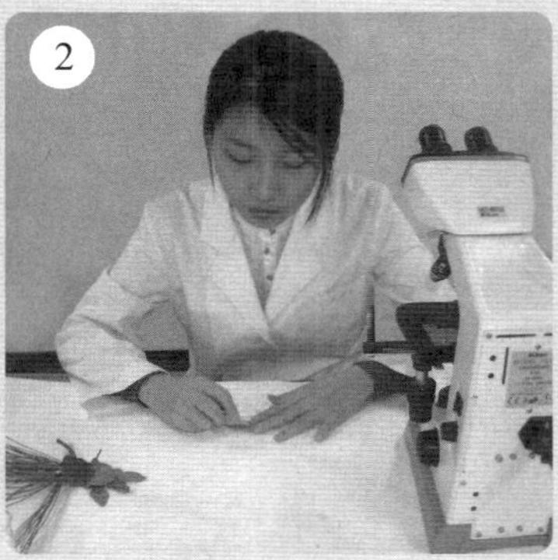

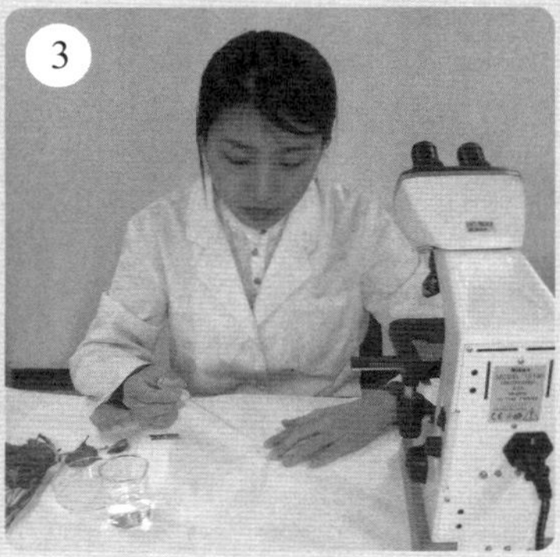

〈탐구방법〉

① 주변의 여러 식물의 잎을 준비한다.

② 각 잎들을 얇게 잘라 낸다.

③ 슬라이드 글라스에 잎의 절단면을 놓는다.

④ 커버 글라스로 덮어서 프레파라트를 제작한다.

⑤ 현미경에 놓고 관찰한다.

⑥ 배율을 조절하며 상세하게 관찰하고 기록한다.

〈유의 사항〉

- 과제 특성상 잎을 구하는 시기나 장소에 따라 적절하게 조절할 수 있다.
- 잎의 절편을 만들 때 면도칼을 조심히 다룬다.

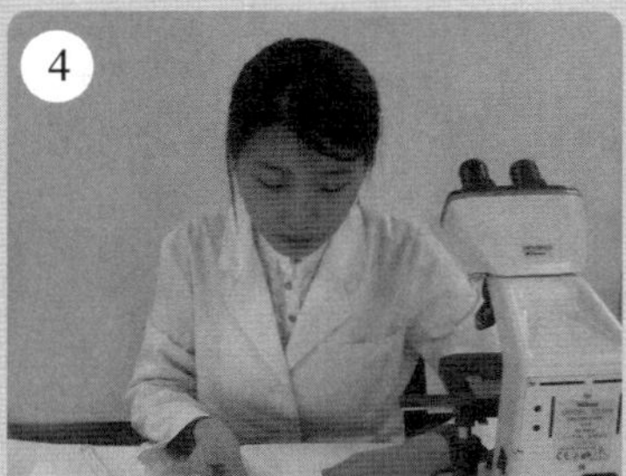

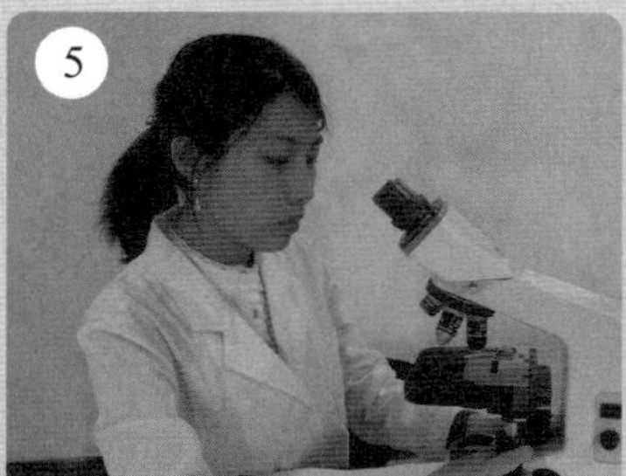

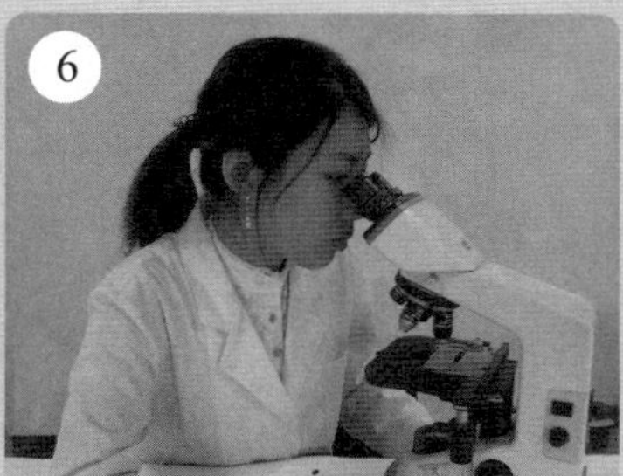

과학적 관찰능력 평가활동지

활동	생성한 관찰지식	관찰지식의 평가			
		유형	다양도	수준	객관도
관찰 능력 평가					

과제의 과학적 배경 지식

기공 관찰 과제는 식물의 분류군마다 상이한 기공의 형태적 특징을 배경으로 한다. 양치류 및 피자와 나자식물을 막론하고 모든 육상식물은 진화적 계통군에 따라 독특한 기공의 형태와 이의 배열상을 지닌다. 특히 이러한 특성은 실제 식물분류학자들에게도 알파(α)-분류 시 1순위로 고려되는 형질 중 하나다(Judd, Campbell, Kellogg, & Stevens, 1999). 더욱이 각 기공들은 다양한 형질요소를 많이 포함하고 있어서 관찰의 훌륭한 소재가 될 수 있으며, 차후의 경향성이나 공통성 과제로도 응용이 가능하다. 이 연구에서 사용된 네 가지 식물인 국화, 백합, 회양목, 소나무의 경우는 기공의 크기와 모양, 배열, 부세포 모양 등에서 모두 차이가 있다. 예를 들어, 국화와 백합은 기공과 공변세포는 흡사하나 부세포가 다르고, 회양목과 소나무는 기공이 작고 둥글어 비슷하나 배열상이 다르다.

아래의 그림은 실제로 식물학자들이 관찰을 통해 알아낸 다양한 기공의 형태학적 패턴들이다.

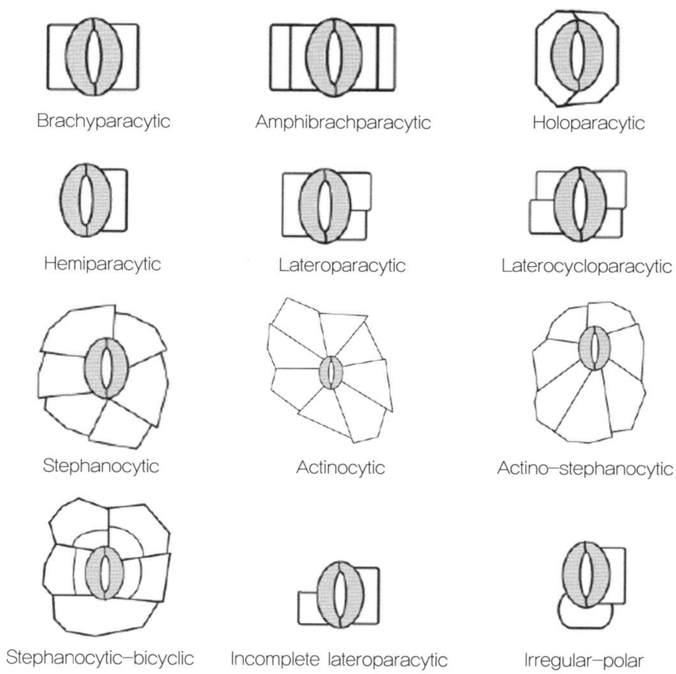

1) 과학적 관찰지식 생성의 평가

관찰은 오감을 통해서 자연현상에 대한 정보를 수집하는 활동이다(Lawson, 1995). 다시 말하면, 관찰은 관련 지식과 오감을 사용하여 자연 사물과 현상에 대한 문제와 관련하여 필요한 정보와 자료를 얻는 탐구의 가장 기본적인 과정이다(교육부, 2001). 이 과정에서 관찰자는 자신의 지식, 경험, 기대감, 관점 등에 따라 관찰 사실을 인식하기 때문에 관찰이 완벽하게 객관적인 특성을 갖는다고 말할 수 없다. 핸슨(Hanson, 1961)은 '관찰은 안구운동(eye movement) 이상의 것' 이라고 언급함으로써 관찰의 이론 의존적 특성을 함축하여 표현하였다. 최근, 권용주, 이준기, 신동훈, 이효녕(2006)은 생명 현상에 대한 과학적 관찰과 명화 감상의 차이를 뇌 과학적 연구를 통해 비교함으로써 실재 우리 두뇌에서 나타나는 관찰의 특성을 분석하여 제시하였다. 이 연구는 과학적 관찰에 사용하는 뇌 영역과 단순히 사물을 바라보거나 명화 등을 감상할 때 사용하는 뇌 영역이 서로 다르다는 것을 보여 주었다.

이와 같은 관찰의 이론 의존적 특성에도 불구하고 관찰은 과학적 탐구의 시작점이자 종결점이기도 하다(권용주, 정진수, 강민정, 박윤복, 2005). 따라서 관찰은 과학자의 과학활동으로서뿐만 아니라 과학교육에서도 매우 중요하게 다루어지고 있다(Chadwick & Barlow, 1994). 또한 학생들의 관찰능력이 새로운 개념의 이해와 기존 개념의 변화, 그리고 학생들의 인지적 발달과도 밀접하게 관련되어 있다는 보고가 늘어나면서 관련 연구들이 증가하고 있다.

예를 들어, 과학적 관찰의 유형을 조사한 연구(권용주 외, 2005; Chadwick & Barlow, 1994), 학생들의 관찰과정과 변화과정을 조사한 연구(박명희, 박윤복, 권용주, 2005), 학생들의 관찰 유형과 교사들의 관찰수업 유형을 동시에 분석한 연구(신동훈, 신정주, 권용주, 2006) 등이 국내외에서 활발히 수행되어 왔다.

하지만 지금까지의 관찰에 관한 연구방식은 앞서 소개한 바와 같이, 서술적(descriptive)이고 정성적인(qualitative) 관찰지식들에 대한 언급이 대부분이어서 학생 간 혹은 학급 내 모둠 간의 우열을 알기가 어렵고, 학생 개인의 교육에 의한 관찰능력 신장도를 정량적으로 산출하는 데 어려움이 있다. 그러나 최근 이를 효과적으로 극복할 수 있는 방법 중의 하나로서 정성적인 학생들의 지식을 정량적인 수치인 지수(quotient)로 변환시켜 줄 수 있는 공식(equation)이 제시되고 있다(권용주 외, 2007).

관찰지식 유형의 귀납적 항목화를 통해 얻은 '지수 산출식'은 학생들의 관찰능력을 정량적이고 객관적인 방법으로 평가하는 데 유용할 것이다. 여기에서는 관찰능력지수 산출식을 통해 앞서 제시된 '식물의 기공 관찰' 활동 결과와 '새우의 색 변화 관찰' 활동 결과 일부를 평가해 보고자 한다.

(1) 관찰지식의 평가요소

●● 관찰지식의 유형 및 다양도

예시 1. 소나무의 기공은 가운데 부분이 어두운(검정) 색이다. 〈시각, 단순, 정성〉 [정적 상태 , 무비교, 부분]

예시 2. 회양목의 같은 면적당 발견되는 기공의 수는 20개로 네 가지의 식물 중 가장 많다. 〈시각, 단순, 정량〉 [정적 상태, 비교, 전체]

예시 3. 만지면 미끈거린다. 〈촉각, 단순, 정성〉 [정적 상태, 무비교, 전체]

예시 4. 가열하면서 구수한 냄새가 나기 시작한다. 〈후각, 단순, 정성〉 [정적 상태, 무비교, 전체]

이들 유형 간의 우열의 관계를 논하기는 어려우나, 획일적인 유형의 관찰을 실시했을 때보다는 다양한 유형의 관찰을 실시할 경우, 탐구과정에서 다양한 정보를 얻을 수 있다(권용주 외, 2005; 박명희 외, 2005). 이러한 관찰지식의 다양도는 생성해 낸 관찰지식을 유형별로 분류틀에 기입하고 그 칸(cell)의 수를 세어 보면 손쉽게 파악할 수 있다.

●● 관찰의 수준

같은 대상에 대한 것일지라도 단순 관찰보다는 상세 관찰을 통해 생성된 지식이 보다 양질의 관찰지식이라고 할 수 있다. 예를 들어, 대상에 대한 단순한 탐색보다는 의문 생성 이후 혹은 대상 인식 이후 실시되는 '의문 상황 분석'과 같은 초점화되고 세밀해진 관찰은 지식의 수준(level) 면에서 이전에 비해 더욱 많은 항목과 속성을 나타내 줄 수 있다.

예시 1. 익힌 새우의 색은 붉다.

예시 2. 익힌 새우의 붉은 껍질 속 색소체도 붉은색이다.

예시 3. 국화 기공은 타원형이다

예시 1과 같은 관찰지식을 통해 알 수 있는 정보는 익힌 새우의 전체적인 색이 붉다는 것이다. 이는 대상의 총체적 속성에 해당하는 것으로, 가장 기초적인 정보(1차 정보)에 해당한다(신현정, 2000). 하지만 예시 2의 경우는 관찰자가 이미 익힌 새우 자체의 색이 붉다는 것(1차 정보)을 인지하고 한차례 더 깊은 수준의 관찰을 수행한 경우이며, 색소체의 색이 붉다는 정보와 그것이 껍질 속에 있다는 정보(2차 정보)를 함께 전달 가능하다. 예시 3 역시 국화 기공의 모양에 관한 1차 정보만을 전달하고 있다. 따라서 앞의 예시들의 관찰수준은 예시 1이 1, 예시 2가 2, 예시 3이 1이다. 즉, 관찰지식을 통해 알 수 있는 정보의 차원 수를 관찰의 수준으로 볼 수 있다.

●● 관찰지식의 객관도

과학철학자인 핸슨(Hanson, 1961)과 과학교육학자 호드슨(Hodson, 1986)은 관찰을 단순히 보는 것(seeing) 이상이며, 또한 보는 것은 단순히 수동적으로 감각정보를 받아들이는 것 이상이라고 하였다. 이는 관찰이 단순한 감각적 수용이 아닌 고차원적 사고가 동반되는 활동이라는 의미가 된다.

밀러(Miller, 1991)는 관찰자가 모든 시각적 정보를 처리할 수 없기 때문에 관련 정보만을 추출하여 관찰하게 되는데, 이때 어떤 정보만을 선택할 것인가에 이론이 영향을 미친다고 주장했다. 또한 실제로 모든 관찰이 가능한 것이 아니고 탐구의 목적에 관련된 중요한 관찰만을 선택하는 기능을 중요한 탐구의 기능으로 보기도 한다.

이와 같이 개인의 인지구조에 의존적인 관찰의 특성(theory-laden)으로 인해, 이를 통해 생성되는 지식들이 과학적 지식으로 인정받기 위해서는 무엇보다도 객관성(objectivity) 측면이 요구된다. 이러한 관찰지식의 객관성 정도를 파악함으로써 그 지식의 질(quality)을 올바르게 평가할 수 있다.

예시 1. 새우가 시간이 지나면서 먹음직스러워진다.

예시 2. 백합의 기공 속 엽록체는 크다.

예시 3. 몸 전체에 검은 반점이 있다.

예시 4. 가열 전 14㎝이던 새우의 몸길이가 13.5㎝로 0.5㎝ 줄어들었다.

예시 1에서 새우가 먹음직스럽다는 것은 개인적인 느낌을 기술한 것으로 감성의 표현이다. 이는 관찰을 통한 과학적 사실지식으로 보기 어렵다. 예시 2의 경우에는 기공 속의 엽록체가 크다는 비교 관찰을 수행하여 관찰지식을 생성하였으나 구체적으로 어느 대상과의 비교인지와 얼마나 큰지에 대한 기준이 제시되어 있지 않은 모호한 수준이다. 예시 3은 새우의 몸에 검은 점이 있다는 사실을 나타냄으로써 관찰 대상의 정성적 특성에 대한 지식만을 생성해 내고 있다. 예시 4는 새우를 가열하면서 관찰대상물인 새우가 정확히 어느 정도 길이 변화가 생겼는지에 대해 0.5㎝라는 수치 데이터를 통해 제시하고 있다. 정량적인 관찰지식의 제시가 정성적인 지식의 제시보다 발전된 형태이고 과학적인 방식이라는 것은 학생들의 관찰양식 변화 연구 등(권용주 외, 2005; 박명희 외, 2005; 신동훈 외, 2006)을 통해 확인된 바 있다. 이러한 내용을 종합하여 수준에 따른 점수화가 용이하도록 유목화해 보면 〈표 8-1〉과 같다.

이상의 논의에서 나타난 바와 같이 과학적 관찰은 유형, 다양도, 수준, 객관도라는 항목에 의해 평가될 수 있다. 이를 정리하여 제시하면, [그림 8-1]과 같다.

〈표 8-1〉 관찰의 객관도(Observation's Degree of Objectivity: DOn) 배점 기준

구분	배점
관찰이 아닌 것	0
관찰 사실이지만 부정확하게 기술된 것	1
관찰 사실이고 정성적으로 기술된 것	2
관찰 사실이고 정량적으로 기술된 것	3

[그림 8-1] 과학적 관찰능력의 평가기준

(2) 관찰력 지수(OQ) 산출식의 고안

앞에서 분석한 바와 같이 관찰지식은 크게 관찰지식의 수(관찰의 풍부도), 관찰 지식의 정확성(관찰의 객관도), 관찰지식의 깊이(관찰의 수준), 그리고 관찰의 다양도라는 네 가지 측면에서 평가될 수 있다. 또한 집단 내에서 개인의 상대적 수준을 가늠하려 할 경우, 이들 4대 요소를 각기 해당 집단의 최고점자 점수로 나누어 주면 수준 파악이 가능해진다. 이상의 내용들을 근거로 개인의 관찰력을 평가할 수 있는 지수를 산출하는 방법을 식으로 나타내면 [그림 8-2]와 같다.

$$OQR = \Sigma(LEn/HP_{LE} \times \Sigma DOn/HP_{\Sigma DO}) \times D/HP_D$$

상대적 관찰력 지수 = {첫 번째 관찰지식(관찰의 수준 / 집단 내 관찰 수준의 최고점 ×각 지식의 객관도 합 / 집단 내 객관도 합의 최고점)} + … + n번째 관찰지식}×관찰의 다양도 / 집단 내 다양도의 최고점

(OQR: relative observational ability quotient, D: diversity, HP_{LE}: highest point of level, HP_D: highest point of diversity, DO: observation's degree of objectivity, $HP_{\Sigma DO}$: highest point of total degree of objectivity, n: n-st observation knowledge)

[그림 8-2] 단일집단 내에서의 관찰력 지수 산출식

만약, 같은 반과 같은 단일 시행 집단이 아닌 다른 반이나 다른 학교와 관찰력 지수를 비교하고자 한다면, [그림 8-2]의 산출식을 다음과 같이 변형하여 적용이 가능하다.

$OQ_A = \Sigma(LEn \times \Sigma DO_n) \times D$

절대적 관찰력 지수 = {첫 번째 관찰지식 (관찰의 수준×각 지식의 객관도 합)}+ …+ n번째 관찰지식}×관찰의 다양도

(OQ_A: absolute observational ability quotient, LE: level of observation knowledge, DO: observation's degree of objectivity, D: diversity, n: n-st observation knowledge)

[그림 8-3] 서로 다른 집단 간 비교를 위한 관찰력 지수 산출식

다음 예시에서는 학생 A가 생성한 관찰지식을 통해, 지수 산출식을 이용한 관찰지식 생성능력 평가과정을 소개하고자 한다.

[학생 A가 식물의 기공관찰 활동에서 생성한 관찰지식]

예시 1. 국화의 기공 모양은 타원형이다.

〈시각, 단순, 정성〉 [정적 상태, 무비교, 전체] 수준 1, 객관도(2)

예시 2. 국화는 기공 내에 엽록체가 둥근 모양으로 들어 있다.

〈시각, 단순, 정성〉 [정적 상태, 무비교, 부분] 수준 2, 객관도(2, 2)

예시 3. 국화 기공의 세포벽은 세 겹으로 되어 있다.

〈시각, 단순, 정량〉 [정적 상태, 무비교, 부분] 수준 2, 객관도(2, 3)

예시 4. 백합은 기공세포의 안쪽 벽이 바깥쪽보다 두껍다.

〈시각, 단순, 정성〉 [정적 상태, 비교, 부분] 수준 2, 객관도(2)

예시 5. 국화와 백합은 기공 내벽이 세 겹이지만 소나무는 두 겹이다.

〈시각, 단순, 정량〉 [정적 상태, 비교, 부분] 수준 2, 객관도(2, 3)

예시 6. 회양목은 가장 낮은 배율에서 7개의 기공이 보인다.

〈시각, 단순, 정량〉 [정적 상태, 무비교, 전체] 수준 1, 객관도(3)

예시 7. 백합의 기공 속 엽록체는 크다.

〈시각, 단순, 정성〉 [정적 상태, 무비교, 부분] 수준 2, 객관도(1)

학생 A의 관찰지식과 학생 A가 속한 반의 최고점을 앞에서 제시한 관찰지식의 평가요소별로 정리하면 아래와 같다.

〈표 8-2〉 학생 A의 관찰지식 결과

대상	관찰과제	다양도	수준과 객관도							
학생 A	기공 관찰	7	1×2	2×(2+2)	2×(2+3)	2×2	2×(2+3)	1×3	2×1
집단 내 최고 점수		10	수준: 3, 객관도: 7							

이를 상대적 관찰력 지수 산출식으로 계산하면, 다음과 같다.

$$OQ_{R-\text{학생A}} = [(1/3 \times 2/7) + \{2/3 \times (2+2)/7\} + \{2/3 \times (2+3)/7\} + (2/3 \times 2/7) + \{2/3 \times (2+3)/7\} + (1/3 \times 3/7) + (2/3 \times 1/7)] \times 7/10 = 1.3$$

(3) 관찰지식 생성능력 평가의 실제

다음은 학생 H가 생성한 관찰지식의 일부다. 학생 H의 관찰지식을 분석하여 〈표 8-3〉에 기입한 후, 관찰력 지수 산출식을 이용하여 평가해 보자.

예시 1. 백합은 기공세포의 안쪽 벽이 바깥쪽보다 두껍다.

예시 2. 국화와 백합은 기공 내벽이 세 겹이지만 소나무는 두 겹이다.

예시 3. 회양목은 가장 낮은 배율에서 7개의 기공이 보인다.

예시 4. 백합의 기공 속 엽록체는 크다.

예시 5. 껍질을 벗겨 보니, 외투막에 검은 색소가 있었다.

예시 6. 가열을 하면, 꼬리부터 주황색으로 변한다.

예시 7. 가열을 하자 구수한 냄새가 나기 시작한다.

예시 8. 가열하면 회갈색의 점들이 주황색으로 바뀐다.

예시 9. 가열하면 새우의 등이 처음보다 0.5㎝ 줄어들면서 새우가 구워진다.

예시 10. 시간이 지나면서 새우가 먹음직스러워진다.

〈표 8-3〉 학생 H의 관찰지식 결과

피험자	관찰과제	다양도	수준과 객관도				
학생 H	관찰						
집단 내 최고 점수		10	수준: 3, 객관도: 7				

상대적 관찰력 지수 = {첫 번째 관찰지식(관찰의 수준 / 집단 내 관찰수준의 최고점 ×각 지식의 객관도 합 / 집단 내 객관도 합의 최고점)} + ⋯ + n번째 관찰지식}×관찰의 다양도 / 집단 내 다양도의 최고점

절대적 관찰력 지수 = {첫 번째 관찰지식(관찰의 수준×각 지식의 객관도 합)} + ⋯ + n번째 관찰지식}×관찰의 다양도

2. 과학적 관찰능력 평가의 적용활동 Ⅰ

식혜 관찰

이 활동은 학생들이 즐겨 먹는 식혜를 직접 관찰해 보는 활동이다. 이 활동에서 학생들은 다양한 관찰방법을 이용하여 식혜의 특성을 관찰해 볼 수 있다.

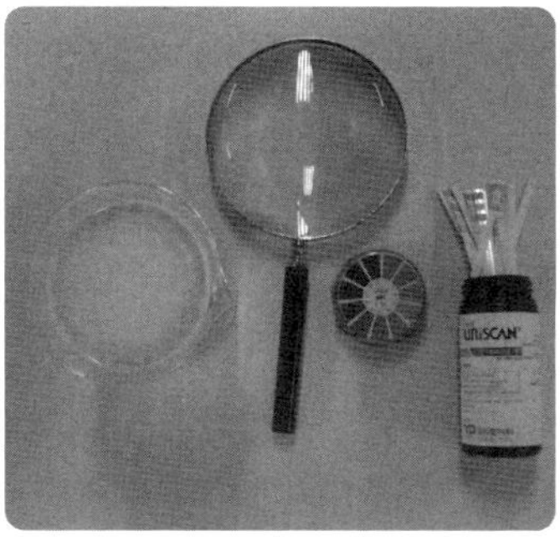

〈준비물〉

① 식혜
② 돋보기
③ 비커
④ 당 검사지
⑤ pH 검사지

〈탐구방법〉

① 식혜를 투명한 비커에 넣고 관찰한다.

② 식혜의 냄새를 맡아 본다.

③ 식혜의 맛을 본다.

④ 식혜 속의 밥알을 만져 본다.

⑤ pH 검사지를 이용하여 식혜의 pH를 측정해 본다.

⑥ 당 검사지를 이용하여 측정해 본다.

〈유의 사항〉

• 식혜는 시중에 판매하는 것을 구입하여 관찰해도 좋지만 직접 만들어서 시간에 따른 변화를 관찰하는 것도 좋다.

• 관찰 후 탐구에 실험 재료로 사용된 식혜는 먹지 않는다.

과학적 관찰능력 평가활동지

활동	생성한 관찰지식	관찰지식의 평가			
		유형	다양도	수준	객관도
관찰 능력 평가					

3. 과학적 관찰능력 평가의 적용활동 II

조개껍데기 관찰

이 활동은 여러 종류의 조개껍데기를 관찰해 보는 과제다. 이 실험을 통해 다양한 조개껍데기의 모양에 대해 관찰해 볼 수 있다.

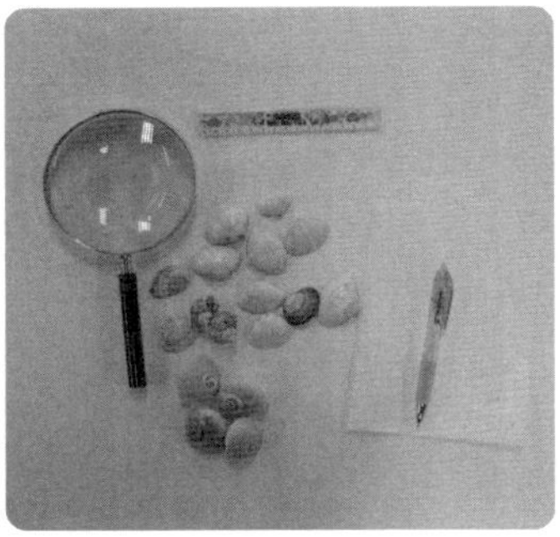

〈준비물〉

① 여러 종류의 조개껍데기

② 돋보기

③ 자

④ 펜, 종이

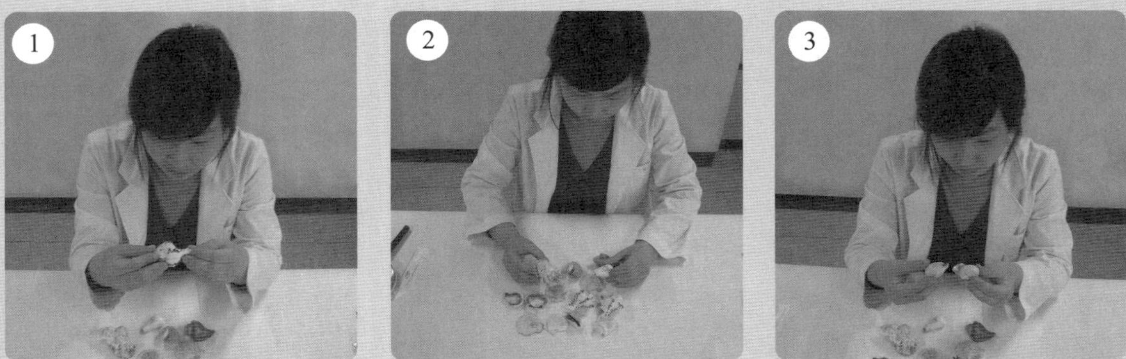

〈탐구방법〉

① 여러 종류의 조개껍데기를 준비한다.

② 조개껍데기의 모양을 관찰한다.

③ 조개껍데기들 간의 모양을 비교 관찰한다.

④ 자를 이용하여 무늬의 길이를 재 본다.

⑤ 돋보기를 이용하여 조개껍데기를 상세하게 관찰한다.

⑥ 관찰한 내용을 적어 본다.

〈유의 사항〉

- 조개껍데기가 깨지지 않도록 주의한다.

과학적 관찰능력 평가 활동지

활동	생성한 관찰지식	관찰지식의 평가			
		유형	다양도	수준	객관도
관찰 능력 평가					

09
과학적 분류능력 평가

이 장에서는 분류 사고과정과 유형을 바탕으로 과학적 분류능력을 객관적 · 정량적으로 평가할 수 있는 방안에 대하여 살펴볼 것이다. 이어 과학적 분류지식의 생성과 평가과정에 대한 실제 적용과정을 소개하고자 한다.

관찰능력 평가 | 분류능력 평가 | 의문생성능력 평가 | 가설생성능력 평가 | 실험설계능력 평가 | 가설평가능력 평가

1. 과학적 분류능력의 평가

꽃가루 분류

이 활동에서는 여러 가지 꽃가루의 내부 구조, 색, 표피의 층상 구조(perine & serine) 혹은 장식구조물(ornamentation) 등을 관찰하고 이를 통하여 다양한 분류군을 만들어 볼 수 있다.

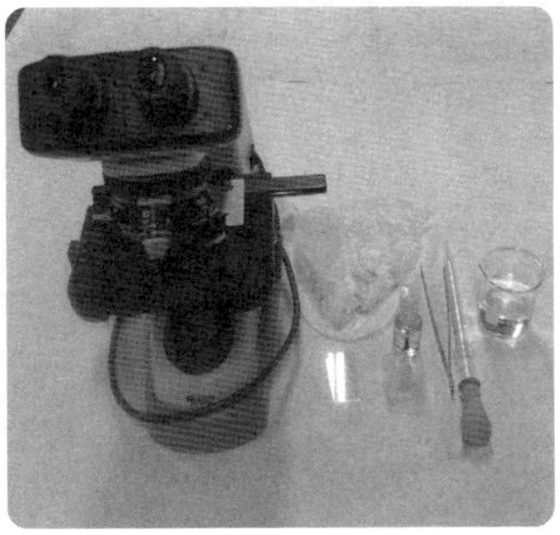

〈준비물〉

① 여덟 종류의 꽃가루
② 슬라이드 글라스, 커버 글라스
③ 스포이트, 물
④ 매니큐어, 핀셋

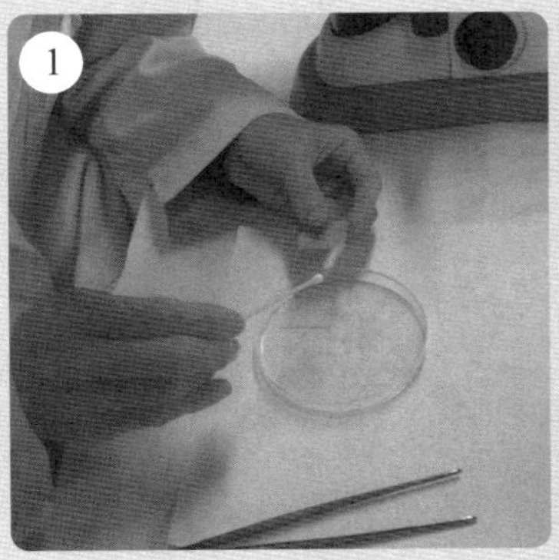

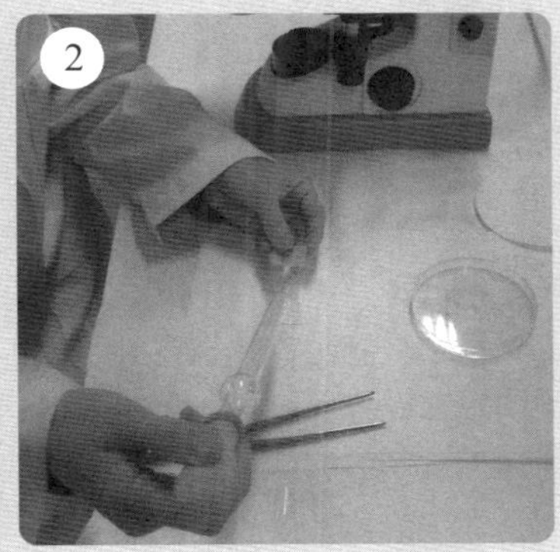

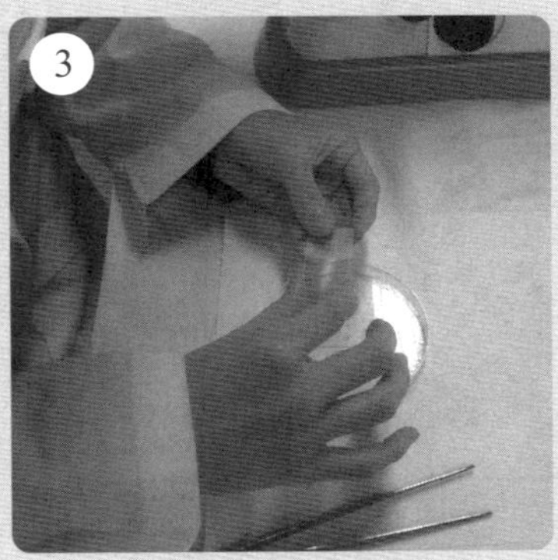

〈탐구방법〉

① 서로 다른 특징을 가지고, 다른 분류군에 속한 여덟 가지 꽃가루를 준비한다.

② 꽃가루가 많이 묻은 수술을 슬라이드 글라스 위에서 털거나 문질러 준 뒤에 스포이트로 물을 한 방울 떨어뜨리고 커버 글라스로 덮은 뒤에 봉입한다.

③ 화장용 투명 매니큐어를 사용하면, '카나디언 발삼' 이나 '폴리비닐 글리세롤(PVLG)' 등과 같은 영구 표본용 봉입제가 없이도 현장에서 쉽게 간이용 영구 프레파라트 제작이 가능하다.

〈유의 사항〉

- 시기와 장소에 따라 얻을 수 있는 꽃가루가 다르므로 적절하게 조절이 가능하다.
- 식물마다 웅예(雄蕊) 성숙의 시기가 다를 수 있으므로 학습 시기에 맞는 식물을 선정하여 완전 성숙이 이루어진 것을 사용해야 꽃가루 획득이 용이하다.
- 영구 보존을 원하면 물보다는 글리세롤을 떨어뜨릴 것을 추천한다(물을 떨어뜨리고 오래 방치하면 포자나 꽃가루 고유의 색소가 빠져나가 투명해진다.).

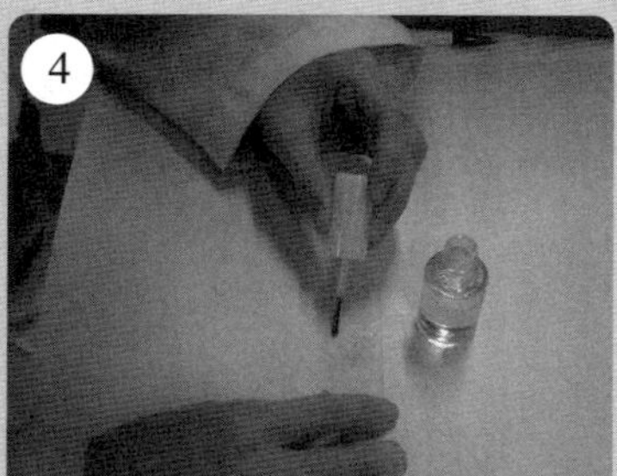

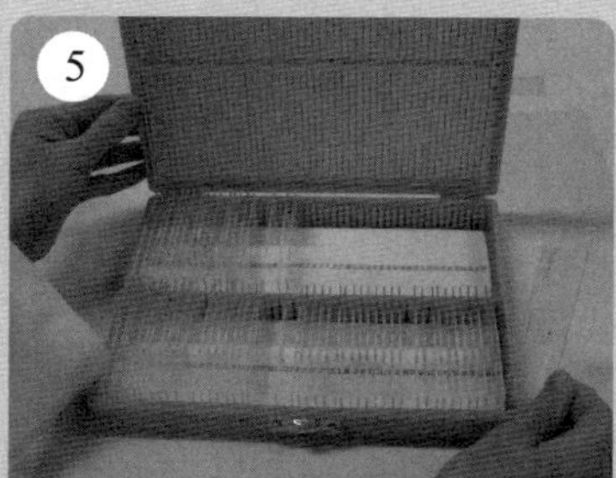

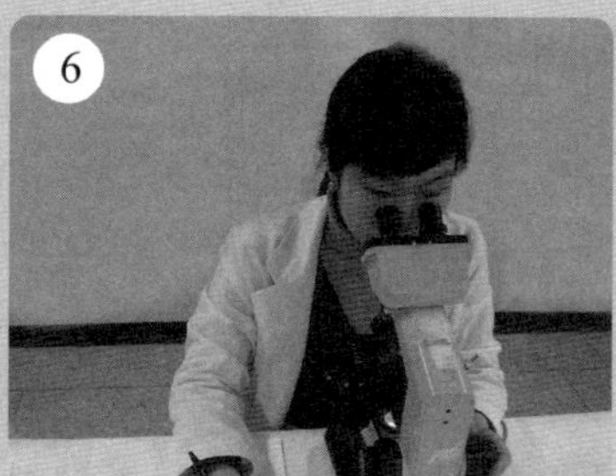

과학적 분류능력 평가활동지

<table>
<tr><th rowspan="2">활동</th><th rowspan="2">생성한 분류지식</th><th colspan="4">분류지식의 평가</th></tr>
<tr><th>유형</th><th>기준수</th><th>차원수</th><th>정확도</th></tr>
<tr><td rowspan="4">분류
능력
평가</td><td></td><td></td><td></td><td></td><td></td></tr>
<tr><td></td><td></td><td></td><td></td><td></td></tr>
<tr><td></td><td></td><td></td><td></td><td></td></tr>
<tr><td></td><td></td><td></td><td></td><td></td></tr>
</table>

과제의 과학적 배경 지식

꽃가루 분류과제는 여덟 가지 식물의 실제 꽃가루를 제시하고 이들의 세부 특징을 광학현미경을 통해 관찰한 후 파악된 공통점과 차이점을 기반으로 분류를 수행하는 활동이다. 이 과제는 실제로 식물학의 한 분과인 '화분학(花粉學, Palynology)'의 주요 연구대상이면서, 현대 식물분류학자들이 유전자 분석과 함께 중요한 형질로 여기고 있는 화분(Judd, Campbell, Kellogg, & Stevens, 1999)을 마치 자신이 분류학자가 된 것처럼 관찰하면서 분류해 봄으로써 이들과 동일한 사고과정을 체험할 수 있다.

꽃가루 분류과제는 원식물의 분류군마다 상이한 화분의 형태적 특징을 배경으로 한다. 이끼, 양치식물과 나자식물 및 피자식물을 막론하고 모든 육상식물의 포자와 화분은 그들의 진화적 계통군에 따라 독특한 형태와 2차, 3차의 표피장식구조(ornamentation structures)를 지닌다(Iwanami, Sasakuma, & Yamada, 1988; Judd et al., 1999; Tryon & Lugardon, 1991). 따라서 학습자들이 이들의 분류기준으로 추출할 세부 속성이 풍부하며, 이러한 특징은 적은 수의 학습용 샘플(sample)만으로도 각기 다른 초점 속성을 기대할 수 있기 때문에 다양한 분류지식의 생성을 유도할 수 있다. 특히 이러한 특성은 실제 식물분류학자들에게도 분류 시 우선순위로 고려되는 형질의 하나이며(Judd et al., 1999), 꽃가루 자체의 형질 안정성 때문에 고생물학자나 고기후학 학자들이 화석종과의 수리-분계적 분석에 종종 활용하고 있다(박기룡, 1998; Iwanami et al., 1988).

이 활동에 제시된 여덟 가지 종류의 꽃가루는 피자식물문인 백합과(科) 참나리, 아욱과 무궁화, 국화과 금계국 · 코스모스, 능소화과 능소화, 닭의장풀과 닭의장풀(달개비), 바늘꽃과 달맞이꽃 그리고 나자식물 간 소나무과 소나무의 것이며, 일선 학교주변에서 야생 혹은 원예식물로 흔히 구할 수 있는 것들이다. 이 연구에서 제시한 여덟 가지 식물 이외에도 해당 계절에 채취가 용이한 다른 식물의 꽃가루로 교체하여 수업을 진행하여도 좋다.

1) 과학적 분류지식 생성의 평가

분류(classification)라는 것은 개별적인 관찰대상들에서 공통성과 차이점을 찾아 집단으로 구분하고, 이를 바탕으로 대상들의 집단 사이에서 존재하는 위계적인 순서를 정하는 일반화의 과정이다(권용주, 최상주, 박윤복, 정진수, 2003b; AAAS, 1990). 이러한 '분류'는 연구의 대상이나 목적, 연구방법 혹은 이용 가치라는 기준에 따라 달리 이루어지고 있지만 사물을 범주화한다는 점에 있어서는 어느 영역에서나 같은 능력을 의미한다(소광희, 1994). 사물에 대한 분류능력은 도서관에서 책을 정리하는 데 흔히 사용되는 '듀이 십진분류법' 처럼 실제로 과학 및 과학교육 이외의 분야에서도 일상적으로 사용되고 있으며, 인간이 외부 세계로부터 지식을 획득하고 개념을 범주화하는 과정의 신경-인지적 기초를 제공하기도 한다(신현정, 2000). 로시와 바이올시, 워커 그리고 헤리(Loshe, Biolsi, Walker, & Herry, 1994)에 따르면 모든 과학의 중심에는 분류가 있고, 분류활동을 통하여 체계적으로 탐구영역을 구조화할 수 있으며, 발달하는 개념에 이론의 틀을 제공한다고 했다. 또한 스턴버그와 가드너(Sternberg & Gardner, 1983)에 따르면, 분류는 여러 가지 형태로 제시될 수 있으며, 유추, 계열의 완성 등과 함께 일반화에 기여한다고 하였다. 뿐만 아니라 클라우어와 페이(Klauer & Phey, 1995), 클라우어, 윌리엄스 그리고 페이(Klauer, Wilmes, & Phey, 2002), 조은미, 김수일, 정진수, 권용주(2005)는 이를 더욱 발전시켜 분류를 문제해결의 한 과정으로 제시하였다.

이와 같이 중요한 분류능력을 배양하기 위하여, 1960년대 이후 과학교육학자들은 과학 교육과정의 개발에 있어 분류를 중요한 요소로 포함시켰고(Kaur, 1973), 이후 SAPA, APU, SCIS 및 제7차 과학 교육과정 등 국내외의 여러 교육과정 및 탐구평가 도구에서 탐구의 핵심요소로 분류를 반드시 포함시켰다(교육인적자원부, 2002; 권재술, 김범기, 1994; AAAS, 1965; APU, 1980). 이에 따라 우리나라의 과학교육에서는 분류를 관찰, 측정과 함께 기초 탐구과정의 하나로 두고 가르치도록 하고 있다(최현동, 양일호, 권치순, 2005). 특히, 생물학의 경우는 생명체의 다양성을 과학적으로 설명해 나가는 것에 주안점을 두고 있으므로(Mayr, 1997), 생물들에 대한 분류가 반드시 요구되며 분류능력은 생물학 연구와 생물교육에 없어서는 안 되는 능력으로 여겨져 왔다(우건석, 조광선, 박규택, 1997; 이종욱, 김창환, 문태영, 1993; 이현주, 2002; 조은미 외, 2005; Honey & Paxman, 1986; Mayr, 1997).

그러나 생물교육 영역에서의 분류와 관련된 연구들은 대부분 분류를 결과적 지식의 하나인 개념으로 가정하고 연구가 이루어져 왔으며, 실제로 학교 현장에서나 교과서에서 분류를 가르치고 배우는 과정 역시 분류기준의 이해에 치중하고 있다(심재호, 정완호, 1996; 이소영, 강태완, 김남일, 2004; 정완호, 허명, 차희영, 1991). 즉, 분류능력을 배양시기보다는 타인의 두뇌(학자나 교사)를 통해 이미 분류된 후 교과서나 참고서에 제시된 결과적 분류지식(분류기준, 생물의 계통학적 정보 등)을 암기하는 방식이 주를 이루고 있다. 이소영 등(2004)은 초등학생들이 동식물을 대상으로 기초적인 분류를 수행하면서 나타나는 오개념을 알아보면서 분류를 교정이 가능한 결과지식 측면에서 접근하는 방식을 취했다. 또한 정완호 등(1991)은 우리나라 초 · 중 · 고등학생들의 동물 분류에 대한 개념조사에서 역시 동물을 분류하는 능력보다는 이미 제시된 교과서적인 '분류기준'을 얼마나 알고 있는가에 역점을 두고 있다고 기술하였다.

다만, 최근 조은미 등(2005)은 생물 계통수 생성의 사고모형 개발을 통해 분류 및 계통수 생성의 능력 측면을 다룬 바 있긴 하나, 이는 정성적 측면에서의 과정 규명일 뿐 분류능력에 대한 정량적이고 객관적인 측정방법을 제시하지 못하고 있다. 따라서 어떤 교사가 학생에게 분류능력의 신장에 도움을 주는 교수-학습 프로그램으로 수업을 진행한 후 이에 의한 분류능력 발달 정도를 측정하기는 매우 어렵다. 그러므로 결과적 지식인 개념검사에 기초한 현행 측정방식으로는 해당 학생의 분류능력(권용주, 고경태, 정진수, 2003a)을 객관적으로 평가하는 것은 거의 불가능하다.

이러한 연구들을 통해 학생들에게 제시된 분류 과제의 특성을 살펴보면, 문장형태의 개념검사지(심재호, 정완호, 1996; 이소영 외, 2004; 정완호 외, 1991), 도형카드(최현동 외, 2005; Bruner, Goodnow, & Austin, 1965.) 혹은 가상의 생물체(권용주 외, 2003b) 등에 국한되어 있어서 다양한 생명 현상 혹은 생물체를 실제로 탐구하는 분류와는 차이가 크다. 따라서 이러한 과제는 연구에는 용이할 수 있으나 생태적 타당도(ecological validity) 면에서는 다소 부족하다고 볼 수 있다(김정환, 2003). 아울러 지금까지의 분류능력에 관한 연구방식은 학생들이 생성한 분류지식에 대해서 서술적이고 정성적인 분석이 대부분이어서 학생 개개인 간의 혹은 학급 내 모둠 간의 차이는 물론이고 교육에 의한 발달 정도를 정량적으로 비교하기 어려웠다.

그러나 학생들의 정성적인 지식을 정량적인 수치인 지수(quotient)로 변환시켜 산출할 수 있다면 그 효용성은 매우 크다고 할 수 있다. 그러나 최근 이를 효과적으로 극복할 수 있는 방법의 하나로 정성적인 학생들의 지식을 정량적인 수치인 지수(quotient)로 변환시켜 줄 수 있는 산출식(equaticn)이 제시되고 있다(권용주, 이준기, 정진수, 2007).

개별 분류지식들의 귀납적 항목화를 통해 얻은 지수 산출식을 통해 학생들의 분류능력을 정량적이고 객관적인 방법으로 평가한다면, 수행평가와 같은 질적 자료 평가에 유용할 것으로 전망된다. 여기서는 학생들의 분류능력 지수 산출식을 통해 앞서 제시된 '꽃가루 분류' 의 활동결과 일부를 평가해 보고자 한다.

(1) 분류지식의 평가요소

●● 단위분류의 유형 분석

현장 분류학자들이 생명체에 관한 분류를 수행함에 있어, 무엇보다 중요하게 생각하는 것은 형질상태(character state)다(고철환, 1988). 그렇다면, 학생들의 분류능력을 평가하는 데 있어서도 이는 그대로 반영되어야 할 것이다. 즉, '그들이 제시된 대상을 분류함에 있어 어떤 방식으로 형질을 고려하는가?' 이는 결국 '그들이 생성한 분류기준의 출처는 어디이며, 그 범위는 어디까지인가?' 로 해석된다. 다음의 예시들을 통해 형질상태 운영의 유형을 살펴보자.

예시 1. 식용의 유무-(가능한 것: 8), (불가능한 것: 1, 2, 3, 4, 6, 7)

예시 2. 꽃가루의 색깔-(녹색: 4), (노란색: 2, 7, 8), (붉은색: 1), (흰색: 3, 5)

예시 1에서 '꽃가루를 먹을 수 있는가' 의 문제는 현미경 관찰만으로는 얻을 수 없는 정보다. 따라서 이 속성은 자신이 기존에 알고 있던 지식으로부터 온 것이며, 분류대상 내에는 존재하지 않는 것이다. 많은 경우 이런 식의 분류는 객관적이고 정확한 분류로 이어지기 힘들다(Judd et al., 1999). 한편 여기서는 대상을 분류함에 있어 기준속성 하나만을 가지고 해당되는 집단과 아닌 집단으로 나누고 있다. 이와 같은 분류방식을 분류학에서는 '이원분류' 라 하며, 비교적 단순한 분류의 유형으로 보고 있다. 예를 들어, 어떤 세균을 그람 염색(Gram staining)이 되는 집단과 되지 않는 집단으로 분류하는 것이 이와 같은 경우다(고철환, 1988). 하지만 이런 분류방식에서는 기준에 합당한 집단은 큰 문제가 되지 않으나 기준과 배치되는 나머지 한 집단은 반대 사례의 집합체 이상의 정보를 얻을 수 없게 된다.

예시 2에서 꽃가루의 색깔이라는 형질은 실제로 관찰을 통해 얻을 수 있는 정보다. 즉, 분류에 사용된 기준속성 자체가 그 대상 내에 존재하는 것이다. 이와 같은 방식은 예시 1의 경우보다 객관적이고 바람직한 분류로 간주되고 있다(Judd et al., 1999). 또한 여기서는 예시 1에서와 같이 단편적인 긍 · 부의 집단 구분이 아닌 한 번에 다양한 속성을 고려하는 넓은 범주의 분류를 실시하고 있다. 이를 분류학에서는 '다원분류' 라 하며, 이와 같은 방식의 분류를 할 경우 형질상태 면에서 연구자가 파악할 수 있는 스펙트럼(spectrum)이 넓어지게 된다(고철환, 1988; 박기룡, 1998).

이와 같은 내용을 바탕으로 단위분류(하나의 기준속성을 대상으로 행해지는 개별분류 단위)마다의 유형을 정리해 보면 〈표 9-1〉과 같다.

〈표 9-1〉 단위 분류의 유형(Type of the classification: TC) 배점 기준

구분		배점
기준속성이 분류대상 내에서 추출되지 않은 경우	이원분류(단순분류)	1
	다원분류(복합분류)	2
기준속성이 분류대상 내에서 추출된 경우	이원분류(단순분류)	3
	다원분류(복합분류)	4

●● 분류기준의 정확성

학생들이 활동 과제를 수행하면서 활동지에 기록한 분류지식들의 질적 분석에는 실제 분류학자들이 생물체를 분류할 때 중요시하는 요소들이 고려되어야 할 것이

다. 현대 생물분류학을 이끄는 3대 설명 체계는 마이어(Mayr)를 중심으로 하는 '진화분류학(고전학파)', 소칼(Sokal)과 스네스(Snaeth)의 '수리분류학', 그리고 헤니히(Hennig)의 '분지론'이 있다(고철환, 1988). 이들 모두는 분류에 있어 가장 중요한 것을 분류형질의 선택과 운영으로 볼 수 있다. 분류학은 대상 생물에 대한 정보를 분석하고 이의 결과를 종합하는 두 단계를 모두 포함하는데, 이러한 과정이 분류학적 형질에 기초를 두어 수행된다. 형질은 모든 분류학자가 고민하는 영역이며, 이에 대해 마이어(Mayr, 1997)는 생물군의 어떤 속성으로서 서로 다른 분류적 범주에 속하는 생물과는 다르고 서로 같은 분류적 범주에 속하는 생물과는 같은 속성이라 하였다. 그는 형질의 기능에 대해 분류군을 서로 구별해 내는 식별(diagnostic)의 기능을 가진다고 주장하였다. 즉, 단위분류를 수행할 때마다 어떤 형질을 통해 그 대상을 나누고 묶으며, 체계화할 것인가에 관한 내용이 '분류기준(taxonomic criterion)'이 되며, 분류에 있어 형질의 올바른 선택—즉, '분류기준의 정확성'은 분류체계 전체의 정당성을 판가름하는 중요한 요소로 고려되고 있다(고철환, 1988).

학생의 분류지식을 평가할 때에도 앞의 내용을 고려한다면, 그 지식의 가치(quality)를 올바르게 평가할 수 있을 것이다. 다음의 예시는 '꽃가루 분류활동'에 대해 학생들이 생성한 분류지식의 일부다.

예시 1. 가시의 유무–(있는 집단: 1, 5, 8), (없는 집단: 2, 3, 4, 6, 7)

예시 2. 꽃가루의 크기–(큰 것: 1, 2, 7, 8), (작은 것: 3, 4, 5, 6)

예시 3. 꽃가루의 색깔–(녹색: 4), (노란색: 2, 7, 8), (붉은색: 1), (흰색: 3, 5)

예시 4. 부속물(기낭)의 개수–(0개: 1, 2, 3, 4, 5, 6), (2개: 8), (3개: 7)

예시 1은 가시의 유무라는 기준을 바탕으로 분류를 수행하였지만, 실제로 가시라는 준거속성이 분류된 하위집단 내의 유사 및 비유사적 속성을 전혀 대변해 주지 못하는 경우다. 꽃가루 1과 8의 경우는 표면에 가시가 전혀 없고, 5의 경우는 가시가 있다. 이처럼 기준과 대상 항목 간의 불일치가 나타나면, 분류가 올바르게 수행되었다고 보기 어렵다.

예시 2의 경우 꽃가루의 크기라는 기준을 통해 단위분류 지식을 생성하였으나 구체적으로 무엇과 비교했을 때인지, 혹은 어느 정도 크기가 되어야 크거나 작은 것인지 기준이 제시되어 있지 않은 모호한 수준이다.

예시 3은 꽃가루의 색깔이라는 분류기준을 사용하여 대상을 네 개의 집단으로 나누고 있다. 자연현상에서 얻는 자료는 기재에 의한 것일 수도 있고 수리적인 것일 수도 있다. 수리적인 자료의 경우는 크게 두 가지로 나뉘는데, 첫째는 각 대상(object)에 있어서 어떤 속성(attribute, property)이 나타나는가 혹은 그렇지 않은가(有無의 문제)만을 취급하는 정성 자료와, 둘째는 이러한 속성이 나타날 경우 그 속성의 상태가 정도의 차이에 의한 수치로서 나타나게 되는 정량 자료다(고철환, 1988). 여기서 제시된 꽃가루의 색깔이라는 것은 유무만을 판정할 수 있는 것으로 정성적 속성을 지니는 기준이다.

예시 4의 경우는 꽃가루에 부착된 부속물(기낭)의 개수를 직접 측정하여 이를 기준으로 대상을 세 개 집단으로 유집하고 있다. 이는 일단 대상으로부터 이러한 속성이 있는지 여부를 판단해야 하고 이에 그치지 않고, 정도의 차이에 대한 계량적 정보를 얻어야 판단이 가능하다. 정량 자료에 의한 분류기준 설정이 이루어질 경우 이미 대상 내에서 속성의 유무에 대한 판단이 이루어진 상태이므로 정성 자료에 의한 분류보다 고차원적인 사고를 요함과 동시에, 담고 있는 정보의 스펙트럼이 넓어서 대상 집단에 대해 보다 많은 부분을 설명해 줄 수 있는 장점이 있다(고철환, 1988; 우건석, 조광선, 박규택, 1997).

이러한 내용을 종합하여 수준에 따른 점수화가 용이하도록 유목화해 보면 〈표 9-2〉와 같다.

〈표 9-2〉 분류기준의 정확성(Accuracy of n-st criterion: ACn) 배점 기준

구 분	배점
분류기준과 분류대상 항목이 관련되지 않는 경우	0
분류기준이 분류대상 항목과 관련되지만, 부정확한 것(객관적이지 않은 것)	1
분류기준이 분류대상 항목과 관련되고, 객관적이면서 정성적인 것	2
분류기준이 분류대상 항목과 관련되고, 객관적이면서 정량적인 것	3

●● 분류의 차원과 기준의 수

전체집단을 하나의 기준으로 분류한 뒤에 초기화하고 다른 기준으로 분류하는 식의 단순분류는 단위분류를 위한 기준 하나만을 고려하면 되지만, 분류된 전체집단에 대한 2 · 3차 이상의 집단분류는 계속해서 하위 분류기준과 집단들에 대한 속성을 고려하고 이 범주 내에서만 사고해야 한다(권용주, 정진수, 강민정, 김영신, 2003; 신현정, 2000). 따라서 이러한 방식의 분류는 과제 수행자로 하여금 보다 많은 인지적 부담(cognitive load)을 안게 하는 고차원적인 분류라고 할 수 있다. 이는 과제 수행자가 2차 이상 분류기준 적용 시에 그의 두뇌 속의 작업기억(working memory)을 활용하여, 1차 분류기준의 준거속성 및 하위집단의 공통점과 차이점 등의 정보표상을 상위분류를 종료하는 시점까지 계속 유지시켜 주어야 한다(Goel & Dolan, 2000). 만약 기준표상의 수가 늘어 가면서 정보량이 과다하여 과제 수행 도중 이를 상실하거나 왜곡되면, 최종 분류집단은 기준과 부합되지 않는 정확도 0의 값을 갖는 것으로 귀결될 것이다. 예를 들어, 다섯 가지나 되는 다양한 방법으로 분류하였으나 단순분류만 수행한 경우와 비록 두 가지밖에 안 되는 기준으로 분류하였지만 분류 후 재분류하는 계통적인 분류를 수행한 경우는 능력에 차이가 있다고 할 수 있다. 이러한 경우 두뇌의 인지적 부담은 후자에게서 더욱 커진다.

이상의 논의에서 나타난 바와 같이 과학적 분류는 유형, 정확성, 수준이라는 항목에 의해서 평가될 수 있다. 이를 정리하여 제시하면, [그림 9-1]과 같다.

[그림 9-1] 과학적 분류능력의 평가기준

(2) 분류능력 지수(CQ) 산출식의 고안

앞에서 분석한 바와 같이 학생들이 생성한 분류지식은 크게 분류기준의 수, 분류의 차원 수, 단위분류의 유형 그리고 분류기준의 정확성이라는 네 가지 측면에서 평가될 수 있으며, 개인의 능력 측면에서는 이러한 분류지식들의 총합이 추가될 것이다. 이상의 내용들을 근거로 개인의 분류지식 생성능력을 평가할 수 있는 지수를 산출하는 방법을 식으로 나타내면 [그림 9-2]와 같다.

CQ(분류능력 지수) = Σ{CRN × LEN × Σ(TC × Cn)}

분류능력 지수 = 첫 번째 분류지식 {분류의 기준수 × 분류의 차원수 × (첫 번째 단위분류 유형값 × 첫 번째 분류기준의 정확도) + … + n번째} + … + N번째 분류군

(CQ: classification ability quotient, CR: criterion of the classification, TC: type of the classification, LE: level of classification, ACn: accuracy of criterion, N: N-st classification unit(taxon), n: n-st criterion)

[그림 9-2] 단일집단 내에서의 분류능력 지수 산출식

다음의 예시에서는 학생 J가 생성한 분류지식을 통해 지수 산출식을 이용한 분류지식 생성능력 평가과정을 소개하고자 한다.

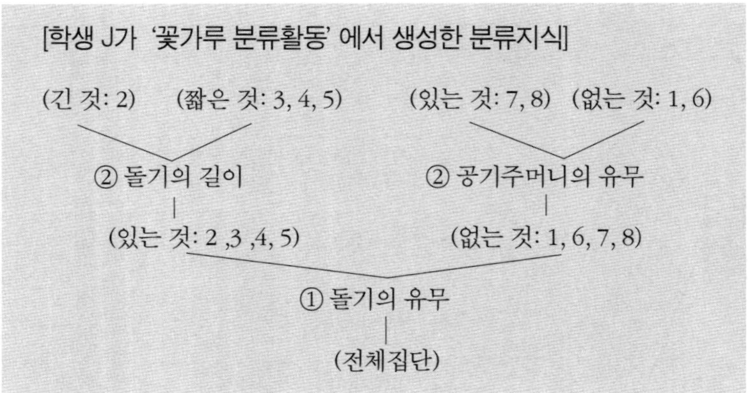

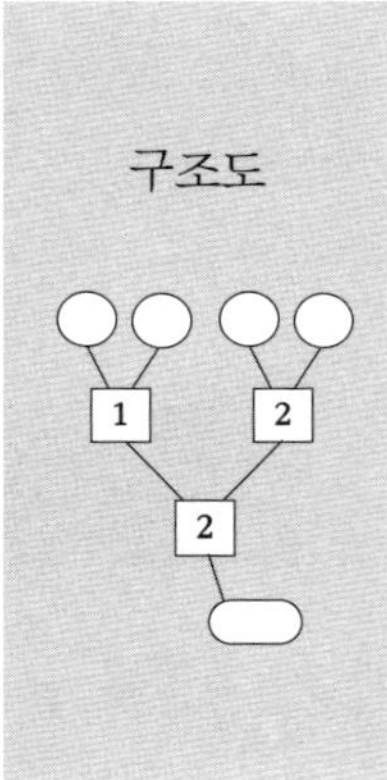

구조도 범례

⬭: 전체 분류대상 집단, □: 단위분류의 분류기준, 사각형 내의 수: 분류기준의 정확도(예: 정확도 2),

○: 최종 분류된 하위집단(이하 동일)

학생 J의 분류지식 중 한 가지를 살펴보면, '돌기의 유무' 를 통해 전체 꽃가루를 두 개의 소집단으로 나누고, 이를 다시 돌기의 길이와 공기주머니의 유무라는 기준으로 재차 나누고 있다. 이미 분류된 집단을 그 속성을 공유하는 집단 내에서 하위 속성으로 다시 분류하는 것을 권용주 등(2003)은 '집단분류' 의 사고로 칭한 바 있다. '집단분류' 는 분류된 집단을 재분류하는 과정에서 하위 차원의 기준 속성에 대한 내용과 여집단의 공통속성 비교 등 단순분류보다는 많은 인지적 부담이 요구될 것으로 판단된다. 이러한 방식은 계통수나 위계지식이 생성되기 위한 필수적인 과정이며, 생물학에서는 중요한 능력이다(권용주 외, 2003b). 여기서는 기준수 3, 차원수 2, 유형과 정확도는 단위분류마다 다르지만 여기서는 모두에서 3이며, 기준 정확도는 '돌기의 유무' 에서는 2, '돌기의 길이' 에서는 1, '공기주머니의 유무' 에서는 2다.

학생 J의 분류지식을 평가요소별로 정리하면 〈표 9-3〉과 같다.

〈표 9-3〉 학생 J의 분류지식 결과

구분	분류의 구조	기준수	차원수	유형값		정확도
학생 J	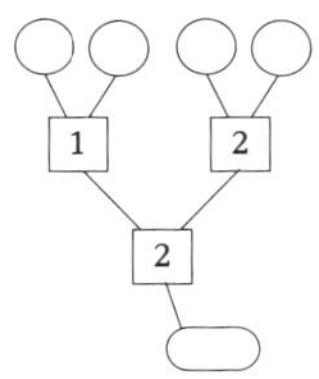	3	2	3	돌기 유무	2
				3	돌기 길이	1
					다원분류	
				3	공기주머니	2

이를 분류능력 지수 산출식으로 계산하면 다음과 같다.

$$CQ_{학생\ J} = [3 \times 2 \times \{(3 \times 2) + (3 \times 1) + (3 \times 2)\}] = 90$$

(3) 분류지식 생성능력 평가의 실제

다음은 학생 D가 생성한 분류지식의 일부다. 학생 D의 분류지식을 분석하여 〈표 9-4〉에 기입한 후 분류능력 지수 산출식을 이용하여 평가해 보자.

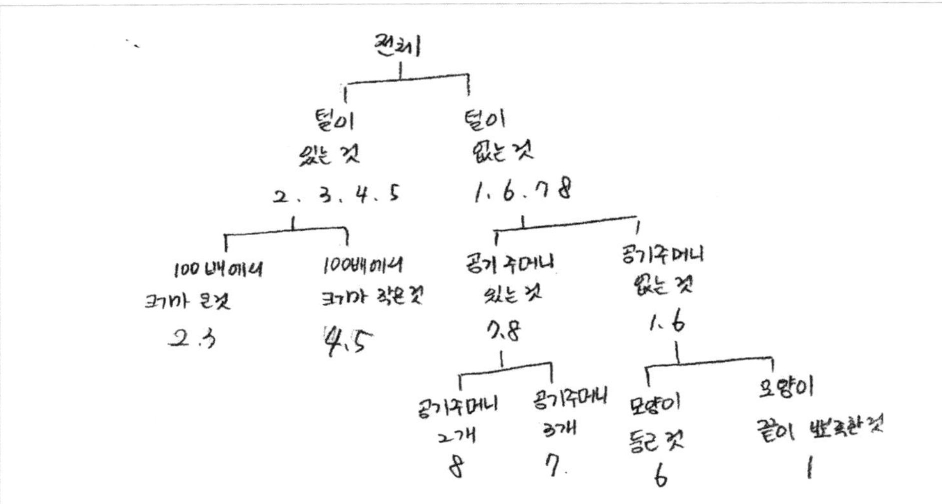

〈표 9-4〉 학생 D의 분류지식 결과

구분	분류의 구조	기준수	차원수	유형값	정확도
학생 D					

분류능력 지수 = 첫 번째 분류지식 {분류의 기준수×분류의 차원수×(첫 번째 단위 분류 유형값×첫 번째 분류기준의 정확도) + ⋯ + n번째} + ⋯ + N번째 분류군

2. 과학적 분류능력 평가의 적용활동 I

잎 분류

이 활동은 주변에서 쉽게 구할 수 있는 여러 종류의 잎을 나눠 보는 과정이다. 식물의 잎은 형태적으로 서로 다양한 특징을 가지고 있으므로 여러 가지 기준의 분류가 가능한 과제다.

〈준비물〉

① 여러 종류의 식물 잎

② 돋보기

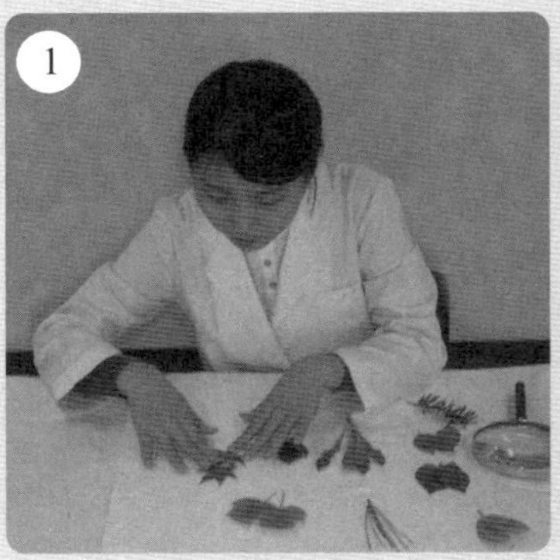

〈탐구방법〉

① 서로 다른 형태를 지닌 여러 종류의 잎을 준비한다.

② 각 잎을 관찰하여 분류해 본다.

③ 돋보기를 통하여 식물 잎의 구체적인 형태를 관찰해 본다.

④ 관찰한 특징을 적고 여러 가지 기준을 통해 분류해 본다.

〈유의 사항〉

- 시기와 장소에 따라 얻을 수 있는 잎이 다르므로 학습 시기에 적절한 식물을 선정한다.

과학적 분류능력 평가활동지

활동	생성한 분류지식	분류지식의 평가			
		유형	기준수	차원수	정확도
분류 능력 평가					

3. 과학적 분류능력 평가의 적용활동 II

암석 분류

이 활동은 다양한 형태의 암석들을 분류해 보는 과정이다. 이 실험에서는 형태 및 조성 성분이 각기 다른 암석들의 다양한 분류기준을 고안하고, 이들 기준을 이용하여 다양한 분류활동을 수행할 수 있다.

〈준비물〉

① 암석 세트(set)

② 돋보기

〈탐구방법〉

① 여러 종류의 암석이 있는 암석 세트를 준비한다.

② 각 암석의 형태를 관찰한다.

③ 암석들 간의 형태를 비교해 본다.

④ 돋보기를 이용하여 상세한 구조를 관찰해 본다.

⑤ 형태와 상세구조를 통하여 분류기준을 설정하고 암석들을 나누어 본다.

〈유의 사항〉

- 암석 표본 세트를 사용하거나, 주변에서 쉽게 구할 수 있는 암석들을 이용해도 무방하다.
- 암석을 맛보거나 이를 사용하여 암석의 단단한 정도를 관찰하지 않는다.

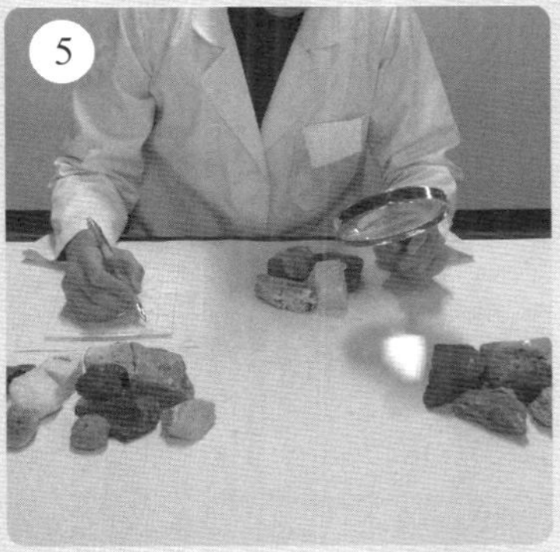

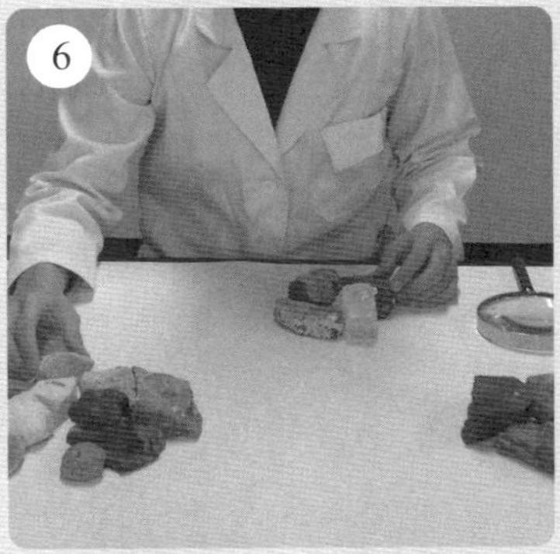

과학적 분류능력 평가활동지

활동	생성한 분류지식	분류지식의 평가			
		유형	기준수	차원수	정확도
분류 능력 평가					

10
과학적 의문생성능력 평가

이 장에서는 의문생성 사고과정과 유형을 바탕으로 과학적 의문생성능력을 객관적 · 정량적으로 평가할 수 있는 방안에 대하여 살펴볼 것이다. 이어 과학적 의문생성 지식의 생성과 평가과정에 대한 실제 적용과정을 소개하고자 한다.

관찰능력 평가 | 분류능력 평가 | 의문생성능력 평가 | 가설생성능력 평가 | 실험설계능력 평가 | 가설평가능력 평가

1. 과학적 의문생성능력의 평가

소나무 껍질

이 활동은 주변에서 흔히 볼 수 있는 소나무의 벌어진 껍질을 관찰한 후 이 과정에서 떠오르는 여러가지 의문을 살펴보는 활동이다.

〈준비물〉

① 소나무 껍질

② 자

③ 돋보기

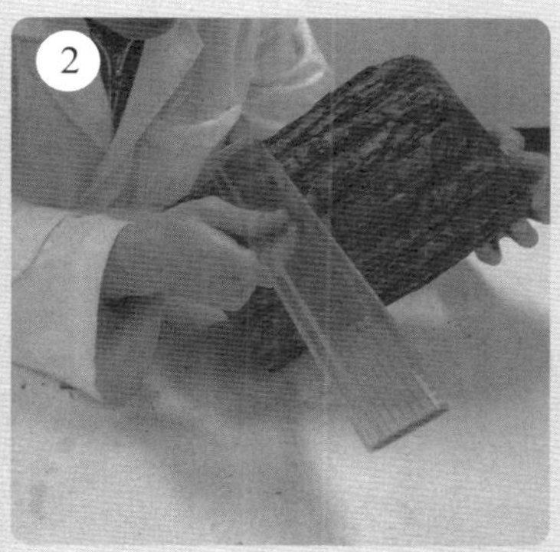

〈탐구방법〉

① 소나무의 껍질 부위를 육안으로 관찰한다.

② 돋보기와 자를 이용하여 상세하게 관찰해 본다.

③ 이 과정에서 떠오르는 의문을 적어 본다.

〈유의 사항〉

- 소나무 껍질을 구하기 어려우면 주변에 잠깐 나가서 직접 관찰할 수도 있다.
- 껍질 부위가 많이 벌어진 소나무를 구하거나 관찰한다.
- 난초를 판매하는 원예상에서 판매하는 원예용 바크(bark)를 구입하여 비교 관찰하여도 좋다.

과학적 의문생성능력 평가활동지

활동	생성한 의문지식	의문지식의 평가			
		유형	다양도	수준	객관도
의문 생성 능력 평가					

과제의 과학적 배경 지식

소나무 껍질이 거북이 등처럼 갈라지고, 작은 껍질들이 판상으로 달라붙어 있는 이유는 식물이 자라나기 때문이다. 이러한 현상은 우리 주변에서도 쉽게 관찰할 수 있으며, 비단 식물에서만 나타나는 현상은 아니다. 살이 트거나 굳은살이 박여서 발뒤꿈치가 갈라지는 경우가 있는데, 이것 역시 살아 있던 세포가 죽어서 그곳에 계속 붙어 있기 때문이다. 굳은살은 일부러 떼어 주기 전에는 떨어지지 않고 잘 붙어 있다. 소나무의 껍질들 역시 손으로 잡아떼기 전에는 죽은 세포층이지만, 단단히 층을 이루면서 붙어 있다.

또한 껍질 층이 쌓인 수조를 관찰해 보면 바깥쪽으로 갈수록 지름이 작은 것을 볼 수 있는데, 이것은 소나무의 부피 생장과정의 역사를 말해 주는 것이다.

일반적으로 수피는 외피와 내피로 되어 있다. 내피의 경우는 아직 세포가 살아서 외부의 환경으로부터 나무를 보호하는 최종적인 역할을 맡고 있으나, 수명이 다하게 되면 내피의 세포가 괴사하게 되고 새로운 내피(속껍질)가 생겨나게 된다. 수명을 다한 내피는 이제 외피가 되어 쌓이게 된다.

외피의 경우 죽은 세포이기 때문에 더 이상 자랄 수가 없고 따라서 나무가 자라 굵어지게 되면 나무의 둘레가 커지게 되고 더 이상 자라지 않는 외피(겉껍질)는 갈라지게 될 것이다 (Taiz & Zeiger, 2002).

특히 껍질이 많이 갈라져 보이는 것에는 소나무류, 참나무류, 황피느릅나무 같은 것이 있다. 이런 것들은 나무의 외피가 오래도록 붙어 있어서 그런 것이고 모과나무나 플라타너스 같은 나무는 1년 정도 지나면 껍질이 떨어져 버려서 매끈하게 보이게 된다.

1) 과학적 의문생성능력의 평가

과학적 의문이란 자연현상 탐구에서 현재의 지식으로는 설명할 수 없는 불안정한 문제, 의심, 불확실성 등을 인식했을 때 갖게 되는 궁금증을 의미한다(Christenbury & Kelly, 1983). 이러한 과학적 의문은 과학연구의 방향과 가치를 결정짓는 중요한 중간적 지식(intermediate knowledge)이며, 실제 현장 과학자들의 연구에서도 연구의 방향을 결정하고 연구문제를 명료화하는 첫 번째 단계라는 점에서 중요하게 여겨지고 있다(Chin & Malhorta, 2002). 탐구력 신장을 중요한 교육 목적으로 두고 있는 과학교육에서도 학생들의 과학적 의문은 매우 중요한 것으로 인식되고 있는데(권용주, 정진수, 강민정, 김영신, 2003), 자율적 탐구는 학생들의 흥미를 기반으로 이루어질 때 가장 효과적이고, 학생들의 흥미는 스스로 생성한 과학적 의문에 의해 가장 잘 드러난다(이혜정, 정진수, 박국태. 권용주, 2004). 이러한 측면을 고려해 보면, 과학적 의문에 관한 연구는 과학 교수-학습 활동에서 핵심적인 영역으로 다루어져야 하는 활동의 하나라고 할 수 있다. 하지만 현행 과학과 교육과정에서 의문생성에 관한 탐구기능은 제시된 바가 없고 아울러 이에 대한 적당한 평가방안도 없는 실정이다(교육부, 1998). 이는 탐구과정에서의 과학적 의문의 역할을 소홀히 다루고 있거나, 과학적 의문에 대한 연구가 종합적 측면에서 다루어지지 못하고 있기 때문일 것이다(신동훈, 2007).

그렇다면 지금까지 과학적 의문은 어떤 측면에서 연구되어 왔는가? 과학적 의문에 대해서 로슨(Lawson, 1995)은 인과적 의문과 서술적 의문으로 분류한 바 있고, 권용주 등(2003)은 귀납적인 탐구과정에서 생성되는 학생들의 의문을 추측적 의문, 예측적 의문, 인과적 의문으로 나눈 바 있다. 마르바흐 애드와 소코러브(Marbach-Ad & Sokolove, 2000)는 생물학 전공의 대학생들이 생성한 의문지식을 여덟 가지로 분류하였으며, 친과 브라운(Chin & Brown, 2002b)은 학생의 의문을 기본적인 정보에 관한 것과 놀람에 관한 것으로 나누었다. 한편 이혜정 등(2004)은 초등학생과 초등예비교사들이 에너지, 물질, 생명, 지구의 4대 영역에 관한 과제들을 통해 생성한 의문지식들을 추측적 의문, 인과적 의문, 예측적 의문, 방법적 의문, 적용적 의문이라는 다섯 가지 유형으로 분류하였으며, 이들에 대해 다시 탐색적 의문과 확인적 의문 유형이 존재함을 밝힌 바 있다. 이 중 인과적 의문에 대해서는 보다 상세한 의문의 생성과정이 알려져 있다(이혜정, 박국태, 권용주, 2005). 최근의 연구로는 신동훈(2007)에 의해 수행된 초등학생들의 과학현상에 대한 의문 유형과 이에 대한 초등교사들의 설명 유형의 관계를 알아본 연구가 있다. 이 연구에서는 의문의 유형과 설명과의 관계를 통해 교사–학생 상호작용의 문제를 논의하였다.

하지만 지금까지 소개한 선행 연구들은 모두가 분류틀을 제시하거나, 사고과정을 밝히거나, 유형을 나누는 식의 정성적 연구에만 집중되어 있고 이에 대한 평가 부문에 대해서는 연구사례를 찾기가 힘들다. 때문에 학생들이 수행평가 등을 통해서 자신만의 과학적 의문을 창의적으로 생성해 내고 이를 기록 · 발표하여도 객관적이고 정량적인 방법으로 평가하기 어려운 실정이다. 이와 같은 경우, 의문은 '탐구의 과정 중에 나타나는 독립적인 능력이나 지식' 보다는 단지 '설명을 도출하기 위한 임시적 관문' 정도로만 여겨지기 때문에 평가에 있어 소홀해지기 쉽다.

그러나 학생들의 정성적인 지식을 정량적인 수치인 지수(quotient)로 변환시켜 산출할 수 있다면 그 효용성은 크다고 할 수 있다. 그러나 최근 이를 효과적으로 극복할 수 있는 방법의 하나로 정성적인 학생들의 지식을 정량적인 수치인 지수로 변환시켜 줄 수 있는 산출식(equation)이 제시되고 있다(권용주, 이준기, 정진수, 2007).

개별 의문지식들의 귀납적 항목화를 통해 얻은 지수 산출식을 통해 학생들의 의문생성능력을 정량적이고 객관적인 방법으로 평가한다면, 수행평가와 같은 질적 자료 평가에 유용할 것으로 전망된다. 여기서는 학생들의 의문생성능력 지수 산출식을 통해 평가해 보고자 한다.

(1) 의문지식의 평가요소

다음 예시는 생명 현상에 관한 사진자료를 보고 중등학생들이 생성한 의문의 일부다. 사진자료는 생명 현상 전반을 대표하기 위하여 동물영역, 식물영역, 미생물영역의 3대 영역으로 나뉘어 제시되었다.

(동물영역 - 오리너구리 과제)

예시 1. 오리랑 너구리랑 교미해서 생긴 이상한 동물이다.

예시 2. 몸통을 보면 포유류 같은데 왜 부리를 가지고 있을까?

(동물영역 - 도마뱀 과제)

예시 3. 왜 뒷발의 맨 바깥쪽에는 앞발가락 길이의 세 배나 되는 긴 발가락이 있을까?

예시 4. 몸은 갈색인데 왜 꼬리만 파란색을 띠고 있을까?

(동물영역 - 백로 무리 과제)

예시 5. 왜 한 마리만 잘난 척을 하고 있나?

예시 6. 이 새들의 목은 왜 S자 모양으로 휘어 있을까?

(식물영역 - 소나무 옹이 과제)

예시 7. 나무에 구멍이 안 나게 할 수 있는 방법은 무엇일까?

예시 8. 가운데 있는 옹이 구멍의 깊이는 몇 센티미터나 될까?

(식물영역 - 들깨 과제)

예시 9. 며칠 지나면 아래쪽 꽃들도 지고 위쪽의 꽃만 남을까?

예시 10. 이 풀은 요리의 향료로 쓸 수 있을까?

(식물영역 - 고사리 군락 과제)

예시 11. 고사리순들이 두 개씩 모여서 나는 것은 뿌리가 하나로 붙어 있어서인가?

예시 12. 더 자라나면 저 하얀 털들은 어떻게 될까?

(미생물영역 - 원생생물 과제)

예시 13. 왼쪽 아래의 길쭉한 대롱은 무슨 역할을 하는 걸까?

예시 14. 이게 뭘까?

(미생물영역 – 곰팡이 과제)

예시 15. 나무에 붙은 저 누런 곰팡이는 독성이 있나?

예시 16. 한약재로 쓰일 수 있는 균일까?

(미생물영역 – 버섯군락 과제)

예시 17. 씹어 보면 쫀득쫀득 맛있을까?

예시 18. 왜 가운데 있는 것만 Y자 형태로 갈라졌을까?

●● 의문의 유형 다양도

앞의 예시들은 학생들이 제시한 생물사진을 보고 무엇을 궁금해했는가, 다시 말하면 '의문의 유형' 에 따라 분류한 것들이다. 학생들의 의문을 정리해 보면, 앞에서 제시한 다섯 가지 과학적 의문의 유형이 모두 나타났다. 예시에서 살펴보면, 예시 8, 13, 14, 15, 17은 현재 관심을 두고 있는 대상의 명칭이나 성분, 구조, 기능 등에 대한 궁금증을 나타내고 있는 것으로서 추측적 의문(conjectural question)이다. 예시 8에서는 소나무 옹이 구멍의 깊이라는 대상의 구조를, 예시 13은 원생생물의 좌측 하단에 붙어 있는 대롱 같은 구조물의 역할을 궁금해하는 것으로서 대상의 기능 측면을 알고자 하고 있다. 또한 예시 14는 단순히 대상의 명칭 혹은 정체에 대해 궁금해하는 가장 일반적인 추측적 의문이며, 예시 15는 나무에 붙은 곰팡이의 독성 유무를 궁금해하는 것으로 대상의 성분에 대한 의문으로 볼 수 있다.

다음으로 예시 2, 3, 4, 5, 6, 11, 18의 경우는 대상 자체에 대한 의문이 아니라 관찰사실을 근거로 어떤 현상이 일어난 원인(cause)에 대한 궁금증이 생기는 의문이다. 많은 연구자가 이러한 의문을 인과적 의문으로 분류하고 있다(권용주 외, 2003; 신동훈, 2007; Lawson, 1995).

현재의 관찰사실에 어떤 변인을 달리했을 때 나타나게 될 현상이나 일련의 사건에 대한 궁금증도 나타나는데, 예시 9와 12가 그런 경우다. 선행연구들은 이 같은 의문을 예측적 의문(predictive question)으로 정의하고 있다(신동훈, 2007; 이혜정 외, 2004). 예시 9의 경우는 현재의 관찰대상인 꽃에 대해서 시간이라는 변인이 달라지면 어떻게 달라질지에 대해 궁금해하고 있다. 예시 12는 하얀 털이라는 관찰대상이

성장이라는 변화를 겪은 뒤에 어떻게 될지를 알고 싶어 한다.

또한 어떤 활동을 수행할 때 필요한 계획이나 도구, 방법 등에 관한 궁금증도 있는데, 이 부분은 예시 7에서 잘 나타나 있다. 예시 7은 소나무에 구멍이 나 있는 모습을 관찰한 뒤 이러한 구멍이 나지 않도록 하는 방법에 대해 궁금해한다. 이러한 의문을 방법적 의문(methodological question)이라고 한다.

마지막으로 예시 10과 16에서 나타나는 의문의 유형으로 대상의 용도, 쓰임새 등에 대한 궁금증을 표현하는 것이 있다. 이러한 의문은 적용적 의문(applicative question)이다.

이상에서 살펴본 유형들 간에 우열의 관계를 논하기는 어려우나, 획일적인 유형의 의문을 생성했을 때보다는 다양한 유형의 의문을 생성할 때에 탐구의 과정에서 다양한 설명을 얻을 수 있다(신동훈, 2007). 이러한 다양도는 생성해 낸 의문을 유형별로 분류틀에 기입하고 그 칸(cell)의 수를 세어 보면 손쉽게 파악할 수 있다.

●● 의문의 수준

같은 유형의 의문일지라도 예시 8, 13, 14는 대상이 갖는 특성이나 기능, 명칭, 성분 구조 등을 궁금해하지만 그것이 무엇인지 사고해 내지 못하는 경우이며 대상탐색 의문으로 볼 수 있다. 예시 2, 3, 4, 6, 18은 관찰 현상이 일어나게 된 이유, 즉 설명자를 추정하지 못한 경우다. 이와 같은 경우를 설명자탐색 의문이라고 한다. 또한 이러한 방식들을 통칭하여 탐색적 의문이라 할 수 있으며(신동훈, 2007), 이는 나머지 의문 유형에서도 발견된다.

반면, 예시 15, 17은 현재 관찰 중인 대상의 특성을 이미 개략적으로 생각해 내고 그것의 진위 여부를 묻는 의문이다. 이와 같은 경우는 대상확인 의문으로 볼 수 있다(이혜정 외, 2004). 예시 11은 원인에 대한 설명자가 의문 내에 포함되어 있고 단지 그것의 진위를 확인하고자 하는 형태다. 이것은 설명자확인 의문으로 볼 수 있다. 예시 9는 어떤 변인(여기서는 시간)을 조작했을 때 나타날 변화를 임시적으로 생각해 본 후 이의 진위를 알고자 하는 의문이며 결과확인 의문으로 분류된다(신동훈, 2007). 예시 10, 16에서는 풀과 균의 쓰임새에 대해서 '요리의 향신료' 혹은 '한약재' 라는 용도를 이미 생각한 후 이의 진위를 확인하는 의문으로 실례확인 의문으로 분류된다. 이러한 방식의 의문들은 확인적 의문이라 볼 수 있으며 이들 또한 나머지 의문 유형에서도 발견된다.

의문지식을 생성하는 사고의 대별되는 두 유형은 사고수준에서도 큰 차이를 보이는데, 이혜정 등(2004)의 연구에서는 사전지식과 사고수준의 성숙이 이루어진 초등예비교사들은 확인형 의문이 많았던 반면, 인지발달이 미숙하고 사전 개념이 부족한 초등학생들은 인지적 부담이 덜한 탐색형 의문이 많이 나타나는 것으로 보고되었다. 초등학생의 의문과 설명 유형을 연구한 신동훈(2007)의 연구에서도 유사한 결과가 나타나는데, 확인형 의문은 고학년으로 갈수록 증가되는 양상을 보인다. 이러한 사실은 같은 유형의 의문지식일지라도 생성하는 방식에 따라 사고의 수준에서 차이가 날 수 있음을 의미한다. 최종적인 의문지식을 생성해 내기까지의 인지적 부담과 사고수준 면에서 볼 때 탐색형은 관찰 후 초기에 자신의 인지구조와의 불일치 상황으로부터 유발되는 반면, 확인형은 장기기억(long term memory) 속의 지식을 작업기억(working memory)으로 불러내어 운영하는 높은 사고수준이 요구된다(Bloom, 1959; King, 1995). 이러한 내용을 종합하여 수준에 따른 점수화가 용이하도록 유목화해 보면 〈표 10-1〉과 같다.

〈표 10-1〉 의문의 수준 배점 기준

구분	배점
탐색적 의문	1
확인적 의문	2

●● 의문의 객관도

의문은 그것의 객관성 정도에 따라서 분류될 수도 있을 것이다. 예시 1은 오리너구리에 대해서 의문이 아닌 설명을 제시하고 있다. 내용 면에서도 오리와 너구리의 교미로 생겼다고 하는 등 오류가 있지만 무엇보다도 이 지식은 의문지식이 아니다.

두 번째로 예시 5와 17을 살펴보면, 구조적인 면에서는 의문의 형태를 띠지만 과학적 의문(scientific question)으로서는 부적합한 주관적인 의문임을 알 수 있다. 먼저 예시 5에서는 모여 있는 백로 무리 중 한 마리만이 날고 있는 것을 관찰하고 한

마리가 '잘난 척' 을 하는 것인지를 궁금해 하고 있다. 여기서 '잘난 척' 이라는 표현은 의인화된 비과학적 개념일 뿐만 아니라 관찰자 자신의 기준으로 생각한 주관적인 표현이기도 하다. 아울러 예시 17은 버섯 군락의 모습에서 젤리와 유사하게 생긴 버섯을 보고 씹어 보면 '쫀득쫀득 맛있을까' 라는 의문을 가지고 있다. 여기서도 역시 '쫀득하다' 라는 것은 정확히 어떤 것인지가 모호하고 '맛있다' 라는 것은 관찰자 자신의 주관적 관점이므로 의문이긴 하나 객관적인 의문이 될 수는 없다.

세 번째로 예시 2, 4, 6, 7, 9, 10, 12, 13, 14, 15, 16, 18에서 나타나는 것으로 객관적인 형태로 표현되면서 현상의 정성적 속성을 궁금해 하는 의문이 있다. 이들 중 예시 18을 살펴보면, Y자 형태의 원인이라는 정성적인 내용을 알고 싶어 한다.

마지막으로 예시 3, 8, 11에서는 궁금한 대상물이나 현상에 대한 수치적 표현이 나타난다. 이들은 현상의 정량적인 속성에 대해 궁금해하면서 이를 탐색하거나 진위 여부를 확인하는 의문이다. 예시 3에서는 궁금한 점을 구체적으로 명시하고 있는데, 바로 도마뱀의 뒷발 맨 바깥쪽 발가락이 왜 앞발가락의 세 배 길이인지에 대한 내용이다. 예시 3의 의문을 단순히 '앞발가락과 뒷발가락이 왜 차이가 날까?' 혹은 '뒷발 맨 바깥쪽 발가락은 왜 앞발가락보다 더 길까?' 라고 정성적으로만 생성했다면 정확하고 객관적인 의문 상황(questioning situation)의 전달은 어려울 것이다. 많은 연구에서 지식의 정성적 제시보다 정량적 제시가 객관적이고 과학적인 방식이라는 것이 확인된 바 있다(권용주, 정진수, 강민정, 박윤복, 2005; 박명희, 박윤복, 권용주, 2005; 신동훈, 신정주, 권용주, 2006). 뿐만 아니라 객관적이고 구체적인 의문은 이후에 구체적인 설명을 이끌게 될 가능성이 높다(신동훈, 2007). 이러한 내용을 종합하여 객관도에 따른 점수화가 용이하도록 유목화해 보면 〈표 10-2〉와 같다.

〈표 10-2〉 의문의 객관도 배점 기준

구분	배점
의문이 아닌 것	0
의문이지만 전혀 객관적이지 못한 것(주관적인 것)	1
의문이고 객관적이며, 정성적인 것	2
의문이고 객관적이며, 정량적인 것	3

이상의 논의에서 나타난 바와 같이 과학적 의문은 유형, 수준, 객관도라는 항목에 의해서 분류될 수 있다. 이를 정리해서 제시하면 [그림 10-1]과 같다. [그림 10-1]에 따르면 의문은 유형에 따라서 추측적 의문, 인과적 의문, 예측적 의문, 방법적 의문, 적용적 의문으로 분류될 수 있고, 수준에 따라서는 탐색적 의문과 확인적 의문으로 분류될 수 있다. 마지막으로 객관도 측면에서는 주관적인 의문과 객관적 의문으로 나누어 볼 수 있는데, 객관적 의문은 그 내용에 따라 다시 정성적 의문과 정량적 의문으로 분류될 수 있다.

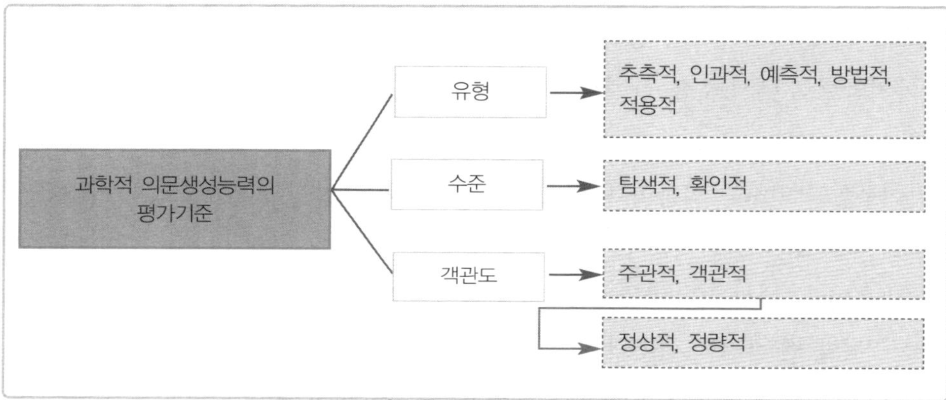

[그림 10-1] 과학적 의문생성능력의 평가기준

[그림 10-1]에 제시된 분류기준에서 객관도를 가로 방향으로, 의문의 유형을 세로 방향으로 배열함으로써 2차원의 평면 위에 의문의 분류기준들을 나타낼 수 있다. 또한 의문수준에 따라 각각을 재분류한다면 〈표 10-3〉과 같은 의문지식 분류틀로 나타낼 수 있다.

〈표 10-3〉 의문지식 분류틀

유형	수준	객관도			계
		주관적	객관적		
			정성적	정량적	
추측적	탐색적				
	확인적				
인과적	탐색적				
	확인적				
예측적	탐색적				
	확인적				
방법적	탐색적				
	확인적				
적용적	탐색적				
	확인적				

(2) 의문생성력 지수(QQ) 산출식의 고안

앞에서 분석한 바와 같이 학생들이 생명 현상에 관해 생성한 의문지식들은 의문의 유형, 수준, 객관도라는 세 가지 측면으로 〈표 10-3〉에서 평가될 수 있으며, 이를 생성해 내는 개인의 능력 측면에서는 이러한 의문지식들의 총합(유창성)이 추가된다. 이상의 내용들을 근거로 개인의 의문지식 생성능력을 정량적으로 평가할 수 있는 지수 산출방법을 식으로 나타내면 [그림 10-2]와 같다.

$$QQ = \Sigma(LEn \times DOn) \times D$$

의문생성력 지수 = {첫 번째 의문지식(의문의 수준×각 의문의 객관도) + … + n번째 의문지식}×의문의 다양도

(QQ: questioning ability quotient, LE: level of question, DO: question's degree of objectivity, n: n-st question, D: diversity)

[그림 10-2] 의문생성력 지수 산출식

학생들의 다양한 의문을 귀납적 분석으로 얻은 의문의 분석틀인 〈표 10-3〉과 의문생성력 지수 산출식인 [그림 10-2]를 학생 S가 9개 과제 중 소나무 옹이 과제에서 생성한 의문에 대한 사례에 실제 적용하여 의문생성능력 지수를 구해 보면 다음과 같다.

[학생 S가 소나무 옹이 과제에서 생성한 의문]

의문 1. 나무에는 왜 구멍이 있을까? [인과/정성/탐색]

의문 2. 구멍 안에는 무엇이 있을까? [추측/정성/탐색]

의문 3. 구멍 주변이 볼록 튀어나온 것은 세포 차등 생장 때문인가? [인과/정성/확인]

의문 4. 나무에 구멍이 안 나게 할 수 있는 방법은 무엇일까? [방법/정성/탐색]

의문 5. 가운데 있는 옹이 구멍의 깊이는 몇 센티미터나 될까? [추측/정량/탐색]

의문 6. 어두워지고 나서 보면 무서울까? [예측/주관]

학생 S는 소나무 옹이 과제를 통해 나무를 관찰하고 총 6개의 의문을 생성하였으며, 그에 대한 내용은 앞에 제시된 바와 같다. 이를 분석된 항목에 따라 분류하면 〈표 10-4〉와 같다. 주관적 의문의 경우는 이미 과학적 의문이 아니므로 탐색 혹은 확인형에 대한 분류를 실시하지 않았으며, 이에 대해 일괄적으로 1을 곱하였다. 〈표 10-4〉의 분류틀 내의 숫자는 앞에 제시된 의문의 번호를 나타낸다.

〈표 10-4〉 학생 S가 소나무 옹이 과제에서 생성한 의문의 분류

유형	수준	객관도		
		주관적(×1)	객관적	
			정성적	정량적
추측적	탐색적		2	5
	확인적			
인과적	탐색적		1	
	확인적		3	
예측적	탐색적	6		
	확인적			
방법적	탐색적		4	
	확인적			
적용적	탐색적			
	확인적			

〈표 10-4〉에서 학생 S는 총 6개의 의문을 생성하였고, 각 의문은 앞서 제시된 배점 기준에 맞추어 객관도와 수준점수가 계산되었으며, 의문의 다양도는 해당 학생의 의문지식이 기입된 분류틀의 칸(cell) 수를 세어 봄으로써 간단히 구할 수 있다. 식에 따라 학생 S의 의문생성력 지수(QQ)를 산출해 보면, 아래와 같다.

$$QQ_{\text{학생 S}} = \Sigma(DOn \times LEn) \times D$$
$$= \{(2\times1)+(2\times1)+(2\times3)+(2\times1)+(3\times1)+(1\times1)\} \times 6 = 96$$

학생들의 과학적 의문들에서 나타나는 중요한 요소(수준, 객관도, 유형의 다양성, 유창성)들을 근거로 개발된 의문생성력 지수(QQ) 산출식은 학생들의 의문생성력을 손쉽게 측정할 수 있는 새로운 방법으로 적용된다. 지수 산출식의 적용을 통해 한 개인의 능력 신장도 비교 및 집단 간 비교 혹은 집단 내 개인차의 비교 등 학생들의 질적 자료에 대한 다양한 방식의 정량적 평가가 가능하다.

(3) 의문생성능력 평가의 실제

다음은 학생 K가 생성한 의문지식들의 일부다. 학생 K의 의문지식을 분석하여 〈표 10-5〉에 기입한 후, 의문생성력 지수 산출식을 이용하여 평가해 보자.

예시 1. 몸은 갈색인데 왜 꼬리만 파란색을 띠고 있을까?

예시 2. 이 새들의 목은 왜 S자 모양으로 휘어 있을까?

예시 3. 며칠 지나면 아래쪽 꽃들도 지고 위쪽의 꽃만 남을까?

예시 4. 고사리순들이 두 개씩 모여서 나는 것은 뿌리가 하나로 붙어 있어서인가?

예시 5. 왼쪽 아래의 길쭉한 대롱은 무슨 역할을 하는 걸까?

예시 6. 이게 뭘까?

예시 7. 나무에 붙은 저 누런 곰팡이는 독성이 있나?

예시 8. 한약재로 쓰일 수 있는 균일까?

예시 9. 씹어 보면 쫀득쫀득 맛있을까?

예시 10. 왜 가운데 있는 것만 Y자 형태로 갈라졌을까?

〈표 10-5〉 학생 K가 생성한 의문

유형	수준	객관도			계
		주관적	객관적		
			정성적	정량적	
추측적	탐색적				
	확인적				
인과적	탐색적				
	확인적				
예측적	탐색적				
	확인적				
방법적	탐색적				
	확인적				
적용적	탐색적				
	확인적				

의문생성력 지수 = {첫 번째 의문지식(의문의 객관도×의문의 수준) + … + n번째 의문지식}×의문의 다양도

2. 과학적 의문생성능력 평가의 적용활동 I

미모사의 잎

미모사의 잎 활동에서는 자극을 주면 잎이 접히는 미모사의 특이한 생태를 관찰하게 된다. 이 과정에서 학생들은 여러 가지 의문을 떠올려 보게 되고 이 의문들을 분석하게 된다.

〈준비물〉

① 미모사의 생태가 담긴 동영상 파일

② 컴퓨터 및 프로젝션

〈탐구방법〉

① 미모사의 생태가 잘 나타나는 동영상을 준비한다.

② 미모사 동영상을 시청한다.

③ 미모사의 생태 동영상을 시청하면서 떠올랐던 의문을 적어 본다.

〈유의 사항〉

• 미모사의 생태 동영상을 이용하는 대신, 시중에서 직접 미모사(신경초)를 구입하여 실험해 볼 수도 있다.

과학적 의문생성능력 평가활동지

활동	생성한 의문지식	의문지식의 평가			
		유형	다양도	수준	객관도
의문 생성 능력 평가					

3. 과학적 의문생성능력 평가의 적용활동 II

버섯의 포자

이 활동은 주변에서 흔히 볼 수 있지만 관심을 두지 않았던 버섯의 포자배열을 살펴보고, 이 과정에서 여러 가지 의문을 떠올리며 분석해 보는 활동이다.

〈준비물〉

① 세 종류 이상의 버섯

② 돋보기, 자

③ 면도칼

④ 검은 종이

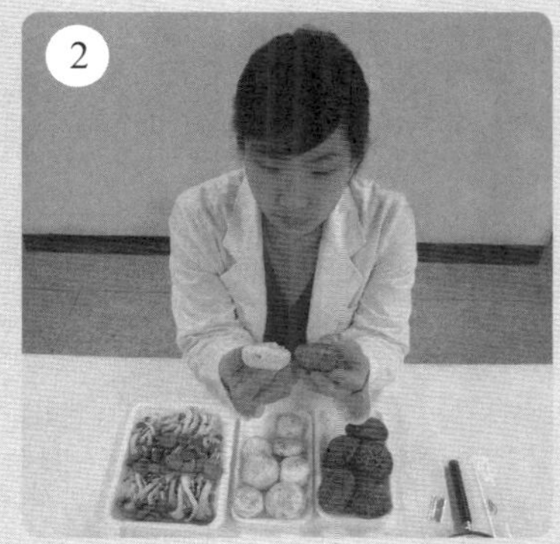

〈탐구방법〉

① 세 종류 이상의 버섯을 준비한 후 포자가 있는 부분을 관찰한다.

② 서로 다른 종류의 버섯들을 비교 관찰한다.

③ 돋보기나 자를 이용하여 상세히 관찰한다.

④ 검은 종이 위에 버섯의 포자 면이 오도록 올려놓고 하루 정도 기다린다.

⑤ 검은 종이 위에 떨어진 포자문의 형태를 관찰한다.

⑥ 이 과정에서 생성된 여러 가지 의문을 적어 본다.

〈유의 사항〉

- 시중에서 버섯을 구입할 때는 갓이 충분히 펴져서 숙성된 버섯을 구입한다.
- 너무 어린 버섯은 포자가 잘 떨어지지 않는다.

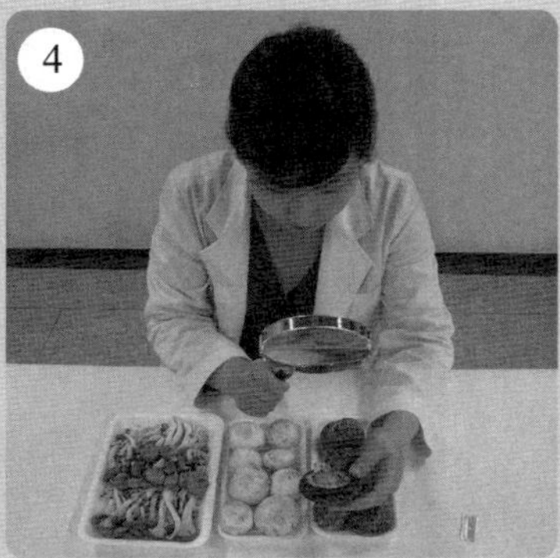

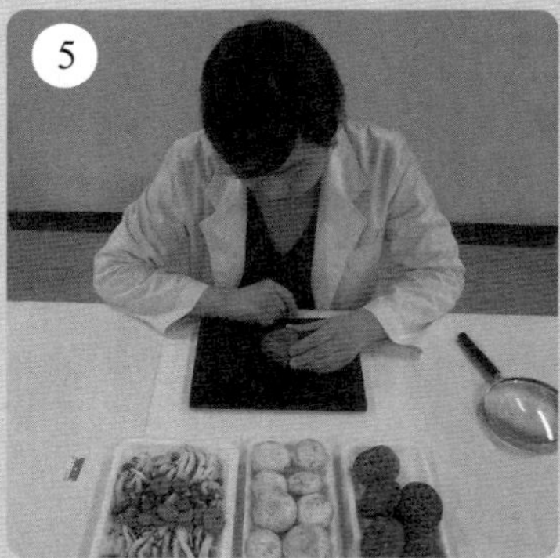

과학적 의문생성능력 평가활동지

활동	생성한 의문지식	의문지식의 평가			
		유형	다양도	수준	객관도
의문 생성 능력 평가					

11
과학적 가설생성능력 평가

이 장에서는 가설생성 사고과정과 유형을 바탕으로 과학적 가설생성능력을 객관적 · 정량적으로 평가할 수 있는 방안에 대하여 살펴볼 것이다. 이어 과학적 가설생성 지식의 생성과 평가과정에 대한 실제 적용과정을 소개하고자 한다.

관찰능력 평가 / 분류능력 평가 / 의문생성능력 평가 / **가설생성능력 평가** / 실험설계능력 평가 / 가설평가능력 평가

1. 과학적 가설생성능력의 평가

전분실험

이 활동은 집에서 흔히 볼 수 있는 전분 가루를 이용하여 다양한 가설을 세워 볼 수 있는 활동이다. 전분 가루를 물에 넣어 반죽을 해 보고 이 과정에서 발생하는 현상들에 대한 원인을 생각해 볼 수 있다.

〈준비물〉

① 전분 가루

② 반죽용 그릇

③ 비커, 물

〈탐구방법〉

① 전분 가루를 그릇에 넣고 물을 넣는다.

② 손으로 직접 반죽을 한다.

③ 전분 반죽을 강하게 쥐어 보거나 서서히 놓아 보면서 일어나는 현상들을 관찰한다.

④ 이러한 현상들이 일어나게 된 원인을 생각해 본다.

〈유의 사항〉

- 밀가루는 전분과 같은 현상이 일어나지 않는다.
- 반죽 시 전분과 물의 비율은 2대 1 정도로 넣는다.

과학적 가설생성능력 평가활동지

<table>
<tr><th rowspan="2">활동</th><th rowspan="2">생성한 가설지식</th><th colspan="4">가설지식의 평가</th></tr>
<tr><th>유형</th><th>구조</th><th>차원</th><th>유사도</th></tr>
<tr><td rowspan="4">가설
생성
능력
평가</td><td></td><td></td><td></td><td></td><td></td></tr>
<tr><td></td><td></td><td></td><td></td><td></td></tr>
<tr><td></td><td></td><td></td><td></td><td></td></tr>
<tr><td></td><td></td><td></td><td></td><td></td></tr>
</table>

과제의 과학적 배경 지식

전분 과제의 과학적인 원인은 아직 밝혀지지 않았다. 그러나 이해를 돕기 위해서 비뉴톤성(Non-newtonian) 유체(流體)의 입자운동론에 기반을 둔 설명 한 가지를 기술하고자 한다. 이 설명에 의하면 전분 혼합액을 손으로 세게 쥐거나 주먹으로 칠 경우 딱딱하게 느껴지지만, 전분 혼합액을 쥔 손을 느슨하게 풀면 물처럼 흘러내려 버리는 독특한 현상은 점탄성(粘彈性, viscoelasticity)의 일종이다. 점탄성은 물체에 힘을 가했을 때 탄성 변형과 점성을 지닌 흐름이 동시에 나타나는 현상을 말한다. 일반적으로 액체는 그릇이나 지형에 따라 쉽게 변형되며, 변형을 일으키는 힘에 대해 복원력이 없다. 즉, 일반적인 액체는 탄성 변형을 하지 않는다. 그러나 콜로이드 용액이나 진한 고분자 용액의 경우, 점성이 나타나는 동시에 변형을 일으키는 힘에 대한 복원력을 가지고 있기 때문에 탄성 변형을 일으킨다(Jones, 2002).

전분 혼합액의 점탄성 현상에 대해서 비교적 널리 받아들여지고 있는 설명은 전분의 작은 알갱이가 물의 막으로 둘러싸이는 것에 의한다는 것이다. 전분 혼합액을 꽉 쥐었을 때는 물의 장력이 작은 알갱이 사이의 공간에서 입자가 강하게 작용하면서 혼합물이 자유롭게 흐르는 것을 방해한다. 반면, 손을 느슨하게 하면 물의 장력이 약해지고 혼합물의 작은 알갱이가 콜로이드 형태로 자유롭게 움직이게 된다. 이러한 입장에 있는 학자들은 전분 혼합액의 점탄성이 입자들 사이의 공극에서 이루어지는 물의 순간적 이동과 막의 장력 때문이라고 주장한다(Habdas, Weeks, & Lynn, 2006).

1) 과학적 가설생성능력의 평가

생물학은 생태계 수준, 개체군 수준, 유기체 수준, 조직 수준, 세포 수준 그리고 분자 수준에서 나타나는 생명 현상을 기술하고, 그 현상의 원인을 설명하는 학문이다(Mayr, 1997). 생물학의 분야들 중에서 생화학이나 분자생물학과 같이 분자 수준의 생명 현상을 대상으로 하는 분야는 연구의 결과가 직접적으로 공학적 성과물로 이어져서 인류의 삶을 풍요롭게 하는 경우가 많기 때문에 생물학 연구자들의 관심이 집중되고 있다(여주상, 노승권, 장호남, 박영훈, 정윤철, 유영제, 최유성, 2000). 예를 들어, 고산식물인 주목(Taxus cuspidata S. et Z.)이 만들어 내는 택솔(Taxol)은 전립선암의 주요 치료제로 사용될 수 있다고 밝혀졌고, 최근에는 이 고분자 2차 대사산물을 인공적으로 합성하여 대량생산하는 단계에 이르렀다. 기적의 항암제라고 불리는 택솔에 관한 연구 성과는 과학자들이 보이지 않는 분자 수준에서 천연 물질의 특성과 그 특성의 원인에 관해서 가설을 생성하고 그 가설을 검증하여 얻은 결과다(Joyce, 1993). 나겔(Nagel, 1961)의 지적처럼, 이와 같이 분자 수준에서 이론적인 가설을 생성해야 하는 연구는 과학자들에게 높은 수준의 창의력을 요구한다. 과학자와 같은 탐구를 이상(理想)으로 하는 우리의 과학교육에서도 학생들에게 이러한 가설생성능력을 배양해 주는 것은 매우 중요하다.

과학 교수–학습 활동의 중요한 목표 중 하나는 학생들의 과학적 사고력을 향상시키는 것이다(교육부, 2002; 권용주, 양일호, 정원우, 2000). 앞서 소개한 택솔의 경우처럼, 과학적 사고력 중에서도 가설을 생성하는 활동은 과학적 탐구의 핵심적인 사고과정으로 여겨지고 있으며, 이는 가설이 과학지식 생성의 과정 속에서 핵심적인 관문의 역할을 하고 있기 때문이다(Klahr & Dunbar, 1988; Kuhn, Amsel, & O'Loughln, 1988; Lawson, 1995; Peter, 1992; Wenham, 1993). 또한 가설생성능력은 학생들의 과학 성취도 및 논리적 사고능력, 창의적 사고력 발달과도 밀접한 관련이 있다고 논의되어 왔다(Adsit & London, 1997; Lawson, 1985; 1995). 이러한 과학연구와 과학교육의 필요성에 따라 가설 생성의 사고과정에 관한 연구는 활발히 진행되어 왔다(권용주 외, 2000; 권용주, 정진수, 강민정, 김영신, 2003; Hanson, 1958; Lawson, 1995).

하지만 지금까지 연구된 방법들로는 학생들이 가설을 생성하였다 하더라도, 이들의 가설을 평가할 수 있는 정량적이고 객관적인 도구나 공식이 없어 상태 파악이나 비교에 어려움이 있다. 만약, 학생들의 정성적인 지식을 정량적인 수치인 지수(quotient)로 변환시켜 산출할 수 있다면 그 효용성은 아주 클 것이다. 최근 이를 효과적으로 극복할 수 있는 방법의 하나로 정성적인 학생들의 지식을 정량적인 수치인 지수로 변환시켜 줄 수 있는 산출식(equation)이 제시되고 있다(권용주, 이준기, 정진수, 2007).

개별 가설지식들의 귀납적 항목화를 통해 얻은 지수 산출식을 통해 학생들의 가설생성능력을 정량적이고 객관적인 방법으로 평가한다면, 수행평가와 같은 질적 자료평가에 유용할 것으로 전망된다. 여기서는 학생들의 가설생성능력 지수 산출식을 통해 평가해 보고자 한다.

(1) 가설생성능력 평가요소

가설생성력은 과학적 의문 상황이 주어졌을 때, 그 의문 상황을 원인적으로 설명할 수 있는 가설지식을 생성할 수 있는 능력을 의미한다(권용주, 정지수, 고경태, 박윤복, 2004). 또한 가설의 설명도는 학생들이 생성한 가설이 인과적 의문 상황을 얼마나 포괄적으로 설명하고 있는지를 양적으로 평가한 지수다(정진수, 원희정, 권용주, 2005). 즉, 가설생성력은 학생의 능력을 평가하여 나타낸 지표이고, 가설의 설명도는 학생들이 생성한 가설의 수준을 평가하는 지표다. 선행 연구를 통해서 개발된 가설의 설명도 지수는 단지 설명자의 개수만을 양적으로 세어서 점수화하는 방식에 의해 산출되기 때문에 차용하고 있는 설명자가 의문 상황의 실제 원인과의 유사성이 거의 고려되지 않은 상태에서 가설을 평가하는 단점이 있다. 또한 가설의 구조에 관련된 가설의 수준을 평가하지 못한다. 예를 들어, 1개의 설명자를 가진 가설 3개를 생성한 경우와 3개의 설명자들이 인과성을 내포하고 연결된 복합적인 가설 1개의 경우가 같은 점수로 처리되기 때문에 이들 간의 우위를 가늠하기 어려운 단점이 있다.

이러한 단점을 극복하기 위해서는 보다 효율적이면서도 가설의 다양한 측면을 고려한 새로운 질적 분석방법을 고안할 필요가 있다.

●● 가설의 구조 분석

권용주 등(2000)의 연구결과에 따르면 가설은 크게 '설명자(explican)' 와 '설명 대상(explicanda)' 으로 구성되어 있다. 설명자란 설명 대상이 나타나게 만든 원인을 의미하고, 설명 대상이란 현재의 의문 상황에 제시된 결과를 의미한다. 더 나아가 설명자는 경우에 따라 여러 개의 하위 설명자(sub-explican)로 나뉠 수 있고, 설명 대상 역시 여러 개의 '하위 설명 대상(sub-explicanda)' 으로 나뉠 수 있다(정진수, 2007). 또한 각각의 설명자는 '무엇이(what)' 에 해당하는 부분과 '어떻게(how)' 에 해당하는 부분으로도 다시 구분될 수 있다.

예를 들어, '전분에 압력이 가해져 이들의 분자가 운동해 전분이 굳어졌을 것이다.' 는 가설을 분석해 보자. 이 가설에서 '압력이 가해져 이들의 분자가 운동해' 는 설명자에 해당하고, '전분이 굳어짐' 은 설명 대상이다. 여기에서 분자가 운동한 것이 압력이 가해진 것보다 전분이 굳어지는 데에 보다 직접적이고 근접한 원인이다. 따라서 분자가 운동한 것은 1차 설명자이고, 압력이 가해진 것은 2차 설명자라고 할 수 있다. 이 가설의 구조를 그림으로 나타내면 [그림 11-1]과 같다.

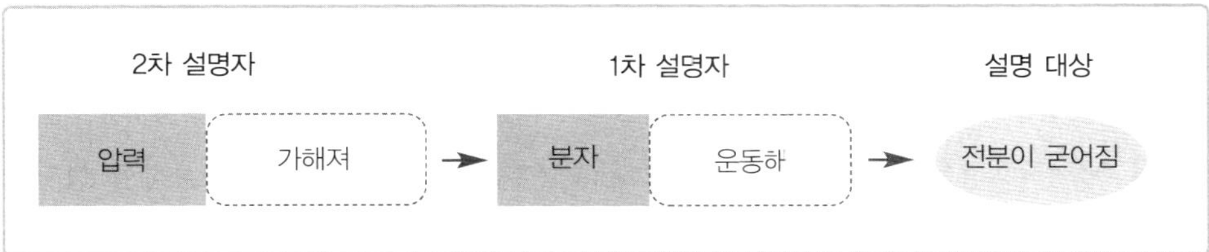

[그림 11-1] 가설의 구조도

또한 정진수(2007)는 가설의 구조에 따라 과학적 가설을 아홉 가지 유형으로 분류하였다. 그가 제시한 가설의 분류틀은 〈표 11-1〉과 같다.

〈표 11-1〉 구조에 따른 과학적 가설 분류틀(정진수, 2007)

<table>
<tr><th colspan="2" rowspan="3">분류기준</th><th colspan="3">설명자</th></tr>
<tr><th rowspan="2">단수</th><th colspan="2">복수</th></tr>
<tr><th>직선</th><th>병렬</th></tr>
<tr><td rowspan="3">설명 대상</td><td>없음</td><td>(가)</td><td>(나)</td><td>(다)</td></tr>
<tr><td>단수</td><td>(라)</td><td>(마)</td><td>(바)</td></tr>
<tr><td>복수</td><td>(사)</td><td>(아)</td><td>(자)</td></tr>
</table>

이 표에 의하면 과학적 가설은 설명 대상에 따라서 설명 대상이 없는 유형, 설명 대상이 한 개인 유형, 설명 대상이 두 개 이상인 유형 등으로 구분될 수 있다. 또한 설명자에 따라서는 설명 대상이 한 개인 것, 설명 대상이 두 개 이상인 것 중 직선형인 것과 병렬형인 것 등으로 분류될 수 있음을 알 수 있다.

●● 가설 설명자의 유사도

가설이 생성되는 과정에 관한 최근의 연구들(권용주 외, 2000)에 의하면, 학생들은 귀추적으로 추론(abductive reasoning)하여 가설을 세움에 있어, 자신의 의문 상황과 '유사성 정도(the degree of likeness)' 의 확률이 높은 과거의 경험 상황과 그 경험 상황의 '정성적 하위 상황' 을 동정(identification)한다. 그런 다음 과거의 경험 상황을 '정성적 확률' 을 바탕으로 한 '유사성 정도' 에 의거해서 현재의 실제 상황과 비교한 후 유사성 정도가 높다고 판단되는 과거의 다양한 경험 상황을 동정하고, 아울러 이 경험 상황을 설명해 주는 이미 알고 있는 '원인적 설명자(causal explican)' 를 함께 동정해 내게 된다. 마지막으로는 이러한 '원인적 설명자' 들 중에서 현재의 의문 상황을 가장 효과적으로 설명한다고 판단되는 '가설적 설명자' 를 (조합하여) 선택하는 과정을 거쳐 가설이 생성된다.

이와 같은 가설의 생성과정을 살펴보면 '가설적 설명자' 가 얼마나 현 의문 상황을 충분히 설명해 내고 있는가가 그 가설의 질을 결정짓는다고 할 수 있다. 또한 이러한 '가설적 설명자' 는 원인적 설명자로부터 온 것이고 이들은 '유사성 정도' 를 기반으로 하여 선택된 것이다. 따라서 가설이 포함하고 있는 설명자의 유사성 정도를 통해 그 가설의 질을 가늠해 볼 수 있을 것이다. 다음의 예시는 학생들이 전분 과제에서 생성한 가설의 일부다.

예시 1. 전분을 손으로 쥐었기 때문에 굳은 것이다.

예시 2. 전분 혼합액은 온도 때문에 굳을 것이다.

예시 3. 전분은 압력으로 인해 마찰력이 강해져서 딱딱해진 것이다.

예시 4. 전분 입자들이 콜로이드처럼 움직여서 뭉칠 것이다.

예시 1에서 전분을 손으로 쥐었다는 것은 제시된 현상 그 자체를 재차 진술한 것에 불과하다. 이러한 경우는 가설로 볼 수 없다. 예시 2는 온도라는 설명자를 사용하여 설명하고 있으나, 온도는 현 의문 상황과는 전혀 관련이 없다. 예시 3은 압력이라는 설명자를 차용하여 상황을 설명하여, 2와 비교할 때 유사성이 있긴 하지만 현상의 정확한 원인과 비교해 보면 유사성이 현저히 떨어진다. 예시 4는 입자간 운동론을 바탕으로 하는 '콜로이드' 라고 하는 물질의 상태를 설명자로 내세우고 있다. 이 설명자는 현상의 정확한 원인에 근접한 것으로 설명자로서 유사성 정도가 매우 높다고 할 수 있다. 이 같은 내용들을 권용주 등(2000)의 연구에서 제시한 귀추적 과정에 따른 가설의 질(quality of hypothesis) 판별 기준을 기초로 하고 이를 일부 수정하여 점수화할 수 있도록 고안하였다. 자세한 내용은 〈표 11-2〉와 같다.

〈표 11-2〉 설명자의 유사도(Explican's Degree of likeness: EDn) 배점 기준

구분	배점
의문현상의 재진술	0
의문현상과 관련은 없으나 설명자 진술	1
의문현상과 관련은 있으나 유사성이 낮은 설명자 진술	2
의문현상과 관련이 있으며 유사성이 높은 설명자 진술	3

●● 가설 설명자의 유형

권용주 등(2000)은 과학자들뿐만 아니라, 학생들이 생성하는 가설이 하나 이상의 유형이 존재한다고 보고하였다. 이는 가설에서 설명자로 제시하고 있는 독립변인의 조작 가능 여부에 따라서 두 가지의 유형으로 나눌 수 있다.

첫 번째 유형은 조작적 가설(manipulative hypotheses) 혹은 현상적 가설(phenomenal hypotheses)이다. 이러한 가설은 근접적 특성 및 관찰 가능성뿐만 아니라 직접 조작되어질 수 있는 속성도 가지고 있다. 네스와 윌리엄스(Nesse & Williams, 1994), 앨콕(Alcock, 1989)은 이들 가설을 일컬어 근접적 가설(proximate hypotheses)이라고 표현했다.

두 번째 유형은 이론적 가설(theoretical hypotheses)이다. 이러한 가설은 개체의 개인적인 행동, 생리, 구조적 속성을 넘어서 주어진 자연환경에 잘 적응한 개체들이 살아남아서 그것이 이들의 전체적인 속성으로 자리매김된 것이라는 이론적인 설명을 원인으로 제공하는 것으로, 직접 관찰되거나 조작되어질 수 없는 이론적 설명을 원인으로 제시하고 있다(권용주 외, 2000). 따라서 이 가설을 검증하기 위해서는 가설 자체를 하나의 독립변인으로 조작하기보다는 가설과 관련된 조작이 가능한 다른 독립변인을 제시하여 검증을 실시하는 조작 불가능한 가설의 연역적 검증과정이 고안되어야 한다. 조작적 가설에서는 가설과 검증에 사용되는 독립변인이 동일한 것과는 달리, 여기(이론적 가설)서는 가설과 가설을 검증할 때 조작하는 독립변인이 서로 다르다. 이것은 본질적으로 이들 가설이 구체적으로 조작이 어려운 이론적 또는 진화적 속성을 포함하기에 그러한 것이다. 이러한 가설에 대해서 다리언(Darian, 1995)은 이론적 가설(theoretical hypotheses)이라고 표현하였고, 네스와 윌리엄스(Nesse & Williams, 1994), 앨콕(Alcock, 1989)은 진화적 가설(evolutionary hypotheses)로 표현했다. 이러한 가설의 유형 속성에 대해서는 앞에서 예문과 함께 자세히 설명하였다. 이를 점수화가 용이하도록 유목화하면 〈표 11-3〉과 같다.

〈표 11-3〉 설명자의 유형값 배점기준

구분	배점
현상적 가설 설명자	1
이론적 가설 설명자	2

이상의 논의에서 나타난 바와 같이 과학적 가설생성은 설명자의 유사도, 유형, 수준이라는 항목에 의해서 평가될 수 있다. 이를 정리하여 제시하면, [그림 11-2]와 같다.

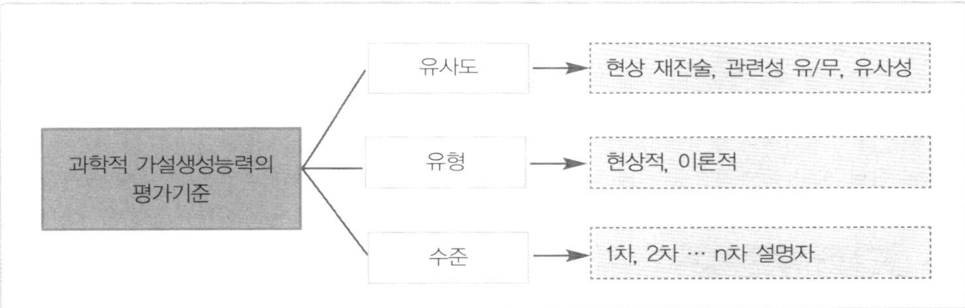

[그림 11-2] 과학적 가설생성능력의 평가기준

(2) 가설생성능력 지수(HQ) 산출식의 고안

앞에서 분석한 바와 같이 학생들의 가설은 설명자의 유형, 설명자 차원수, 설명자의 유사성 정도, 전체 가설의 수 등과 같은 네 가지 측면에서 평가될 수 있다. 이상의 항목들을 근거로 가설생성능력을 평가할 수 있는 지수를 산출하는 방법을 식으로 나타내면 [그림 11-2]와 같다.

$$HQ = \Sigma \{LEn \times \Sigma (DLn \times Hn)\}$$

가설생성능력 지수 = 첫 번째 가설 [설명자 차원수 × {(설명자의 유사도 × 설명자의 유형값) + … + (n번째 설명자의 유사도 × n번째 설명자의 유형값)}] + … + N번째 가설

(HQ: hypothesis explanation quotient, TH: type of hypothesis, LE: level of explican, DL: explican' s degree of likeness, N: n-st hypothesis, n: n-st explican)

[그림 11-2] 가설생성능력 지수 산출식

다음의 예시에서는 학생 B가 생성한 가설들을 통해 지수 산출식을 이용한 가설생성능력 평가과정을 소개하고자 한다.

과제 사진	학생 B가 생성한 가설들
이 종류의 물고기들은 항상 뒤집힌 채로 헤엄친다. 어떤 원인과 과정으로 인해 이렇게 헤엄치는가? 	가설 1) 콩고메기는 머리 쪽에 있는 중력감지기관에 생긴 돌연변이로 인해 중력 방향을 제대로 인식하지 못하기 때문에 이처럼 뒤집힌 채로 헤엄치며 살아간다. 가설 2) 일반적으로 죽은 물고기는 배를 위로 하고 있다. 배를 위로 하고 헤엄치면, 포식자로 하여금 자신을 죽은 것처럼 보이게 할 수 있기 때문에 이와 같은 행동이 생존에 유리하여 지금의 콩고메기들은 뒤집힌 채로 헤엄치게 된 것이다.

학생 B가 생성한 가설지식을 평가요소별로 정리하면 〈표 11-4〉와 같다.

〈표 11-4〉 학생 B의 가설분석 내용

<table>
<tr><th colspan="2">구분</th><th>분석내용</th><th>생성력 지수</th></tr>
<tr><td rowspan="7">가설 1</td><td>가설</td><td>콩고메기는 머리 쪽에 있는 중력감지기관에 생긴 돌연변이로 인해 중력 방향을 제대로 인식하지 못하기 때문에 이처럼 뒤집힌 채로 헤엄치며 살아간다.</td><td rowspan="14">22</td></tr>
<tr><td>가설의 구조</td><td>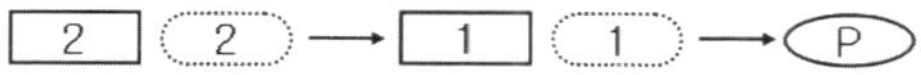
</td></tr>
<tr><td rowspan="2">설명자의 유형</td><td>중력감지기관의 돌연변이: 현상적 가설 설명자 (1)</td></tr>
<tr><td>중력 방향의 인식 실패: 현상적 가설 설명자 (1)</td></tr>
<tr><td>설명자의 차원</td><td>2</td></tr>
<tr><td>설명자의 유사도</td><td>1, 1</td></tr>
<tr><td>단위 지수</td><td>4</td></tr>
<tr><td rowspan="7">가설 2</td><td>가설</td><td>일반적으로 죽은 물고기는 배를 위로 하고 있다. 배를 위로 하고 헤엄치면, 포식자로 하여금 자신을 죽은 것처럼 보이게 할 수 있기 때문에 이와 같은 행동이 생존에 유리하여 지금의 콩고메기들은 뒤집힌 채로 헤엄치게 된 것이다.</td></tr>
<tr><td>가설의 구조</td><td>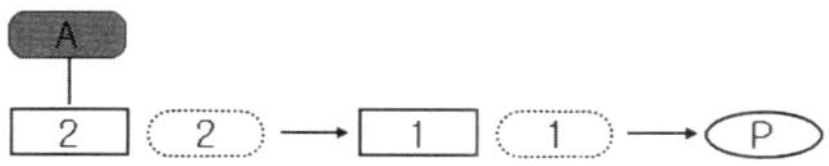
</td></tr>
<tr><td rowspan="2">설명자의 유형</td><td>포식자의 착각: 현상적 가설 설명자(1)</td></tr>
<tr><td>생존에 유리(자연 선택): 이론적 가설 설명자(2)</td></tr>
<tr><td>설명자의 차원</td><td>2</td></tr>
<tr><td>설명자의 유사도</td><td>3, 3</td></tr>
<tr><td>단위 지수</td><td>18</td></tr>
</table>

이를 가설생성능력 지수 산출식으로 계산하면 다음과 같다.

$$HQ_{\text{학생 B}} = [2\times\{(1\times1)+(1\times1)\}] + [2\times\{(3\times1)+(3\times2)\}] = 22$$

(3) 가설생성능력 평가의 실제

다음은 학생 E가 생성한 가설들이다. 학생 E의 가설들을 분석하여 〈표 11-5〉에 기입한 후 가설생성능력 지수 산출식을 이용하여 평가해 보자.

과제 사진	학생 E가 생성한 가설들
이 종류의 버섯은 밤중에 야광을 낸다. 어떤 원인과 과정으로 인해 야광이 나는가? 	가설 1) 이 버섯은 갓 부분에 루시페라아제(luciferase)라는 발광효소를 지니고 있으며, 이 효소는 빛에 감응하는 수용기가 있기 때문에 밤이 되어 외부의 빛이 모자라게 되면 에너지원을 사용하여 효소를 활성화시키고 이로 인해 버섯은 녹색 빛을 낼 수 있다. 가설 2) 버섯의 포자는 주로 밤에 활동하는 나방들이 묻혀서 퍼뜨리며, 곤충들의 시각계는 포유동물과는 다르기 때문에 발광을 통해 자신의 위치를 돋보이게 한 버섯만이 살아남아 어두운 밤에도 빛을 내게 되었다.

〈표 11-5〉 학생 E의 가설분석 내용

구분		분석내용	생성력 지수
가설 1	가설		
	가설의 구조		
	설명자의 유형		
	설명자의 차원		
	설명자의 유사도		
	단위 지수		
가설 2	가설		
	가설의 구조		
	설명자의 유형		
	설명자의 차원		
	설명자의 유사도		
	단위 지수		

가설생성능력 지수 = 첫 번째 가설 [설명자 차원수×{(설명자의 유사도×설명자의 유형값) + … + (n번째 설명자의 유사도×n번째 설명자의 유형값)}] + … + N번째 가설

2. 과학적 가설생성능력 평가의 적용활동 I

깔대기 속의 탁구공

이 활동은 주변에서 흔히 구할 수 있는 깔때기와 탁구공을 이용하여 재미있는 현상을 관찰하고 이 현상에 대한 여러 가지 가설을 세워 보는 활동이다.

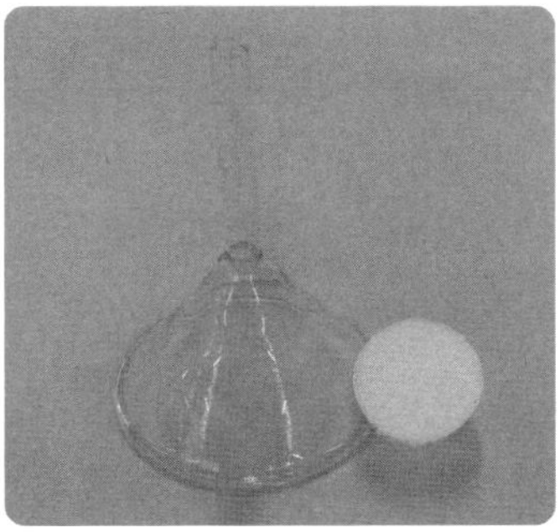

〈준비물〉

① 깔때기

② 탁구공

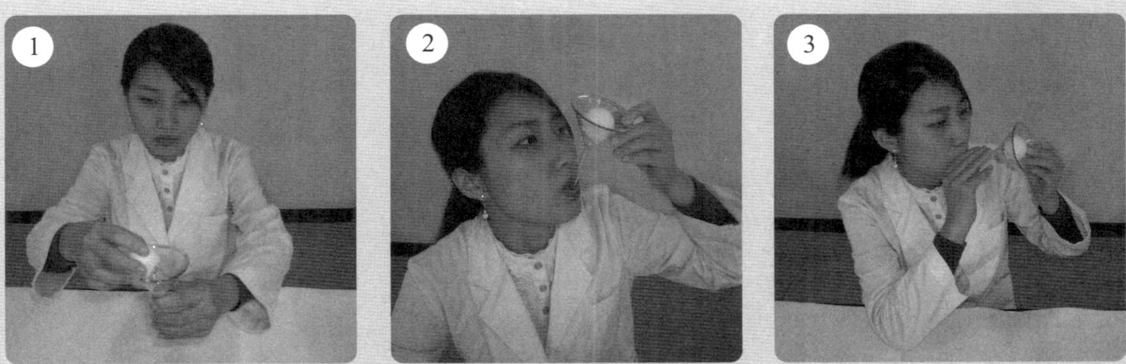

〈탐구방법〉

① 깔때기에 탁구공을 넣고 입에 문다.

② 손으로 탁구공을 잡고 깔때기가 아래를 향하도록 고개를 내린다.

③ 깔때기에 공기를 불어 넣으면서 탁구공이 어떻게 되는지 관찰해 본다.

④ 반대로 공기를 흡입하면서 탁구공이 어떻게 되는지 관찰해 본다.

〈유의 사항〉

• 깔때기에 바람을 불거나 흡입할 때 너무 과하게 불지 않도록 한다.

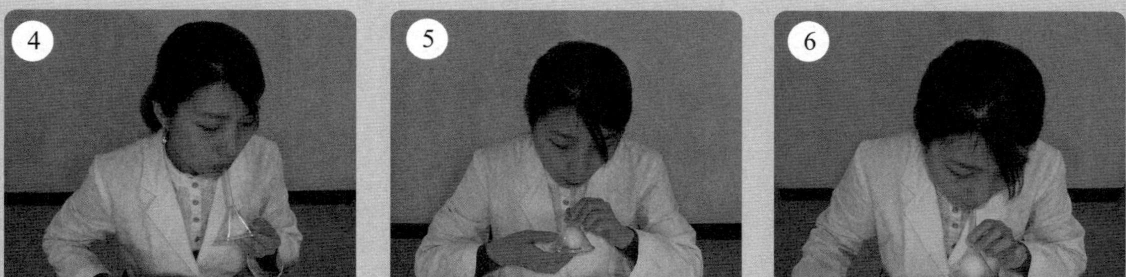

과학적 가설생성능력 평가활동지

활동	생성한 가설지식	가설지식의 평가			
		유형	구조	차원	유사도
가설 생성 능력 평가					

3. 과학적 가설생성능력 평가의 적용활동 II

껌 볼의 색깔

이 활동에서는 우리가 쉽게 사 먹을 수 있는 껌볼(예: 스키틀즈)의 색소가 빠질 때 벌어지는 재미있는 현상을 관찰해 보고, 이 현상의 원인에 대하여 생각해 보도록 한다.

〈준비물〉

① 껌볼(스키틀즈)
② 초시계
③ 샬레
④ 물, 비커

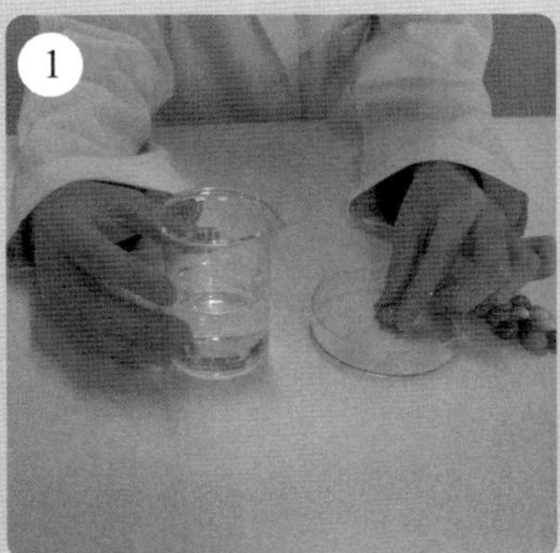

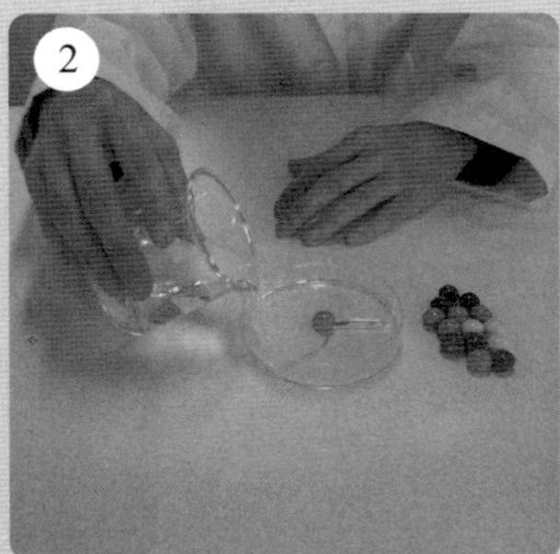

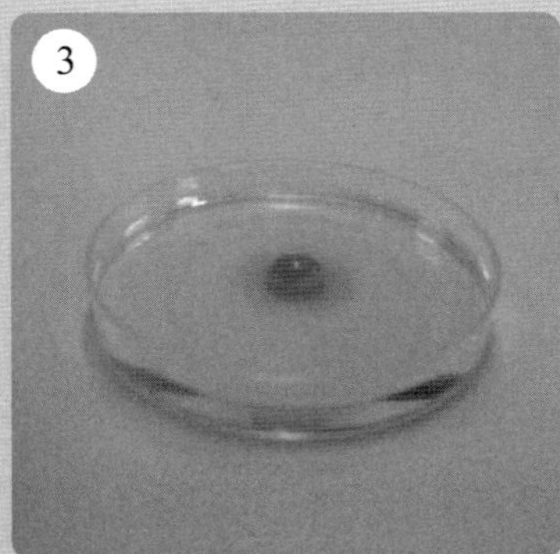

〈탐구방법〉

① 껌볼 하나를 샬레에 넣고 물을 서서히 붓는다.

② 색소가 빠지는 과정을 관찰해 본다.

③ 서로 다른 색의 껌볼을 샬레에 적절히 배치하고 물을 붓는다.

④ 각 껌볼에서 빠져나오는 색소들을 관찰하고 이 색소들 간에 어떠한 일이 벌어지는지를 관찰한다. 이때 색소가 퍼지는 시간을 측정해 본다.

⑤ 이러한 현상의 원인에 대하여 생각해 본다.

〈유의 사항〉

- 물은 껌볼의 2/3 높이가 적절하다.
- 색소가 함유된 다른 종류의 껌으로도 가능하다.
- 색소가 퍼지는 시간이 빠르므로 계속 주의 깊게 관찰한다.

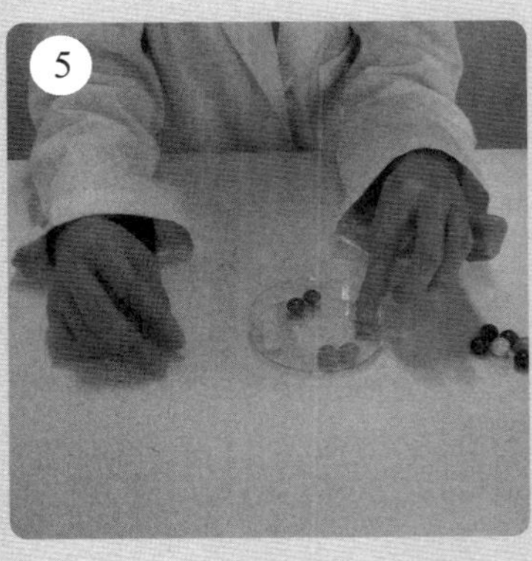

과학적 가설생성능력 평가활동지

활동	생성한 가설지식	가설지식의 평가			
		유형	구조	차원	유사도
가설 생성 능력 평가					

12
과학적 실험설계능력 평가

이 장에서는 실험설계 사고과정과 유형을 바탕으로 과학적 실험설계능력을 객관적 · 정량적으로 평가할 수 있는 방안에 대하여 살펴볼 것이다. 이어 과학적 실험설계 지식의 생성과 평가과정에 대한 실제 적용과정을 소개하고자 한다.

관찰능력 평가 — 분류능력 평가 — 의문생성능력 평가 — 가설생성능력 평가 — **실험설계능력 평가** — 가설평가능력 평가

1. 과학적 실험설계능력의 평가

추운 바다의 고래

추운 겨울 바다에 들어가서 수영을 할 수 있을까? 이 활동에서는 추운 바다에서 어떻게 고래가 살아갈 수 있는지에 대하여 가설을 세워 보고 이를 검증할 수 있는 실험을 설계해 본다.

〈준비물〉

① 고래 동영상 파일
② 수조
③ 얼음물
④ 온도계
⑤ 초시계

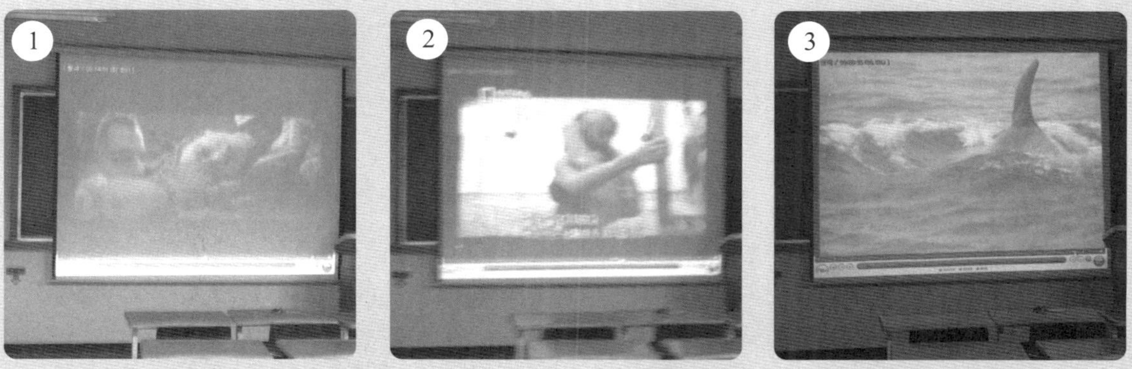

〈탐구방법〉

① 영화 〈타이타닉〉의 DVD나 비디오 클립 중 배가 빙하에 부딪혀 난파되고 사람들이 물에 빠지는 장면을 본다.

② NGC 다큐멘터리 중 '같은 온도에서도 왜 물속에서는 더 추울까?-위험천만! 극한의 체험' 에서 체열감지 장면을 본다.

③ BBC 특집 'Blue planet' 의 극지의 생명들 편 중 북극해 빙하들 사이를 유영하는 고래 떼 장면을 본다.

④ 체험게임을 통해 '고래되어 보기' 활동(수조 속에 준비된 얼음물 속에 맨손을 담그고 얼마나 견딜 수 있는지 체험해 봄)을 한다.

⑤ 고래는 어떻게 추운 바다에서 살 수 있는지에 대한 가설을 세운다.

⑥ 가설을 검증하기 위한 실험을 설계한다.

〈유의 사항〉

- 너무 오랫동안 얼음물에 담그고 있지 않도록 한다.

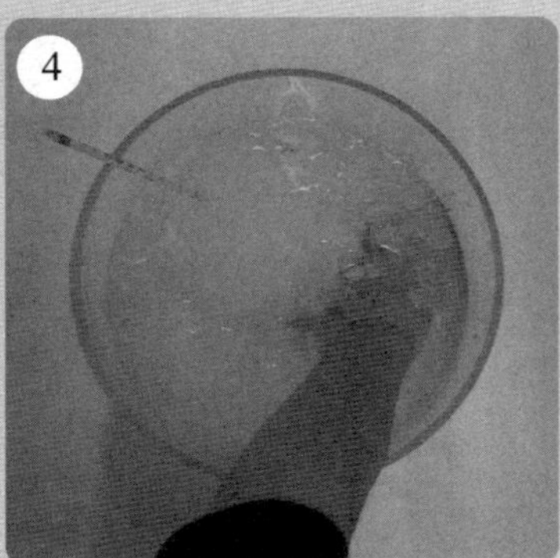

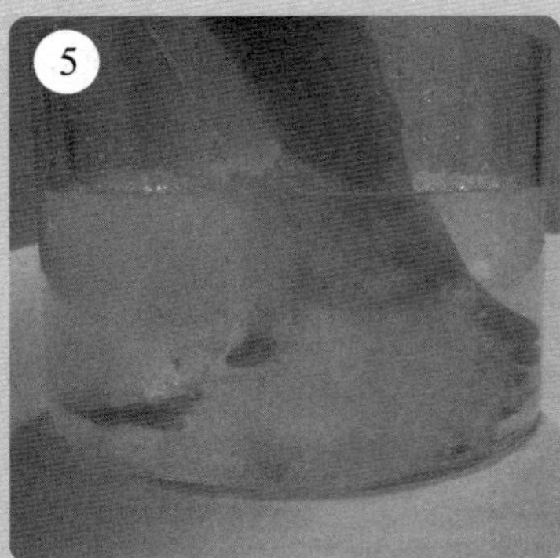

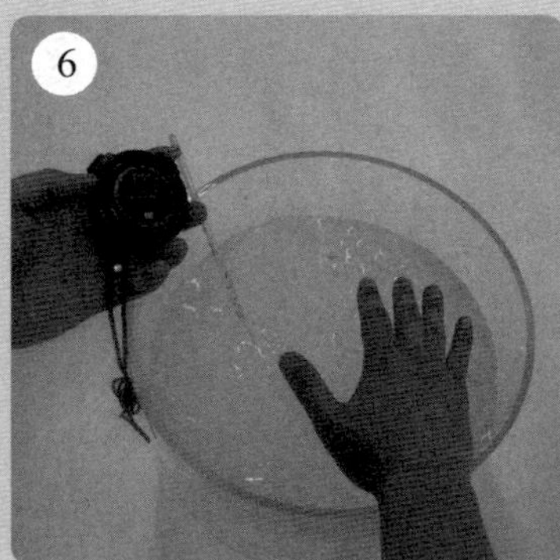

과학적 실험설계능력 평가활동지

<table>
<tr><th rowspan="2">활동</th><th rowspan="2">생성한 실험설계지식</th><th colspan="4">실험설계지식의 평가</th></tr>
<tr><th>유형</th><th>정교성</th><th>다양도</th><th>유창성</th></tr>
<tr><td rowspan="4">실험
설계
능력
평가</td><td></td><td></td><td></td><td></td><td></td></tr>
<tr><td></td><td></td><td></td><td></td><td></td></tr>
<tr><td></td><td></td><td></td><td></td><td></td></tr>
<tr><td></td><td></td><td></td><td></td><td></td></tr>
</table>

과제의 과학적 배경 지식

고래는 고래목(目)에 속하는 포유동물들을 일컫는 말이다. 차가운 물속에서도 고래는 인간과 거의 비슷한 36~38℃ 정도의 체온을 갖고 있다. 어떻게 이런 일이 가능할까? 극지동물은 몸무게당 생체 내의 대사율이 인간에 비해 두 배 이상 높다. 또 인간보다 훨씬 두꺼운 체지방을 갖고 있는데, 열전도율이 낮은 체지방으로 몸 안의 열이 빠져나가는 것을 효과적으로 방지할 수 있다(Kvadsheim, Folkow, & Blix, 1996). 특히 고래의 지방은 'Blubber'라고 불리면서 열전도율에 관한 많은 공학적 원리규명 연구와 이에 대한 산업적 이용 및 해부-생리학적 연구들이 수행되어 왔다(Parry, 1949; Silva, 2004; Watts, Hansen, & Lavigne, 1993).

지방이 적은 앞 지느러미와 꼬리는 혈관의 구조가 특수하다. 앞 지느러미와 꼬리로 향하는 동맥혈은 모세혈관에 도달하기 전에 동맥을 둘러싸고 있는 차가운 정맥과 접촉해 열의 대부분을 정맥으로 내주고 자신은 차가워진다. 이를 통해 피는 열을 보존할 수 있다(Folkow & Blix, 1992; Hokkanen, 1990). 이러한 원리로 인해 고래는 체온을 유지해야 하는 항온동물(포유동물)임에도 불구하고 유빙(遊氷)이 떠 있는 북극해의 차가운 물속에서도 자유로이 살 수 있는 것이다. 즉, 사람은 차가운 물속에 오래 있으면 저체온증으로 죽게 되지만, 고래는 인간과 똑같은 포유동물임에도 불구하고 차가운 얼음이 떠다니는 바닷속에서 살아가는 것이 가능한 이유(이 현상의 설명자; explican)를 검증하는 것이 이 과제의 핵심이다.

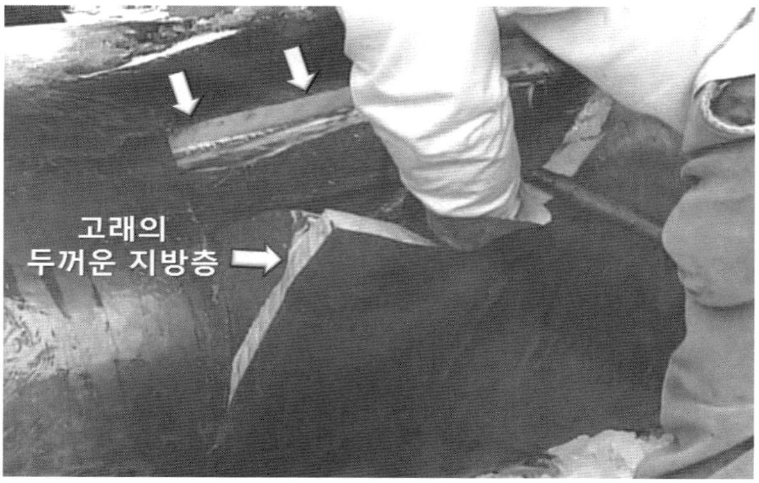

고래의 두꺼운 피하 지방층(KBS미디어, 2005)

1) 과학적 실험설계능력의 평가

오늘날 지식기반사회에서 학교 과학교육의 중요한 목표 중의 하나는 학생들로 하여금 과학자에 의해 생성된 결과적 지식(terminal knowledge)의 수용이 아니라, 그러한 과학적 지식을 생성할 수 있는 능력을 길러 주는 것이다(권용주, 최상주, 박윤복, 정진수, 2003b). 이때 지식을 생성한다는 것은 제기된 문제 현상을 설명하기 위하여 필요한 지식을 능동적으로 고안하는 것을 의미한다(Anderson & Biddle, 1991). 하지만 이러한 '지식'에는 지금까지 중요시되어 왔던 과학적 사실 · 법칙 · 이론과 같은 결과적 지식들 외에도 중간적 지식도 중요한 역할을 담당한다(Hanson, 1958). 즉, 자연현상에 대해서 생성되는 의문과 그 의문에 대한 잠정적인 설명인 추측, 가설, 예측, 목적론적 설명 그리고 잠정적인 설명의 평가를 위해 고안된 실험설계 등과 같이 자연현상을 탐구하는 과정에서 생성되는 중간적 지식의 역할도 중요한 것이다(권용주 외, 2003b).

특히 가설을 포함하는 잠정적인 설명을 검증하는 과정은 단지 잠정적인 설명에 지나지 않던 명제에 대해 정당성을 부여하는 과정이므로 많은 창의력이 요구되며, 새로운 과학지식의 생성에 있어 가장 핵심적인 과정 중 하나다(정진수, 권용주, 2007; McPherson, 2001).

가설 검증방법 고안, 즉 실험설계 과정의 탐구에 있어서의 이와 같은 중요성으로 인해 과학교육 분야에서도 많은 연구가 이루어져 왔다(박순화, 고경태, 정진수, 권용주, 2005; 박종원, 2003; 정진수, 권용주, 2007; McPherson, 2001; Ostlund, 1992). 그러나 이러한 선행 연구들은 대부분 학생들이 자신의 가설을 검증하기 위해 설계한 다양한 실험을 질적으로 분석하여 얻은 결론들이 대부분인데, 이 연구에서 연구자들은 실험을 설계해 가는 사고과정이나 설계된 실험의 구조 혹은 유형 등에만 집중되어 있고 이에 대한 평가 부문에 대해서는 연구사례를 찾기가 힘들다. 때문에 학생들이 수행평가 등을 통해서 자신만의 실험을 창의적으로 고안해 내고 이를 기록 · 발표하여도 객관적이고 정량적인 방법으로 평가하기가 어려운 실정이다.

지금까지 실험설계능력은 통합탐구능력의 하위 범주로서 큰 틀의 과학적 탐구능력 검사도구 내에서 일부 문항의 형태로 간접 검사되는 방식으로만 점검되어 왔다(권재술, 김범기, 1994; 송경혜, 이항로, 임청환, 2004; 우종옥, 이항로, 1995). 하지만 이와 같은 방식의 평가로는 전반적인 과학탐구 능력은 알 수 있을지 모르지만, 그중 실험설계능력이 어떤 측면으로 얼마나 신장되었는지와 같은 세부적인 부분을 파악하기는 어렵다. 뿐만 아니라 이들 도구의 대부분이 이미 연구자에 의해 설계된 검증방법(실험들)을 제공하고 이의 타당성을 묻거나 혹은 미비한 부분을 보완하는 형태의 문항으로 구성되어 있다. 이런 방식으로는 실제로 과학자들이 하는 바와 같이 스스로가 자신의 가설에 적합한 실험을 고안해 내는 '진정한 의미의 실험설계능력' 을 측정하기엔 무리가 있어 보인다.

정진수와 권용주(2007)에 의해 수행된 감자즙 과제를 통한 예비과학교사들의 검증방법 분석 연구를 살펴보면, 연구대상 학생들로부터 얻어진 질적 자료를 바탕으로 귀납적인 분석을 통해 '가설 검증방법' 을 가설과의 관련성, 구조, 정교성 등을 토대로 분석하여 ① 검증대상, ② 검증구조, ③ 정교성이라는 세 가지 기준의 분류틀을 제시하였다. 하지만 이 분류틀 역시 정성적 유형 분류만을 가능케 했을 뿐 현재까지는 정량적 평가 토대가 없다.

그러나 지금까지 연구된 방법들로는 학생들이 실험을 설계하였더라도, 이들의 실험설계능력을 평가할 수 있는 정량적이고 객관적인 도구나 공식이 없어 상태 파악이나 비교에 어려움이 있다. 만약, 학생들의 정성적인 지식을 정량적인 수치인 지수(quotient)로 변환시켜 산출할 수 있다면 그 효용성은 무척 클 것이다. 최근 이를 효과적으로 극복할 수 있는 방법의 하나로 정성적인 학생들의 지식을 정량적인 수치인 지수(quotient)로 변환시켜 줄 수 있는 산출식(equation)이 제시되고 있다(권용주, 이준기, 정진수, 2007).

개별 실험설계지식들의 귀납적 항목화를 통해 얻은 지수 산출식을 통해 학생들의 실험설계능력을 정량적이고 객관적인 방법으로 평가한다면, 수행평가와 같은 질적 자료평가에 유용할 것으로 전망된다. 여기서는 학생들의 실험설계능력 지수 산출식을 통해 평가해 보고자 한다.

(1) 실험설계능력의 평가요소

●● 실험설계의 유형

박순화 등(2005)의 연구와 정진수와 권용주(2007)의 연구결과에 따르면 가설을 검증하기 위한 실험설계 방식은 크게 '직접 관찰법' '유사현상 비교' '긍정 비교법' '긍정-부정 비교법' '비례 비교법' 의 다섯 가지 유형으로 나누어 볼 수 있다. 최근 정진수와 권용주(2007)는 감자즙 과제를 통해, 논리적인 측면에서 '직접 관찰법' 보다는 '유사현상 비교'가, '유사현상 비교법' 보다는 '긍정 비교법' 이, '긍정비교법' 보다는 '긍정-부정 비교법' 이, 마지막으로 '긍정-부정 비교법' 보다는 '비례 비교법' 이 보다 우수한 실험설계 방식임을 논의한 바 있다. 또한 권용주 등(2003a)은 대학생들을 대상으로 한 연구에서 실험설계에서의 연역적 지식 생성과정 중 최종적으로 예상결과 형태로 가설평가 기준이 고안되는 것을 보고하였고, 이안나, 권용주, 정진수, 양일호(2007)는 현장 과학자들의 사고를 분석한 연구에서 실험설계 시 반드시 평가기준 고안과정이 동반되는 것을 보고하였다. 이는 차후 자신의 실험을 통해 얻은 결과를 평가하는 데 있어 중요한 역할을 하는 지식으로 볼 수 있다. 다음의 예시들을 통해서 실험설계의 유형을 알아보자.

예시 1. 고래의 지방층 내에 작은 공기구멍들이 있는지를 직접 고래를 잡아 자세히 관찰해 보면 알 수 있다.

예시 2. 수조에 얼음물을 준비하고, 250㎖ 비커 3개에 각각 녹인 버터 70㎖, 50㎖, 25㎖를 넣는다. 이 비커들에 물 50㎖를 넣은 100㎖ 비커를 각각 넣어 준 뒤, 온도계를 꽂고 물의 온도 변화를 30초 간격으로 관찰한다. 만약 가설이 맞는다면, 버터를 많이 넣은 비커일수록 온도가 느리게 내려갈 것이다.

예시 1의 경우는 고래가 차가운 바다에서 살아가는 현상에 대해, 설명자로서 지방층 내의 공기구멍을 설정하였다. 그리고 이를 검증하기 위해 직접 살아 있는 고래를 잡아 해부를 통해 그 지방층 내에 정말 공기구멍이 있는지를 확인하는 방식을 취하고 있다. 이는 현상의 원인을 직접 관찰함으로서 검증을 완수하는 방식으로 '직접 관찰법' 에 해당하고, 예시 1의 설계에서는 평가기준은 나타나 있지 않다.

예시 2의 경우 지방층의 두께에 따른 온도 변화를 알아보기 위하여 실험을 설계한 것이다. 버터를 이용한 지방층의 두께 변화를 3단계의 구간을 설정하여 실험을 설계한 유형으로 이는 '비례 비교법' 에 해당한다. 한편 이러한 실험을 실제 수행하기에 앞서 가설이 타당하다면, 실제로 어떤 결과가 획득될지 예측해 봄으로써 자신의 가설에 대한 평가기준을 함께 설정해 두고 있다. 이와 같은 경우 예시 1보다 실제 실험 수행 후 잠정적 설명에 대한 정오 판단에 용이하다. 이러한 내용을 바탕으로 실험설계의 유형을 정리하여 평가에 용이하도록 유목화해 보면 〈표 12-1〉과 같다.

〈표 12-1〉 실험설계의 유형값 배점 기준

구분		배점
평가기준이 없고	직접 관찰법	1
	유사현상 비교법	2
	긍정 및 부정 비교법	3
	긍정-부정 비교법	4
	비례 비교법	5
평가기준이 있고	직접관찰법	6
	유사현상 비교법	7
	긍정 및 부정 비교법	8
	긍정-부정 비교법	9
	비례 비교법	10

●● 실험설계의 정교성

학생들이 자신들의 가설을 검증하기 위해 설계한 실험들은 '정교성(elaborateness)' 에 의해서도 평가될 수 있다(정진수, 권용주, 2007). 권용주, 고경태, 정진수(2003a)는 가설 검증방법이 처음에는 추상적 수준에서 생성된 뒤에 차츰 구체적인 수준으로 정교화되는 현상을 보고한 바 있다. 이 연구에서 언급된 '구체적인 수준' 이란 기술된 검증방법을 실험설계자 이외의 제3자가 보았을 때 기술된 방법에 따라 즉시 실험을 수행할 수 있을 정도로 자세히 설계된 것을 의미한다. 다시 말해,

방법들이 정량적으로 기술되어 있고 실험에 사용될 도구(준비물)들의 명칭이 구체적으로 명시된 경우라 할 수 있다.

또한 변인통제 능력은 문제 상황의 모든 요소를 고려하여 특정 요소(가설의 설명자가 되는 주요 변인)를 조사하는 동안 다른 요소들은 체계적으로 고정하고, 이와 동일하게 나머지 요소들을 조사해 보는 능력으로 인지발달의 지표로 이용되기도 하며, 과학에서의 객관성을 가능하게 해 주는 통제된 실험(controlled experiment)을 위한 기본 능력으로 여겨지고 있다(김선자, 최병순, 2005). 그러나 선행 연구들에 따르면, 많은 학생이 과학적 탐구과정 중 실험설계에서 가설과 관련 없는 변인들을 조작하거나 같은 실험을 여러 번 반복 설계하며, 변인통제에 서툴다고 보고되고 있다(German, Haskins, & Auls, 1996). 때문에 이 연구에서는 학생들의 실험설계능력을 판단하는 중요한 요소로 실험설계 시 '변인통제 여부'를 포함시켜 분석하였다. 다음의 예시들을 통하여 실험설계의 정교성 유형을 살펴보자.

예시 1. 굵은 호스와 얇은 호스에 버터를 채운 후, 찬물에 넣고 온도를 잰다.

예시 2. 250㎖ 비커에 2㎝ 두께의 버터 한 장으로 중앙 부분을 격리시킨다. 이때 한쪽 부분은 4℃의 물을, 다른 쪽 부분은 50℃의 물을 넣은 뒤 각기 온도계를 넣고 1분마다 온도 변화를 측정한다. 내부에 공기 방울을 첨가시킨 동일 두께의 버터 한 장을 동일 조건의 비커에 넣고 같은 방법으로 온도 변화를 측정한 후 이들을 비교해 본다.

예시 1의 실험을 설계한 학생은 '두꺼운 가죽과 지방 사이의 공기층 때문에 고래가 차가운 바닷속에서 살 수 있을 것' 이라는 가설을 세우고 이에 대한 검증을 시도하였다. 이때 이 학생이 검증해야 하는 변인은 모두 2개(두꺼운 가죽, 지방 사이의 공기층)다. 하지만 이 실험은 호스의 직경이나 찬물의 온도, 채워 넣는 버터의 양이 정량적으로 제시되지 않은 추상적 수준의 실험임을 알 수 있다. 또한 실제로 이 연구가 엄밀히 설계되려면, 직경은 같으나 외벽 두께만 다른 호스를 사용하도록 설계되어야 하나, 여기서는 제시하지 못하여 검증에 따른 변인통제가 완벽하게 되지 못하였고, 그에 따라 관계가 없는 버터의 투입량이 달라지는 오류를 범하게 되었다. 이는 변인통제가 되지 않은 실험설계의 경우다.

예시 2의 실험설계는 '지방층 내의 공기 방울에 의한 단열효과'에 대한 검증이다. 이를 위해 이 학생은 필요한 기구의 양과 사용되는 물질의 양을 정량적이고 구체적으로 제시하는 구체적 수준의 실험을 설계하고 있다. 뿐만 아니라 버터 내에 첨가된 공기라는 조건을 제외한 모든 조건을 동일하게 해 준 비교군 비커를 포함시킴으로써 변인통제가 된 실험을 설계하였다. 이러한 내용을 종합하여 실험설계의 정교성에 따른 점수화가 용이하도록 유목화해 보면 〈표 12-2〉와 같다.

〈표 12-2〉 실험설계의 정교성 배점 기준

구분	배점
가설에 제시한 변인과 관련이 없는 변인에 관한 실험설계	0
변인통제가 되지 않고, 추상적인 실험설계	1
변인통제가 되지 않고, 구체적인 실험설계	2
변인통제가 되었고, 추상적인 실험설계	3
변인통제가 되었고, 구체적인 실험설계	4

●● 실험설계의 다양도

정진수와 권용주(2007)는 종래의 연구들이 가설 검증방법과 검증해야 할 가설을 연관 짓지 않았다는 점을 지적하면서, 실험을 통해 검증하고자 하는 대상이 무엇이고 몇 개나 되는지를 중요한 분류기준으로 삼았다. 구체적으로 정진수와 권용주(2007)의 연구는 실험을 통해 검증해 낸 설명자의 차수(1차 설명자, 2차 설명자, … n차 설명자)를 실험설계의 다양성으로 간주하고 분석을 실시하였다.

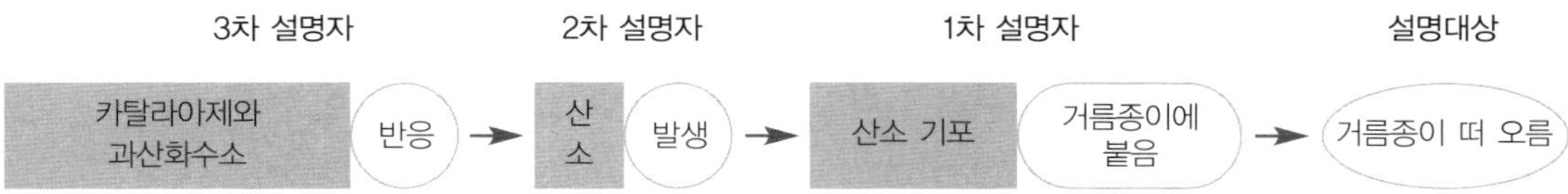

따라서 앞의 사례에서는 검증해야 할 설명자가 3차 설명자까지 존재하므로, 1, 2,

3차 설명자 모두를 검증하기 위해 실험을 설계하였다면 실험설계의 다양도는 3으로 판정할 수 있다.

●● 실험설계의 유창성

실제 과학자들의 연구는 하나의 가설을 검증하기 위해 복수의 실험을 설계하고 수행하는 경우가 많다(이안나 외, 2007). 예를 들어, 쇠똥구리 뿔의 진화에 관한 엠른과 마란겔로, 그리고 커닝엄(Emlen, Marangelo, & Cunningham, 2005)의 연구에서도 성 선택(sexual selection)이라는 하나의 설명자에 대해서 형태학적, 계통유전학적, 수리적, 행동생태학적인 실험방법을 함께 설계하여 검증을 시도하고 있음을 발견할 수 있다. 이처럼 다양한 방법과 대상을 사용하여 실험을 설계하고 결과를 획득할 경우, 보다 많은 경로를 통해 여러 가지 결과를 얻을 수 있어 해석의 신뢰성을 확보할 수 있다. 또한 이러한 유창성이 높은 실험설계 방식은 결론의 일반화 가능성을 높여 줄 수 있다(Kuhn, Amsel, & O'Loughlin, 1988).

이상의 논의에서 알 수 있듯이 과학적 실험설계는 유형, 정교성, 다양도, 유창성이라는 항목에 의해서 평가될 수 있다. 이를 정리하여 지시하면 [그림 12-1]과 같다.

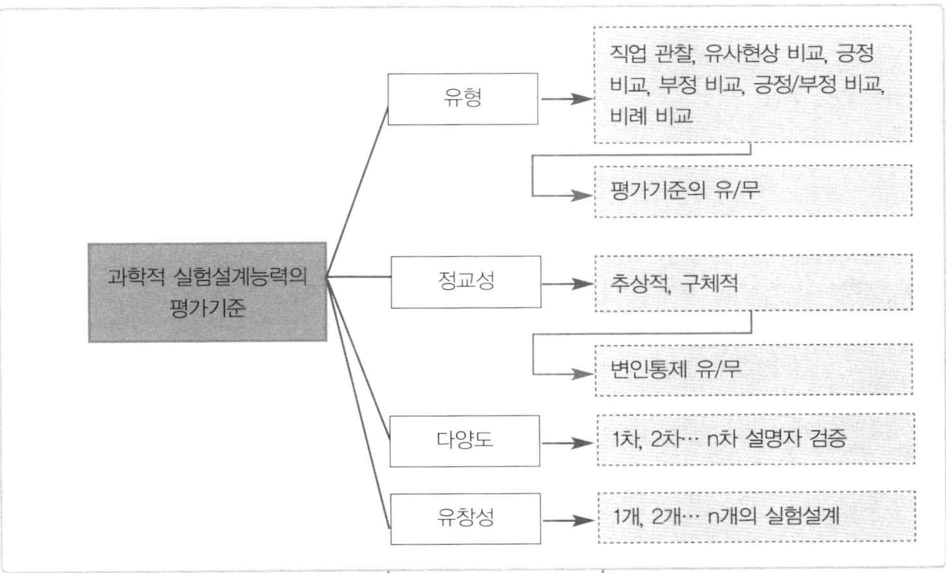

[그림 12-1] 과학적 실험설계능력의 평가기준

(2) 실험설계능력 지수(DQ) 산출식의 고안

분석예시에서 나타난 요소들을 정리해 보면 크게 검증방법의 수(유창성), 검증방법의 다양도, 검증방법의 유형 그리고 검증방법의 정교성이라는 네 가지 측면에서 평가될수 있다. 이상의 내용들을 근거로 개인의 실험설계능력을 평가할 수 있는 지수 산출방법을 식으로 나타내면 [그림 12-2]와 같다.

DQ = Σ{DEn × Σ(TEn × EEn)}

실험설계능력 지수 = 첫 번째 실험방법 {실험설계의 다양도×

(설명자 1의 검증을 위한 실험의 유형값×정교성 + … +

설명자 n의 검증을 위한 실험의 유형값×정교성)}+ … + N번째 실험설계 방법

(DQ: experimental design ability quotient, DE: diversity of experimental design, TE: type of experimental design, EE: elaborateness of experimental design, n: n-st explican for testing, N: n-st experimental designs for same hypothesis)

[그림 12-2] 실험설계능력 지수 산출식

다음의 예시는 학생 W가 설계한 실험을 지수 산출식을 이용해 평가하는 과정이다.

[학생 W의 가설]

고래의 두꺼운 가죽과 지방층의 공기 때문에 고래는 차가운 물속에서 살 수 있다.

실제 실험 장면	실험과정
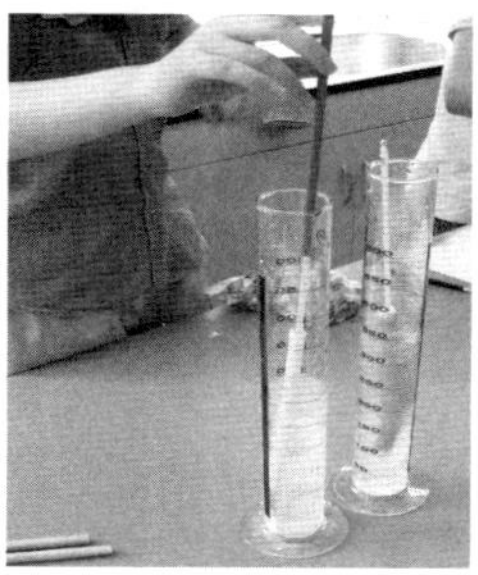	실험 ① 굵은 호스와 얇은 호스를 얼음물에 넣고 온도계를 넣은 후 온도를 잰다. 실험 ② 녹인 버터에 공기를 불어 넣어 굳힌 것과 공기층이 생기지 않도록 한 뒤 그냥 굳힌 것에 온도계를 꽂는다. 그리고 이들을 얼음물에 넣어 온도 변화를 살펴본다.

학생 W는 고래가 차가운 바닷물 속에서 살아갈 수 있는 이유에 대해, '고래의 두꺼운 가죽과 지방층의 공기 때문'이라는 가설을 세우고 이를 검증하기 위한 실험을 설계하였다. 애초에 이 학생이 생성한 가설은 '두꺼운 가죽'과 '지방층의 공기'라는 두 개의 대등한 1차 설명자를 가지는 병렬구조의 가설이다(정진수, 2007). 따라서 비록 두 개의 실험을 설계했지만 1차 설명자 수준의 검증이므로 이 실험설계의 다양도는 두 실험설계 모두 1이 된다.

실험 ①과 ② 모두 호스의 재질이나 굵고 얇은 정도 혹은 얼음물의 온도, 버터의 두께, 공기층의 정도가 제3자의 입장에서는 이 설계만으로 이해되지 않는 '추상적 실험설계'에 해당한다.

또한 이 학생의 경우 일반적으로 실험설계 과정에서 생성되어야 할 지식인 자신의 가설에 대한 평가기준이 포함되어 있지 않아서, 실험을 실제로 수행하여 그 결과를 얻었더라도 차후에 그것이 맞게 수행되었는지 판단하기가 어려울 것으로 예상된다. 그리고 실험 ①과 ②는 모두 변인이 되는 것에 대한 처치를 한 것과 그렇지 않은 것에 대한 비교를 수행하는 방식으로 설계된 것으로, 이는 박순화 등(2005)과 정진수와 권용주(2007)의 연구에서 언급된 바 있는 '긍정-부정 비교법'에 해당한다. 마지막으로 이 학생이 실험 ①을 통해 알아보고자 하는 것은 가죽의 두께에 따른 온도 변화였다. 그렇다면 동일한 재질의 직경은 동일한 호스를 사용하도록 실험을 설계해야 다른 변인들의 영향을 받지 않을 것이다. 실험 ②에서는 지방층의 공기층 유무를 제외한 변인이 통제되어야 한다. 따라서 버터의 두께나 질량 등의 기타 요소에 대해서는 통제해 주어야 할 것이다. 하지만 학생 B는 두 실험의 설계에서 구체적인 통제방식을 명시하지 않아 실험설계 과정에서 완벽한 변인통제를 수행하지 못했다고 볼 수 있다.

학생 W의 실험설계에 식을 적용해 보면, 변인 한 가지를 검증하기 위하여 설계한 실험방법은 한 가지이며, 비록 두꺼운 가죽과 지방층의 공기구멍이라는 두 개의 설명자에 대한 병렬구조의 가설이지만 모두 대등한 1차 설명자로 다양도는 1이다. 또한 유형은 원인이 되는 것이 포함된 것과 그렇지 못한 것을 비교하여 보여 주는 '긍정-부정 비교법'을 띠고 있으면서 평가기준이 나타나지 않았으므로 값은 4가 된다. 정교성 측면에서는 변인통제가 완전하지 않고 추상적인 수준에서 실험설계가 이루어졌으므로 값은 1이 된다.

학생 W가 병렬형인 하나의 가설에 대한 실험을 설계했지만, 각 설명자마다의 검증방식이나 정교성은 다를 수 있으므로 별도로 계산하여 소괄호로 묶어 합산해 준다. 따라서 식에 따라 학생 B의 실험설계에 대한 실험설계능력 지수(DQ)를 산출해 보면, 다음과 같다.

$$DQ_{학생\ W} = \{1\times(4\times1)\} + \{1\times(4\times1)\} = 8$$

(3) 실험설계능력 평가의 실제

다음은 학생 L이 생성한 실험설계 과정이다. 학생 L의 실험설계 과정을 분석하여, 〈표 12-3〉에 기입한 후 실험설계능력 지수 산출식을 이용하여 평가해 보자.

[학생 L의 가설]

고래는 두꺼운 지방층 때문에 차가운 바닷물에서 체온을 유지하면서 살아갈 수 있다.

실제 실험 장면	실험과정
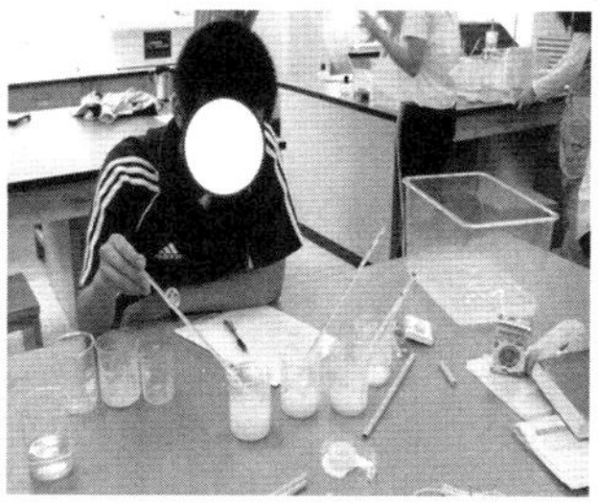	① 수조에 얼음물을 준비한다. ② 250㎖ 비커 3개에 각각 녹인 버터 70㎖, 50㎖, 25㎖를 넣는다. ③ 이 비커들에 동일한 온도의 물 50㎖를 넣은 100㎖ 비커를 각각 넣어 준다. ④ 100㎖ 비커가 담긴 250㎖ 비커들을 동시에 얼음물에 넣는다. ⑤ 온도계를 100㎖ 비커 안에 꽂고, 물의 온도 변화를 30초 간격으로 관찰한다. ⑥ 가설이 맞는다면, 버터를 많이 넣은 비커일수록 온도가 느리게 내려갈 것이다.

〈표 12-3〉 학생 L이 '추운 바다의 고래' 활동 과제에서 생성한 실험설계 과정 분석표

학생	다양도	변인통제	정교성	유형	평가기준
L					

실험설계능력 지수 = 첫 번째 실험방법 {실험설계의 다양도×(설명자 1의 검증을 위한 실험의 유형값×정교성 + … + 설명자 n의 검증을 위한 실험의 유형값×정교성)}+ … + N번째 실험설계 방법

2. 과학적 실험설계능력 평가의 적용활동 I

메추리알의 무늬

우리가 평소 즐겨 먹는 메추리알! 이 활동에서는 다양한 메추리알의 모양을 관찰하고 같은 메추리알이어도 왜 모양이 다른지에 대한 가설을 세우고 이를 검증할 실험을 설계해 본다.

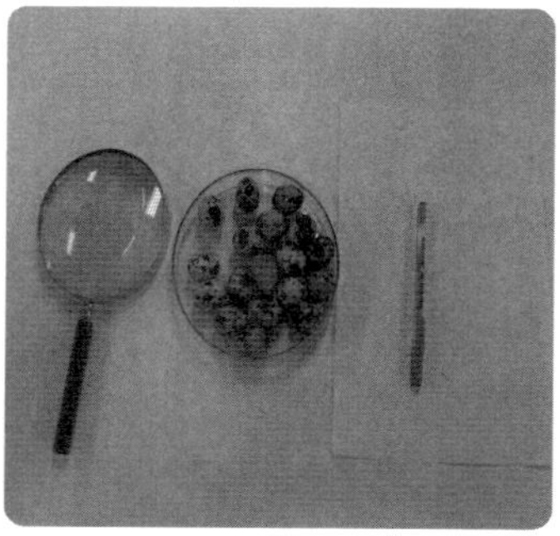

〈준비물〉

① 메추리알

② 돋보기

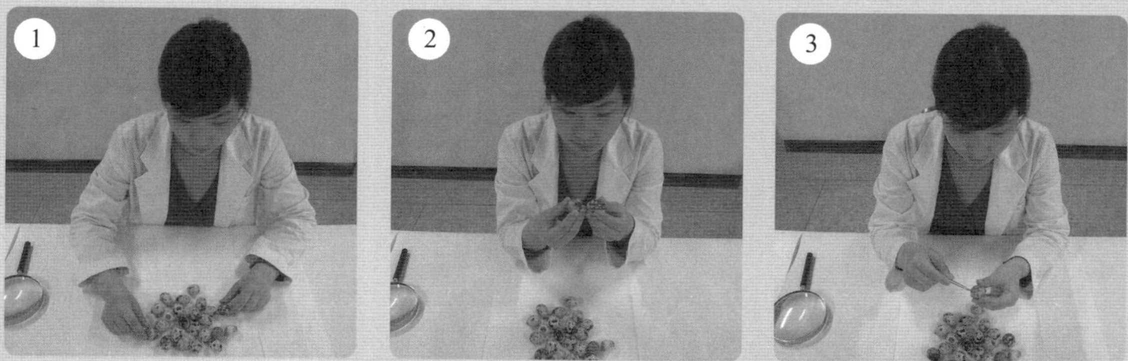

〈탐구방법〉

① 각기 다른 무늬를 갖는 메추리알을 관찰한다.

② 돋보기를 이용하여 상세히 관찰하며 비교해 본다.

③ 왜 메추리알의 무늬가 각기 다른지에 대한 가설을 세워 본다.

④ 이 가설을 검증할 수 있는 실험을 설계한다.

〈유의 사항〉

• 메추리알은 쉽게 깨지므로 주의한다.

과학적 실험설계능력 평가활동지

<table>
<tr><th rowspan="2">활동</th><th rowspan="2">생성한 실험설계지식</th><th colspan="4">실험설계지식의 평가</th></tr>
<tr><th>유형</th><th>정교성</th><th>다양도</th><th>유창성</th></tr>
<tr><td rowspan="4">실험
설계
능력
평가</td><td></td><td></td><td></td><td></td><td></td></tr>
<tr><td></td><td></td><td></td><td></td><td></td></tr>
<tr><td></td><td></td><td></td><td></td><td></td></tr>
<tr><td></td><td></td><td></td><td></td><td></td></tr>
</table>

3. 과학적 실험설계능력 평가의 적용활동 II

새의 비행

우리가 하늘을 날 수 있다면 어떨까? 이 활동에서는 새들이 어떻게 하늘을 날 수 있는지에 대한 원인을 생각해 보고 이를 검증할 실험을 설계해 보자.

〈준비물〉

① 새의 동영상 파일

② 컴퓨터, 프로젝션

〈탐구방법〉

① 새가 날아가는 모습이 담긴 동영상을 본다.

② 새가 어떻게 날 수 있는지 가설을 세워 본다.

③ 자신이 세운 가설을 검증할 수 있는 실험을 설계해 본다.

〈유의 사항〉

- 새의 비행을 담은 동영상은 다양한 각도에서 촬영된 동영상을 이용한다.
- 가급적 수직이륙을 하는 조류보다는 도약이륙을 하는 조류의 동영상을 이용한다.

과학적 실험설계능력 평가활동지

<table>
<tr><th rowspan="2">활동</th><th rowspan="2">생성한 실험설계지식</th><th colspan="4">실험설계지식의 평가</th></tr>
<tr><th>유형</th><th>정교성</th><th>다양도</th><th>유창성</th></tr>
<tr><td rowspan="4">실험
설계
능력
평가</td><td></td><td></td><td></td><td></td><td></td></tr>
<tr><td></td><td></td><td></td><td></td><td></td></tr>
<tr><td></td><td></td><td></td><td></td><td></td></tr>
<tr><td></td><td></td><td></td><td></td><td></td></tr>
</table>

13
과학적 가설평가능력 평가

이 장에서는 가설평가 사고과정과 유형을 바탕으로 과학적 가설평가능력을 객관적 · 정량적으로 평가할 수 있는 방안에 대하여 살펴볼 것이다. 이어 과학적 가설평가지식의 생성과 평가과정에 대한 실제 적용과정을 소개하고자 한다.

관찰능력 평가 — 분류능력 평가 — 의문생성능력 평가 — 가설생성능력 평가 — 실험설계능력 평가 — 가설평가능력 평가

1. 과학적 가설평가능력의 평가

딱따구리의 비밀

봄철이 되면 목탁을 치는 듯한 딱따구리 소리가 종종 들려온다. 딱따구리는 매해마다 나무를 쪼는 데도 머리를 다치지 않는다. 딱따구리의 행동에 대해 자세히 관찰해 보고, 그 현상에 대한 가설을 세운 뒤 실험을 수행하여 그 결과를 평가해 본다.

〈준비물〉

① 동영상 파일

② 생일모자(고깔),

③ 종이에 그린 과녁 결과 기록용 활동지

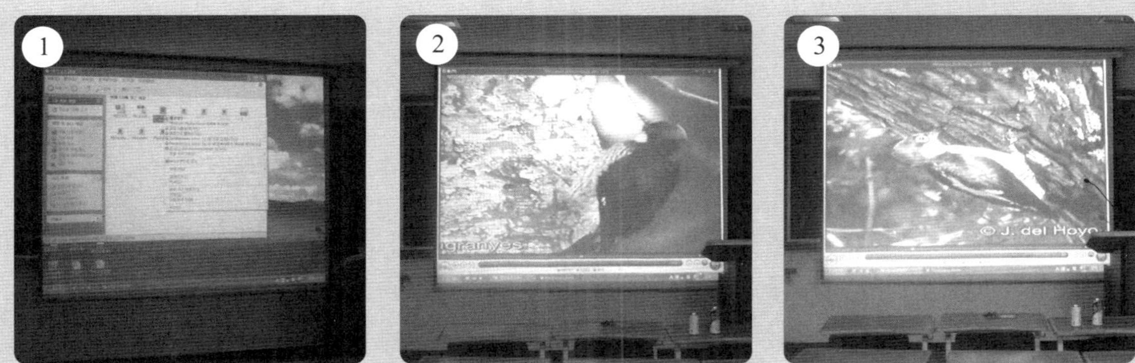

〈탐구방법〉

① 딱따구리가 나무를 쪼는 모습을 담은 생태 동영상 파일을 준비한다.

② 딱따구리가 나무를 쪼는 모습을 담은 생태 동영상을 본다.

③ 딱따구리가 물체를 쪼는 동작과 소리가 강조된 영상을 본다.

④ 체험게임을 통해 '딱따구리 되어 보기' 활동을 한다.

⑤ 고깔모자를 앞쪽으로 하여 새의 부리처럼 쓰고, 고개를 세차게 흔들어 과녁을 쪼면서, 딱따구리가 나무를 쪼는 행동을 따라 하게 한다.

⑥ 이때 머리가 어지럽다고 할 만큼 빠른 속도와 큰 각도로 수차례 쪼게 한다.

⑦ 이 과정을 통해 생성되는 관찰지식과 의문, 가설 등을 활동지에 기록하고 가설을 검증하기 위한 실험을 수행하여 이를 평가해 본다.

〈유의 사항〉

- '딱따구리 되어 보기' 활동에서는 허리를 움직이는 것이 아니고 딱따구리처럼 머리를 세차게 흔들어야 한다.
- 체험활동 중 현기증을 호소할 경우 탐구활동에 지장을 줄 수도 있다.

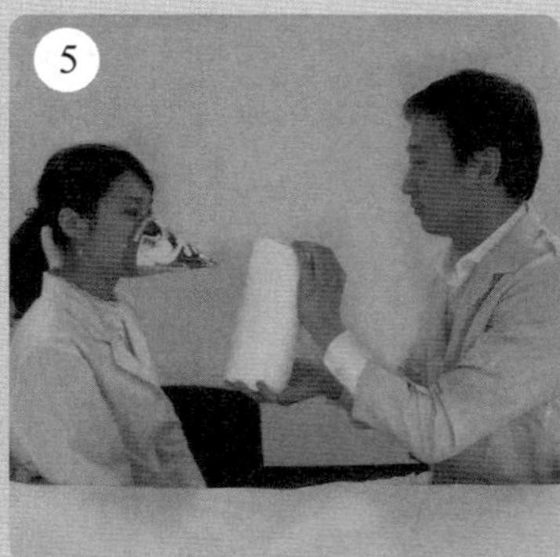

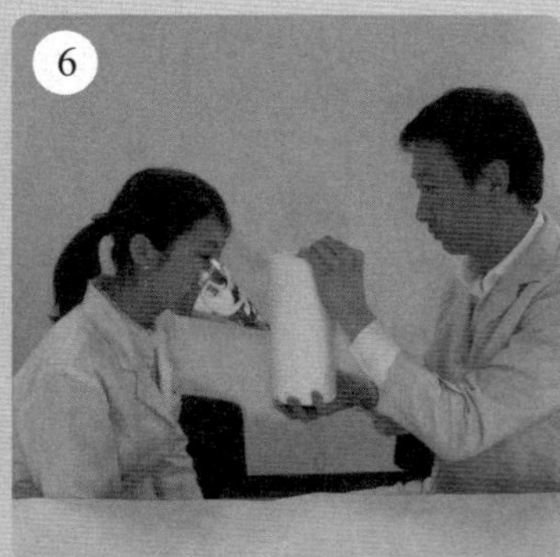

과학적 가설평가능력 평가활동지

활동	생성한 가설평가지식	가설평가지식의 평가		
		유형	정확성	수준
가설 평가 능력 평가				

과제의 과학적 배경 지식

딱따구리는 딱따구리과(科)의 새에 대한 통칭이다. 삼림에 살며 날카롭고 단단한 부리로 나무에 구멍을 내어 그 속의 벌레를 잡아먹거나 집을 짓고 산다. 이들은 1초에 18~20번씩 하루에 12,000번 나무를 쪼고, 이때의 충격은 1,000g이나 된다(Gibson, 2006). 만약 인간이 이런 상황에 처한다면, 아기의 경우 '흔들린 아기 증후군(shaken baby syndrome)' 에 걸리거나, 성인의 경우 무하마드 알리(Muhammad Ali)처럼 뇌 손상을 입게 된다. 하지만 딱따구리는 엄청난 속도와 힘으로 나무를 쪼면서도 뇌 손상을 입지 않는다(Kalat, 2004).

그렇다면 딱따구리가 나무를 쪼면서 두뇌를 다치지 않는 까닭은 무엇일까? 딱따구리가 뇌를 다치지 않는 까닭은 '머리와 부리' 가 완벽한 직선을 이루는 것과, 이 각도를 유지하면서 나무에 매달려 있도록 도와주는 딱따구리의 긴 꽁지깃과 독특한 발가락 구조(아래 사진) 때문이기도 하다. 이 각도가 약간이라도 틀어지게 된다면 뇌는 바로 손상된다(Oda, Sakramoto, & Sakano, 2006). 또한 딱따구리는 위쪽 부리 부분에 스펀지 같은 연골조직이 있어 충격을 흡수해 주고, 설골(hyoid apparatus)의 독특한 구조로 인해 나무를 쪼는 순간 뇌를 반대 방향으로 당겨 충격을 덜 받는다(Oda et al., 2006). 사람의 경우 이러한 반복적 충격을 머리에 받으면 뇌가 파손되겠지만, 딱따구리는 그렇지 않은 이유를 찾아 검증하고 이를 통해 얻은 데이터를 바탕으로 자신의 가설을 평가해 보도록 하는 것이 이 과제의 목적이다.

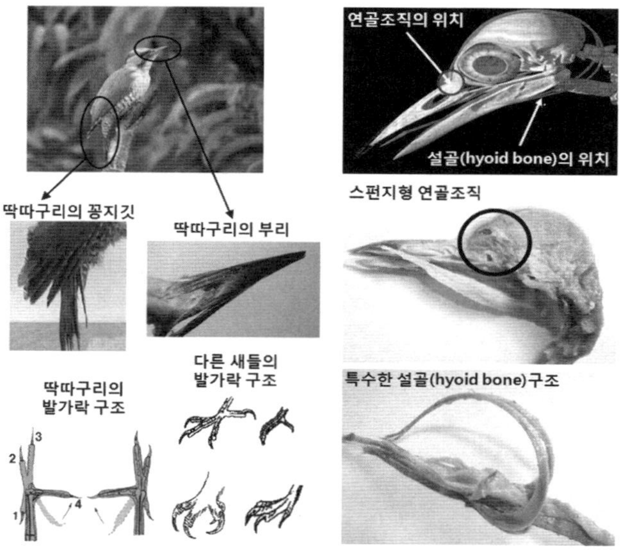

딱따구리의 독특한 신체구조 (Oda et al., 2006)

1) 과학적 가설평가능력의 평가

하루가 다르게 지식과 정보의 양이 늘어나는 21세기 지식정보화 사회에서는 새로운 지식의 양산 못지않게, 생성된 지식들을 올바른 평가를 통해 정당화하는 것이 더욱 중요해지고 있다. 이러한 지식의 정당화 과정에서 반드시 필요한 과정이 '가설평가(hypothesis evaluation)' 과정이다(Klahr & Dunbar, 1988). 가설평가 과정은 과학적 지식의 생성과정 중 연역적 추론방법을 통하여 결과 지식과 결론 지식을 생성하는 단계로, 앞서 귀납과 귀추의 추론과정을 거치면서 생성된 지식들이 절차적 지식과의 상호작용을 통해 진술되는 마지막 과정이라고 할 수 있다(권용주, 최상주, 박윤복, 정진수, 2003b). 그러므로 가설 평가는 가설을 포함하는 잠정적인 설명을 검증해 내는 과정으로서, 단지 잠정적인 설명에 지나지 않던 명제에 대해서 정당성을 부여하는 과정이므로 많은 창의력이 요구된다. 또한 가설 평가는 새로운 과학지식의 생성에 있어 가장 핵심적인 과정 중의 하나로 여겨지고 있다(McPherson, 2001).

가설 평가에 대한 선행 연구는 많지 않은데, 권용주, 정진수, 박윤복, 강민정(2003)은 과학적 지식 생성과정에 대한 연구에서 가설 평가는 연역적인 사고과정의 일부이며 결과 수집 → 가설 평가 → 결론 도출 과정을 거쳐 이루어진다고 보았다. 과학자들에 대한 심층 면담을 통한 양일호, 정진수, 권용주, 정진우, 허명, 오창호(2006)의 연구에서는 결과 수집 → 가설 평가 및 결론 진술의 단계가 있음을 논의한 바 있다. 또한 동물행동학자들을 연구한 이안나, 권용주, 정진수, 양일호(2007)는 설명의 평가과정을 결과 수집 → 기준-결과 비교 → 설명 판단 → 결론 도출로 보고한 바 있다. 한편, 다른 연구자들은 증거평가라는 용어를 통해 설명 체계를 채택 혹은 기각하기 위한 증거의 취사선택 과정에서의 개념변화 과정이나 선개념의 영향 등을 연구하였다(박종원, 장병기, 윤혜경, 박승재, 1993; Dawson & Rowell, 1987; Kuhn, Amsel, & O'Loughlin, 1988).

하지만 이러한 연구들은 대개 갈등과 불일치 상황에 기반을 둔 개념변화에 그 목적이 있고, 소재가 물리학이나 지구과학 내용만을 다루고 있는 경우가 대부분이었다. 또한 상당 부분 가설 평가의 사고과정이나 이를 통한 개념변화 연구에만 집중되어 있고, 능력의 평가 부문에 대해서는 연구사례를 찾기가 힘들다. 때문에 학생들이 수행평가 등을 통해서 자신만의 가설을 평가해 보고 이를 기록 · 발표하여도 객관적이고 정량적인 방법으로 평가하기가 어려운 실정이다.

지금까지 가설평가능력은 통합탐구능력의 하위 범주로서 과학적 탐구능력 검사 도구 내의 일부 문항의 형태로 간접 검사되어 왔다. 이러한 검사들은 연구자에 의해 제공되는 자료를 바탕으로 주어진 가설의 타당성을 평가하는 방식으로, 응답은 객관식 선다형 답지를 통해 이루어져 왔다(권재술, 김범기, 1994; 송경혜, 이항로, 임청환, 2004; 우종옥, 이항로, 1995).

하지만 이런 방식의 평가는 전반적인 과학탐구 능력은 알 수 있을지 모르지만, 가설평가능력이 어떤 측면으로 얼마나 신장되었는지와 같은 세부적인 부분을 파악하기는 어렵다. 뿐만 아니라 이들 도구의 대부분이 이미 연구자에 의해 외부로부터 가설이나 결과를 제공하고 이의 타당성을 묻거나, 미비한 부분을 보완하는 형태의 문항으로 구성되어 있어서 실제로 과학자들이 하는 바와 같이 자신이 직접 생성한 가설을 자신이 얻은 데이터를 통해 평가하는(이안나 외, 2007) '진정한 의미의 가설평가능력' 을 측정하기는 어려웠다.

그러나 지금까지 연구된 방법들로는 학생들이 실험을 설계하였더라도, 이들의 가설평가능력을 평가할 수 있는 정량적이고 객관적인 도구나 공식이 없어 상태 파악이나 비교에 어려움이 있다. 만약, 학생들의 정성적인 지식을 정량적인 수치인 지수(quotient)로 변환시켜 산출할 수 있다면 그 효용성은 매우 클 것이다. 최근 이를 효과적으로 극복할 수 있는 방법의 하나로 정성적인 학생들의 지식을 정량적인 수치인 지수로 변환시켜 줄 수 있는 산출식(equation)이 제시되고 있다(권용주, 이준기, 신동훈, 이효녕, 2007).

개별 가설 평가 지식들의 귀납적 항목화를 통해 얻은 지수 산출식을 통해 학생들의 가설평가능력을 정량적이고 객관적인 방법으로 평가한다면, 수행평가와 같은 질적 자료평가에 유용할 것으로 기대된다. 여기서는 학생들의 가설평가능력을 지수 산출식을 통해 평가해 보고자 한다.

(1) 가설평가지식 평가요소

다음은 앞서 제시된 딱따구리 과제에서 학생들이 자신의 가설에 따라 이를 검증할 수 있는 실험을 설계하여 실제로 그 방법에 의해 실험을 수행하고, 이 실험에서 나온 결과를 바탕으로 자신의 가설을 평가한 지식들이다.

예시 1. 가설은 옳다. 부리와 머리 사이의 물렁뼈는 충격을 줄이는 데 관여하는 것으로 볼 수 있다.

예시 2. 쇼바가 잘 되어 있는 고급 승용차를 타면 승차감이 아주 좋다. 또한 물리시간에 배운 충격량에 관한 공식 I=F×t를 생각해 보면, 힘은 시간에 반비례하므로, 부리와 두개골 사이의 연골은 시간을 증가시켜 충격을 줄일 것이다. 따라서 가설은 옳다.

예시 3. 우리가 세운 가설은 틀린 것으로 평가되었다. 이 결과에서는 물을 채운 병의 경우 3회와 5회 실험에서 깨지는 메추리알이 발생하였을 뿐만 아니라, 뇌척수 액은 사람에게도 있다. 그러므로 뇌척수 액과 같은 유체는 딱따구리의 충격흡수 방식과 무관하다고 할 수 있다.

예시 4. 이 실험에서 얻은 결과로 볼 때에, 가설은 옳다. 가설이 맞으려면, 스펀지 조직의 두께가 메추리알이 깨지지 않을 정도의 임계두께 이상이 되어야 한다. 이 결과에서는 부착된 스펀지의 두께에 따라 메추리알의 파손 정도가 감소되다가 1.5센티미터 이상부터는 손상이 전혀 없었다. 이를 통해 딱따구리의 두개골과 윗부리 사이에 있는 스펀지 조직은 충격을 흡수하여 두뇌 손상을 방지하는 역할을 하고 있음을 알 수 있다.

●● 가설 평가를 위한 근거의 유형

가설 평가는 탐구 단계상 정당화(justification)의 단계에 속하므로(권용주 외, 2003b) 무엇을 통해 정당화하는가에 대한 문제는 중요하다. 예시 1의 경우, 자신이 생성한 가설이 옳다고 평가는 하고 있으나 이에 대한 판단근거(evidence)를 제시하지 못하고 있다. 평가는 반드시 평가근거와의 상호작용 속에서 이루어지므로(Kuhn et al., 1988) 단순히 진위만을 언급한 예시 1은 올바른 평가가 이루어지지 못한 것으로 볼 수 있다.

한편, 예시 2, 3, 4의 경우는 서로 다른 근거를 제시하면서 가설의 진위 여부를 평가하고 있다. 예시 2는 가설이 옳다는 것에 대한 근거로 고급승용차에 승차했던 자신의 경험과 물리학의 충격량 공식을 제시하였다. 여기서 가설을 평가하는 데 사용된 근거들은 자신의 실험결과가 아닌 예전의 경험이나 암기된 이론과 같은 외부로부터 도입된 것임을 알 수 있다. 이 같은 방법으로 평가할 경우(theory-based evaluation), 실험결과는 의미가 없어지며 선입견(bias)에 의한 잘못된 평가로 이어져 그릇된 결론을 내릴 가능성이 높다(Koslowski, 1996; Kuhn et al., 1988).

예시 4의 경우, 자신의 가설이 옳다는 판단에 대한 근거를 자신의 실험결과로부터 얻어진 규칙성 지식만을 통해 제시하고 있다. 이처럼 결과 혹은 결과들 간의 관계만으로 가설을 평가할 경우(evidence-based evaluation)는 예시 2에서보다 객관적이고 과학적인 평가가 이루어질 수 있다(Koslowski, 1996; Kuhn et al., 1988). 앞의 예시에서 가설을 평가하기 위한 근거의 유형은 크게 ① 근거 제시를 못하는 경우, ② 근거를 제시하고 출처가 결과 외적인 경우, ③ 근거를 제시하고 출처가 결과 내적인 경우로 정리해 볼 수 있다. 예시 3의 경우는 ②와 ③의 유형이 혼합된 형태로 볼 수 있다.

암셀과 브록(Amsel & Brock, 1996)은 증거평가 기능의 발달적 차이를 알아보기 위한 실험을 수행했는데, 아동과 성인을 대상으로 식물 그림 자료들을 제시하고 가설을 평가하는 데 사용하는 증거의 출처를 연구, 수행했다. 이 연구에서 그들은 아동들의 경우 성인보다 사전 신념과 결측 자료에 강한 영향을 받고 있었으며, 성인들이 결과로부터 생성된 식물의 건강과 변수들 사이의 관계라는 규칙성 지식을 통해 판단을 정당화하는 반면, 아동들은 사전 신념이나 경험을 근거로 하거나 혹은 사전 신념에 일치하는 일부 변수만을 통해 판단하려는 경향을 보인다고 보고하였다. 이러한 내용을 종합하여 가설 평가의 유형에 따른 점수화가 용이하도록 유목화해 보면 〈표 13-1〉과 같다.

〈표 13-1〉 가설 평가의 근거유형 배점 기준

구분	배점
평가의 근거가 없는 것	0
평가의 근거가 있고, 근거의 출처가 결과 외적인 것	1
평가의 근거가 있고, 출처가 결과 내적인 것	2

●● 가설 평가를 위한 근거의 유창성

많은 선행 연구자는 가설 평가가 연역적 사고과정의 일부임을 밝히고 있다(권용주, 고경태, 정진수, 2003a; Lawson, 1995). 연역적 추론과정은 주어진 전제들로부터 타당한 결론을 이끌어 내는 사고과정을 의미한다. 이는 외부의 개입 없이 전제(premise)들 내의 논리적 사고를 통해, 이의 통합으로만 유도되는 닫힌 추론이라는 점(close-ended)에서 외부로 열려진(open-ended) 귀납적 추론과는 차별성을 갖는다(Knauff, Famgmeier, Ruff, & Slotsky., 2006). 즉, 가설평가 과정에서 평가기준과 수집된 결과를 비교/판단한 뒤 이들을 통합하여 결론지식에 이르게 되는데, 이때 가설평가 기준은 연역 추론에서의 대전제 역할을, 수집된 실험결과들은 전제의 역할을 하게 된다(권용주 외, 2003b).

다른 일반적인 연역 추론에서처럼 가설 평가에서도, 전제의 수가 많을수록 이의 통합을 통해 생성되는 결론지식의 질은 보다 우수해질 것이다. 예를 들어, 아무런 근거 없이 평가를 하는 예시 1보다는 두 가지 근거를 드는 예시 2와 3에서 얻은 결론지식의 신빙성이 더 높을 것이다.

●● 가설 평가의 정확성

가설을 평가하는 데 있어서 유형과는 다른 또 하나의 특성이 있다. 그것은 평가를 위해 제시된 근거가 결과의 정보들을 얼마나 담아내고 있는가다. 선행연구들에서도 가설 평가에서의 근거 제시에 대한 논의가 있어 왔는데, 박종원 등(1993)의 연구에 의하면 학생들은 선 개념의 영향으로 인해 무 관련 증거를 제시하거나, 결과 중의 일부만을 증거로 제시하는 경우가 있다고 하였다.

전문적인 과학자들조차도 이런 행위를 할 때가 있는데, 홀턴(Holton, 1978)은 밀리컨(Millikan)이 1913년 시행한 실험의 실제 데이터를 그의 랩노트를 분석하여 조사해 본 결과, 140개의 데이터 중 80개의 데이터를 폐기하고 60개의 데이터만으로 가설을 평가한 것으로 나타났다. 폐기의 이유는 단지 뭐가 잘못되었을 것이라는 막연한 의심 때문이었다고 한다. 앞의 예에서 볼 수 있듯이 '결과의 내용을 얼마나 충분히 반영하여 평가하는가' 라는 내용은 해석오류를 막고 올바른 가설 평가를 이끌어 주는 데 중요한 요소가 된다.

한편, 결과로부터 규칙을 끌어내었다 하더라도 이에 대한 판단을 내릴 때, 실험설계 단계에서 생성한 '가설평가 기준'과의 비교가 이루어지지 않는다면 올바른 가설 평가가 이루어지지 않을 것이다. 이는 실제 과학자들에 대한 연구의 예에서도 많이 찾아볼 수 있는데, 이안나 등(2007)의 연구에서도 과학자들은 가설 평가 시 반드시 기준-결과 비교과정을 거치는 것으로 나타났다.

예시 2를 살펴보면, 가설의 정당화를 위해 제시한 근거들은 실험을 통해 얻은 결과가 전혀 반영되어 있지 않고, 평가기준과의 비교 역시 나타나 있지 않다. 예시 3도 이 실험을 수행한 학생 C가 수집한 결과로는 시행 3회차와 5회차에서 메추리알이 파손된 것은 알 수 있으나, 사람의 머리에 뇌척수 액이 있다는 것은 결과내용과는 상관이 없다. 뿐만 아니라 예시 3의 경우 결과에 나타난 모든 변인의 관계를 고려한 지식이 아닌 단편적인 부분(3회차와 5회차)만을 제시함으로써, 불완전한 정보를 바탕으로 평가가 이루어졌다. 평가기준과의 비교는 예시 2와 3 모두에서 이루어지지 않았다. 마지막으로 예시 4의 경우는 근거로 제시한 '스펀지의 두께에 따른 메추리알의 파손 정도'라는 규칙성 지식이 실험결과를 충분히 반영하였으며, 평가기준과의 비교도 나타냈다. 앞의 예시들에서 가설 평가의 정확성은 결과 내용의 반영 정도에 따라 ① 근거가 결과를 반영하지 못하는 경우, ② 근거가 결과를 부분적으로 반영하는 경우, ③ 근거가 결과를 전체적으로 반영하는 경우로, 평가기준과의 비교 여부에 따라 ① 평가기준과의 비교가 없는 경우, ② 평가기준과의 비교가 나타난 경우로 정리해 볼 수 있다. 이러한 내용을 종합하여 정확성에 따른 점수화가 용이하도록 유목화해 보면 〈표 13-2〉와 같다.

〈표 13-2〉 가설 평가의 정확성 배점 기준

구분		배점
근거가 결과를 반영하지 못함	평가기준 비교 없음	1
	평가기준 비교	2
근거가 결과를 부분적으로 반영	평가기준 비교 없음	3
	평가기준 비교	4
근거가 결과를 전체적으로 반영	평가기준 비교 없음	5
	평가기준 비교	6

●● 가설 평가의 수준

많은 과학적 사고과정에 관한 연구를 살펴보면, 가설평가 과정은 연역적 사고과정의 하위 범주에 속함을 알 수 있다(권용주 외, 2003b; 양일호 외, 2006; 이안나 외, 2007). 권용주 등(2003b)은 가설 평가과정이 결과 수집 → 가설 평가 → 결론 도출 과정을 거쳐 이루어진다고 보았으며, 양일호 등(2006)의 연구에서는 과학자들의 연역적 지식 생성과정의 하위 단계로 가설 평가 내에 결과 수집 → 가설 평가 및 결론 진술의 단계가 있음을 논의한 바 있다. 또한 최근의 연구로 동물행동학자들의 연구 활동을 분석한 이안나 등(2007)의 연구에서는 가설을 포함한 설명의 평가과정을 결과 수집 → 기준-결과 비교 → 설명 판단 → 결론 도출로 보고 있다. 특히, 가설 평가의 마지막 단계에서 나타나는 사고과정인 결론 도출은 설명의 범위를 확대하는 일반화의 과정으로 차후의 연구에 순환적으로 영향을 주기 때문에 선행 연구들에서 공통적으로 보고되었으며, 중요한 위치를 차지하고 있다.

앞에 제시된 가설평가지식들 중 예시 1, 2의 경우는 선행 연구에 의해 제시된 과학적 사고의 단계 중 단순히 설명(가설) 판단까지만 수행한 반면, 예시 3, 4는 가설의 진위를 판단함과 아울러 이에 대한 결론을 도출해 내고 있다. 선행 연구결과들에 비추어 보았을 때, 예시 1, 2의 경우보다는 3, 4의 경우가 가설을 평가하는 데에 있어 보다 깊은 수준의 사고에까지 도달한 것으로 블 수 있다. 따라서 수준에 따라 가설 평가는 ① 결론을 도출하지 못한 경우와 ② 결론을 도출한 경우로 나누어 볼 수 있다. 이러한 내용을 종합하여 가설 평가의 수준에 따른 점수화가 용이하도록 유목화해 보면 〈표 13-3〉과 같다.

〈표 13-3〉 가설 평가의 수준 배점 기준

구분	배점
결론을 도출하지 못함	1
결론을 도출함	2

이상의 논의에서 나타난 바와 같이 과학적 가설 평가는 유창성, 유형, 수준, 정확성이라는 항목에 의해서 분류될 수 있다. 이를 정리하여 제시하면, [그림 13-1]과 같다.

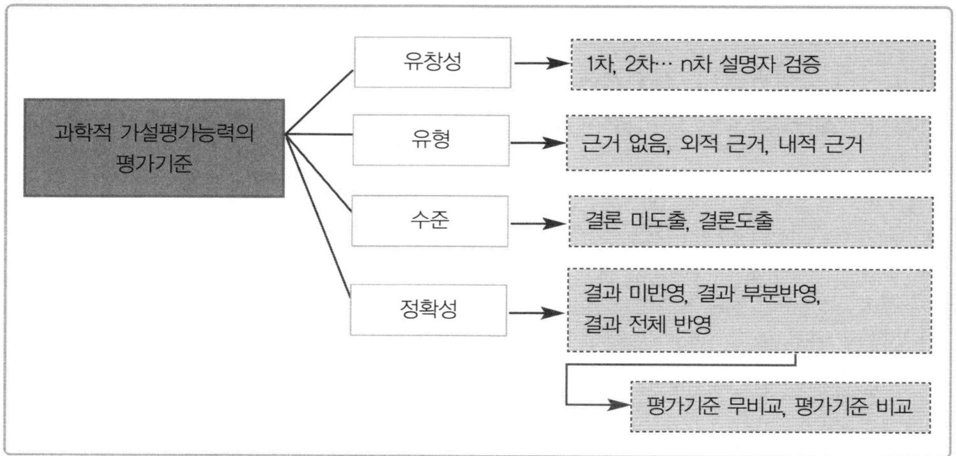

[그림 13-1] 과학적 가설평가능력의 분류기준

[그림 13-1]에 제시된 분류기준에서 유형을 가로 방향으로, 유창성을 세로 방향으로 배열함으로써 2차원 평면 위에 가설 평가의 분류기준들을 나타낼 수 있다. 또한 가로축의 가설평가 유형을 수준에 따라 재분류하고, 세로축의 유창성에 따라 나타나는 평가의 근거를 그 정확성에 따라 재분류하면 〈표 13-4〉와 같은 가설 평가의 분류틀로 나타낼 수 있다.

〈표 13-4〉 가설평가지식 분류틀

유창성	정확성 \ 수준 \ 유형		근거 없음		외적 근거		내적 근거		계
			결론 미도출	결론 도출	결론 미도출	결론 도출	결론 미도출	결론 도출	
1차 근거	결과 미반영	평가기준 무비교							
		평가기준 비교							
	결과 부분 반영	평가기준 무비교							
		평가기준 비교							
	결과 전체 반영	평가기준 무비교							
		평가기준 비교							
…									
n차 근거	결과 미반영	평가기준 무비교							
		결과 부분 반영							
	결과 부분 반영	평가기준 무비교							
		평가기준 비교							
	결과 전체 반영	평가기준 무비교							
		평가기준 비교							
계									

(2) 가설평가능력 지수(VQ) 산출식의 고안

앞에서 분석한 바와 같이 학생들이 생성한 가설평가지식은 크게 평가의 유형, 평가의 정확성, 평가의 수준, 평가근거의 유창성이라는 네 가지 측면에서 평가될 수 있다. 이상의 내용들을 근거로 개인의 가설평가능력을 평가할 수 있는 지수 산출방법을 식으로 나타내면 [그림 13-2]와 같다.

$$VQ = \Sigma(TEn \times AEn) \times LE$$

가설평가능력 지수 = {첫 번째 평가근거 (평가근거의 유형 × 평가근거의 정확성) + … + n번째 평가근거} × 가설 평가의 수준

(VQ: hypothesis evaluation ability quotient, TE: type of hypothesis evaluation, LE: level of experimental design, AE: accuracy of hypothesis evaluation, n: n-st evidence for evaluation)

[그림 13-2] 가설평가능력 지수 산출식

다음의 예시는 과학자 N이 자신의 가설을 평가한 내용을 지수 산출식을 이용해 평가하는 과정이다.

> 수산진흥연구원에서 연구 중인 과학자 N은 고향 앞바다에서 많이 잡히던 바다새우가 작년부터 갑자기 많이 잡히지 않는다는 말을 듣고 실험을 수행한 뒤 얻은 결과를 바탕으로 가설 평가를 수행했다.

〈표 13-5〉는 과학자 N의 종합 연구보고서다. 이 보고서를 잘 읽고 과학자 N의 가설평가능력에 대해 분석해 보자.

〈표 13-5〉 과학자 N의 바다새우 감소에 대한 연구보고서

현상	바다새우의 개체수 감소
가설	바닷물 염도의 감소 때문에 바다새우의 개체수가 감소하였을 것이다.
실험설계	다음과 같이 실험을 한다. 수조: 1 / 2 / 3 / 4 / 5 염도(‰): 27 / 31 / 35 / 39 / 43 바닷물(L): 10 / 10 / 10 / 10 / 10 투입한 새우(마리): 50 / 50 / 50 / 50 / 50
평가기준	가설이 옳다면, 염도가 줄어들수록 새우의 개체수도 줄어들 것이다.

실험설계:

수조	1	2	3	4	5
염도(‰)	27	31	35	39	43
바닷물(L)	10	10	10	10	10
투입한 새우(마리)	50	50	50	50	50

<table>
<tr><td>과학자 N이 얻은 결과</td><td>〈실험결과〉
<table>
<tr><td>수조</td><td>1</td><td>2</td><td>3</td><td>4</td><td>5</td></tr>
<tr><td>염도(‰)</td><td>27</td><td>31</td><td>35</td><td>39</td><td>43</td></tr>
<tr><td>바닷물(L)</td><td>10</td><td>10</td><td>10</td><td>10</td><td>10</td></tr>
<tr><td>투입한 새우(마리)</td><td>50</td><td>50</td><td>50</td><td>50</td><td>50</td></tr>
<tr><td>생존한 새우(마리)</td><td>43</td><td>40</td><td>38</td><td>41</td><td>44</td></tr>
</table>
</td></tr>
<tr><td>가설 평가</td><td>위와 같은 결과로 볼 때, 이 가설은 틀리다. 가설이 맞으려면, 염도가 줄어들수록 새우의 개체수도 줄어들어야 하지만, 이 결과는 특정 염도에서만 새우가 생존해 있지 않았을 뿐만 아니라, 염도에 따라 개체수의 차이가 거의 없다. 그러므로 바닷물의 염도와 새우의 생존은 무관하다고 할 수 있다.</td></tr>
</table>

앞의 가설평가 내용을 분석해서 지수 산출이 쉽도록 요소별로 기입하면 〈표 13-6〉과 같다.

〈표 13-6〉 과학자 N의 가설평가지식 분석내용

분석항목		내용
학생 A	평가의 유형	평가근거 있고, 근거 출처는 결과 내부(2)
	근거의 정교성	평가기준과 비교하고, 결과의 모든 내용 사용(6)
	평가의 수준	결론까지 도출해 냄(2)

가설평가능력 지수 = 평가근거의 유형값×평가근거의 정교성×수준

과학자 N의 가설평가능력 지수(VQ) = 2×6×2 = 24

(3) 가설평가능력 평가의 실제

학생 C는 집에서 김장하는 것을 보다가 의문이 생겼다. 말라 있던 배추에 소금을 치니 갑자기 물이 생겼다. 이 의문을 해결하기 위해 실험을 설계하여 수행하고 자신의 가설을 평가한 내용이다. 지금까지 배운 가설평가능력 지수 산출식을 활용하

여 직접 분석해 보자.

〈표 13-7〉 학생 C의 실험보고서

<table>
<tr><td>현상</td><td>김치를 담글 때 배추에 소금을 치니 물이 나왔다.</td></tr>
<tr><td>가설</td><td>소금의 염도 때문에 배추에서 물이 나왔다.</td></tr>
<tr><td>실험설계</td><td>다음과 같이 실험을 한다.
<table>
<tr><td>실험군</td><td>1</td><td>2</td><td>3</td><td>4</td><td>5</td></tr>
<tr><td>배추(포기)</td><td>10</td><td>10</td><td>10</td><td>10</td><td>10</td></tr>
<tr><td>투여한 소금의 양</td><td>0</td><td>100</td><td>200</td><td>300</td><td>400</td></tr>
</table></td></tr>
<tr><td>평가기준</td><td>가설이 옳다면, 소금을 많이 넣을수록 물이 많이 나올 것이다.</td></tr>
<tr><td>학생 C의 결과</td><td>〈실험 결과〉
<table>
<tr><td>실험군</td><td>1</td><td>2</td><td>3</td><td>4</td><td>5</td></tr>
<tr><td>배추(포기)</td><td>10</td><td>10</td><td>10</td><td>10</td><td>10</td></tr>
<tr><td>투여한 소금의 양</td><td>0</td><td>100</td><td>200</td><td>300</td><td>400</td></tr>
<tr><td>물의 양</td><td>5</td><td>30</td><td>28</td><td>40</td><td>55</td></tr>
</table></td></tr>
<tr><td>가설 평가</td><td>경험상 집에서 김장할 때 짜게 김치를 만들면 물이 많이 나왔고, 삼투설에서는 용매는 고장액에서 저장액으로 간다고 하였으므로 이 가설은 맞는 것이다. 즉, 배추에서 생기는 물과 소금의 양은 상관관계가 있다.</td></tr>
</table>

앞의 가설평가 내용을 분석해서 지수 산출이 쉽도록 요소별로 〈표 13-8〉에 기입하여 분석해 보자.

〈표 13-8〉 학생 C의 가설 평가 지식 분석내용

분석항목		내용
학생 C	평가의 유형	
	근거의 정교성	
	평가의 수준	

가설평가능력 지수 = 평가근거의 유형값 × 평가근거의 정교성 × 수준

2. 과학적 가설평가능력 평가의 적용활동 Ⅰ

컬러 면 만들기

우리가 밥만큼 즐겨 먹는 면류에는 라면, 우동, 소면, 당면 등 그 종류가 상당히 많다. 하지만 이들은 모두 같은 성질을 갖고 있을까? 양배추 지시약에 이들을 삶은 뒤 어떤 일이 벌어지는지 알아보고, 그 원인을 생각해 본다. 또한 이를 검증할 수 있는 실험을 한 후 그 결과를 평가해 본다.

〈준비물〉

① 라면, 당면, 우동면(생우동)

② 적양배추

③ 핀셋

④ 성냥, 알코올램프, 석면철망, 삼발이

〈탐구방법〉

① 준비된 적양배추를 잘라 비커에 넣고 푸른 물이 나올때까지 끓인다.

② 양배추를 건져 낸 푸른 물(양배추 지시약)에 준비된 면들을 각기 넣어 준다.

③ 30초~1분간 면을 삶아 준다.

④ 시간이 다 되면, 면을 비커에서 핀셋으로 건져 낸다.

⑤ 쿠킹타월이나 휴지를 깔고 면을 하나씩 종류별로 건져 놓는다.

⑥ 변화가 일어난 면발들을 자세히 관찰하고 어떻게 이런 변화가 나타나는지 가설을 세워 본다.

⑦ 이 가설을 검증할 수 있는 실험을 수행하고 그 결과를 바탕으로 가설을 평가해 본다.

〈유의 사항〉

- 알코올램프 사용 시 화재에 유의하고, 화력이 약하면 냄비와 버너를 사용해도 무방한다.
- 너무 오래 삶아서 면이 퍼지지 않도록 한다.
- 이미 다른 면을 많이 삶은 물에 또 다른 면을 넣고 실험을 하면 실험이 잘 안 될 수도 있다.

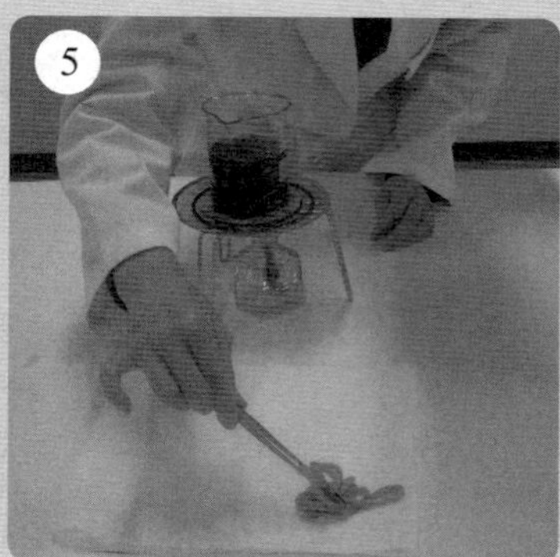

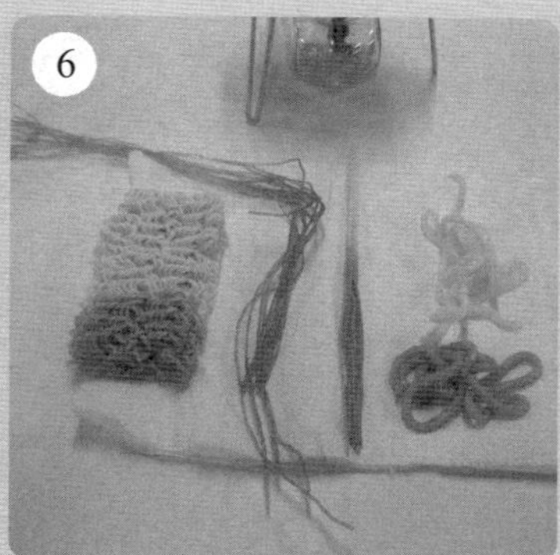

과학적 가설평가능력 평가활동지

활동	생성한 가설평가지식	가설평가지식의 평가		
		유형	정확성	수준
가설 평가 능력 평가				

3. 과학적 가설평가능력 평가의 적용활동 II

마요네즈 만들기

샐러드를 먹을 때 종종 드레싱으로 뿌려 먹는 마요네즈. 마요네즈는 어떻게 만들어질까? 직접 마요네즈를 만들어 보면서 어떤 일이 일어나는지 알아보고, 이런 현상이 일어나는 원인을 생각해 보고 이를 검증할 수 있는 실험을 한 후 그 결과를 평가해 본다.

〈준비물〉

① 식용유
② 날달걀
③ 비커
④ 주방용
⑤ 젓개

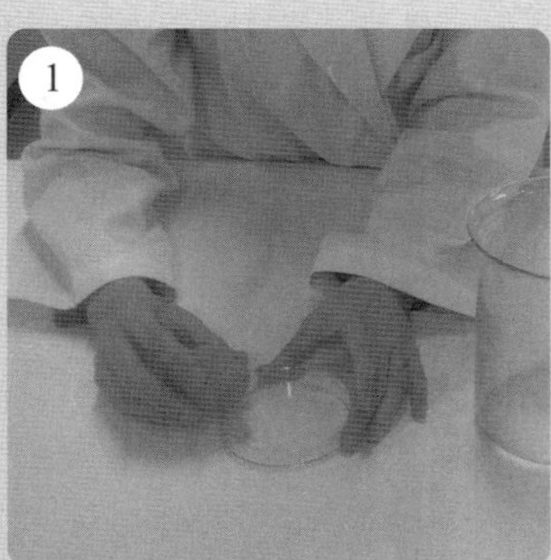

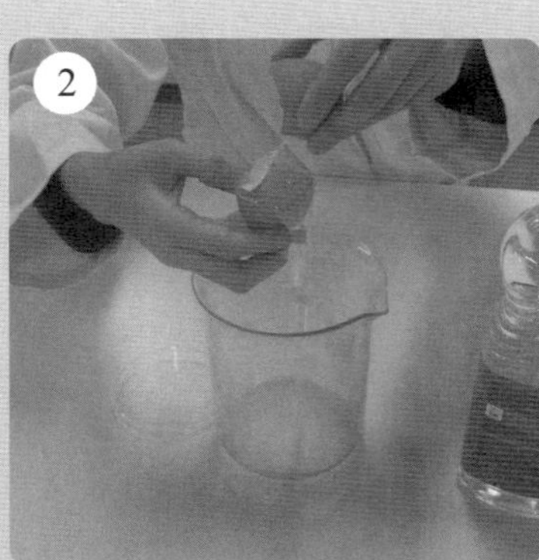

〈탐구방법〉

① 준비된 날달걀을 노른자가 터지지 않도록 조심스럽게 깬다.
② 달걀을 들어 노른자를 따로 분리해 준다.
③ 흰자는 비커 속에 모아 준다. 이때 양이 모자라면 몇 개의 달걀을 더 넣어 준다.
④ 달걀 흰자 양의 세 배가량의 식용유를 넣어 준다.
⑤ 주방용 젓개(shaker)를 사용하여 골고루 저어 준다.
⑥ 식용유와 달걀 흰자에서 일어나는 변화를 보고 어떻게 이런 변화가 일어나게 됐는지 가설을 세워 본다.
⑦ 이 가설을 검증할 수 있는 실험을 수행하고 그 결과를 바탕으로 가설을 평가해 본다.

〈유의 사항〉

- 실험 중인 재료들을 먹지 않도록 한다.
- 달걀을 깰 때 노른자는 분리시켜야 하므로 조심스럽게 깬다.
- 식용유를 너무 적게 넣으면 변화가 거의 일어나지 않고 거품만 날 수 있으므로 주의한다.

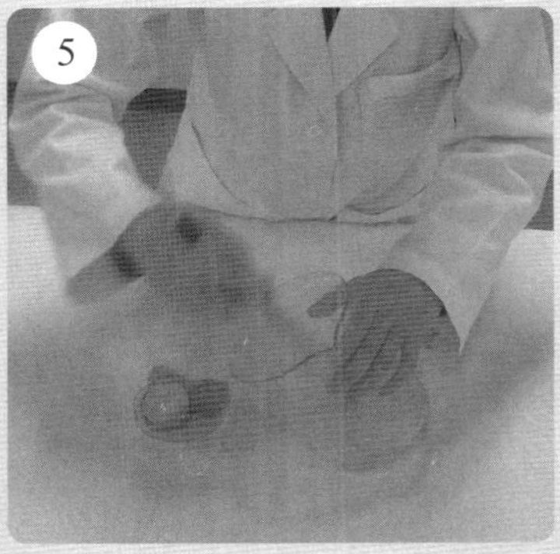

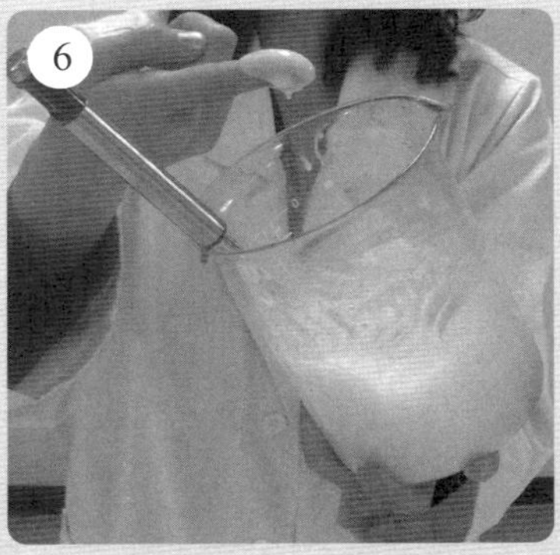

과학적 가설평가능력 평가활동지

활동	생성한 가설평가지식	가설평가지식의 평가		
		유형	정확성	수준
가설 평가 능력 평가				

참고문헌

강은미, 신동훈, 권용주(2006). 과학지식 생성 학습을 통한 초등학생들의 가설 지식 생성 능력의 발달. 초등과학교육, 25(3), 257-270.

강은정, 이인규(1986). 우리나라 고등학교 생물교육에서 생물분류에 관한 분석적 연구. 한국생물교육학회지, 14(1), 8-24.

강인애(1997). 왜 구성주의인가?-정보화시대와 학습자중심의 교육환경. 서울: 문음사.

고경태(2004). 생물학에서 가설 검증방법을 고안하는 사고과정 분석과 평가도구 개발. 한국교원대학교 대학원 석사학위 논문.

고철환(1988). 수리분류학. 서울: 민음사.

교육부(1998). 제7차 과학과 교육과정(제7차 교육과정 교육부 고시 제1997-5호). 서울: 대한교과서주식회사.

교육부(1999). 중학교 교육과정 해설(III). 교육부 고시 제 1997-15호.

교육인적자원부(2002). 고등학교 교사용 지도서. 서울: 대한교과서주식회사.

구수정, 박승재(1995). 자연보호답사대회 보고서에 진술된 국민 학생의 가설능력 분석. 한국과학교육학회지. 15(1), 116-125.

권용주, 고경태, 정진수(2003a). 생물학 가설 검증에서 연역적 과학지식의 구조와 생성과정. 한국생물교육학회지, 31(3), 236-245.

권용주, 양일호, 정원우(2000). 예비과학교사들의 가설 창안과정에 대한 탐색적 분석. 한국과학교육학회지, 20(1), 29-42.

권용주, 이준기, 신동훈, 이효녕(2006). 생명현상의 관찰과 명화감상에서 나타나는 생물교육학자들의 두뇌활성: fMRI 연구. 중등교육연구, 54(3), 475-502.

권용주, 이준기, 정진수(2007). 과학고등학교 학생들이 전분 실험에서 생성한 생물학 가설의 설명 경향 분석. 중등교육연구, 55(1), 275-298.

권용주, 정진수, 강민정, 김영신(2003). 과학적 가설 지식의 생성과정에 대한 바탕 이론. 한국과학교육학회지, 23(5), 458-469.

권용주, 정진수, 강민정, 박윤복(2005). 생명현상에 대한 초・중등 과학교사의 관찰에서 나타난 과학적 관찰의 유형. 한국과학교육학회지, 25(3), 431-439.

권용주, 정진수, 고경태, 박윤복(2004). 과학지식 생성력 측정 도구의 개발. 한국생물교육학회지, 32(1), 67-78.

권용주, 정진수, 박윤복, 강민정(2003). 선언적 과학지식의 생성과정에 대한 과학철학적 연구-귀납적, 귀추적, 연역적 과정을 중심으로. 한국과학교육학회지, 23(3), 215-228.

권용주, 정진수, 이준기(2006). 생명현상에 대한 과학교사들의 잠정적 설명의 유형. 한국생물교육학회지, 34 (2), 297-305.

권용주, 최상주, 박윤복, 정진수(2003b). 대학생들의 귀납적 탐구에서 나타난 과학적 사고의 유형과 과정. 한국과학교육학회지, 23(3), 286-298.

권용주, Lawson, A. E., 전우수(1999). 한국과 미국 대학생들의 과학적 추론 능력에 대한 비교연구. 한국과학교육학회지, 19(1), 117-127.

권재술, 김범기(1994). 초・중학생들의 과학탐구능력 측정도구의 개발. 한국과학교육학회지, 14(3), 251-264.

권재술, 김범기, 우종옥, 정완호, 최병순, 정진우(1998). 과학교육론. 서울: 박영사.

김선자, 최병순(2005). 변인통제 문제해결과정에서 나타난 초등학생의 실험설계 및 증거제시 특성. 한국과학교육학회지, 25(2), 111-121.

김성근, 여상인, 우규환(1999a). 과학수업에서의 학생 질문에 대한 연구(Ⅰ)-학생 질문을 강화한 수업의 효과. 한국과학교육학회지, 19(3), 377-388.

김성근, 여상인, 우규환(1999b). 과학 수업에서의 학생 질문에 대한 연구(II)-학생 질문의 유형별 분석. 한국과학교육학회지, 19(4), 560-569.

김영채(1996). 사고와 문제해결 심리학: 인지의 이론과 적용. 서울: 박영사.

김영호, 양승영, 임성규, 안병호, 윤성효, 윤일희, 강용희, 김중욱, 이윤종, 기우항, 정원우(1997). 현행 중등학교 실험・실습 교육 실태 조사 및 그 운영 진단(Ⅰ). 한국과학교육학회지, 17(4),

435-450.

김영호, 이윤종, 정원우, 강용희, 양승영, 윤성효, 안병호, 윤일희, 권용주, 임성규, 오철한, 기우항, 전명남, 김중욱(1997). 현행 중등학교 실험 · 실습 교육 실태 조사 및 그 운영 진단(II). 한국과학교육학회지, 18(3), 383-398.

김유미(2008). 과학현상에 대한 가설 평가의 사고과정 모형 개발. 한국교원대학교 대학원 석사학위 논문.

김재우, 박승재, 오원근(1999). 중학교 1학년 학생들의 탐구문제에 대한 변인 판별 및 통제. 한국과학교육학회지, 19(4), 674-683.

김정환(2003). 교육연구 및 통계방법(증보판). 서울: 원미사.

매일경제지식부, 한승희(2000). 학습혁명보고서. 서울: 매일경제신문사.

박기룡(1998). 분계학: 분류학의 실용강좌. 마산: 경남대학교 출판부.

박명희, 박윤복, 권용주(2005). 초등학생들의 어항 관찰활동에서 나타난 관찰의 유형과 그 변화. 초등과학교육, 24(4), 345-350.

박순화, 고경태, 정진수, 권용주(2005). 생물학 탐구에서 학생들이 생성한 가설 검증방법의 유형. 한국과학교육학회지, 25(2), 230-238.

박승재, 조희형(1998). 과학교육연구. 서울: 교육과학사.

박윤복(2005). 생물학에서 규칙성 지식 생성과정의 규명 및 신경생리학적 해석. 한국교원대학교 대학원 박사학위 논문.

박종원(1998). 과학활동에서 연역적 사고의 역할. 한국과학교육학회지, 18(1), 1-17.

박종원(2003). 과학적 가설 검증을 위한 학생들의 실험설계 내용 분석. 한국과학교육학회지, 23(2), 200-213.

박종원, 장병기, 윤혜경, 박승재(1993). 중학생들의 빛과 그림자에 대한 증거평가. 한국과학교육학회지, 13(2), 135-145.

박종원, 최경희, 김영민(2001). 물리 교육학 총론 I. 서울: 북스힐.

방정아(2006). 개방적 가설검증 학습모형을 적용한 과학 탐구학습의 효과 : 화학 I '금속과 그 이용' 단원을 중심으로. 서울대학교 대학원 석사학위 논문.

성은모(2003). 인터넷활용 문제중심 탐구학습이 과학탐구능력, 학업성취도, 파지에 미치는 효과. 경인교육대학교 대학원 석사학위 논문.

성현란(1989). 학령 전 아동에서의 자연범주와 귀납적 추론. 한국심리학회지, 2(1), 18-31.

소광희(1994). 학문의 이념과 분류. 서울: 민음사.

송경혜, 이항로, 임청환(2004). 초등학교 고학년 학생의 과학탐구능력 측정을 위한 평가도구 개발. 한국과학교육학회지, 24(6), 1245-1255.

송선희(2000). 근접발달 영역을 고려한 교수-학습 방법의 효과성 연구. 교육심리연구, 14(1), 87-111.

신동훈(2007). 과학 현상에 대한 초등학생들의 의문 유형과 초등교사들의 설명 유형과의 관계. 초등과학교육, 26(2), 149-160.

신동훈, 신정주, 권용주(2006). 초등학교 관찰 수업과정과 관찰유형 분석. 초등과학교육, 25(4), 339-351.

신현정(2000). 개념과 범주화. 서울: 아카넷.

심재호, 정완호(1996), 식물분류개념에서 중학생들의 심리적 위계에 따른 수업효과. 한국생물교육학회지, 24(2), 199-209.

양일호, 정진수, 권용주, 정진우, 허명, 오창호(2006). 과학자의 과학지식 생성과정에 대한 심층면담 연구, 한국과학교육학회지, 26(1), 88-98.

여주상, 노승권, 장호남, 박영훈, 정윤철, 유영제, 최유성(2000). 생명공학 산업과 화학공학. NICE(News & Information for Chemical Engineers), 18(5), 587-592.

오창희(1998). 과학에서의 목적론. 철학, 54, 147-171.

우건석, 조광선, 박규택(1997). 계통분류학의 이해. 서울: 서울대학교출판부.

우종옥, 이항로(1995). 고등학생의 지구과학 탐구능력 측정을 위한 평가도구 개발. 한국과학교육학회지, 15(1), 92-103.

윤혜경, 박승재(1999). 확장적 과학탐구 활동에서 중학생의 인지적 참여도 변화. 한국과학교육학회지, 19(4), 684-695.

이명제(2000). 자연과 교과서 및 교사용 지도서 내용에 대한 예비교사들의 질문 빈도와 맥락 특징. 한국초등과학교육학회지, 18(2), 103-117.

이소영, 강태완, 김남일(2004). 초등학생의 학년별 생물분류 개념형성에 대한 연구. 한국생물교육학회지, 32(1), 16-26.

이안나, 권용주, 정진수, 양일호(2007). 동물행동학자의 연구 활동에서 나타나는 연구 단계, 사고과정, 행동양식 및 생성 지식에 관한 연구. 한국생물교육학회지, 35(3), 361-373.

이재경(2003). 과학적 탐구에서 가설검증 방법고안의 사고과정 연구. 한국교원대학교 대학원 석사학위 논문.

이정모(2001). 인지심리학: 형성사, 개념적 기초, 조망. 서울: 아카넷.

이종욱, 김창환, 문태영(1993). 동물계통분류학. 서울: 형설출판사.

이현주(2002). 고등학교 생물 분류 학습에 효과적인 웹기반 학습 자료의 구조화에 관한 연구. 한국생물교육학회지, 30(2), 147-157.

이혜원, 양일호, 조현준(2005). 초 · 중학생의 관찰, 예상, 가설의 이해. 초등과학교육, 24(3), 236-241.

이혜정, 박국태, 권용주(2005). 초등예비교사들의 관찰활동에서 나타난 인과적 의문의 사고유형과 생성과정. 초등과학교육, 24(3), 249-258.

이혜정, 정진수, 박국태, 권용주(2004). 초등학생들과 초등예비교사들이 관찰활동에서 생성한 과학적 의문의 유형. 한국과학교육학회, 24(5), 1018-1027.

임낙룡, 박경화(1999). 제6차 교육과정에 의한 고등학교 생물II 교과서의 동물분류 단원에 대한 분석. 한국생물교육학회지, 27(2), 97-107.

정완호, 허명, 차희영(1991). 한국 초 · 중 · 고등학교 학생들의 동물분류 개념에 관한 연구. 한국생물교육학회지, 19(2), 95-114.

정원우, 송진웅, 이우붕, 권용주, 조숙경(2000). 과학사의 이해. 대구: 경북대학교 출판부.

정진수(2004). 과학적 가설 생성에 대한 삼원 귀추 모형의 개발과 적용. 한국교원대학교 대학원 박사학위 논문.

정진수(2006a). 고등학교 학생들의 근압에 관한 가설 생성에서 가설 귀추의 역할. 한국생물교육학회지, 34(3), 405-414.

정진수(2006b). 동물 그림 인식 과제를 활용한 관찰 귀추 도형의 타당도 검증. 한국생물교육학회지, 34(2), 288- 296.

정진수(2006c). 초 · 중등 학생들의 과학적 가설 생성력 측정 도구 개발과 활용. 한국생물교육학회지. 34(3). 388-404.

정진수(2007). 동물학 과제에서 초등학교 예비교사들이 생성한 과학적 가설의 구조와 유형. 초등과학교육, 26(2), 201-208.

정진수, 권용주(2007). 감자즙 과제에서 예비과학교사들이 생성한 가설 검증방법. 한국생물교육학회지, 320-327.

정진수, 마이클 매튜스, 신동훈(2007). 과학적 가설 생성의 인지적 과정과 감성 요소의 인과적 상호작용에 관한 모형 개발. 한국생물교육학회지, 35(4), 663-677.

정진수, 원희정, 권용주(2005). 과학적 가설의 생성력 향상을 위한 삼원귀추 모형의 적용. 한국과학교육학회지, 25(5), 595-602.

조은미, 김수일, 정진수, 권용주(2005). 생물 계통수 생성의 사고과정 모형 개발. 한국생물교육학회지, 33(1), 13-22.

조정일, 주종기(1996). 과학교사들의 과학의 본성에 관한 관점 조사. 한국과학교육학회지, 16(2),

200-209.

조희형, 박승재(1995). 과학론과 과학교육. 서울: 교육과학사.

조희형, 최경희(2001). 과학교육 총론. 서울: 교육과학사.

최현동, 양일호, 권치순(2005). 초등학생의 분류능력 발달의 경향성. 초등과학교육, 24(3), 281-291.

허경철(1999). 지식 생성교육을 위한 지식의 구조 분석. 한국교육, 26(1), 101-127.

황성원, 박승재(2001). 전기와 자기에 대한 중학생들의 개방적 탐구에서 과제 유형에 따른 탐구 수행 분석. 한국과학교육학회지, 21(2), 255-263.

AAAS (1965). *SAPA*. Washington, DC: author.

AAAS (1990). *SAPA II*. New Hampshire: Delta Education, Inc.

Abrams, E. & Southerland, S. (2001). The how's and why's of biological change: How learners neglect physical mechanisms in their search for meaning. *International Journal of Science Education, 23*(23), 1271-1281.

Adey, P., Askoko, H., & Black, P. (1994). 1994 Re-vi-sion of the National Curriculum: Implication of Re-search on Children's Learning of Science. *A report to SCAA*. London: King's College.

Adsit, D. J., & London, M. (1997). Effects of hypothesis generation on hypothesis testing in rule discovery tasks. *Journal of General Psychology, 124*(1), 19-35.

Alcock, J. (1989). *Animal Behavior: An Evolutionary Approach* (4th ed.). Sunderland, MA: Sinauer Associate, Inc.

Amsel, E., & Brock, S. (1996). The development of evidence evaluation skills. *Cognitive Development, 11*, 523-550.

Anderson, D., & Biddle, B. (Eds.) (1991). *Knowledge for policy: Improving education through research*. London: Falmer.

Anderson, J. R. (1995). *Cognitive psychology and its implications* (4th ed.). New York: W. H. Freeman and Company.

APU (1980). Science in Schools, Age 15: Report NO.1. *Center for studies in science education*. University of Leeds.

Ayala, F. J. (1968). Biology as an autonomous science. *American Scientist, 56*, 207-221.

Barnhart, C. L. (1953). *The American College Dictionary*. New York: Harper & Brothers.

Beaton, A. E., Martin, M. O., Mullis, I. V. S., Gonzalez, E. J., Smith, T. A., & Kelly, D. L. (1996). Science achievement in the middle school years: IEA's their international mathematics and science study(TIMSS). Chestnut Hill, MA: Boston College.

Bloom, B. S. (1959). Taxonomy of Educational Objectives. *Handbook I: Cognitive Domain.* New York: David McKay Co.

Braithwaite, R. B. (1968). *Scientific Explanation. Cambridge*, UK: Cambridge University Press.

Brewer, S. D. (1997). A model of desired performance in phylogenetic tree construction for teaching evolution. Paper presented at the Annual meeting of the National Association for Research in Science Teaching.

Bruner, J. S., Goodnow, J. T., & Austin, G. A. (1965). *A study of thinking.* New York: John Wiley.

Carin, A. A. (1997). *Teaching science through discovery* (8th ed.). Upper Saddle River, NJ: Merill.

Carnap, R. (1966). *An introduction to the philosophy of science.* (윤용택 역, 1993). New York: Basic Books.

Carpenters, K. J. (2005). Stomatal architecture and evolution in basal angiosperms. *American Journal of Botany 92*(10), 1595-1615.

Chadwick, B., & Barlow. S. (1994). *Science in perspective: Book 1.* Marrickvill, Australia: Science Press.

Chalmers, A. F. (1982). *What is this thing called Science?: An assessment of the nature and status of science and its method* (2nd ed.). (신인철, 신중섭 역, 1985). St. Lucia, Queensland: University of Queensland Press.

Chin, C. A., & Malhorta, B. A. (2002). Epistemologically authentic inquiry in schools: A theoretical framework for evaluating inquiry tasks. *Science Education, 86*(2), 175-218.

Chin, C. A., & Brown, D. E. (2002a). Posing problems for open investigations: What questions do pupils ask?. *Research in Science & Technological Education, 20*(2), 269-287.

Chin, C. A., & Brown, D. E. (2002b). Student generated questions: A meaningful aspect of learning in science. *International Journal of Science Education, 24*(5), 521-549.

Christenbury, L., & Kelly, P. (1983). *Questioning: A Path to Critical Thinking.* Urbana, IL: National Council of Teachers of English.

Clarkson, S. G., & Wright, D. K. (1992). An appraisal of practical work of in science education.

School Science Review, 74(266), 39-42.

Colberg, M., Nester, M. A., & Trattner, M. H. (1985). Convergence of the inductive and deductive models in the measurement of reasoning abilities. *Journal of Applied Psychology, 70*, 681-694.

Collins, A. (1997). National Science Education Standard: Looking forward and backward. *The Elementary School Journal, 97*(4), 299-313.

Core, E. V. (1982). Teaching taxonomy−A different approach. *American Biology Teacher, 44*(9), 547-548.

Csapó, B. (1997). The development of inductive reasoning: Cross-sectional assessments in an educational context. *International Journal of Behavioral Development, 20*, 609-629.

Cuccio-Schirripa, S., & Steiner, H. E. (2000). Enhancement and analysis of science question level for middle school students. *Journal of Research in Science Teaching, 37*(2), 210-224.

Darian, S. (1995). Hypotheses in introductory science texts. *International Review of Applied Linguistics in Language Teaching, 33*(2), 83-109.

Dawson, C., & Rowell, J. (1987). *The use of data in problem solving: The ways, when and wherefores. Research in Science Education, 17*, 1-10.

Dillon, J. T. (1988). The remedial status of student questioning. *Journal of Curriculum Studies, 20*(3), 197-210.

Dunbar, K. (2000). How scientists think in the real world: Implications for science education. *Journal of Applied Developmental Psychology, 21*(1), 49-58.

Edwards, S. V., Kingan, S. B., Calkins, J. D., Balakrishnan, C. N., Jennings, W. B., Swanson, W. J., & Sorenson, M. D. (2005). Speciation in birds: Genes, geography, and sexual selection. *Proc. Natl. Acad. Sci. USA 102*, 6550-6557.

Emlen, D. J., Marangelo, J., Ball, B., & Cunningham, C. W. (2005). Diversity in the weapons of sexual selection: Horn evolution in the beetle genus Onthophagus.

Enger, E. D., & Ross, F. C. (2003). *Concepts in biology* (10th ed.). New York, NY: The McGraw-Hill Companies, Inc.

Fischer, H. R. (2001). Abductive reasoning as a way of worldmaking. *Foundations of Science, 6*, 361-383.

Folkow, L. P., & Blix, A. S. (1992). Metabolic rates of minke whales Balaenoptera acutorostrata, in cold water. *Acta Physiol. Scand., 142*, 141-150.

Gagne, E. D., Yekovich, F. R., & Yekovich, C. W. (1997). *The cognitive psychology of school learning* (2nd ed.). New York: Addison Wesley Longman, Inc.

Gendron, R. P. (2000). The classification & evolution of caminalcules. *The American Biology Teacher, 62*(8), 570-576.

Germann, J. T., Haskins, S., & Auls, S. (1996). Analysis of nine high school biology laboratory manuals: promoting scientific inquiry. *Journal of Research in Science Teaching, 33*(5), 475-499.

Germann, P. J., Odam, A. L., Aram, R., & Burke, G. (1996). Student performance on asking questions, identifying variables, and formulating hypotheses. *School Science and Mathematics, 96*(4), 192-201.

Gibson, L. J. (2006). Woodpecker pecking: How woodpeckers avoid brain injury. *Journal of Zoology 270*(3), 462-465.

Gifford, E. M., & Foster, A. S. (1988). *Morphology and Evolution of Vascular Plants* (3rd ed.). New York: W. H. Freeman and Company.

Goel, V., & Dolan, R. J. (2000). Anatomical segregation of component processes in an inductive inference task. *Journal of Cognitive Neuroscience, 12*(1), 110-119.

Gott, R., & Duggan, S. (1995). *Investigative work in the science curriculum.* Buckingham: Open University Press.

Habdas, P., Weeks, E. R., & Lynn, G. D. (2006). Squishy Materials. *The Physics Teachers, 44*(5), 276-279.

Hanson, N. (1961). Is there a logic of scientific discovery? In H. Feigl, & G. Maxwell, G. (Eds.), *Current issues in the philosophy of science*, 20-35. New York: Holt, Rinehart and Winston.

Hanson, N. R. (1958). *Patterns of discovery.* (송진웅, 조숙경 역, 1995). Cambridge University Press.

Hanson, N. R. (1961). *Patterns of discovery: An inquiry into the conceptual foundations of science.* Cambridge; Cambridge University Press.

Harms, N. C., & Yager, R. E. (1981). *What research says to the science teacher* (Vol. 3). Washington DC: NSTA.

Harwood, W. (2004). An activity model for scientific inquiry. *The Science Teacher, 71*(1), 44-46.

Haslam, F., & Gunstone, R. (1997). Ideas about observation held by science graduates. Paper presented at the ASERA-conference (Adelaide, Australia).

Hempel, C. G. (1966). *Philosophy of Natural Science*. NJ: Prentice-Hall.

Hempel, G.G., & Oppenheim, P. (1948). Studies in the logic of explanation. *Philosophy of Science, 15*, 135-175.

Hodson, D. (1986). The nature of scientific observation. *School Science Review, 68*, 17-29.

Hodson, D. (1992). Redefining and reorientating prac-tical work in school science. *School Science Review, 73*(264), 65-78.

Hokkanen, J. E. (1990). Temperature regulation of marine mammals. *Journal of Theoretical Biology, 145*, 465-485.

Holland, J. H., Holyoak, K. J., Nisbett, R. E., & Thargard, P. R. (1986). *Induction: Processes of inference, learning and discovery*. Cambridge, MA: MIT Press.

Holton, G. (1978). Subelectrons, presuppositions, and the Millikan-Ehrenhaft dispute. In G. Holton, *The scientific imagination: Case studies*. Cambridge University Press.

Honey, J. N., & Paxman, H. M. (1986). The importance of taxonomy in biological education at advanced level. *Journal of Biological Education, 20*(2), 103-111.

Hurd, P. L., & Enquist, M. (2005). A strategic taxonomy of biological communication. *Animal behaviour, 70*.

International Institute for Management Development. (2001). *IMD world competitive yearbook 2001*. Lausanne, Switzerland: IMD.

Iwanami, Y., Sasakuma, T., & Yamada, Y. (1988). *Pollen: Illustrations and Scanning Electronmicrographs*. Tokyo: Kodansha Ltd.

Jeong, J., & Kwon, Y. (2001). Roles of abductive reasoning and prior knowledge in high school student's generating biological hypotheses. A paper presented at the NABT National Convention, Montreal, CA, November 10.

Jones, A. T., Simon, S. A., Black, P. J., Faibrother, R. W., & Watson, J. R. (1992). *Open work in science: Development of investigations in schools*. Hatfield: Association for Science Education.

Jones, R. A. L. (2002). *Soft Condensed Matter*. Oxford University Press.

Joyce, C. (1993). Taxol: Search for a cancer drug. *BioScience*, 43(3), 133-136.

Judd, W. S., Campbell, C. S., Kellogg, E. A., & Stevens, P. F. (1999). *Plant Systematics: A phylogenetic approach*. Sunderland, MA: Sinauer Associate, Inc.

Jungwirth, E., & Dreyfus, A. (1990). Diagnosing the attainment of basic skills: The 100-year old quest for critical thinking. *Journal of Biological Education, 24*(1), 42-49.

Kalat, W. J. (2004). *Biological Psychology* (8th ed.). Belmont, CA: Wadsworth Publishing.

Kaur, R. (1973). Evaluation of the science process skills of observation and classification. Doctoral dissertation. University of Pennsylvania.

Kerr, N. L. (1998). HARKing: Hypothesizing after the results are known. *Personality and Social Psychology Review, 2*(3), 196-217.

Keynes, R. D. (1997). Steps on the path to the origin of species. *Journal of Theoretical Biology, 187*, 461- 471.

Kimball, J. W. (1994). *Biology* (6th ed.). Dubuque, IA: Wm. C. Brown Publishers.

King, A. (1995). Designing the instructional process to enhance critical thinking across the curriculum. *Teaching of Psychology, 22*(1), 13-17.

Klahr, D., & Dunbar, K. N. (1988). Dual space search during scientific reasoning. *Cognitive Science, 12*(1), 1-48.

Klauer, K. J., & Phye, G. D. (1994). *Cognitive training for children: A developmental program of inductive reasoning and problem solving.* Seattle, WA: Hogrefe & Huber.

Klauer, K. J., & Phey, G. D. (1995). *Cognitive training for children.* Seattl, WA: Hogrefe & Huber.

Klauer, K. J., Wilmes, K., & Phey, G. D. (2002). Inducing inductive reasoning: Does it transfer to fluid intelligence? *Contemporary Educational Psychology, 27*, 1-2.

Knauff, M., Famgmeier, T., Ruff, C. C., & Slotsky, V. (2006). FMRI-evidence for a three-stage-model of deductive reasoning. *Journal of Cognitive Neuroscience, 18*, 320-334.

Koslowski, B. (1996). *Theory and evidence: the development of scientific reasoning.* Cambridge, MA: The MIT Press.

Kuhn, D., Amsel, E., & O'Loughlin, M. (1988). *The development of scientific thinking skills.* New York, NY: Academic Press, Inc.

Kuhn, T. S. (1970). *The structure of scientific revolutions.* University of Chicago Press.

Kumar, A. (2003). Acoustic Communication in Birds Differences in Songs and Calls, their Production and Biological Significance. *Resonance*, 44-55.

Kvadsheim, P. H., Folkow, L. P., & Blix, A. S. (1996). Thermal conductivity of minke whale blubber. *Journal of Thermal Biology, 21*, 123-128.

Kwon, Y. (1997). Linking Prefrontal Lobe Functions with Reasoning and Conceptual change. Unpublished Doctoral Dissertation. Tempe, AZ: Arizona State University.

Laiolo, P., Rolando, A., Delestrade, A., & De Sanctis, A. (2001). Geographic diversification in the call repertoire of the genus Pyrrhocorax (Aves, Corvidae). Can. J. Zool., 79.

Lang, K. L., Dumais, S. T., Graesser, A. C., & Kilman, D. (1992). Question asking in human-computer interface. In T. W. Lauer, & A. C. Graesser (Eds.), *Questions and information systems* (pp. 131-165). London: Hillsdale, New Jersey.

Laudan, L. (1977). *Progress and its problems.* Berkely, CA: University of California Press.

Laughlin, P. R., Magley, V. J., & Shupe, E. L. (1997). Positive and negative hypothesis testing by cooperative groups. *Organizational Behavior and Human Decision Processes, 69*(3), 265-275.

Lawson, A. E. (1985). A review of research on formal reasoning and science teaching. *Journal of Research in Science Teaching, 22*(7), 569-618.

Lawson, A. E. (1995). *Science teaching and the development of thinking.* Belmont, CA: Wadsworth Publishing Company.

Lawson, A. E. (2000). How do humans acquire knowledge? and What does that imply about the nature of knowledge?. *Science & Education, 9*, 577-598.

Lawson, A. E. (2002). What does Galileo's discovery of Jupiter's moons tell us about the process of scientific discovery? *Science & Education, 11*(1), 1-24.

Lawson, A. E., Abraham, M. R., & Renner, J. W. (1989). *A theory of instruction: Using the learning cycle to teach science concepts and thinking skills.* Cincinnati, OH: National Association for Research in Science Teaching.

Lawson, A. E., Drake, N., Johnson, J., Kwon, Y., & Scarpone, C. (2000). How good are students at testing alternative explanations involving unseen entities? *The American Biology Teacher. 62*(4), 249-255.

Lewis, R. W. (1988). Biology: A hypothetico-deductive science. *The American Biology Teacher, 50*(5), 362-366.

Lohse, G. L., Biolsi, K., Walker, N., & Herry, H. (1994). A classification of visual representations. *Communications of the ACM, 37*(12), 36-49.

Losee, J. (2001). *A historical introduction to philosophy of science* (4th ed.). London: Oxford University Press.

Luger, G. F. (1994). *Cognitive science: The science of intelligent systems.* San Diego, CA: Academic Press, Inc.

Marbach-Ad, G. & Sokolove, P. G. (2000). Can Undergraduate biology students learn to ask higher level questions? *Journal of Research in Science Teaching, 37*(8), 854-870.

Martin, R. Sexton, C., Wagner, K., & Gerlovich, J. (1997). *Teaching science for all children* (2nd ed.). Boston: Allyn and Bacon.

Mayr, E. (1997). This is biology : *The science of the living world.* Cambridge, MA: The belknap press of Harvard University press.

Mayr, E., Linsley, E. G., & Usinger, R. L. (1953). *Methods and Principles of Systemic Zoology.* McGraw-Hill Book Company, New York.

McPherson, G. R. (2001). Teaching & learning the scientific method. *The American Biology Teacher, 63*(4), 242-245.

Millar, R. (1989). What is scientific method and can it be taught? In J. Wellington (Ed.), *Skills and Processes in science education: A Critical Analysis.* London: Routledge 44-58.

Miller, R. (1991). A means to an end: the role of processes in science education. In. B. E. Woolnough (Ed.), *Practical science: The role and reality of practical work in school science* (pp 47-48). Buckingham: Open University Press.

Moore, R., Clark, W. D., & Vodopich, D. S. (1998). *Botany* (2nd ed.). New York, NY: The McGraw-Hill, Inc.

Nagel, E. (1961). *The structure of science: Problems in the logic of scientific explanation.* New York, NY: Harcourt, Brace & World, Inc.

Nesse, R. M., & Williams, G. C. (1994). *Why we get the sick?: The new science of Darwinian medicine.* New York: Vintage Books.

Norris, S. P. (1985). The philosophical basis observation in science and science education. *Journal of research in science teaching, 22*(9), 817-833.

NRC (National Research Coucil, 2000). Inquiry and the national science education standards: A guide for teaching and learning. *Center for Science, Mathematics, and Engineering Education.* Washington, D. C.: National Academy Press.

Oda, J., Sakamoto, J., & Sakano, K. (2006). Mechanical Evaluation of the Skeletal Structure and Tissue of the Woodpecker and Its Shock Absorbing System. *JSME International Journal Series A, 49*, 390-396.

Opdal, P. M. (2001). Curiosity, wonder and education seen as perspective development. *Studies in Philosophy and Education, 20*(4), 331-344.

Ostlund, K. L. (1992). *Science process skills: Assessing hands-on student performance.* Parsippany, NJ: Dayle Seymour Publications.

Oxtoby, D. W., & Nachtrieb, N. H. (1990). *Principles of modern chemistry* (2nd ed.). Saunders College Publishing.

Parry, D. A. (1949). The structure of whale blubber, and a discussion of its thermal properties. *Quarterly Journal Microscopical Science, 90*(1), 13-25.

Peirce Edition Project (Ed.). (1998). *The essential Peirce: Selected philosophical writings*, (Vol. 2). Indianapolis, IN: Indiana University Press.

Peirce, C. (1901). Abduction and induction. In J. Buchler (Ed.), *Philosophical writings of Peirce*, 1-955, New York: Dover.

Peter, S. (1992). Children's language and assessing their skill in formulating testable hypothesis. *British Educational Research Journal, 18*(1), 73-86.

Popper, K. (1968). *The logic of scientific discovery.* New York: Harper & Row.

Purves, W. K., Sadava, D., Orians, G. H., & Heller, H. C. (2001). *Life: The science of biology* (6th ed.). New York: W. H. Freeman and Company.

Quine, W. V., & Ullian. J. S. (1988). Hypothesis. In E. D. Klemke, R. Hollinger, & A. D. Kline (Eds.), *Introductory readings in the philosophy of science* (pp. 246-256). Amherst, NY: Prometheus Books.

Quinn, M. E., & George, K. D. (1975). Teaching hypothesis formation. *Science Education, 59*(3), 289-298.

Raven, P. H., Evert, R. F., & Eichhorn, S. E. (1999). *Biology of plants* (6th ed.). New York, NY: W. H. Freeman and Company.

Reese, W. L. (1980). *Dictionary of philosophy and religion: Eastern and western thought.* Highlands, NJ: Humanities Press Inc.

Reichenbach, H. (1938). *Experience and prediction.* Chicago: Chicago Press.

Reiss, M. J., & Tunnicliffe, S. D. (2001). What sorts of worlds do we live in nowadays? Teaching biology in a post-modern age. *Journal of biological Education, 35*(3), 125-129.

Ross, W. D. (1949). *Aristotle's prior an posterior analytics.* London: Oxford University Press.

Roth, W. M., & Bowen, G. M. (1994). Mathematization of experience in a grade 8 open-inquiry environment: An introduction to the representational practices of science. *Journal of Research in Science Teaching, 31*(3), 293-318.

Roychoudhury, A., & Roth, W. M. (1996). Interaction in an open-inquiry physics laboratory. *International Journal of Science Education, 18*(4), 423-445.

Runes, D. D. (1982). *Dictionary of philosophy. Totowa*, NJ: Rowman & Allanheld.

Russel, T., & Harlen, W. (1990). *Assessing science in the primary classrom: Practical tasks.* London: Paul chapman Publishing.

Salmon, W. C., & Kitcher, P. (1989). *Minnesota studies in the philosophy of science.* XIII, Scientific Explanation. University of Minnesota Press.

Scardamalia, M., & Bereiter, C. (1992). Text-based and knowledge-based questioning by children. *Cognition and Instruction, 9*(3), 177-199.

Sienko, M. J., & Plane, R. A. (1961). *Chemistry.* McGrow-Hill, New-York.

Silva, R. G. (2004). Assessment of body surface temperature in Cetaceans: an iterative approach. Braz. *J. Biol., 64*(3B), 719-724.

Slabaugh, W. H., & Parsons, T. D. (1976). *General chemistry* (3rd ed.). New York, NY: John Wiley & Sons, Inc.

Sokal, R. R. (1966). Numerical taxonomy. *Scientific American, 215*(6), 106-116.

Solso, R. L. (2001). *Cognitive psychology* (6th ed.). New York: Allyn & Bacon.

Spargo, P. E., & Enderstein, L. G. (1997). What questions do they ask? *Science and Children*, 43-45.

Sternberg, R. J., & Gardner, M. K. (1983). Unities in inductive reasoning. *Journal of Experimental Psychology: General, 112*(1), 80-116.

Taiz, L., & Zeiger, E. (2002). *Plant physiology* (3rd ed.). MA: Sinauer Associates Inc.

Tamir, P., & Zohar, A. (1991). Anthropomorphism and teleology in reasoning about biological phenomena. *Science Education, 75*, 57-67.

Tarbuck, E. J., & Lutgens, F. K. (1994). *Earth science* (7th ed.). New York, NY: Macmillan College Publishing Company.

Thagard, P. (1998). Ulcers and bacteria I : Discovery and acceptance. *Studies in History and Philosophy of Biological and Biomedical Sciences, 29*(1), 107-136.

Thurston, L. L. (1938). Primary mental abilities. *Psychometric Monographs* (Serial No. 1). Chicago: University of Chicago Press.

Tryon, A. F., & Lugardon, B. (1991). *Spores of the Pteridophyta: Surface, wall structure, and diversity based on electron microscope studies.* Springer-Verlag, New York Inc.

Uno, G., Storey, R., & Moore, R. (2001). *Principles of botany.* New York, NY: The McGraw-Hill Compaines, Inc.

Wallace, R. A., Sanders, G. P., & Ferl, R. J. (1991). *The Science of Life* (3rd ed.). (이광웅 외 7인 역, 1993). Harper Collins Publishers Inc.

Watts, M. Alsop, S., Gould, G., & Walsh, A. (1997). Prompting teacher' s constructive reflection: Pupil' s question as critical incident. *International Journal of Science Education, 19*(9), 1025-1037.

Watts, P., Hansen, S., & Lavigne, D. M. (1993). Models of heat loss marine mammals: thermoregulation below the zone of irrelevance. *Journal of Theoretical Biology, 163*, 505-525.

Wenham, M. (1993). The nature and the role of hypothesis in school science investigations. *International Journal of Science Education. 15*(3), 231-240.

Wessells, M. G. (1982). *Cognitive psychology.* New York: Harper &Row, Publisher, Inc.

Wilson, J. T. (1974). Processes of scientific inquiry: a model of teaching and learning science. *Science Education, 58*(1), 127-133.

Woolnough, B. E. (1995). Switching students onto science. *British Council Science Education News-letter.* London.

Zuzovsky, R., & Tamir, P. (1999). Growth patterns in students' ability to supply scientific explanations: findings from the Third International Mathmatics and Science Study in Israel. *INT. J. SCI. EDUC., 21*(10), 1101-1121.

KBS미디어 (2005). 환경스페셜: 마을로 돌아온 고래. KBS 영상사업본부, 서울.

찾아보기

저자 소개

권용주

미국 애리조나 주립대학교 대학원 철학박사(과학교육 전공)
현 한국교원대학교 생물교육과 교수
E-mail: kwonyj@knue.ac.kr

정진수

한국교원대학교 대학원 교육학박사(과학교육 전공)
현 대구대학교 과학교육학부 교수
E-mail: jjs@daegu.ac.kr

신동훈

한국교원대학교 대학원 교육학박사(과학교육 전공)
현 서울교육대학교 과학교육과 교수
E-mail: dhshin@snue.ac.kr

이준기

한국교원대학교 대학원 교육학박사(과학교육 전공)
현 전북대학교 생물교육과 교수
E-mail: junki@jbnu.ac.kr

이일선

한국교원대학교 대학원 생물교육과 박사과정 수료
현 충남 당진중학교 대호지분교 교사
E-mail: ilsunbrain@gmail.com

변정호

한국교원대학교 대학원 생물교육과 박사과정
현 강원 삼척여자고등학교 교사
E-mail: jhbyeon77@gmail.com

2판

과학적 탐구력 향상을 위한

과학지식의 생성과 평가

2011년 9월 5일 2판 1쇄 인쇄
2011년 9월 15일 2판 1쇄 발행

지은이 • 권용주 · 정진수 · 신동훈 · 이준기 · 이일선 · 변정호
펴낸이 • 김진환
펴낸곳 • (주) 학지사
121-837 서울시 마포구 서교동 352-29 마인드월드빌딩 5층
대표전화 • (02)330-5114 팩스 (02)324-2345
등록 • 제313-2006-000265호
홈페이지 www.hakjisa.co.kr

ISBN 978-89-6330-738-1 93370
정가 18,000원